*Peter Bründl / Sebastian Kudritzki / Ulrike Simon
Carla Weber (Hrsg.)*

*Entwicklungskrise und Entwicklungszusammenbruch
in Kindheit und Jugendalter*

*Jahrbuch der Kinder- und Jugendlichen-Psychoanalyse
Band 12*

Jahrbuch der Kinder- und Jugendlichen-Psychoanalyse

Reihenherausgeber:
Peter Bründl, Manfred Endres, Susanne Hauser (alle München)

Wissenschaftlicher Beirat:
Christine Anzieu-Premmereur (New York), Tessa Baradon (London),
Elisabeth Brainin (Wien), Dieter Bürgin (Basel),
Frank Dammasch (Frankfurt a. M.), James M. Herzog (Boston),
Alex Holicki (München), Vera King (Frankfurt a. M.),
Jack Novick (Closter, NJ), Kerry Kelly Novick (Closter, NJ),
Suzanne Maiello (Rom), Ana Belchior Melicias (Lissabon),
Fernanda Pedrina (Zürich), Ilse-Martine Pretorius (London),
Barbara Saegesser (Basel), Björn Salomonsson (Stockholm),
Veronica Sandor (Bukarest), Carl E. Scheidt (Freiburg),
Katarzyna Schier (Warschau), Angelika Staehle (Darmstadt),
Helene Timmermann (Hamburg), Orna Wassermann (Tel Aviv)

Die Reihe *Jahrbuch für Kinder- und Jugendlichen-Psychoanalyse* möchte der Anwendung psychoanalytischer Theorie, Forschung und klinischer Erfahrung in der Arbeit mit Kindern, Jugendlichen und jungen Erwachsenen zwischen 0 und 25 Jahren einen besonderen Raum geben, von dem neue Impulse ausgehen sollen.

Historisch angewachsenes psychoanalytisches Wissen prägt in vielen Schattierungen Theorie und Praxis der psychoanalytischen und tiefenpsychologisch fundierten Einzelpsychotherapie von Kleinkindern, Kindern, Jugendlichen und jungen Erwachsenen samt begleitender Elternarbeit, ist häufig der Bezugsrahmen von Säuglings-Eltern-Psychotherapien, Gruppenpsychotherapien und Erziehungsberatung.

Die Kinder- und Jugendlichen-Psychoanalyse treibt die Psychoanalyse als Wissenschaft und Kunst mit voran, wirkt als kritisches Regulativ für die Psychoanalyse des Erwachsenenalters und trägt interdisziplinär zur Weiterentwicklung und zu neuen Konzeptbildungen in der Entwicklungspsychologie, in der Erziehungswissenschaft, in Pädiatrie, Kinder- und Jugendpsychiatrie, in der Soziologie, in den Neuro-, Rechts- und Kulturwissenschaften bei.

Das *Jahrbuch* soll deshalb als Forum KlinikerInnen, ForscherInnen und am Wissenszuwachs Beteiligten und Interessierten behilflich sein, die Zukunft einer lebendigen, effektiven, kulturkritischen und übernationalen Psychoanalyse offen zu halten.

Peter Bründl / Sebastian Kudritzki
Ulrike Simon / Carla Weber (Hrsg.)

Entwicklungskrise und Entwicklungszusammenbruch in Kindheit und Jugendalter

Jahrbuch der Kinder- und Jugendlichen-Psychoanalyse
Bd. 12

Beiträge von
Dieter Bürgin, Frank Dammasch, Joshua Durban,
Aglaja von Kalckreuth-Gahleitner, Viola Kreis,
Suzanne Maiello, Patrick Meurs, Jack Novick,
Kerry Kelly Novick, Anna M. Nicolò,
Maria Rhode, Barbara Saegesser, Franz Schambeck,
Gisela Schleske, Orna Wassermann

Brandes & Apsel

Auf Wunsch informieren wir Sie regelmäßig mit unseren Katalogen »Frische Bücher« und »Psychoanalyse-Katalog«. Wir verwenden Ihre Daten ausschließlich für die Zusendung unserer beiden Kataloge laut der EU-Datenschutzrichtlinie und dem BDS-Gesetz. Bitte senden Sie uns dafür eine E-Mail an info@brandes-apsel.de mit Ihrer Postadresse. Außerdem finden Sie unser Gesamtverzeichnis mit aktuellen Informationen im Internet unter: www.brandes-apsel.de

1. Auflage 2023
© Brandes & Apsel Verlag GmbH, Frankfurt a. M.
Alle Rechte vorbehalten, insbesondere das Recht der Vervielfältigung und Verbreitung sowie der Übersetzung, Mikroverfilmung, Einspeicherung und Verarbeitung in elektronischen oder optischen Systemen, der öffentlichen Wiedergabe durch Hörfunk-, Fernsehsendungen und Multimedia sowie der Bereithaltung in einer Online-Datenbank oder im Internet zur Nutzung durch Dritte.
Umschlag: Brandes & Apsel Verlag, Frankfurt a. M. unter Verwendung des Bildes von Paul Cézanne, Junge mit roter Weste, Öl auf Leinwand, 1888/90, Foundation E. G. Bührle Collection in Zurich
DTP: Brandes & Apsel Verlag, Frankfurt a. M.
Druck: STEGA TISAK, d. o. o., Printed in Croatia
Gedruckt auf säurefreiem, alterungsbeständigem und chlorfrei gebleichtem Papier.

Bibliografische Information Der Deutschen Nationalbibliothek:
Die Deutsche Nationalbibliothek verzeichnet diese Publikation in der Deutschen Nationalbibliografie; detaillierte bibliografische Daten sind im Internet über www.ddb.de abrufbar.

ISBN 978-3-95558-352-1

Inhalt

Peter Bründl
Vorwort   7

Franz Schambeck (München):
»Wer hat gewonnen?« – »Wir beide!«
Yecheskiel Cohens Überlegungen zu »Zugehörigkeit und Liebe«   15

Orna Wassermann (Tel Aviv):
Die Veränderung des Skripts von innen heraus   29

Patrick Meurs (Kassel/Leuven, Belgien) *und Dieter Bürgin* (Basel):
Dostojewskis Roman *Aufzeichnungen aus dem Kellerloch*
und die Konzeption des Unbewussten in der Psychoanalyse   51

Gisela Schleske (Freiburg i. Br.):
Entwicklungsstillstand, Regression, Progression
und die Entwicklung des Selbst   69

Suzanne Maiello (Rom):
Zäsuren
Zur Brückenfunktion der inneren Objekte
in Lebenszeiten des Umbruchs   97

Joshua Durban (Tel Aviv/Los Angeles):
Das Röhrenkind und das Korkenkind
Infantile Verletzlichkeit und maligne Symbiose   117

Maria Rhode (London):
Die »autistische« Ebene des Ödipuskomplexes
Über die Bedeutung emotionaler Faktoren für die Sinneswahrnehmung
bei Kindern auf dem autistischen Spektrum   147

Viola Kreis (München):
Es rüttelt mich und schüttelt mich – Papa, warum verlässt du mich?
Körperliche und seelische Bewältigungsversuche
eines fünfjährigen Jungen von Trauer, Migration und Verlust   167

Anna M. Nicolò (Rom):
Auf den Körper einwirken,
mit dem Körper agieren in der Adoleszenz   197

Aglaja von Kalckreuth-Gahleitner (Tutzing):
»Wenn Akali ihre Kama schwingt, entsteht tödlicher Schaden«
Über somatisches Agieren, Allmachtsphantasien und Negativität
in der Analyse eines 17-jährigen Jugendlichen   209

Frank Dammasch (Frankfurt a. M.):
Jugendliche unter Druck
Erste Erfahrungen in der Walk in-Sprechstunde
des Anna-Freud-Instituts   219

Barbara Saegesser (Biel/Schweiz):
15 Jahre psychoanalytische Feldarbeit in ostafrikanischen Städten 235

Jack Novick und Kerry Kelly Novick (Chester, New Jersey):
Die Ausbildung zum Lebenszyklus-Psychoanalytiker
Die integrierte psychoanalytische Ausbildung   245

Die Autorinnen und Autoren   257

Peter Bründl

Vorwort

Dieser Band des Jahrbuchs fokussiert klinisch-theoretisch und behandlungstechnisch auf Störungen, Zusammenbrüche und Katastrophen in der Entwicklung des Selbst von Kindern und Jugendlichen. Das Selbst geht aus den Spannungen des sich notwendig entwickelnden Menschen in seiner – im Vergleich zu anderen Säugetieren – ungewöhnlich langen nachgeburtlichen Hilflosigkeit und Abhängigkeit von seinen primären Objekten einerseits und von Geburt an mitgebrachten ganz eigenen Ansprüchen und Bedürfnissen des individuellen Entwicklungsdrangs andererseits, bei dem sich die körperlichen, mentalen, emotionalen, triebhaften Prozesse und die der Objektsbeziehungen gegenseitig bedingen. Familienspezifisch und kulturell – oft über viele Generationen hinweg überliefert – entsprechen die Pflegepersonen mit ihren eigenen bewussten und unbewussten Strebung (Pontalis) lebensgeschichtlich, familiengeschichtlich, medizingeschichtlich und historisch recht unterschiedlich den Entwicklungsbedürfnissen der Säuglinge, Kleinkinder, Kinder und Jugendlichen. Wenn es dabei zu viele Verletzungen, Brüche gibt oder Geister der Vorfahren (Fraiberg) das Kinderzimmer arg bedrängen, kommt es notwendig zu Störungen von Krankheitswert, die möglicherweise latent bleiben, als manifeste Störungen wieder verschwinden, sich auswachsen oder symptomatisch im Entwicklungsprozess sich ständig transformierend weiterbestehen können. Der potenziell stets retraumatisierende Einbruch der Pubertät (Freud) lässt die heranwachsende Person unvergessene, nie symbolisierte und insofern nicht erinnerbare schmerzvolle frühe Erfahrungen, die ihre Spuren hinterlassen haben, im Hier und Jetzt mit dem geschlechtsreifen, überaus kraftvollen Körper (im Vergleich zum »verlorenen« kindlichen Körper) als so überwältigend erleben, dass sie mit erneuter symptomatischer Gestörtheit – die sich im adoleszenten Prozess weiterhin manifest transformiert,– abgewehrt und verdrängt werden müssen. Dementsprechend leiden viele Jugendliche an Suizidalität, Essstörungen, Drogenabhängigkeit, Promiskuität, schweren Depressionen, sexuellen Perversionen und Gewalttätigkeit aufgrund ihrer aus der Kindheit mitgebrachten und durch Nachträglichkeit reaktivierten, in ihren Körpern festgehaltenen Triebstrebungen und Objektbeziehungen. Dies führt zu einem verzerrten Verhältnis zur eigenen Körperlichkeit und damit zu einem verzerrten Realitätssinn. Dabei kommt es zur Verwerfung angsterregender eigener

Verantwortlichkeit und zur Aufrechterhaltung einer meist unbewussten passiven Beziehung zum gleichgeschlechtlichen Elternteil und des Bedürfnisses, aus der infantil polymorph-perversen Sexualität herauszuwachsen (Laufer & Laufer). Aufgabe der analytischen Psychotherapie ist es, den leidenden Kleinkindern, Kindern und Jugendlichen zu helfen, erstmals oder erneut ehemals verloren gegangene Normalität und Kreativität zu erreichen. Die begleitenden Analytiker*innen sollen mit ihrer Fähigkeit zur therapeutischen Ichspaltung Zugang zu ihren Patienten und zu ihren eigenen Äquivalenten zum Zustand, den Charakterzügen, Entwicklungspotenzialen, den Fähigkeiten, zur körperlichen und mentalen Begrenztheit des Selbst und des Verhaltens finden können, um dies im Übergangsraum der Analyse authentisch begreifbar zu machen – zumal unbewältigte Entwicklungsaufgaben der Adoleszenz von Erwachsenen bis in ihre 40er Jahre in Form ihrer seelischen Störungen mitgenommen werden (Jacobson). Insofern tragen die Kinder- und Jugendlichenanalytiker*innen große Verantwortung für die spätere Entwicklung ihrer Patienten als Erwachsene, die eine gesicherte Vertrautheit mit der Psychoanalyse verlangt, die sich grundlegend auf die gesamte Entwicklung im Lebenszyklus (Erikson; Novick & Novick) theoretisch und klinisch beziehen muss.

Den Band eröffnet *Franz Schambeck* mit der zweiten Yecheskiel-Cohen-Gedächtnisvorlesung »›Wer hat gewonnen?‹ – ›Wir beide!‹ – Überlegungen zu Zugehörigkeit und Liebe«. Anhand ausgewählter Stellen aus den Gesammelten Aufsätzen von Cohen zeigt Schambeck, wie Cohen immer wieder Bezug auf Winnicott nimmt, Eigenes weiterentwickelt, wie seine Behandlungstechnik beständig das Willkommensein des Anderen in dessen Sosein und Entwicklungsdrang aufrechterhält und wie er sich zuweilen einstellende Momente des Einsseins versteht als wiedergefundene haltend-gehaltene Zweieinheit, aus der jeder im therapeutischen Paar anschließend wieder individuell gestärkt hervorgeht. Schambeck zeigt dies auch anhand zweier Vignetten aus seiner langjährigen Gruppen- und Einzelsupervision bei Cohen.

Orna Wassermann, lange mit Cohen befreundete ehemalige Schülerin, versteht in ihrem Beitrag »Die Veränderung des Skripts von innen heraus« in Anlehung an Loewald die im Behandlungsraum sich lebendig einstellende Übertragung als Skript eines Schauspiels. Seelische Transformation entstehe, wenn der Therapeut dem Patienten empathisch aufzeigen kann, welche Rolle er dem Therapeuten zuschreibt, ohne dass der Analytiker mehr oder minder unbewusst voll eine Rolle im Drama der neurotischen Innenwelt des Patienten zu deren weiterer Aufrechterhaltung einnimmt. Es gilt nach Winnicott, klar und offen sowohl in der Kinder- wie auch in der Erwachsenenanalyse zu bleiben, um das Spiel in der Analyse entdecken zu können. Wassermann zeigt dies an subtilen Veränderungen des inneren Skripts auf, die sich in ihren

Fallbeispielen eines Erwachsenen, einer Spätadoleszenten und eines Kindes auf dem Campus Chezzi Cohen ereigneten. Auszüge aus *Harry Potter* und dem Roman *The World of the End* von Ofir Touché Gafla illustrieren diese Gedanken literarisch. Die Bewirkung neuer Möglichkeiten im Inneren geschieht nicht durch Hinzufügung einer besonderen Möglichkeit, sondern durch die Verwandlung in der Spielwelt der Möglichkeiten.

Patrick Meurs und *Dieter Bürgin* diskutieren in ihrer Arbeit »Dostojewskis Roman *Aufzeichnungen aus dem Kellerloch* und die Konzeption des Unbewussten in der Psychoanalyse« den Roman kontrastierend mit zwei ausführlichen Vignetten aus Kinderanalysen als Sinnbild der Bemühungen um eine Verortung unbewussten psychischen Materials, das aus undenkbaren Situationen, unerträglichen Strebungen und Vorstellungen heraus oder durch Verlust und Trauma entstanden und verdrängt worden ist. Auch Freud war von Distojewskis Romanfiguren berührt und hat in der Psychoanalyse immer wieder Wege gesucht, um Patienten zu helfen, kreativ Zugang zu ihrer Kellerdynamik zu finden. In der Weiterentwicklung der Psychoanalyse gilt es, ständig neu entstehende Formen beängstigender Formen des schmerzvoll Unvergessenen, aber Nichterinnerbaren ausfindig zu machen, um behandlungstechnisch den Patienten besser zu helfen, ihre eigene Kreativität wiederzufinden.

Gisela Schleske zeigt in ihrer Arbeit »Entwicklungsstillstand, Regression, Progression und die Entwicklung des Selbst« beeindruckend metaphernreich und klar, Winnicott, Stern und Bollas folgend, anhand dreier ausführlich reflektierter Erwachsenenbehandlungen und einer Langzeitbeobachtung eines anfänglichen vierjährigen Knaben aus einer afrikanischen Einwandererfamilie, wie sie im Spiel zwischen dem Unbewussten der Patienten und ihrem eigenen Unbewussten bei therapeutischer Ichspaltung förderlich für die Selbstentwicklung ihrer Patienten die Regression steuert und Stillstände überwindet.

Suzanne Maiello geht in »Zäsuren« der Frage nach, inwiefern innere Objekte in Zeiten des Umbruchs Brückenfunktion übernehmen können. Dabei lehnt sie sich an Bions Begriff der Zäsur an und verdeutlicht, dass jeder Lebenseinschnitt Verunsicherung und damit einhergehende existenzielle Ängste mit sich bringt. Die Fähigkeit des Menschen, nicht nur entwicklungsbedingte Übergänge, sondern auch unerwartete traumatische Einschnitte zu überleben und sie als Chance, als bereichernden Übergang in eine neue Lebensphase zu erfahren, hängt mit der schützenden Festigkeit seiner inneren Objekte zusammen. Maiello verweist auf Bion, der die Geburt als drastische Zäsur, als unvermeidlichen Einschnitt im Leben jedes Individuums betrachtet, der im Falle einer Frühgeburt, zur Zeit des beginnenden Werdens der protomentalen Entwicklung, unvermeidlich traumatische Aspekte beinhaltet. Es werden Beispiele aus der Säuglingsbeobachtung und der psychoanalytischen

Behandlung Heranwachsender beschrieben, die sichtbar machen, wie Entstehung bzw. Stärkung der inneren Objekte die Grundlage bildet, die es ermöglicht, dass potenziell traumatische Zäsuren nicht nur zu erfahrbaren, sondern zu bereichernden Übergängen in neue Lebensabschnitte werden können.

Joshua Durban untersucht ausgehend von seinen Erfahrungen in der intensiven Psychotherapie mit Kindern, die unter frühen Entwicklungskatastrophen leiden, intrusive narzisstische Identifikationen und die damit verbundenen unbewussten Fantasien, Ängste und Abwehrmechanismen. Er beschreibt zwei zentrale Fantasien, die der Röhrenkinder, die sich selbst als offene, hohle Röhre erleben, die den Infiltrationen und Invasionen des toxischen psychischen Materials ihrer Objekte hilflos ausgeliefert sind, und die der Korkenkinder, die sich gezwungen sehen, das, was sie als Löcher oder innere Leere des Objekts wahrnehmen, zu füllen und zu verschließen, um den Container funktionsfähig und sich selbst am Leben zu erhalten. Es werden einige Varianten innerer Drehbücher der Kinder beschrieben, insbesondere von Kindern, die entweder die invasiven Projektionen psychischer Materialien des undurchdringlichen Objekts oder eine primitivere osmotische Identifikation erleben, bei der es keine klare Unterscheidung oder Lokalisierung zwischen eindringenden und ausfließenden psychischen Materialien in Selbst und Objekt gibt.

Maria Rhode erweitert in ihrem Beitrag »Die ›autistische‹ Ebene des Ödipuskomplexes – Über die Bedeutung emotionaler Faktoren für die Sinneswahrnehmung bei Kindern auf dem autistischen Spektrum« die von Francis Tustin beschriebenen existenziellen körperlichen Ängste von autistischen Kindern auf ihre Sichtweise von Kindern im Autismus-Spektrum, die, wie andere Menschen auch, ihre Erfahrungen mit Familienmodellen interpretieren. Mit der Tendenz dieser Kinder, ihre existenziellen Befindlichkeiten, zum Beispiel endloses Fallen, Zerfließen, Verstümmelungen des Körpers, vor ihrem familiären Hintergrund zu verstehen, konzipiert die Autorin eine »autistische« Ebene des Ödipuskomplexes, die sich mit den körperlichen Existenzängsten befasst. Rhode erweitert damit Freuds Ödipuskomplex auf der Ebene der ganzen Objekte, der die sexuelle Identität einschließt, und Kleins Ödipuskomplex auf der Ebene der Teilobjekte, der die psychotischen Ängste umfasst, und entwickelt in Anlehnung an Roland Brittons Konzeptualisierung zu umschriebenen Existenzängsten Erwachsener auf Borderline-Niveau einen »autistischen« Ödipuskomplex. Dieser beinhaltete als zusätzliches Merkmal, dass diese existenziellen Bedrohungen auf einer körperlichen Ebene erlebt werden. Dies führt zu einem neuen Verständnis der spezifischen Verwirrungen der Sinne, die für sensorische Empfindlichkeiten der Kinder mit Autismus verantwortlich sein können. Klinische Vignetten veranschaulichen die Bedeutung dieser primitiven ödipalen Konstellationen für die Integration der Sinne und für die Fähigkeit zur Selbstreflexion.

Viola Kreis vermittelt in ihrer Arbeit »Es rüttelt mich und schüttelt mich – Papa, warum verlässt du mich?« die Falldarstellung eines zu Beginn der zweijährigen Behandlung fünfjährigen Knaben, der durch generationsübergreifende wiederholte Migration zwischen Europa/Deutschland und Kanada traumatisiert wurde sowie durch den Tod seines Vaters mit drei Jahren. In seiner Behandlung konnte er seine Fixierungen und Hemmungen in der Entwicklung progressiv aufheben bzw. überwinden, fand zurück zur Beziehungsfähigkeit, um schließlich in Annäherung an die Latenzstruktur über seinen Körper und seine Spiele nachdenken und sprechen zu können. Durch die Begleitung der einfühlsamen, die Phasenspezifität achtenden Therapeutin konnte der Knabe angemessen den Tod seines Vaters und die Verluste in der Vergangenheit betrauern als Voraussetzung für eine freiere Fortentwicklung. Im zweiten Teil der Arbeit wird die Behandlung ausführlich theoretisch diskutiert.

Anna M. Nicolò entwickelt in ihrem Beitrag Freuds Behauptung weiter, das Ich sei primär ein Körperliches, mit Winnicotts Konzept vom Körper-Geist-Biom und seinem Verständnis der Persönlichkeitswerdung, mit einem neuen neurokognitiven Ansatz, der durch Entwicklungspsychologie und Säuglingsforschung unterstützt und bestätigt wird und damit dem körperlichen Ausdruck bei der Gestaltung des Austausches mit dem Anderen eine zentrale Rolle zuweist. Sie untersucht wahrnehmbare gesellschaftliche Veränderungen, die die Entwicklungsphase der Adoleszenz, den adoleszenten Körper und die aktuellen körperbezogenen Probleme betreffen. Der Heranwachsende steht vor der Aufgabe, den vorpubertär gelebten symbolisierten und gespiegelten Körper mit seinen archaischen Empfindungen und den veränderten, sexuell reifen Körper mit neuer Sensorik zu besetzen, zu resymbolisieren und zu integrieren. Die Autorin nennt diese Operation eine Umstrukturierung, zeigt fördernde und blockierende Faktoren in diesem Prozess auf. Das Fehlen früher sinnlicher Erfahrungen, Symbolisierungs- und Integrationsprozesse mit und durch die Mutter erschwert die libidinöse Besetzung des eigenen Körpers und die Entstehung gesunder Sinnlichkeit mit desaströsen Auswirkungen auf den in der Adoleszenz notwendigen analog verlaufenden Prozess. Fehlende Erfahrungen und Objekte dieser Art führen beim Adoleszenten zur Angst vor Desintegration und Selbstauflösung des Körpers, zu verstärkten Abwehrformationen und zu Agieren mit und am Körper, zur Transformation des Selbst durch omnipotentes Manipulieren des Körpers und sie können zu adoleszent- psychotischen Zusammenbrüchen und Pathologien wie Sucht und Selbstverletzung führen. An zwei Beispielen wird die Rolle und der Gebrauch des adoleszenten Körpers veranschaulicht, wie es in der dysmorphoben Störung mittels Festhalten am

Körper das Überleben sichert, als Abwehr eines möglichen Zusammenbruchs eingesetzt wird und wie er im Phänomen Transgender zum monströsen und abgelehnten Objekt werden kann, bis zu dem Punkt, die Realität außer Kraft setzen zu wollen, um an der Fantasie festhalten zu können.

Aglaja von Kalckreuth-Gahleitner bespricht in ihrer Arbeit »Wenn Akali ihre Kama schwingt, entsteht tödlicher Schaden« ihre Analyse eines 17-jährigen Jugendlichen mit somatischem Agieren und Rückzug in virtuelle Welten. Allmachtsfantasien und Destruktivität werden mit kontrollierbaren virtuellen Objekten im Spiel »League of Legends« ausgelebt, kommen allmählich in die Übertragungsbeziehung und werden der Bearbeitung zugänglich. Der ehemals unterbrochene Entwicklungspfad kann dann von ihm wieder aufgenommen werden.

Barbara Saegesser schildert eindrucksvoll ihre 15 Jahre psychoanalytische Feldarbeit in ostafrikanischen Städten und Gegenden. Dort war sie als Schweizerin ganz auf sich alleine gestellt in einer religiös-muslimisch-politisch ganz anderen Welt. Aber trotz Sprach- und Kulturbarriere fand sie im Vertrauen auf ihre psychoanalytische Identität Zugang zu den oft extrem traumatisierten Frauen, Kindern und zuweilen auch Männern, insbesondere zu innerafrikanischen Flüchtlingen. Daraus entwickelt sie hilfreiche Überlegungen für Begleitung, Unterstützung und Therapie von afrikanischen Migranten der ersten Generation in unserer westlichen, für diese ersehnten und doch so ganz anderen Welt.

Den Band schließen *Jack Novick* und *Kerry K. Novick* mit ihrem Plädoyer für eine »Ausbildung zum Lebenszyklus-Psychoanalytiker – Die integrierte psychoanalytische Ausbildung« ab. Freud, der vor seiner psychoanalytischen Karriere in Berlin und Wien lange in Kinderkrankenhäusern gearbeitet hatte und persönlich durch seine sechs Kinder mit kindlichen Entwicklungsprozessen sehr vertraut war, vertrat dann ab 1913 durchgehend den Standpunkt, seine Psychoanalyse ziele darauf, den Entwicklungsprozess aufzuzeigen. Und er wies immer auf die Bedeutung der Kinderanalyse für die Theorieweiterentwicklung der Psychoanalyse hin; zumal das »Wiener Kinderseminar« bis 1938 damit experimentierte. Nach dem Exil entwickelten deren Vertreter die kinderanalytische Behandlungstechnik als Unterspezialität der Psychoanalyse. So konnte Anna Freud 1970 fordern, dass kein »Analytiker sich als voll ausgebildet betrachten [soll], solange seine klinische Erfahrung und seine technischen Fähigkeiten auf eine einzige Altersgruppe oder Entwicklungsstufe beschränkt sind: dass alle Kinderanalytiker ermutigt werden sollen, sich auch mit Erwachsenenerfahrungen zu beschäftigen und alle Erwachsenenanalytiker zumindest eine Stichprobe von Kindern zu analysieren« haben. Anna Freud vertritt die Auffassung, dass »ein Analytiker, dem es an solchen Gelegenheiten oder an der Bereitschaft sie zu ergreifen fehlt, in seinem Verständnis für die Vergangenheit, Gegenwart und Zukunft seiner Patienten verkürzt ist« (Schriften der AF:2565). Die beiden Autoren waren beide noch am Londoner Ausbildungsinstitut Anna Freuds tätig gewesen und initiierten mit engagierten Kollegen ab 1977 in Ann Arbor/Michigan (USA) eine die Kinder- und die Erwachsenenanalyse voll integrierende Ausbildung (MMIT), deren Struktur und Probleme sie ausführlich schildern – sowie nachdenklich über die inzwischen von der IPA ermöglichte Integrierte Ausbildung (ITT) berichten, die allerdings dem Committee on Child and Adolescent Psychoanalysis (COCAP) unterstellt ist. Erfreulicherweise haben inzwischen in Latein- und Nordamerika mehrere Gesellschaften bzw. psychoanalytische Institute anerkannte curriculare Integrated Training Tracks eingerichtet.

Peter Bründl, München, im Oktober 2023

Franz Schambeck
(München)

»Wer hat gewonnen?« – »Wir beide!«[1]

Yecheskiel Cohens Überlegungen zu »Zugehörigkeit und Liebe«

Liebe Kolleginnen und Kollegen,

es ist mir eine Ehre, einen kleinen Beitrag im Rahmen der Gedächtnisvorlesungen zu Ehren von Chezzi Cohen leisten zu dürfen. Letztes Jahr hat Peter Bründl diese Reihe an diesem Ort eröffnet mit seinem Vortrag über »Migration, Transgenerationalität und Kreativität in der Kinder- und Jugendlichen-Psychotherapie« (Bründl, 2022).

Chezzi Cohens Überlegungen zu »Zugehörigkeit und Liebe« stehen im Zentrum meines heutigen Vortrags.

Die Zeilen des Gedichtes *Dich* von Erich Fried (1980), das sicherlich einige von Ihnen kennen, mögen meinen Gedankenreigen eröffnen.

Dich

Dich nicht näher denken
und dich nicht weiter denken
dich denken wo du bist
weil du dort wirklich bist

Dich nicht älter denken
und dich nicht jünger denken
nicht größer nicht kleiner
nicht hitziger und nicht kälter

Dich denken und mich nach dir sehnen
dich sehen wollen
und dich liebhaben
so wie du wirklich bist

---

1 Yecheskiel Cohen-Gedächtnisvorlesung der Ärztlichen Akademie für Kinder- und Jugendlichen-Psychotherapie am 30. Juni 2023 in Brixen.

Franz Schambeck

Ich selbst habe Chezzi viel zu verdanken. Die Begegnungen mit ihm, seine Art und Weise eröffneten mir einen – wie ich glaube – anderen, tieferen Zugang zum therapeutischen Beziehungsgeschehen. Ich war Teil einer seiner Supervisionsgruppen, hatte aber auch die Gelegenheit zur Einzelsupervision. Ich werde Ihnen später eine Vignette aus einer Supervisionsstunde bei Chezzi vorstellen.

Für meinen Vortrag habe ich den Titel »Wer hat gewonnen?« – »Wir beide!« gewählt. Mit der dem Titel innewohnenden Antwort »Wir beide« greife ich einen konkreten Interventionsvorschlag von Chezzi zu einer von mir vorgestellten therapeutischen Situation auf. Der Untertitel »Yecheskiel Cohens Überlegungen zu ›Zugehörigkeit und Liebe‹« skizziert eines der wichtigsten menschlichen Beziehungsthemen von Chezzi.

»Die Angst zu lieben« war der Titel seines ersten Vortrages 1993 in Deutschland im Rahmen der Sigmund-Freud-Vorlesung in Frankfurt. Seine Überlegungen führt er detailliert aus im 15. Kapitel seines Buches *Das mißhandelte Kind* (2004; 2. Aufl. 2014 unter dem Titel *Das traumatisierte Kind*). Darin stellt er auch seine »Überlegungen zum Konzept der Zugehörigkeit in Entwicklung und Therapie« dar.

Einige Mosaiksteine aus seiner Biografie mögen uns vielleicht erahnen lassen, worum es ihm bei den Themen Zugehörigkeit und Liebe geht:

Chezzi Cohen wurde 1932 in Bernburg an der Saale geboren. Er emigrierte mit seinen jüdischen Eltern 1938 nach Palästina, da die Judenfeindlichkeit und Verfolgung aufgrund der Machtübernahme durch die Nationalsozialisten immer bedrohlicher wurden. Die dort herrschenden schwierigen wirtschaftlichen Verhältnisse zwangen Chezzi zu häufigem Wohnungswechsel. Immer wieder verlor er seine Heimat. Zugleich schwelte permanent der jüdisch-arabische Konflikt. Chezzi musste Bedrohungen, Emigration und Unsicherheit erleben und erleiden.

Vielleicht halfen ihm diese Erfahrungen maßgeblich dabei, Menschen, insbesondere Kinder und Jugendliche, in ihrer Not so tief zu verstehen. Chezzi vermochte es, tiefen und bleibenden Kontakt herzustellen zu seinen Patienten und zwischen Kolleginnen und Kollegen, zwischen gesellschaftlichen Gruppierungen, zwischen Deutschland und Israel.

Chezzi Cohen hatte in Israel zahlreiche Funktionen inne. Von 1988 bis 1990 war er Präsident der Israelischen Psychoanalytischen Gesellschaft, lehrte als Gastdozent an der Hebräischen Universität in Jerusalem und war Mitglied zahlreicher Komitees des Staates Israel. Sein wichtigstes Projekt, sein Herzensprojekt, war das B'nai B'rith Residential Treatment Center in Jerusalem bzw. heute in Abu Gosh, deren Direktor er 40 Jahre lang war.

Dieses Children's Home hat vielen buchstäblich das Leben gerettet. Als Beispiel führe ich Aussagen zweier Männer an, die als Kind dort sein durften:

»Ich war auf dem Weg zur Jugendkriminalität. Heute weiß ich, dass ich, wenn ich nicht ins Kinderheim gekommen wäre, ein Leben voller Kriminalität und Gewalt geführt hätte. Zum Glück habe ich mein Leben zurückbekommen.« (Michael L., Bauingenieur)

»Wenn ich die Orte meiner Kindheitserinnerungen noch einmal besuche, wird mir klar, dass das Heim mich gerettet hat. Ich danke Gott, dass es einen solchen Ort gibt.« (Moti A., Geschäftsführer) (Jerusalem Hills Children's Home, 2023)

»Wer hat gewonnen?« – »Wir beide!«

Die Antwort »Wir beide« eröffnet bereits den Bogen: Die Antwort beinhaltet kein ICH und kein DU! Oder doch? Das »Wir« verortet, es ist ein gemeinsamer Raum, ein gemeinsames Anliegen, ein gemeinsames Sein…

»Ich bin hier mit dir«, sagt Chezzi im Dokumentarfilm *Die zweite Geburt*, der mit Unterstützung der Ärztlichen Akademie für Kinder- und Jugendlichen-Psychotherapie produziert wurde (Cohen, 2014).

Aber es heißt auch nicht: Wir haben gewonnen, nein: Wir beide haben gewonnen. Das Wort »beide« zieht eine Grenze in den gemeinsamen Raum, in das Gemeinsame. Das Wort »beide« bedeutet, dass zwei Individuen im gemeinsamen Raum sich begegnen, zwei Individuen, die nicht identisch sind, von denen jedes seine eigene Geschichte hat.

Chezzi Cohens meistzitierter Autor war mit Abstand Donald W. Winnicott. In der Sprache Winnicotts ist der gemeinsame Raum der Potential Space, der Übergangsraum (Winnicott, 1995). Er wird gemeinsam geteilt, in ihm finden Begegnung, Gesehen-Werden und Entwicklung statt. Es ist ein Raum, den das ICH und das DU gemeinsam bewohnen, ein Raum, in dem Sehnsucht, Liebe und Hass Platz haben.

Es ist die Sehnsucht, sein Selbst zu erweitern und mit dem Anderen zu verschmelzen oder – vielleicht exakter formuliert – eine tiefe Bindung und Bezogenheit mit dem Anderen einzugehen, ohne – und dies ist sehr wichtig – das Eigensein, die eigene Identität zu verlieren. Es ist »ein ständiger Konflikt zwischen der Sicherung eines getrennten, eigenständigen Selbst und dem Verschmelzen mit dem Objekt der Liebe« (Cohen, 2004, S. 239).

Als Beispiel für Verschmelzung möge die enge frühe Bindung von Mutter und Kind dienen. Es ist eine duale Beziehungsform, in der die Mutter innerlich emotional anerkennt, dass das Kind eine eigene getrennte Einheit ist: eine eigene Einheit mit eigenem Recht und zugleich in Union mit ihr. Dies ist keine Selbstverständlichkeit. Damit die Mutter das Kind als eigenständige Einheit anerkennen kann, muss sie selbst die Anerkennung als eigenständiges Individuum erlebt haben. Sie muss ausreichend erfahren haben: Ich bin eine Andere, es gibt Subjekt und Objekt. Und diese Erfahrung, die Trennung von Subjekt und Objekt, muss in der Innenwelt gesichert sein.

Es ist keine magische Allmacht, in der nur ein wie immer geartetes Ich existiert. Es ist keine Fusion oder Vermischung, bei der der Andere nicht als Anderer wahrgenommen wird. Eine Fusion gliche eher einem Brei, in dem alles irgendwie eins ist, in dem aber weder ich als Individuum noch die Welt wirklich existieren. Und dies ist ein großer Unterschied. Die gleichen Konstellationen gelten für Vater und Kind bzw. für Therapeut und Patient.

Ich möchte eine Vignette von Chezzi Cohen zitieren, die er 2019 im Rahmen der MAP-Tagung in seinem Vortrag mit dem Titel »Der ewig unbewusste Wunsch nach Verschmelzung« ausführte:

> »Die Vignette stammt aus der Therapiestunde eines zehnjährigen Mädchens, deren Mutter starb, als sie drei Jahre alt war […]. In der Schule ruft das Mädchen bei jedermann Ekel und Ablehnung hervor. Weder Lehrer noch Mitschüler mögen sie. Sie verbreitet überall Schmutz und gebraucht Worte der unflätigsten Art. In den Therapiestunden versucht sie, ihre Therapeutin dazu zu bringen, sich vor ihr zu ekeln – sie furzt, schmiert mit Kot etc. In der Stunde […] bittet sie um ein Rollenspiel, in dem sie die Lehrerin ist und die Therapeutin die Schülerin. Die Schülerin hat ein Bild zu malen, und die Lehrerin sagt ihr, das Bild sei abscheulich, und wendet sich an den Schulleiter, damit dieser die Mutter des Mädchens anruft und ihr sagt, dass die Bilder ihrer Tochter abscheulich seien. Mitten in dieser Szene beginnen der Therapeutin Tränen aus den Augen zu fließen (nicht zum Spiel gehören[d], sondern echte Tränen [sind]). Das Mädchen tritt aus dem Spiel heraus und sagt zu der Therapeutin: ›Du weinst.‹ Die Therapeutin antwortet: ›Ja, ein bisschen, ich bin traurig.‹ Dann tritt das Mädchen wieder in das Spiel ein und sagt in der Rolle der Lehrerin zur Therapeutin, dass ihre Bilder wirklich schön seien und dass sie wunderbare Arbeit leiste.« (2014, S. 98)

Chezzi Cohen sieht diese Vorgänge als gutes Beispiel für das Erleben des Eins-Seins bzw. des Zustandes der Verschmelzung. Das Weinen der Therapeutin ist deren eigenes Weinen und zugleich das Weinen des Mädchens. Die Therapeutin »leiht sich dem Mädchen aus und weint die Tränen, die das Mädchen noch nicht weinen kann« (2019, S. 11). Das Mädchen kann sich in der Therapeutin wiedererkennen, ihre Zeichnungen als schön empfinden und sich als gut annehmen.

Es ist für Chezzi Cohen essenziell, inwieweit der/die Therapeut*in aus sich herausgehen und sich ganz dem Patienten überlassen kann. Und: Jeder Patient ist eigen, jedes Patient-Therapeuten-Paar einzigartig.

»Wer hat gewonnen?« – »Wir beide!« (Interventionsvorschlag von Chezzi) Chezzi bezieht mit diesem Interventionsvorschlag Stellung und spannt einen Beziehungsbogen auf, in dem das Gemeinsame betont und zugleich das Ich und das Du gesehen und anerkannt werden. Oder mit anderen Worten gesagt: Du gehörst zu mir und ich erkenne dich an, so wie du bist. Du gehörst zu mir: Es bedeutet nicht: »Du gehörst mir« – denn dies wäre letztlich die Aufhebung des Ich und des Du, eine Bewegung in Richtung Fusion. Du gehörst zu mir: Ich und Du bleiben bestehen: Es geht um das Gefühl der Zugehörigkeit, die Chezzi Cohen so wichtig ist.

Zugehörigkeit – dieses Wort findet im Alltag vielfach Verwendung: Jemand fühlt sich einer Religionsgemeinschaft zugehörig oder einer Clique… oder einem Ausbildungsinstitut … Er teilt mit Anderen bestimmte Ansichten und Werte, ist in der Regel dort willkommen und anerkannt, fühlt sich irgendwie zu Hause, was Sicherheit gibt. Der Mensch ist ein soziales Wesen, er strebt nach Anerkennung, er strebt nach einem Platz in einer Beziehung, in der Gruppe, in der Gesellschaft, er strebt nach Zugehörigkeit.

Du gehörst zu mir und ich erkenne dich an, so wie du bist: Dies sagt sich so einfach und es ist zugleich so schwierig. Wie soll ich ein Kind, dass rülpst und stinkt, das sich an keine Regeln hält, anerkennen, wie es ist? Soll es nicht anders werden? Soll es sich nicht ändern? Mir persönlich hilft es, wenn ich die Geschichte des Kindes in mir präsent habe, wenn ich spüre, wie sehr dieses Kind verlassen und verletzt worden ist, wenn ich spüre, dass es Grund hat, in mir Gefühle der Abstoßung und der Wut zu erzeugen. Ich bin für das Kind die Welt, der es sein Inneres zeigt. Es lässt die Welt spüren, was es selbst erfahren musste. Dies bedeutet nicht nur die Anerkennung des Du, sondern schließt die Anerkennung der Geschichte, des Geschehenen im Hier und Jetzt mit ein. Es ist ein Übertragungsgeschehen. Es handelt sich hierbei nicht um kognitive Vorgänge, sondern vielmehr um emotionale Austauschvorgänge, so wie es auch die oben genannte Vignette von Chezzi deutlich aufzeigt.

Die Anerkennung des DU im So-Sein beinhaltet die Fähigkeit des Therapeuten, »nichts zu wollen«. Extrem formuliert: keine Veränderung zu wollen, den Patienten »nicht heilen« zu wollen, keinen Furor sanandi an den Tag zu legen, eine Haltung, die uns Medizinern aufgrund unserer Sozialisation eher fern ist. Aber ist es nicht unser Beruf, »zu heilen«? Nichts zu wollen, den Anderen zu lassen, so wie er ist, verlangt in erster Linie die Anerkennung der eigenen Unebenheiten, der eigenen Unzulänglichkeiten und die Fähigkeit, Ohnmachten, Wut und Hilflosigkeit auszuhalten und sie nicht mit Aktionen abwehren zu müssen. Mit anderen Worten: Der Therapeut muss selbst ein Angenommen-Werden und ein Angenommen-Sein erfahren haben, sei es bei den Eltern, sei es in der eigenen Selbsterfahrung oder in sonstigen Beziehungen. Er muss selbst die Erfahrung gemacht haben, dass Hilflosigkeit und absolute Zerstörung keine unbegrenzt vernichtenden Zustände bzw. Vorgänge sind, sondern Gefühle mit Begrenzung, die gehalten werden können. Nichts zu wollen beinhaltet zugleich das tiefe Vertrauen darauf, dass der Organismus Entfaltungsmöglichkeit in sich trägt, und meine Aufgabe als Therapeut ist es, Begegnung, Beziehung und Anerkennungsräume bereitzustellen, »da« zu sein, ohne Voreingenommenheit. Ich würde sogar von der Fähigkeit, nichts zu wissen, sprechen.

Sie spüren es sicher, ich bewege mich sehr im Bereich der frühen Beziehungsmodalitäten, in dem die Mutter dem Kind verlässlich zur Verfügung steht. Das »Zur-Verfügung-Stehen«, die Verlässlichkeit und die Anerkennung sind ebenso unabdingbar für eine entwicklungsfördernde Umwelt wie das Gefühl der Zugehörigkeit. Chezzi räumt dem Gefühl der Zugehörigkeit einen zentralen Platz ein: »Ich behaupte, dass das primäre und in gewissem Maße auch existenzielle Bedürfnis des Säuglings und des Kindes ein Gefühl der Zugehörigkeit ist« (Cohen, 2004, S. 204). Du gehörst zu mir. Du bist willkommen. Dies ist dein Platz, egal, was passiert. Diese Haltung von Chezzi wird sehr deutlich in der Dokumentation *Die zweite Geburt*, in der sein Therapieansatz in vielen Facetten dargestellt ist. Ich darf ein weiteres Zitat von Chezzi anführen:

> »Ich bin überzeugt, dass der eigentliche Beweggrund vieler Patienten, sich in Behandlung zu begeben, heute die Suche nach einem Ort, nach Menschen ist, in deren Nähe sie sich zugehörig erleben können und dies an keinerlei Bedingung geknüpft ist, nach einer ›Staatsangehörigkeit‹, die man nicht erhält, nur weil man mit den örtlichen Gesetzen vertraut ist oder weil man sich entsprechend den jeweils geltenden Gesetzen und Normen verhält, sondern eine Staatsangehörigkeit, die dem Menschen gilt, der man ist.« (ebd., S. 204)

Sie alle kennen den Wunsch vieler Patienten, sie mögen der einzige Patient in der Praxis sein. Natürlich wissen sie, dass vor ihnen ein Patient da war und nach ihnen einer kommt. Dieser Wunsch spiegelt die frühe Sehnsucht wider, dass die Mutter einzig und allein für das Baby da ist, einzig und allein dem Baby gehört, das ohne die Mutter nicht existieren kann. Sie alle kennen Winnicotts berühmt gewordene Aussage: »There is no such thing as a baby.« Es gibt kein Baby oder Kleinkind ohne die Mutter, es gibt nur ein Mutter-Baby-Paar. Der Satz drückt zugleich aus, dass das Neugeborene die Fürsorge der Mutter existenziell braucht, um überleben zu können. Das Kleinkind braucht Fürsorge, Beziehung und Anerkennung, um zu sich selbst bzw. sich selbst zu finden. Der tief regredierte Patient sehnt sich nach der illusionären Erfahrung, der Einzige für die Mutter zu sein, zu ihr zu gehören oder, wie Chezzi Cohen es formuliert: »Du gehörst hierher, hier brauchst du einfach nur zu sein, du musst nicht aktiv werden, es wird nichts von dir erwartet, hier freut man sich einfach, dass du da bist« (ebd., S. 207). Es ist eine Art Holding.

Ich denke, wir sollten den Mut aufbringen, diesen Sätzen, dieser Haltung zu vertrauen, zu vertrauen, dass ein »Nichts-Wollen«, ein »Einfach-da-Sein«, ein Anerkennen des »So-Seins« heilend wirkt. Dieses »Da-Sein« ist bisweilen extrem schwierig. Es beinhaltet, sich auf die Schwingungen, die Freude, die Enttäuschung und die Wut des Patienten einzulassen und sich den Auseinandersetzungen zu stellen. Gegebenenfalls muss auch ein »Schnitt« erfolgen, um metaphorisch einen Vorgang aus der Chirurgie zu verwenden. Ein Abszess muss mit einem Schnitt geöffnet werden und die Wunde darf sich nicht vorschnell schließen. Im Zentrum steht das Sehen des Anderen, der einen Prozess, der eine zweite Geburt einleitet, um den Filmtitel der Dokumentation über Chezzis Behandlungsansatz schwer traumatisierter Kinder noch einmal zu wiederholen.

Der Potential Space beinhaltet zugleich eine Grenze und die Zugehörigkeit beinhaltet ein Ich und ein Du. Mit dem Vater kommen mehrere Zugehörigkeiten hinzu, das System erweitert sich und zugleich wird damit auch das Gefühl der Nichtzugehörigkeit tolerierbarer. Letzlich geht es Chezzi Cohen um Fragen wie: Wer bin ich? Willst du mich wirklich haben? Bin ich aushaltbar? Bin ich auf dieser Welt willkommen?

Es hilft nichts, dem Anderen zu sagen, er sei willkommen. Nein, er muss es spüren. Er muss spüren, dass er wichtig ist, dass der Therapeut aufrichtig bemüht ist, ihn zu verstehen, ihm zuhört, was er zu sagen hat, direkt oder indirekt.

Vieles wird und kann nicht verbal ausgedrückt werden. Nicht wenige emotionale Zustände werden über Handlungen im Therapeuten erzeugt. Er fungiert als riesiger Resonanzraum für die Geschichte des Patienten, freilich als subjektiver Resonanzraum, der von der eigenen Geschichte mitgeprägt ist. Wenn Sie dem Anderen aktiv zuhören, gibt es kein »Den-Anderen-verändern-Wollen«. Im Zentrum steht das Verstehen-Wollen, aber niemals werden Sie in diesem Modus den Anderen verändern wollen. Es ist eine hohe innere Aktivität vorhanden, geprägt von zentrierter Bezogenheit.

All dies war für mich bei Chezzi Cohen spürbar.

Warum fällt es uns so schwer, bezogen zu sein, uns völlig dem Anderen zu öffnen, ihn zu lieben? Warum diskutieren wir in der analytischen Community so viel über Aggression, über den Umgang mit Angst und Wut und so wenig über die Gefühle liebevoller Zuneigung, so wenig über die Lust, etwas gemeinsam zu machen, etwas gemeinsam zu erleben? Könnte es sein – ich zitiere –, »dass Menschen sich – so paradox das auch klingen mag – geschützter fühlen, wenn sie sich mit Äußerungen von Hass und Zurückweisung als mit Gefühlen der Liebe konfrontiert sehen« (ebd., S. 236)? Dieses Zitat stammt aus Chezzis Aufsatz »Die Angst zu lieben«.

Stendahl (2007) vergleicht die Liebe mit einem Fieber, das uns überfällt, ohne dass der Wille daran beteiligt ist. Und Angelika Staehle (2022) sieht in der Angst zu lieben eine Vermeidung des Anderen. Vielleicht halten wir unsere Patienten auf Abstand, wenn wir von Übertragungsliebe sprechen und sie als Widerstand deuten (vgl. Krutzenbichler, 2019; Quindeau, 2019). »Mit der Liebe tut sich die Psychoanalyse schwer«, konstatiert Bernd Nissen in seinem Aufsatz »Liebe in der analytischen Behandlung« (2019).

Josef Breuer war die leidenschaftliche Liebe von Bertha Pappenheim bzw. Anna O nicht geheuer und er floh. Doch ist ein Ausweichen im therapeutischen Prozess nicht ebenso fatal wie ein »Ihr-Nachgeben«? Drückt das Gefühl der Liebe nicht einen Wunsch nach Nähe aus, einen Wunsch nach Bindung? Chezzi zeigt auf, wie der unbewusste Wunsch nach Verschmelzung uns treibt, wie wir uns immer wieder nach der Dualunion der ersten Beziehung sehnen, wie unsere Liebesfähigkeit abhängt von den Erfahrungen der ersten – mütterlichen oder väterlichen – Beziehung.

> »Ich möchte nun behaupten, dass die Angst zu lieben auch als Abwehrmechanismus gegen die Wiederholung eines traumatischen Ereignisses dient, das lange Zeit zurückliegt, das aber nicht so wahrgenommen werden konnte, als gehöre es zu einem selbst, als habe man es unter Kontrolle, als sei es einem selbst widerfahren.« (Cohen, 2004, S. 248)

Chezzi Cohen bezieht sich damit auf Winnicotts Konzept des Zusammenbruchs (»the fear of break down«). Die Angst vor einem Zusammenbruch hat ihre Wurzeln in einem Zusammenbruch der Mutter-Kind-Bindung, der bereits in der frühesten Kindheit stattgefunden hat. Der Säugling ist konfrontiert mit schwer traumatischen Erfahrungen, die nicht in das Selbst integriert werden können. Er kann diese Erfahrungen nicht als zu sich gehörig erleben. So haben unsere Beziehungsängste möglicherweise sehr frühe traumatische Wurzeln. Es sind Ängste vor Vernichtung, aber auch vor Vereinnahmung. Vereinnahmung ist gleichbedeutend mit Tod bei einer ungenügenden Entwicklung eines abgegrenzten Selbst.

Es sind Ängste, ins Bodenlose zu fallen oder desintegriert zu werden, um einen Ausdruck Winnicotts zu benutzen. Im Englischen heißt es »to fall in love«. Liebe ist mit Angst verbunden. Wenn ich verliebt bin, sehe ich alles durch eine rosarote Brille. Alles, die ganze Welt erscheint anders. Es ist ein umfassendes Gefühl, frei von und fern jeglicher Kontrolle, ungewiss, wo es uns hinführt. Aber all dies macht auch Angst.

Nun zur eingangs erwähnten Vignette, einem Ausschnitt aus einer Supervisionsstunde bei Chezzi. Es geht um die Behandlung eines siebenjährigen Jungen. Ich erzähle Chezzi Cohen anamnestisch ungefähr Folgendes:

Die 30-jährige Mutter ist sehr besorgt um ihren siebenjährigen Sohn Cornelius, der »eine hohe kriminelle Energie hat«. Er lügt und stiehlt. Es kommt immer wieder zu Gewaltausbrüchen, er muss immer der Boss sein, bei kleinsten Frustrationen knickt er innerlich zusammen und kann keinen normalen Kontakt halten. Man kann mit ihm nicht spielen, er springt umher, bricht immer wieder alles ab.

Die Mutter selbst ist ein ungewolltes Kind. Ihre Eltern waren damals noch in Ausbildung, hatten kein Geld. Wechselnde Bezugspersonen, sehr frühe Selbstständigkeit, viele Brüche in ihrer eigenen Entwicklung. Ein schwacher Vater, Suizide in der väterlichen und mütterlichen Linie. Sie hatte immer einen starken Vater gesucht, dann den Vater von Cornelius kennengelernt, er ist 25 Jahre älter als sie. Für ihn war es die vierte Ehe. Beruflich hatte er viel Erfolg, war aber immer absturzgefährdet aufgrund seiner Depressionen und Alkoholprobleme.

Die Mutter von Cornelius hatte unbedingt ein eigenes Kind gewollt, nach mehrmaligen Versuchen wurde sie schwanger, nach der Geburt und einer dreimonatigen Stillzeit ging sie, beruflich bedingt – sie war Auslandsjournalistin –, für zwei Monate ins Ausland und ließ das Baby bei einer Kinderfrau in Deutschland zurück. Die Ehe wurde zur Katastrophe, der Vater verlor alkoholbedingt seine Stelle, die Mutter musste ganztags den Unterhalt verdienen. Kündigung der Kinderfrau, ab dem 15. Monat Kinderkrippe, später wechselnde Au-pair-Mädchen. Ende des zweiten Lebensjahres von Cornelius war die Mutter beruflich wiederum für viele Monate im Ausland auf einem anderen Kontinent, Betreuung durch die Oma und den Vater, der aber immer wieder »durchdrehte« und mit Selbstmord drohte. Ein massiver Suizidversuch des Vaters, mehrmaliger Aufenthalt in der Psychiatrie. Scheidung, juristischer Kampf um das Sorgerecht. Der Vater sieht Cornelius gelegentlich, im Schnitt etwa einmal im Monat.

Die Mutter, so mein erster Eindruck, muss alles »im Griff haben« und diktiert mir im Erstgespräch die Anamnese. Cornelius baut sofort, von der ersten Stunde an, eine idealisierende Übertragung auf, viel Angst abwehrend. Viele motorische Aktionen, in denen es um Krieg und Getötet-Werden geht. Kein Spiel. Er ist der Größte, hat das meiste Geld, befiehlt. Er ist Herr über Leben und Tod. Schwierig jedes Mal das Ende der Stunde, die Trennung. Einmal ist das Au-pair nicht pünktlich da, Cornelius gerät völlig in Panik.

Die Anfangsphase ist geprägt von einem wilden Chaos, mir ist die Rolle des Bewunderers seiner Person zugedacht, er diktiert die Regeln, er ist Cäsar,

Napoleon und führt unendliche Kriege. Er zerbombt und zerstört, ich bin chancenlos, ohnmächtig, ausgeliefert.

Nun ein Auszug aus der 70. Stunde: Mittlerweile können wir spielen und miteinander reden. Er muss nicht mehr alles gewinnen.

Er streckt mir bei der Begrüßung an der Tür ein Ritterspiel und ein Buch über ägyptische Könige entgegen, das er aus seiner Tüte holt. »Bis ich auf zehn zähle, hast du alles aufgebaut!«

Ich: »Oh, da muss ich mich aber beeilen«, und beginne das Spiel aufzubauen.

Er: »Oh, falsch, auch die anderen Teile.« Er nimmt Teile. »Siehst du, so schnell geht das bei mir.« […]

Jeder von uns hat verschiedene Figuren. Wir sitzen beide auf einem großen Teppich.

Er: »So, jetzt fängst du an. Du sollst nachschauen…« Er gibt mir Regieanweisungen, die ich befolge.

Ich: »Oh, eine ganze Armee, und hier, der König, der große Cornelius!«

Er: »Alle Mann vor die Burg, alle Römer aufstellen!«, dann leiser zu mir: »Du sollst die Gallier sein und einen Zaubertrank getrunken haben und uns angreifen.«

Meine Leute drehen ein paar Römer in die Luft.

Er: »Jetzt haben wir den Zaubertrank, ihr solltet es aber nicht wissen.«

Meine Gallier fliegen durch die Luft…

Ich: »Oh, sind die Römer stark, ich habe Angst…«

Wir spielen hin und her.

Plötzlich sagt er: »Du hast meinen Sohn angegriffen, lass ihn in Ruhe!«

Ich: »Es ist gut, wenn man einen Vater hat, der einen beschützt.«

Er nickt zustimmend und ist sichtlich zufrieden mit meiner Bemerkung.

Das Spiel variiert. Seine Figuren tun so, als ob sie schliefen, überraschen dann meine Leute und verkloppen sie.

Ich: »Oh, das ist schlimm, wenn man plötzlich Schläge bekommt und keiner hilft einem…«

Nachdem er mich mehrmals besiegt hat, schaut er auf das Buch über die ägyptischen Könige, das er mitgebracht hat…

Wir schauen gemeinsam die Bilder an und ich lese ihm vor. Es ist eine sehr schöne Atmosphäre, wir liegen beide am Boden, er schaut bisweilen mit ins Buch, bisweilen an die Decke oder macht die Augen zu. Nach 15 Minuten wendet er sich wieder dem Spiel mit den Figuren zu. Es geht weiter.

Er: »Ihr wollt über euer eigenes Land bestimmen.«

Ich: »Oh ja, das möchte jeder. Jeder will über das eigene Land bestimmen. Es ist schlimm, wenn andere befehlen: Jetzt mach' dies und jenes… Jetzt geh' zur Schule, jetzt geht die Therapie wieder an (er war eine Woche weg), jetzt sind keine Ferien mehr.«

Die Stunde neigt sich dem Ende zu und wir fangen mit dem Aufräumen an.
Er: »Und wer hat jetzt gewonnen?«
Ich schaue ihn kurz an...
Er antwortet selbst: »Keiner!«

Ich stellte diese Stunde Chezzi vor, zusammen mit einer kurzen Anamnese, wie ich sie Ihnen vorhin auch gegeben habe. Ich fasse seine Gedanken zusammen:

Ohne Umschweife spricht er gleich den für ihn zentralen Punkt an: Jeder will auf dieser Erde willkommen sein. Er erzählt von einer Frau, die täglich zum Bahnhof ging. Sie ging täglich zum Bahnhof, um immer wieder die vielen Leute zu sehen, die bei ihrer Ankunft von Verwandten oder Freunden begrüßt wurden.

Cornelius wurde im dritten Monat für zwei Monate verlassen, was für ihn den Tod bedeutete. Dann wieder im dritten Lebensjahr. Die Mutter wollte – Chezzi Cohens Meinung nach – unbedingt ein Kind, weil sie ihr eigenes »Nicht-Angenommensein« nicht mehr allein tragen konnte, nicht mehr allein aushalten konnte und dies an ihren Sohn delegierte. Die Mutter war früh selbständig, sehr tüchtig aus der Not heraus, emotional aber völlig allein.

Cornelius wechselt in der Stunde ständig zwischen Groß und Klein. Er ist der mächtige Cäsar, als Cäsar aber zugleich schwach. Als Cornelius sagte: »Bis ich auf zehn zähle, hast du alles aufgebaut«, hätte Chezzi geantwortet: »Ich kann das nicht alleine.«

Auf die letzte Frage von Cornelius: »Und wer hat jetzt gewonnen?«, hätte Chezzi geantwortet: »Wir beide!«

Es ist wichtig, als konkrete Person spürbar zu werden. Chezzi Cohen geht aktiv auf Cornelius zu, integriert, zeigt sich als Person, die stark und schwach ist, die aktiv annimmt. Chezzi Cohen betont noch einmal, wie wichtig das mütterliche Angenommensein für das ganze Leben ist. Die Passage, in der wir ein Buch gemeinsam lesen, findet er so wichtig, es ist ein gemeinsames Erleben, das verbindet. Dass Cornelius sich regressiv fallen lassen kann, sieht er prognostisch als sehr günstig an.

Etwas skeptisch war er hinsichtlich der Frage, inwieweit die Mutter die Therapie ertragen könne. Ob sie nicht etwa einen Abbruch herbeiführen müsse, weil sie Cornelius braucht.

Als ich den Vortrag konzipierte, habe ich mich gefragt, ob ich jetzt – einige Jahre später – auf die Frage »Wer hat gewonnen?« ebenfalls die Antwort »Wir beide!« gäbe.

So wie ich mich kenne, würde ich wieder Cornelius anschauen und er würde wahrscheinlich wieder schnell antworten »keiner«. Vielleicht, aber ich bin mir nicht sicher, könnte ich mittlerweile ergänzen: »Oder wir beide!« Aber ich weiß es nicht. Vielleicht liefe die Szene genauso ab wie damals. Es ist immer eine Frage des Augenblickes, der Authentizität, die im therapeutischen Geschehen so unendlich wichtig ist.

Und Chezzi Cohen war authentisch. Dazu eine Szene aus einer anderen Supervisionsstunde. Ich berichtete dabei fast ausschließlich von einer Sitzung. Chezzi hörte mir zu, er war auch etwas müde, so mein Eindruck, fragte zwei- bis dreimal nach… und sagte dann am Schluss: »Franz, es tut mir leid, aber ich kann dir heute nicht weiterhelfen. Ich habe die Patientin nicht verstanden, ich habe die Stunde nicht verstanden.« Dieser Satz überraschte und entlastete mich zugleich sehr.

Mit dem Gedicht *Dich* eröffnete ich meine Gedanken zu Chezzi Cohen, mit dem Gedicht *Ohne Dich* schließe ich.

Ohne dich

Nicht nichts
ohne dich
aber nicht dasselbe

Nicht nichts
ohne dich
aber vielleicht weniger

Nicht nichts
aber weniger
und weniger

Vielleicht nicht nichts
ohne dich
aber nicht mehr viel

Vielen Dank für's Zuhören.

Literatur

Bründl, P. (2022): Migration, Transgenerationalität und Kreativität in der Kinder- und Jugendlichen-Psychotherapie. In: P. Bründl, K. Hörter, S. Kudritzki & I. Schuber: *Wandern, Wandeln und Mäandern. Jahrbuch der Kinder- und Jugendlichen-Psychoanalyse, Bd. 11*. Frankfurt a. M.: Brandes & Apsel, S. 19–27.

Cohen, Y. (2004): *Das mißhandelte Kind*. Frankfurt a. M.: Brandes & Apsel.

Cohen, Y. (2014): *Das traumatisierte Kind. Psychoanalytische Therapie im Kinderheim*. Mit dem Film *Die zweite Geburt* (DVD). Frankfurt a. M: Brandes & Apsel.

Cohen, Y. (2019): *Der ewig unbewusste Wunsch nach Verschmelzung*. MAP-Tagung.

Fried, E. (1980): *Liebesgedichte*. Berlin: Klaus Wagenbach.

Jerusalem Hills Children's Home: Online: https://www.jwi.org/jerusalem-hills-childrens-home [Stand 29. Mai 2023].

Krutzenbichler, S. (2019): Die Übertragungsliebe – sie ist der Vogel, den sein Nest beschmutzt. *Forum der Psychoanalyse*, 3, 213–225.

Nissen, B. (2019): Liebe in der analytischen Behandlung. *Forum der Psychoanalyse*, 3, 243–257.

Quindeau, I. (2019): Liebe und Begehren in der Psychotherapie. *Forum der Psychoanalyse*, 3, 259–272.

Staehle, A. (2022): Angst zu lieben – Vermeidung des Anderen. *Kinderanalyse*, 2, 121–148.

Stendhal (2007): *Über die Liebe*. Berlin: Insel.

Winnicott, D. W. (1991): Die Angst vor dem Zusammenbruch. *Psyche – Z Psychoanal*, 12, 1116–1126.

Winnicott, D. W. (1995): *Vom Spiel zur Realität*. Stuttgart: Klett-Cotta.

Orna Wassermann
(Tel Aviv)

Die Veränderung des Skripts von innen heraus[1]

In dem Moment, in dem Freud das Phänomen der Übertragung identifizierte, war es ein für allemal mit dem Seelenfrieden des Therapeuten vorbei. Das Geschehen im Therapiezimmer konnte nicht länger als ein von dem zum Leben erwachten realitätsverzerrenden Erleben betrachtet werden. Eine Fülle technischer Fragen soll uns helfen, unseren Weg im Dickicht der Übertragung zu finden, hin zu der Möglichkeit, ihre Ursprünge auszumachen und vor allem uns von ihrer repetitiven Kraft zu befreien.

Freud (1914) spricht von der Übertragung als »Spielraum«, in dem die Rekonstruktion stattfinden darf (Lear, 1993). Loewald (1975) bedient sich der Metapher des Skripts, des Schauspiels, um die im Therapiezimmer zum Leben erwachende Übertragung zu beschreiben; eines Skripts, das auf den Analytiker ausgerichtet ist und mit seiner Kooperation entsteht; seine Aufgabe ist es auch, Regie zu führen. Die Übertragung ist nicht mehr ein isoliertes Ereignis in der Welt des Patienten, sondern eine totale Situation (Joseph, 1983), welche in vollständiger Weise die Welt des Patienten konstruiert (worldiness; Lear, 2003). Doch nicht nur die Welt des Patienten.

Theoretische Begriffsbildungen wie projizierende Prozesse und projizierende Identifikation helfen dabei, das seltsame Phänomen zu beschreiben, das auftritt, wenn der Patient mit einem eigenen inneren Skript erscheint und sich dieses Skript nicht nur im Therapiezimmer materialisiert, sondern der Analytiker sich genötigt findet, eine der Rollen zu übernehmen. Konzepte wie Enactment, Role-responsiveness (Rollenempfänglichkeit) (Sandler, 1976) lenken unsere Aufmerksamkeit auf die Tatsache, dass wir auch handeln, während wir sprechen, und zwar im Schatten und unter dem Einfluss des Objekts. In der Regel beschreiben wir die Rolle des Therapeuten als derjenige, der das Drama identifizieren und es deuten und dem Patienten helfen soll, das Dargestellte als eine Darstellung aus seiner Welt zu identifizieren. Loewald (1975) merkt an, dass der Ursprung des Wandels in der Fähigkeit des Therapeuten liegt, dem Patienten die Rolle aufzuzeigen, die dieser ihm zugewiesen hat, eine Fähigkeit,

---

[1] Vortrag gehalten am 15. März 2023 beim Mittwochskolloquium der MAP und der Ärztlichen Akademie für Kinder und Jugendliche.

die auf der empathisch-objektiven Positionierung des Therapeuten gegenüber dem Patienten beruht. Wenn Loewald von der therapeutischen Handlung (therapeutic action) (1960) spricht, unterstreicht er jedoch die Differenziertheit des Therapeuten von den verinnerlichten Objekten, seine andersartige Gegenwart, welche potenziell das im Therapiezimmer lebendig werdende Skript verändert. Aus dieser Perspektive bietet das Lebendigwerden eine Gelegenheit zur Intervention im Skript, während es sich auf der Bühne abspielt und – man könnte hinfügen – nicht nur aus seiner Erläuterung und Deutung heraus.

Ich möchte dazu ein – fast banales – Beispiel geben:

Rina, Lehrerin von Beruf, ist seit einigen Jahren in analytischer Behandlung. Sie beginnt zögernd von der Jahresabschlussaufführung ihrer Klasse zu erzählen. »Es war sehr gelungen und die Eltern waren sehr gerührt.« Sie schaut mich an und beschreibt Einzelheiten der Aufführung. Spürbar sind ihre Aufregung und ihr Stolz und die ganze Zeit spricht sie ein wenig zögernd, als trete sie vorsichtig auf.

Ich denke bei mir, dass es so ganz untypisch für Rina ist, so zu sprechen, ohne entschiedenes »Fazit«. Sie teilt sich einfach mit. Ich höre bisher »nur zu«.

Aus anderer Perspektive geschieht hier jedoch noch etwas. Wenn in Rinas Welt das Reden bereits einen Kampf mit einer feindlichen Außenwelt bedeutet, wenn in ihrer inneren Welt der Andere sich nicht die Mühe macht, zuzuhören, dann erfordert die Erwartung des Sich-Mitteilens, während der Andere zuhört, eine Verwandlung in ihrer Welt, ja bedeutet bereits eine Veränderung für sie. Hier liegt auch der Grund für ihre zögernde Sprache, so als ertaste sie ihren Weg in einer bedrohlichen Umgebung.

Was ist meine Rolle dabei? Wie die Dinge liegen, ist ja bereits mein bloßes Zuhören ein in ihrer Welt intervenierender Akt, eine Handlung, welche aus dem Rahmen des gewohnten Skripts fällt und sich in ihr Hoffnungsszenario einfügt. Und das noch bevor ich ein einziges spiegelndes oder deutendes Wort geäußert habe. Auch die Deutung der Lage der Dinge hebt diese Handlung nicht auf. Die Deutung kann unter Umständen zu einem Akt des Nicht-Zuhörens werden, der das ursprüngliche Skript stärkt, demzufolge alle Zuhörer eigene Interessen verfolgen.

Es entwickelt sich also ein Skript im Therapiezimmer, parallel zum Inhalt des Gesagten, welches die Frage der Möglichkeit des Zuhörens berührt oder die Möglichkeit des Sprechens, während ein Anderer zuhört. Gibt es überhaupt die Möglichkeit, in diesem Skript keine Rolle zu übernehmen?

Das vorgestellte Beispiel ruht in der Grundstruktur therapeutischen Handelns. Das relativ »einfache« Element in dem von mir geschilderten Vorfall ist die Tatsache, dass Rina der Möglichkeit offen gegenübersteht, dass das Skript sich anders entwickelt als in ihrer ursprünglichen Erfahrung. Sie selbst initiiert das Sich-Mitteilen. So wird mein Zuhören zu einer Mitwirkung in einem neuen, tentativen Skript, welches sie zu schreiben wagt.

Yoram Hazan (2014 [2008]) definierte das analytische Zuhören in seinem Wesen als In-der-Welt-des-Anderen-Sein:

> »Also ist analytisches Zuhören nicht, wie jemandem zuzuhören, sondern es bedeutet, derjenige zu sein… Was uns hier vor dem Abgleiten in bizarre Regionen bewahrt, ist das Wissen, dass es sich um ein Spiel handelt… Zuhören ist Teilnahme – auf spielerische Weise – am Erleben des Anderen, und zwar nicht so als wäre es theoretisch unser eigenes, sondern als wahrhaftig unser Erleben.«[2]

Loewald (1960) bemerkt, dass die bloße Präsenz eines beobachtenden und deutenden Anderen – und ich füge hinzu, vorausgesetzt, er wurde als solcher wahrgenommen – bereits eine Veränderung im ursprünglichen Skript in Richtung von Integration und potenziellem Wachstum darstellt.

Ich habe hinzugefügt, vorausgesetzt, er wurde als solcher wahrgenommen, denn der Eintritt in die Regionen des Enactments birgt zwei Gefahren: Die eine ist die Gefahr des Gefangenseins im Skript, in einer der vorbestimmten Rollen. Die zweite Gefahr liegt darin, dass der »Autor« des Skripts den Eintritt des »Fremden« als Bedrohung wahrnimmt – vielleicht sollte man sagen, als »Feind der Verinnerlichung« – und ihn von der Bühne entfernt. In primären Stadien (Situationen) reicht schon die Identifizierung von etwas Fremdem oder Anderem, um den Vorhang hinunterzulassen – eine Art Überlebensverteidigungsmechanismus gegen Ich-fremde Materie (nach Solan, 1998). Dies ist die Region der Geister (Fraiberg et al., 1975), die Sackgasse (Rosenfeld, 1987), der geistige Zufluchtsort (psychic retreat), an den sich der Patient zur Verteidigung zurückzieht (Steiner, 1993), während die Worte des Therapeuten entweder auf taube Ohren stoßen oder mittels des Prismas der Übertragung gedeutet und zu offensiven Elementen aus der inneren Welt des Patienten werden (Joseph, 1983). Die dritte Dimension ist zusammengebrochen (Benjamin, 2004) und mit ihr der symbolische Raum. Die Fülle der Begriffe macht die Häufigkeit und die Komplexität dieses Bereichs greifbar. Wesentlich bedeutet dies, dass es keine Möglichkeit zum Dialog gibt.

Daher verlagert sich der Fokus auf das Bedürfnis nach Containment und nach Transformation im Analytiker selbst und in der Art seiner Deutung. Man macht sich eingehend Gedanken über Methoden des Sprechens und Arten der Deutung, die den Patienten auch in diesem Zustand erreichen und die Transformation vom zweidimensionalen in den dreidimensionalen Raum ermöglichen.

---

2 Alle Zitate werden aus der hebräischen bzw. englischen Ausgabe zitiert.

So hat z. B. Naama Keinan-Kon (2004) die Überzugsdeutungen im Hinblick auf primäre mentale Zustände konzeptualisiert, die in ihrer Struktur sowohl zweidimensionale Elemente einer einfachen, hautnahen Sprache als auch die Kenntnis der Außenwelt und der Dreidimensionalität vereinigen. Dieses strukturelle Paradox ist nicht zufällig, sondern essenziell für die Möglichkeit, an den Patienten heranzukommen und einen Wandel zu bewirken. Steiner (1993) schlägt analytikerzentrierte Deutungen als einen indirekten, aber vielleicht realisierbareren Weg vor, dem Patienten etwas über sich selbst zu vermitteln. Die Grundlage dieser Prozesse liegt darin, dass die Worte ein lebendiges Wesen im Therapiezimmer erschaffen.

Bollas (2020) beschreibt die Lebendigkeit und die Komplexität des Verweilens in diesem projizierenden Raum:

»Patienten schaffen Umfelder. […] Über einen langen Zeitraum, der vielleicht niemals endet, werden wir von der Umwelt-Sprache des Patienten verschluckt, wir wissen überhaupt nicht, wer wir sind, welche Rolle wir spielen sollen und was unser Los als sein Objekt sein wird.« (S. 215)

Was jedoch geschieht in Situationen, in denen wir eine Ahnung haben, wer wir sind und welches Los uns als Objekt des Patienten erwartet? Wenn wir einen Teil des Objektskripts, in dem eine Rolle zu spielen wir eingeladen sind, identifiziert haben, was sollen wir dann tun? Im einfachen Fall sagen wir etwa: »Danke, dies ist die Rolle, die Sie uns einladen zu spielen, lassen Sie uns sehen, was uns das über Sie sagt.« Das heißt, »Danke, aber, nein, Danke«. Möglicherweise stellen wir fest, dass wir mit dieser Aussage unweigerlich zu einem Schauspieler auf der Bühne werden. Die Entscheidung, an der Umsetzung des Skripts teilzunehmen, liegt nicht immer bei uns, sondern auch an der Bereitschaft des Patienten und seiner Internalisierungen, uns-also-sich-selbst aus dem Skript zu entlassen. Wenn das so ist, dann ist es vielleicht angebracht, an die Intervention im Skript selbst zu denken.

Ich will mich eines Beispiels aus der Literatur bedienen: In dem israelischen Roman *End-Welt (End's World)* beschreibt Ofir Touché Gafla eine imaginäre Welt – die Welt nach dem Tod. Dorthin kommt Ben nach dem Tod seiner Frau Marian. Sein Leben ist kein Leben ohne sie; er begeht Selbstmord und gelangt so in die End-Welt. Nach langen Strapazen findet er Marian, die vor lauter Sehnsucht in eine postmortale Depression gefallen ist. Sie ist abhängig von der obsessiven Betrachtung von Videofilmen ihres Lebens – dies sind Videofilme, welche das Leben des Verstorbenen zeigen. Jeder Verstorbene erhält sie bei seinem Eintritt in die End-Welt. Die Ärzte warnen Ben, dass eine Begegnung mit ihr keinen Sinn hat, da sie allem Neuen völlig unzugänglich ist. Sie ist völlig versunken in die Betrachtung der Videos ihres Lebens oder – in unserer Fachsprache – in neurotischer Wiederholung. Ben jedoch glaubt an die Verwandlungskraft der Liebe und betritt ihr verdunkeltes Zimmer. Er ruft ihren Namen. Sie antwortet ihm, »Benji«, und bittet ihn, kein Licht zu machen. So begegnen sie sich, lieben sich, und Ben feiert seinen Sieg und den Sieg ihrer Liebe über die Prophezeiung der Ärzte. Marian steht auf und macht Licht. Da erwartet Ben eine Überraschung. Sie bringt ihre Freude darüber zum Ausdruck, dass er sich nicht, wie alle ihre bisherigen Fantasien, in Luft aufgelöst hat. Sie erkennt »ihn«, interpretiert ihn jedoch als **ihre** Erschaffung, einfach als ein Produkt ihrer Fantasie. Er stellt erschüttert fest, dass das ihm zugewandte Lächeln das Lächeln einer Fremden ist, eine Fremdheit, die sich daraus ableitet, dass sie ihn nicht als er selbst erkennt. Alle seine Versuche, ihr die Situation korrekt zu erklären, stoßen auf eine undurchdringliche Wand. Einmal bittet sie ihn sogar, zur Seite zu gehen, da er ihr die Sicht auf den Bildschirm versperrt – der Bildschirm, auf dem ihr Leben mit ihm abgespielt wird. Er begreift, dass er für sie Fantasie bleibt, die sogar niedriger rangiert als ihre Erinnerungen. In einem verzweifelten Versuch sammelt er die Videokassetten zusammen und will ihre Wohnung verlassen. Marian stürzt sich wütend auf ihn und verlangt die Kassetten zurück. Er begreift, dass sie im Kampf zwischen Fantasie und der von ihm verkörperten Realität es vorzieht, ihn zu ermorden anstatt auf die Kassetten zu verzichten.

Wir können in den misslungenen Versuchen Bens etwas erkennen, das uns vertraut ist aus Regionen, in denen wir den Patienten eine alternative Realität ihres Lebens oder eine andere Sichtweise anbieten und sie sich am Vertrauten festhalten. Sie geben sich für einen Moment einer gemeinsamen Erfahrung mit uns hin, nur um sich dann zurückzuziehen und den vertrauten Kassetten den Vorzug zu geben und uns gar da mit einzubeziehen. Die Versuche Bens markieren zwei Regionen, in denen wir zu versagen drohen – und ich will mit der zweiten beginnen. Der Versuch, sich auf die alten Aufnahmen zu stürzen und sie zu beseitigen – sei es durch Deutung oder durch direkte Konfrontation – ohne dass wir einen Partner auf Seiten des Patienten haben –, führt mitunter zu einem Angriff auf uns als Therapeuten und auf die Therapie als Ganzes. Wir werden als Feind betrachtet, der sich auf den Menschen, sein Selbstsein und seine Wahrheit stürzt. Wir werden angegriffen und aus dem Therapiezimmer verbannt. Davor hat Rosenfeld (1987) gewarnt, als er festlegte, dass man die Deutung aussetzen und sich nicht beeilen soll, die projizierende Identifikation zurückzuschieben.

Was ist jedoch mit Bens leisem Eintritt geschehen, der ihm eine freundliche und einladende Reaktion bescherte? Warum wurde der – allem Anschein nach empathische (in Anführungszeichen) – Eintritt verschluckt und in ein weiteres Produkt aus Marians innerer Welt übersetzt? Meiner Einschätzung nach passte

Bens Verhalten allzu sehr zur Fantasie Marians. Seine Bereitschaft, sich an ihr Skript zu halten – im Dunkeln zu bleiben und kein Wort der Erklärung zu seiner Anwesenheit zu sagen, sondern einfach ihrer Einladung zu folgen –, all dies ließ ihn als Fantasie in Marians Welt. In den Worten Winnicotts (1971) lässt es sich etwa so sagen: »Marian wird weiterhin nur von ihrem Selbst genährt und kann Ben nicht dazu benutzen, an Gewicht zuzunehmen. Vielleicht genießt sie diese Erfahrung, doch im Grunde hat sich nichts geändert« (vgl. Winnicott, 1971, S. 110).

Nun zurück zur Erzählung: Am Ende schleicht sich Ben eines Nachts ein und klebt einen Brief auf Marians Bildschirm. In diesem Brief erklärt er, dass dies der einzige Brief ist, den sie von ihm bekommen wird, und dass sie entscheiden soll, was sie damit anfängt. Er beschreibt seine Erfahrungen – in dieser Welt und in der vorherigen, beschreibt die Begegnung mit ihr und sein Unvermögen, an sie heranzukommen. Er legt eine Videokassette bei – von sich, die seinen letzten Tag im Leben dokumentiert. Die Erzählung endet mit der Spiegelung von Marians verweintem Gesicht auf dem dunklen Bildschirm.

Man kann sagen, dass sein Brief – an den Bildschirm **ihres** Fernsehgeräts geklebt, in **seiner** Handschrift und mit der beigefügten Kassette über sein Leben – eine Art Zwischenerleben erschafft, das in Marians Skript überleben und darin ein Fenster zu seiner Existenz in einer Welt außerhalb der ihren öffnen kann. Es ist nicht klar, was Marian tun wird – vielleicht zieht sie sich gar zur Betrachtung der Kassetten zurück –, doch für den Augenblick ist es ihm gelungen, sie zu berühren, zu überraschen, anders als in ihrer Fantasie. Dies ist der Moment, in dem Ben eine Chance hat, zu einem nutzbaren Objekt zu werden.

Wir können uns eines weiteren Beispiels bedienen, das uns aus unserem therapeutischen Umfeld bekannt ist: Schauen wir uns die Therapie mit Kindern an. Der Therapeut spielt mit dem Kind und verbindet zuweilen das im Spiel Geschehende mit seinem Leben und seinen Einsichten. Meist jedoch sitzt der Therapeut und spielt, und welche Bedeutung hat die Art seines Spielens?

Klein (1929) machte auf die Parallele zwischen dem Spiel mit dem Kind und der Übertragungsinteraktion in der Therapie von Erwachsenen aufmerksam. Der (Kinder-)Therapeut nimmt Rollen (rôles) in Übereinstimmung mit der analytischen Situation an, während sich der Therapeut in der Erwachsententherapie als Medium zur Verfügung stellt, mittels dessen Fantasien und Vorstellungen (imagos) gelebt werden können. Klein betonte die Wichtigkeit der Interpretation aller Komponenten des Spiels, aber man darf nicht die Rolle außer Acht lassen, die der Therapeut bis dahin auf sich nimmt. Viele technische Dilemmata rühren aus unserem Versuch her, herauszufinden, welches die Spielbewegung ist, die im therapeutischen Sinne zur inneren Welt des Kindes passt. Welche Rolle müssen wir übernehmen, wie ist der Name der Figur, die wir verkörpern, der uns helfen wird, ihre Bedeutung zu entschlüsseln (Klein, 1975 [1927]; A. Freud, 1980)? Und was geschieht, wenn das Kind »pfuscht« (Weiss, 1964) usw. usf.?

Bis wir zur Deutungsphase gelangen, haben wir bereits nicht unbedeutende therapeutische Arbeit geleistet. Daher oft die Frustration bei Kindertherapeuten, die »nur spielen«. Die Frustration weist auf die Schwierigkeit hin, die therapeutischen Komponenten bei der intuitiven Wahl der Art des Spiels zu entschlüsseln.

In bestimmten Situationen lässt sich der Austausch zwischen dem Therapeuten und dem erwachsenen Patienten als ein Spiel betrachten, das sich zwischen ihnen entwickelt. In diesem Sinn schließe ich mich den Theoretikern an, die die Erwachsenentherapie als eine Art Spieltherapie betrachten (und nicht wie gewöhnlich umgekehrt) (Fonagy, 2004; Mahon, 2044; Frankel, 1998; Cohen, 1996).

Hinshelwood (2007) beschreibt den Wandel im Denken folgendermaßen: Während Klein glaubte, dass sie bloß auf der Suche nach einer kindlichen Version der Erwachsenanalyse sei, haben spätere Objektbeziehungsanalytiker die von Erwachsenen aufgebaute Beziehung als analog zum Kinderspiel betrachtet. Das »Spiel« des Erwachsenen mit seinem »Spielzeug«, dem Analytiker, kann als Drama oder als Enactment eines Narrativs zwischen zwei Objekten gesehen werden, dem Analytiker und dem Analysanden (vgl. Hinshelwood, 2007, S. 1482).

Winnicott (1971) definiert die Analyse als solche als eine Art Spiel. Er zieht folgenden Vergleich zwischen dem Spiel und der Erwachsenentherapie:

> »Alles, was ich über spielende Kinder sage, gilt im Prinzip auch für Erwachsene, nur dass es sich schwerer beschreiben lässt, wenn sämtliches Material des Patienten überwiegend in Wortform erscheint. Ich argumentiere, dass wir erwarten müssen, Spiel in den Analysen Erwachsener zu entdecken, nicht weniger offen und klar als in unserer Arbeit mit Kindern.« (S. 67f.)

Winnicott und nach ihm viele andere Theoretiker konzentrieren sich auf das Spiel als ein Phänomen der Gesundheit und ein in der Übergangsregion angesiedeltes Phänomen (Parson, 1999; Weinshel, E., 1988; Frankel, 1998 u.a.). Sie stellen einige dem Spiel und der Psychoanalyse gemeinsame Eigenschaften heraus – Vorstellungskraft, das Maß an Vertrauen in Betreuungspersonen, das Vermögen, in »als ob«-Situationen zu arbeiten, das Vermögen, mit Worten und Symbolen zu »spielen«, und das Vermögen, das verschwommene Terrain zwischen Realität und Illusion zu ertragen. Chasseguet-Smirgel (1992) kommentiert die Metaphern des Spiels und des Skripts und bemerkt, dass an der Basis der Fähigkeit zu spielen eine – man kann sagen – konstruktive Spaltung liegt, die es ermöglicht, diese paradoxe Situation zu ertragen und sie zu genießen. In ähnlichen Zusammenhängen spricht Davies (2004) von der »therapeutischen Dissoziation«. Patienten, die dazu nicht in der Lage sind, »spielen« nicht. Manchmal heißt es dann sogar, dass diese Patienten nicht für die klassische Psychoanalyse geeignet sind.

Doch sind Regionen des Enactment und primitive Zustände im Allgemeinen nicht »spielerisch« in diesem Sinn. Im Gegenteil – nach Giovacchini (1997) werden sie als harte Realität wahrgenommen, so wie auch das im Therapiezimmer spielende Kind nicht immer »spielt«, wovon die Zerstörungen im Zimmer – wie manchmal auch die physischen Verletzungen des Therapeuten – beredtes Zeugnis ablegen. Das Spiel in diesem Sinn definiert sich aus der Interaktion und den unbewussten Fantasien, die es bilden, und es kann unterschiedliche Stufen der Symbolisierung haben.

Auch Frankel (1998) merkt an, dass die spielerischen Prozesse leichter in der Therapie von Kindern anzusehen sind als in der Therapie von Erwachsenen, da sie sich nicht nur psychologisch manifestieren, sondern auch als reale, physische Handlung. Doch die Konzeptualisierung bleibt relevant.

Ein Beispiel:
David, 32, fünf Jahre in Analyse, kommt in die Sitzung und sagt, noch bevor er sich hinlegt: Ich habe den Baum gesehen. (Er schaut mich erstaunt an.)

Ich verstehe, dass es sich um einen Baum handelt, der mit einer traumatischen Begebenheit in seiner Kindheit zu tun hat, als er etwa neun Jahre alt war. Er konnte berichten, dass er und sein Bruder im Hof waren und sein Bruder Holz sägte. Plötzlich verletzte er sich am Hals. Er erinnerte sich, dass er rief: »Ich sterbe!« Es blieb eine Narbe, die ihn sehr störte – sein Aussehen sei verschandelt und kein Mädchen würde ihn wollen. Er hegte Gedanken über seine physische Erscheinung, die ans Psychotische grenzten – mitunter schienen ihm seine Zähne schief, zu scharf, usw. Als er sagte, er habe den Baum gesehen, schwang sogar Groll in seinen Worten mit (gegen mich?) – wieso kehrt der Baum jetzt wieder in sein Leben zurück?

Als er sprach, war mir klar, dass er über jenen Baum sprach, der plötzlich wie ein Wunder auftauchte. Doch damit nicht genug – in meinem Kopf erschien das Bild eines speziellen Baums. Als ich an der Universität studierte und einmal auf den Bus wartete, sah ich, dass neben der Haltestelle eine Christuspalme wuchs. Ich sah sie lange an. Ich zog nicht nur die Schlussfolgerung, dass David über den Baum aus seiner Kindheit sprach, sondern hatte mit einem bizarren Gefühl der Sicherheit einen ganz bestimmten Baum vor Augen. Der

Baum war sozusagen jetzt hier im Zimmer anwesend. Ich beschloss, den Gang der Handlung zu verlangsamen. Es lässt sich dafür ein therapeutisches »Rational« finden, das mit der Notwendigkeit der Regulierung der Symbiose zu tun hat, die zwischen uns stattfindet, und auch mit der Notwendigkeit, die Assoziationen des Patienten zu hören, bevor etwas festgelegt wird.

Aus dem Kontext, aus dem ich die Dinge betrachte, möchte ich eine zusätzliche Deutung vorschlagen. Aus dieser Perspektive stehen wir nahe bei dem Baum. Vorsicht und Verlangsamung sind geboten, denn dieser Baum ist gefährlich und verletzend. Wenn wir im Nachhinein den Handlungsablauf verändern wollen, ist Vorsicht geboten, die in der ursprünglichen Begebenheit fehlte. Wir befinden uns also in der Nähe des Baums – was bereits eine Veränderung in der ursprünglichen Begebenheit bedeutet, bei der kein verantwortlicher Erwachsener zugegen war. Ich sage, »*Sie haben den Baum gesehen*«, womit ich seine geistige Gesundheit bestätige, da die Möglichkeit, dass er den Baum gesehen hat, als realistisch akzeptiert wird.

David: »Ja, ich bin zur Bar-Ilan-Universität gefahren, habe an der Haltestelle gestanden, und er stand dort! Was macht dieser Baum dort?«

O.: »Der Baum stand an der Haltestelle.« (Trotz allem bin ich schockiert ob meiner unheimlichen Identifikation. Ich spüre auch, dass David nach dem Baum fragt, so als könne der sich bewegen, im Raum und in der Zeit. Im Skript reist der Baum vom elterlichen Hof zu ihm an die Haltestelle, und jetzt hat er ihn bis hierher ins Therapiezimmer verfolgt. Und ich muss mich für ihn rechtfertigen.)

O.: »Ein großer oder kleiner Baum?«

David: »So ein Baum, ein Strauch, weiß nicht. Grüne Blätter, wie Finger.«

O.: »Hört sich wie eine Christuspalme an.«

David: »Was ist das?«

O.: »Es gibt so einen Strauch. Seine Blätter sind grün im Winter und sie sehen aus wie Finger. Also ist das vielleicht dieser Baum.«

Die botanische Identifizierung bestätigt die Existenz des Baums, und auf einer tieferen Ebene auch das Ereignis in der Vergangenheit.

David: »Ich habe noch nie von einem solchen Baum gehört!«

Er sagt dies wütend. Wahrscheinlich ist der Baum in seinem inneren Skript längst gefällt und aus der Welt verschwunden und seine bloße Existenz weckt etwas in seiner inneren Welt. Auf der anderen Seite lädt mich David ein, an seinem Skript teilzunehmen, in dem die Existenz des Baums das Ausmaß seiner Zerstörungskraft begrenzt und der vergangenen Begebenheit geistige Gültigkeit verleiht. Ich erinnere mich, dass David selten seinen Bruder erwähnt, der ihn verletzt hat, im Gegensatz zu seinen übrigen Geschwistern. Und wenn er ihn dennoch erwähnt, sagt er nicht seinen Namen.

O.: »Sie sind wütend auf diesen Baum.«

David: »Klar bin ich wütend auf den Baum, auf das, was er mir angetan hat (plötzlich murmelt er); das ist in Wirklichkeit mein Bruder (er klingt überrascht und verwirrt).«

O.: »Die Wut richtet sich gegen Ihren Bruder.« (Möglicherweise war ich zu schnell. David kehrt sogleich zu dem Baum zurück und zieht sich von der Verbindung mit seinem Bruder zurück.)

David: »Ich muss Ihnen ein Blatt mitbringen, damit Sie es sehen.«

O.: »Gut.«

David: »Es ist an der Zeit, dass wir darüber reden. Mit diesem Baum ins Reine kommen. Ich bringe Ihnen ein Blatt.«

Dieses Gespräch hört sich natürlich ziemlich psychotisch an. Dennoch hat es Potenzial zur Veränderung und Aufarbeitung. Denn die Konfrontation mit dem Baum trägt ja in sich die Bewältigung des Ereignisses um den Baum, genauso wie das Spiel mit einem Kind etwas von seiner realen inneren Welt in sich birgt. Ich halte das Wissen fest, dass es dabei um sein Verhältnis zu seinem Bruder geht. Es ist an der Zeit, darüber zu sprechen und sich damit auszusöhnen. Die Zeit ist reif, denn David wurde dieses Mal – retrospektiv – nicht verletzt. Das Ereignis findet sozusagen in zwei Dimensionen zugleich statt: in einer Vergangenheit, die traumatisch und verletzend war, und in einer Vergangenheit, die in Gegenwart eines verantwortlichen Erwachsenen wiedererlebt wurde, dieses Mal ohne Verletzung. Diese Verdopplung der Zeit und des Skripts stellt den Beginn einer konstruktiven Spaltung dar. Ich komme darauf später zurück.

David brachte mir ein Blatt des Baumes, der tatsächlich eine Christuspalme war. David hatte im Internet nachgeforscht.

Dies ist das erste Mal, das David über das Ereignis nachzudenken imstande ist. Er sagt: »Ich habe nachgedacht. Wie kann so etwas passieren, wie kommt eine Säge an den Hals eines Kindes? Was ist dort passiert?«

David erwähnt die Möglichkeit, dass er seinen Bruder sägen sah und es auch versuchen wollte. Es entwickelte sich ein Streit, beide zogen an der Säge und sie ist an seinen Hals geschnellt. Das Ereignis wurde wieder zu einem Zwischenfall zwischen Brüdern, verletzend, aber in einer Dimension von Dingen, die sich zwischen Menschen abspielen.

David ist nicht mehr mit seinem vernarbten Hals oder seinen Zähnen beschäftigt. Es scheint, er hat sich damit abgefunden. Später, als er eine Frau kennenlernt, ist er überrascht, aber nicht schockiert, dass die Narbe sie nicht stört und sie Gefallen an ihm findet.

Die Einladung des Therapeuten, Teil der Umwelt des Patienten zu sein, ist auch eine Gelegenheit, »in seiner Welt zu spielen«, ein Teil des Skripts zu sein, das im Therapiezimmer zum Leben erwacht. Das Mitspielen im Skript kann schrecklich ernst sein (Giovacchini, 1997), z. B. wenn der Übergangsraum eng ist, oder offen für Improvisation, wenn der Übergangsraum weit ist. Ganz gleich wie: Wenn wir in Therapie sind, sind wir im Spiel. Es ist klar, dass die Wortverbindung »in seiner Welt spielen« auch die düsteren Konnotationen enthält, die hier involviert sein können, und der Begriff therapeutische Verantwortung, die wir bei unserer Arbeit tragen, ist hier doppelt so wichtig.

Wenden wir uns nun der Frage zu: Wie spielen wir im Skript? Was sind unsere Leitlinien für den Bühnenauftritt? Was bedeuten Infiltration und die behutsame und allmähliche Einführung von Veränderungen, was erfordern sie von dem Therapeuten?

Der Versuch der Infiltration in das Skript und der behutsamen und allmählichen Einführung von Veränderungen erinnert an die Traumarbeit. Freud (1895) selbst vergleicht das Träumen mit der Komposition eines für die seelischen Autoritäten annehmbaren Skripts. Es gibt eine Ähnlichkeit zwischen dem Dramatiker, dessen Aufgabe es ist, das ursprüngliche Skript zu bewahren, und zwischen der Zensur beim Wachen und beim Träumen. Dies ist eine Autorität, die Wache steht und uns unter Androhung der Schlafunterbrechung/der Unterbrechung des Skripts/der Handlung (und manchmal auch der Therapie an sich) zwingt, unseren Auftritt zu zensieren.

Mit Freuds (1895) Worten ausgedrückt heißt das: »Vorläufig können wir eine zweite Bedingung präsentieren, welche die Grundelemente, die den Traum erreichen, erfüllen müssen: Sie müssen sich der Zensur des Widerstands entziehen« (S. 310). Und an anderer Stelle: »[…] auch diese Zensur tritt erst in Erscheinung, wenn wir eine gewisse quantitative Grenze überschritten haben, so dass energiearme Gedankenformationen ihr entkommen können« (S. 546). Wenn wir aus seinen Worten etwas für unsere Zwecke entlehnen wollen, kann uns Energiearmut bei unserem Bühnenauftritt unter Umständen beim Überleben helfen. Ich denke dabei an eine Patientin Ferenczis (1988 [1932]), die ihm vorschlug, er solle ihr in traumatischen Regionen einfache (also »energiearme«) Fragen stellen, auf die sie mit Leichtigkeit antworten kann, sodass ein Dialog möglich ist.

Betrachten wir weiter, wie wir Anteil nehmen können an dem zum Leben erwachenden Skript aus der Vergangenheit. Zeitreisen sind uns aus der Science-Fiction- und Fantasy-Literatur bekannt. Welche Anleitungen stehen Zeitreisenden zur Verfügung? In dem Buch *Harry Potter und der Gefangene von Askaban* sollen Harry und seine Freundin Hermine in die Vergangenheit reisen, um dort etwas zu verändern. Der Leiter der Schule für Zauberei, Dumbledore, erinnert sie daran, dass es Gesetze für Zeitreisen gibt: »Denkt daran… Ihr dürft auf gar keinen Fall gesehen werden.« Es stellt sich die Frage, warum. Die Erklärung des Genres der Zeitreisegeschichten dreht sich um die Verwirrung zwischen Gegenwart, Vergangenheit und Zukunft. »Stell **Dir** vor«, sagt Hermine zu Harry, »wenn **Du Dich** selbst sähest, wie **Du** in die Hütte stürmst – was würdest **Du** dann denken?« [...] »Du könntest **Dich** selbst angreifen; es sind schreckliche Dinge passiert, als Zauberer ihre Zukunft auslöschten.«

Wenn wir von der Möglichkeit ausgehen, dass etwas in der Therapie eine Situation aus der Vergangenheit wiederbelebt, hört sich diese Befürchtung plausibel an. Wie oft haben wir etwas gesagt und uns damit einer »tödlichen« Attacke ausgesetzt. Der Patient sieht in uns sozusagen keine Figur in der Gegenwart, die ihn dazu einlädt, gemeinsam die Vergangenheit aus der Perspektive zu betrachten. Er reagiert auf uns so, als seien wir eine Figur aus der Vergangenheit. Aus dieser Position heraus konzipierte Freud den Begriff der Übertragung.

Aus dieser Sicht liegt das Ziel der Deutung darin, die Dimension der Zeit in ihre Ordnung zurückzuführen. Der Deutende positioniert sich (und den Patienten) als eine Figur aus einer anderen Zeit.

Im Grunde ist Dumbledores Empfehlung seltsam: »Man darf **Euch** nicht sehen.« Wenn wir der Geschichte folgen, werden Harry und Hermine – wie die meisten Zeitreisenden – in der Tat gesehen, denn wie sollten sie sonst eine Veränderung herbeiführen? Sie kommunizieren mit einem Sagenwesen, dem Hippogriff, fliegen auf ihm zurück zur Burg und übergeben ihn einem Menschen, den sie retten (Sirius). Darüber hinaus sieht sich Harry selbst, wie er in der Vergangenheit einen Zauber ausführt, der ihm das Leben rettet, als er in Gefahr ist. Also was bedeutet dann: »Man darf **Euch** nicht sehen«? Vielleicht sollte diese Anleitung so lauten: »Ihr müsst eine Art ›positive‹ Dissoziation anwenden. Lasst **Euch** sehen und lasst **Euch** nicht völlig als aus einer anderen Welt identifizieren. Lasst **Euch** als Mitwirkende im ursprünglichen Skript sehen, und verändert es radikal von innen heraus. Als Harry-aus-der-Vergangenheit sieht, wie Harry-aus-der-Zukunft einen Zauber ausführt, glaubt er, dass sein verstorbener Vater auf wundersame Weise erschienen ist, ihm zu helfen. Übertragung, so könnten wir das nennen.«

Nach unseren Begriffen wird die fremde Figur als ein etwas bekanntes und gleichfalls nicht genügend differenziertes Objekt wahrgenommen, um eine Drohung darzustellen. Dies ermöglicht Harry letztendlich zu dem Schluss zu gelangen, dass der, den er für seinen Vater gehalten hat, in Wirklichkeit er selbst war. Dies ermöglichte David, mit der Vergangenheit Frieden zu schließen, nachdem ich als verantwortlicher Erwachsener mit ihm bei dem Baum »war«, d. h., nachdem **er** dort ein denkender und verantwortlicher Erwachsener geworden war. Der Verwandlungsprozess ist abgeschlossen durch die Infiltration-Verinnerlichung eines Wesens aus der Zukunft in die wiederbelebte

Vergangenheit und durch eine gewisse Verwischung der Grenzen zwischen dem Anderen und dem Selbst.

An diesem Punkt sollte man sich der Konzeption Kohuts über die Positionierung des Therapeuten als Selbstobjekt bedienen; eine Positionierung, die die Nähe des Therapeuten zur inneren Welt des Patienten betont. Ich möchte einen komplexen Aspekt dieser Nähe hervorheben.

Unsere Infiltration auf der Bühne hängt von unserer Fähigkeit ab, uns emotionell in der Welt des Patienten so in seiner Nähe zu positionieren, dass wir uns selbst als einen Teil von ihm begreifen oder, genauer gesagt, dass er uns als einen Teil seiner Welt begreift. Theoretisch verdeutlicht diese Sichtweise die Funktion des Selbstobjekts als differenziert von der Empfänglichkeit als solcher. Die Empfänglichkeit besteht in der transformativen Positionierung je nach Bedarf. Es ist eine nahe und in der Welt des Patienten sehr präsente Positionierung, die jedoch auch klar von ihm und den (schlechten und guten) Objekten seiner inneren Welt abgegrenzt ist. Diese Abgrenzung ist minimal, in der ersten Phase für den Patienten unerkennbar. Man möchte fast sagen, dass das Element der Abgrenzung umso essenzieller ist, je größer das Bedürfnis nach Nähe und fehlender Abgrenzung ist. Die Abgrenzung inmitten der Verschmelzung mit dem Patienten versichert, dass die Bedürfnisse des Patienten im Zentrum bleiben. Diese paradoxale Stabilisierung könnte möglicherweise jene »positive Dissoziation« schaffen, die die Grundlage für das Winnicott'sche Spiel bildet.

Ich möchte ein Beispiel anführen, in dem die Komplexität der »ihr dürft nicht gesehen werden«-Dimension der Infiltration auffällt, wie auch der Druck, aus dem ursprünglichen Skript in die Rolle einzusteigen. Ich werde versuchen, anhand dieses Beispiels einige der Charakteristika von Fällen aufzuzeigen, in denen es möglich war, neue Bewegung in das Skript zu bringen.

Shuli, eine Jugendliche im stolzen Besitz eines Führerscheins, erzählt von einer Verabredung mit einem jungen Mann, den sie im Internet kennengelernt hat.

Sie sagt: »*Vom ersten Moment an habe ich gesehen, dass er daneben ist. Macht auf cool, nichts für mich. Ich habe mir sofort gesagt, dass ich nichts mit ihm am Hut haben will, aber dann hat er angerufen und gesagt, wir sollten uns treffen, und wir haben uns verabredet.*«

O.: »*Wie hat er angerufen?*«

S.: »*Telefon.*«

O.: »*Hatte er Ihre Nummer?*«

S.: »*Wir haben getextet, er gab mir seine und ich ihm meine. Wo ist das Problem?*«

O.: »*Aha.*«

Es sieht aus, als beginne das Skript sich zu entwickeln. Ihre Aussagen zu dem jungen Mann, an dem sie absolut kein Interesse hat – Ausrufezeichen –, und die Realität, in der sie ihm ihre Telefonnummer gibt, versprechen ein interessantes Skript. Was jedoch ist meine Rolle in diesem (unbewussten) Skript? Mir scheint, dass es meine Aufgabe ist, aufzurütteln oder »mit dem Strom des Gesagten zu schwimmen«. Es zeichnet sich das Skript »eine aussichtslose Begegnung zwischen Trieb und Über-Ich« ab.

Ich hätte die Handlung des Skripts enthüllen und meine Rolle darin aufzeigen und nach ihrer Bedeutung fragen können. Dies geht jedoch **nur** dann, wenn wir einen Partner zur Zusammenarbeit haben. Ich habe herausgefunden, dass zuweilen die Infiltration auf der Bühne (auf die wir in einer bestimmten Rolle gebeten wurden) und die Veränderung des Skripts von innen glimpflicher ablaufen können und dem Patienten auch alternative Skripts ermöglichen. Meiner Einschätzung nach bietet meine Anwesenheit auf der Bühne, ohne dass ich die mir zugedachte Rolle spiele, jedoch auch ohne frontal mit dem Dramatiker »zusammenzustoßen«, Potenzial für ein anderes Skript.

Demnach entscheide ich mich für das Zuhören. Ich möchte hier bereits anmerken, dass es im Originalskript keine Rolle des Zuhörers gibt. Das Geschehen spielt sich ohne ein Ich (Ego) ab, das die Szene beobachtet. Daher stellt wieder die simple Handlung des Zuhörens eine verborgene Intervention in das Skript dar. Von jetzt an haben wir eine naive – oder eine sich naiv gebende – junge Frau vor uns, die in Schwierigkeiten gerät, das angriffsbereite Über-Ich und das Ich, das sich von beiden abzugrenzen, in Freuds Begriffswelt: neutral zu sein, versucht. Das »Neutralsein« stellt jedoch eine aktive und signifikante Intervention dar. Vielleicht sollte der neutrale Standpunkt besser als archimedischer Standpunkt bezeichnet werden, der sowohl seine Positionierung außerhalb des Brennpunkts als auch das in dieser Positionierung enthaltene Bewegungspotenzial betont.

Ich möchte bemerken, dass wir in den letzten Jahren eine Herausforderung in Beziehung unserer neutralen Position erleben, die auch unsere Fähigkeit zur Infiltration und zur spielerischen Dimension beeinflusst. Die Corona-Krise und der politische Stand – wenigstens, aber nicht nur in Israel – offenbaren viel von der Stellungnahme des Therapeuten: Impft er sich oder nicht, ja nennt er die Impfung als Impfung oder als הקירז, geht er mit oder ohne Maske, unterschreibt er diese oder eine andere Petition? Fügen wir Google, Facebook und WhatsApp dazu, die so viel über uns verraten, dann erkennen wir, dass es eine richtige Herausforderung für eine pluralistisch-befreundete Atmosphäre ist, die wesentlich für den Aufbau einer dritten Dimension ist. Die Situation fordert energiearme und vorsichtige Akzeptanz anderer Meinungen, wenn Therapeut und Patientin anderer Meinung sind, aber auch – und vielleicht nicht weniger –, wenn sie übereinstimmen.

Fortsetzung der Therapiesitzung:
Shuli beschreibt einen absurden Abend. Auf seine Bitte hin nahm sie ihn in ihrem Auto (bzw. dem Auto der Eltern...) mit. Sie fuhren zu einem Pub. Dann fuhr sie ihn auf seine Bitte hin zu einem Freund und holte ihn später von dort wieder ab. Sah, dass er total unter Drogen stand. Ließ ihn ihr Auto fahren, weil sie »*nicht gern fährt, wenn ein Mann in ihrem Auto sitzt*«. Sie betonte wieder, dass sie wusste, dass er überhaupt nicht ihr Typ ist.

Der Druck, etwas zu sagen wie »was soll denn dieses Verhalten?«, ist stark. Ich höre weiter zu und stelle informative, »neutrale«, »energiearme« Fragen. Gleichzeitig, wie im Widerspruch dazu, positioniere ich mich mit hartnäckiger Gegenwart auf der Bühne oder – im Wesentlichen nachträglich – mit ihr an diesem Abend.

Die Möglichkeit, sich in zuhörender und fragender Funktion auf die Bühne zu schleichen, ohne dass der Dramatiker dagegen protestiert, kommt von einer gewissen Unschärfe. Die Arbeitshypothese ist, dass ich zustimme, »meine« Rolle zu spielen und aufzurütteln. Auf einer anderen Ebene, die mit der Arbeitsbeziehung (working alliance) zusammenhängt, ist die Möglichkeit einer neuen Rolle im Stück wünschenswert. Meine lauschende Gegenwart ist der Beginn einer Veränderung des Skripts in einer für beide Seiten akzeptablen Dosis: Die Seite der Rekonstruktion ist bereit, mich als lernschwachen Schauspieler zu verdauen, der in Kürze in seine Rolle eintreten wird. Die andere Seite schaut mir mit Interesse zu, identifiziert mich als neuen Schauspieler auf der Bühne, der vorläufig noch nichts tut.

Es beginnt ein Dialog, der vielleicht aus der Sicht des »Dramatikers« als ein mit dem Stück verlaufender Dialog interpretiert werden könnte, oder wenigstens nicht als ein ihm zuwiderlaufender, und aus der Sicht des nach Veränderung strebenden Teils als ein ebenfalls kontinuierlicher. Sowohl der Dramatiker als auch der Teil, welcher an Veränderung interessiert ist, sehen an der sich herausbildenden Rolle eine Rolle »um ihrer selbst willen« (um die Definition Yoram Hazans, 2014 [2004], des Selbstobjekts als Objekt um seiner selbst willen zu entleihen). Etwas von dieser Dualität wird vom Patienten aufgenommen, und zuweilen scheint es, dass neben der Wachsamkeit und der Vorsicht auch eine gewisse Neugier erwacht, die auf die Identifizierung von etwas Neuem in der Arena und von dem Beginn einer Bereitschaft, sich mit ihm anzufreunden, zeugt.

Dies ist der Ort, an dem jene »positive Dissoziation« entsteht. Die dritte Dimension, die als für den therapeutischen Prozess positiv erwähnt wurde, wird hier in niedriger Dosierung gebildet, die für den Patienten erträglich ist; eine fast trügerische Dimension – eher auf dem Weg der Verneinung – nicht gänzlich zweidimensional.

Jene dritte Dimension fungiert – in dieser Phase – nicht zum Zweck des Verständnisses des Wesens des Skripts, sondern zum Zweck des Containments der Veränderung, die tatsächlich im Skript stattfindet.

Geduld und Zuhören gehören ja nicht zu den Eigenschaften des archaischen Über-Ichs. In der bloßen Gewöhnung des Dramatikers an mich entsteht eine Veränderung. Gegenüber der anderen Seite federt mein langsames Gebaren die omnipotenten Erwartungen einer magischen Veränderung seitens des Therapeuten ab. Shuli musste handeln – in diesem Fall – und sei es nur, indem sie zu erklären gezwungen war, im Gegensatz zu ihrer passiven Stellung im originalen Skript. Shulis Bereitschaft, dieser Gegenwart zuzustimmen und sogar ihr gegenüber eine gewisse Neugier zu entwickeln, bedeutet eine essenzielle Partnerschaft zur Herbeiführung einer Veränderung im Skript.

Shuli fährt fort. Sie fuhren zurück zum Pub, tranken. Plötzlich meinte sie zu sehen, wie er etwas in ihr Glas tut. *Sie sagte zu sich: »Shuli hör zu, das ist die Vergewaltigungsdroge.« Und sie ist schließlich kein Idiot. Weigerte sich, zu trinken.*

Er drängte sie: »Komm schon, wir haben doch nur ein bisschen Spaß zusammen.« Sie sagte, sie sei müde und wolle nach Hause. Sie stieg ins Auto, **und sie nahm die Schlüssel**.

Ließ ihn nicht zu sich nach Hause kommen, sondern fuhr ihn zu seiner Wohnung. Später stellte sie fest, dass er ein Portemonnaie voll mit Drogen bei ihr im Auto vergessen hatte.

Sie sagt: *»Da war ich total im Stress. Hier ist mein Auto voll mit Drogen. Wenn mich meine Eltern erwischen, ist es aus mit dem Autofahren. Wieso soll ich Probleme kriegen? Ich wusste ja von Anfang an, dass ich kein Interesse an ihm habe. Egal, ob er gut aussieht.«*

Shuli schaut mich an, erwartet, dass ich etwas sage. Es scheint, als habe die Dramatikerin entschieden, dass selbst eine so begriffsstutzige Schauspielerin wie ich mittlerweile ihre Rolle verstanden haben muss.

O.: *»Was denken Sie?«*

S.: *»Ich verstehe nicht, wie ich immer in Schwierigkeiten gerate!«*

Ich empfand diese Frage als eine Falle der Dramatikerin. Es lag ein starker Geruch von Über-Ich und Scham in der Luft. Ich versuche, mich als unabhängige Schauspielerin einzubringen:

O.: *Ich verstehe, dass das eine interessante Frage ist, aber ich möchte vorher eine andere stellen.* **Was ist geschehen**, *dass Sie an einem bestimmten Punkt die Schlüssel an sich nahmen?*

S.: *(erstaunt) (Es ist klar, dass diese Frage kein Teil des Skripts ist. Sie versucht sofort, sie auszulöschen.) Ich habe die Schlüssel* **nicht** *genommen.* **Er** *ist gefahren.*

Die Veränderung des Skripts von innen heraus

O.: (weitet die Veränderung im Skript aus) »*Ich habe verstanden, dass er gefahren ist. Aber an einem bestimmten Punkt* **haben Sie die Schlüssel wieder an sich genommen** *und auch die Verantwortung.*«

S.: »*Er hat mir was in mein Getränk getan, also was wollen Sie? Ich bin doch kein Trottel.*«

O.: »*Aber wie haben Sie das gemacht? Denn vorher, als Sie sahen, dass er unter Drogeneinfluss stand, haben Sie ihm die Schlüssel überlassen, sind mit ihm in den Pub gegangen, und plötzlich ist etwas in Ihnen erwacht. Wie ist das passiert?*«

S.: (lächelt, überrascht, ihr Gesicht sagt, »*was für eine komische Frage*«*)* »*Ich weiß nicht. Aber das stimmt, von dem Moment an hatte ich die Situation im Griff. Ich hatte die Nase total voll von ihm.*«

Ich denke bei mir, dass »ich weiß nicht« ein Satz ist, der im ursprünglichen Skript nicht existierte. Im ursprünglichen Skript weiß sie, dass sie **kein** Interesse an dem jungen Mann hat, also fährt sie mit ihm, Verzeihung, sie schwimmt mit dem Strom. Der Widerspruch und die Verwirrung sind deutlich erkennbar, bleiben ihr jedoch verschlossen. Die Möglichkeit, zu der Frage zu gelangen, zum Nicht-Wissen, kam aus meiner Intervention als fremde Schauspielerin im Skript. Eine Schauspielerin, die, obgleich Shuli in Schwierigkeiten geraten war, ihr zugesteht, dass sie in einem bestimmten, kritischen Moment die Situation unter Kontrolle hat und sich aus ihr befreit. Nicht aus einer megalomanischen Haltung des »ich bin doch kein Trottel« heraus. **Sie kennt keinen solchen Moment in sich.** Paradoxerweise erkennt sie in diesem Moment auch ihre Furcht, die Anziehung, die er auf sie ausübt und den Verlust der Anziehung, die Momente des Kontrollverlusts und ihre Kraft, die Kontrolle zu übernehmen. Und auch das Nicht-Wissen um sich selbst, also das Unbewusste in uns als Menschen.

Auf der emotionalen Ebene gibt es hier einen Moment der Überraschung und sogar des Lachens und des Genusses hinsichtlich der Wende. Die Möglichkeit, Neugier zu zeigen und die Überraschung zu genießen, ist auch mit spielerischen Elementen im Winnicott'schen Sinne verbunden – es sind dies Momente, in denen in Situationen, die kein Spiel zulassen, etwas zu entstehen beginnt.

Die Absicht meines Artikels ist es zu versuchen, über unsere Möglichkeiten nachzudenken, bewusster im Skript mitzuspielen. Ich meine kein distanziertes Spiel, sondern eine dreidimensionale Positionierung, die die Einführung einer Veränderung im Skript ermöglicht. Die Fähigkeit, sich einer neuen Möglichkeit zu öffnen, erscheint punktuell, berührt jedoch strukturelle Aspekte und kann dadurch einen Raum neuer Möglichkeiten eröffnen.

Mit den Worten Lears (2003): »The possibility for new possibilities is not an addition of a special possibility to the world, […] it is an alteration in the world of possibilities« (S. 204). (»Die Möglichkeit [der Entstehung] neuer Möglichkeiten ist keine Hinzufügung einer besonderen Möglichkeit in der Welt, […] sie ist eine Verwandlung in der Welt der Möglichkeiten.«)

Ich möchte mit einem rührenden Beispiel enden, das zeigt, wie wenig manipulativ die Intervention des Therapeuten in das Skript ist und wie sehr sie unsere emotionale Bereitschaft berührt, zuzuhören und zu einem tiefgründigen Partner in dem Skript zu werden, das das Skript des Lebens unserer Patienten ist, und behutsam jene weltverändernde Möglichkeit hinzuzufügen – wenigstens für eine gewisse Zeit.

Ich hatte an einer Tagung im therapeutischen Internat »Harei Jeruschalajim« teilgenommen, jenes Internat, welches mein Freund und Lehrer Chezzi Cohen seligen Angedenkens aufbaute und viele Jahre leitete. Die Tagung fand an einem Wochenende statt, das die Kinder zu Hause bei den Eltern verbrachten. Im Internat waren nur die Kinder verblieben, die keine Familie haben, zu der sie zurückkehren können, sogar an Wochenenden nicht. Im Hof lief ein etwa sechsjähriger Junge herum, mit verschlossenem und wütendem Gesichtsausdruck, trat gegen Steine und sang:

Was für ein ätzender Tag, voll mit Enttäuschungen,
die Welt besteht nur aus Scheiße und aus Mist.

Die ist eine Variation eines israelischen Liedes, dessen Refrain wie folgt lautet:

Welch ein freudiger Tag, voll mit Überraschungen.
Die Welt ist voller Wunder und herrlicher Dinge.

In den Strophen heißt es:

Was für ein freudiger Tag ist das heute für mich – was für ein Tag!
Ein Gast kommt mich überraschend besuchen – was für ein Tag!

Und in der nächsten Strophe:

Das Feld blüht heute für mich – was für ein Tag... usw.

Neben dem Jungen ging seine Betreuerin, nicht sehr nah bei ihm, aber auch nicht weit entfernt. Sie begleitete ihn ruhig, ohne ein Wort zu sagen. Man hätte fast meinen können, dass sie allein spazieren geht, hätte sie ihm nicht ab und zu behutsame und verantwortungsvolle Blicke von der Seite zugeworfen.

Ich möchte nahelegen, dass der Gesang des Jungen auf komplexe Botschaften hinweist – einerseits ein Protest gegen die Möglichkeit zu denken, dass ein Tag schön sein kann und dass es Wunder und herrliche Dinge in einer so grausamen Welt gibt. Er gibt seiner Wut, Enttäuschung und seinem Schmerz Ausdruck. Auf der anderen Seite singt er die Melodie des Liedes, das von diesen Wundern und herrlichen Dingen spricht – kann es sein, dass nur ihm sie nicht widerfahren? Vielleicht ist die Betreuerin, die ihn begleitet und ihn nicht kritisiert oder mit ihm streitet, eines dieser Wunder? Der Junge ging zur Treppe und versuchte ohne Erfolg, auf das Geländer zu klettern. Die Betreuerin, etwas besorgt, näherte sich ihm – immer noch ganz ruhig – und sagte sanft: *»Lass mich dir helfen.«* Der Junge antwortete nicht, ließ jedoch das Geländer los und ging auf das Blumenbeet im Hof zu. Er begann, der Betreuerin Fragen zu den Blumen zu stellen, die dort wachsen; er sprach und stellte Fragen, und die Betreuerin antwortete ihm.

Ich war angesichts dieses Szenarios ganz gerührt. Von der Behutsamkeit, mit der die Betreuerin dem Jungen einen Platz in dieser »ätzenden« Welt einräumte, ihm ermöglichte, nicht allein in ihr zu sein, ihm wie ein stiller Schatten folgte, um zur rechten Zeit zur Stelle zu sein und Hilfe anzubieten. Konkret bot sie an, ihm zu helfen, auf das Geländer zu klettern; auf der emotionalen Ebene – das wird auch an der Reaktion des Jungen sichtbar – bot sie ihm eine Möglichkeit, vom »hohen Ross herabzusteigen« und die nötige Hilfe anzunehmen, um das auch für ihn blühende Blumenbeet zu entdecken, die Möglichkeit zum Gedeihen und zum Leben.

Aus dem Hebräischen übersetzt von Bettina Malke-Iglbusch, Tel Aviv

Literatur

Ablon, S. L. (2001): Continuities of tongues: A developmental perspective on the role of play in child and adult psychoanalytic process. *J. Clin. Psychoanal.*, 10, 345–365.

Anthony, E. J. (1982): The comparable experience of a child and adult. *Analyst. Psychoanal. St. Child*, 37, 339–366.

Benjamin, J. (2004): Beyond doer and done to. *Psychoanal Q.*, 73, 5–46.

Bion, W. R. (1959): Attacks on linking. *Int. J. Psycho-Anal.*, 40, 308–315.

Bollas, C. (2020): *Der Schatten des Objekts.* Stuttgart: Klett-Cotta.

Chasseguet-Smirgel, J. (1992): Some thoughts on the psychoanalytic situation. *J. Amer. Psychoanal. Assn.*, 40, 3–25.

Cohen, M.C. (1996): Play and game as metaphor for technique. *J. Amer. Acad. Psychoanal.*, 24, 61–73.

Davies, J.M. (1996): Linking the »pre-analytic« with the postclassical: Integration, dissociation, and the multiplicity of unconscious process. *Contemp. Psychoanal.*, 32, 553–576.

Ferenczi, S. (1988 [1932]): *The Clinical Diary of Sándor Ferenczi.* Hrsg. v. J. Dupont. Cambridge, MA: Harvard University Press,.

Fonagy, P., Gergely, G., Jurist, E. & Target, M. (2004): *Affektregulierung, Mentalisierung und die Entwicklung des Selbst.* Stuttgart: Klett-Cotta.

Fonagy, P. & Target, M. (2000): Playing with reality. *Int. J. Psycho-Anal.*, 81, 853–873.

Frankel, J.B. (1998): The play's the thing: How the essential processes of therapy are seen most clearly in child therapy. *Psychoanal. Dial.*, 8, 149–182.

Fraiberg, S., Adelson, E. & Shapiro, V. (1987 [1975]): Ghosts in the nursery: A psychoanalytic approach to the problems of impaired infant-mother relationships. In: L. Fraiberg (Hrsg.): *Selected Writings of Selma Fraiberg.* Ohio State University Press: Columbus, S. 100–136.

Freud, A. (1980): *Die Schriften der Anna Freud.* München: Kindler.

Freud, S. (1895): Studien über Hysterie. *GW I*, S. 75–312.

Freud, S. (1914): Remembering, repeating and working-through (further recommendations on the technique of psycho-analysis II). *The Standard Edition of the Complete Psychological Works of Sigmund Freud, Volume XII (1911–1913): The Case of Schreber, Papers on Technique and Other Works*, S. 145–156.

Freud, S. (2011 [1900]): *Die Traumdeutung.* Hamburg: Nikol.

Giovacchini, P.L. (1997): *Schizophrenia and Primitive Mental states.* Aronson: Northvale, NJ & London.

Hazan, Y. (2014 [2008]): Analytic listening. In: Y. Hazan: *For an Instant and Forever.* Hrsg. v. M. Hazan & B.-S. Modan.

Hazan, Y. (2014 [2004]): Fathers and sons in the race of time. In: Y. Hazan (2014): *For an Instant and Forever.* Hrsg. v. M. Hazan & B.-S. Modan.

Hinshelwood, R.D. (2007): The Kleinian theory of therapeutic action. *Psychoanal Q.*, 76, 1479–1498.

Joseph, B. (1983): On understanding and not understanding: some technical issues. *Int. J. Psycho-Anal.*, 64, 291–298.

Joseph, B. (1998): Thinking about a playroom. *J. Child Psychother.*, 24, 359–366.

Keinan-Kon, N. (1999): *Überzugsdeutungen* – Vortrag an der TAU.

Klein, M. (1975 [1927]): The importance of words in early analysis. In: M. Klein: *Envy and Gratitude and Other Works 1946–1963.* Virago Press.

Klein, M. (1929): Personification in the play of children. *Int. J. Psycho-Anal.*, 10, 193–204.

Kohut, H. (1987): *Wie heilt die Psychoanalyse?* Suhrkamp: Frankfurt a. M.

Lear, J. (1993): An interpretation of transference. *Int. J. Psycho-Anal.*, 74, 739–755.

Lear, J. (2003): *Therapeutic Action – An Earnest Plea for Irony.* London/New York: Karnac.

Loewald, H. W. (1960): On the therapeutic action of psycho-analysis. *Int. J. Psycho-Anal.*, 41, 16–33.

Loewald, H. W. (1975): Psychoanalysis as an art and the fantasy character of the psychoanalytic situation. *J. Amer. Psychoanal. Assn.*, 23, 277–299.

Mahon, E. J. (2004): Playing and working through. *Psychoanal Q.*, 73, 379–413.

Parsons, M. (1999): The logic of play in psychoanalysis. *Int. J. Psycho-Anal.*, 80, 871–884.

Rosenfeld, H. (1987): *Impasse and Interpretation. New Library of Psychoanalysis.* London: Tavistock.

Rowling, J. K. (1999): *Harry Potter und der Gefangene von Askaban.* Hamburg: Carlsen.

Sandler, J., Kennedy, H. & Tyson, R. L. (1980): *The Technique of Child Psychoanalysis, Discussions with Anna Freud.* London: Hogarth Press.

Sandler, J. (1976): Countertransference and role-responsiveness. *Int. R. Psycho-Anal.*, 3, 43–47.

Solan, R. (1998): Narcissistic fragility in the process of befriending the unfamiliar. *Am. J. Psychoanal.*, 58, 163–186.

Steiner, J. (1993): *Psychic Retreats.* London/New York: Routledge.

Touché Gafla, O. (2004): *End's World.* Jerusalem: Keter (Hebrew version).

Weinshel, E. (1988): Play and playing in adults and in adult psychoanalysis: An addendum to the paper »On Inconsolability«. *Bul. Anna Freud Centre*, 11, 108–127.

Weiss, S. (1964): Parameters in child analysis. *J. Amer. Psychoanal. Assn.*, 12, 587–599.

Winnicott, D. W. (1971): Playing: A theoretical statement. In: Winnicott, D. W.: *Playing and Reality.* London: Penguin Books, S. 44–65.

Patrick Meurs und Dieter Bürgin
(Kassel/Leuven, Belgien und Basel)

Dostojewskis Roman
Aufzeichnungen aus dem Kellerloch
und die Konzeption des Unbewussten
in der Psychoanalyse

Wir beschreiben, anhand von zwei psychoanalytischen Psychotherapien aus dem Kinder- und Jugendlichenalter, diffus verteilte und abgespaltene Anteile der menschlichen Psyche, die u. a. in Ambivalenzen, konflikthaften Tendenzen im Alltagsleben oder in den Symptomen von aktualneurotisch oder psychoneurotisch erkrankten Patient:innen zum Ausdruck kommen können.

Die Begegnung mit der Uneindeutigkeit der diffusen Anteile und Schichten *(Topoi)* der Psyche hat in der Freud'schen Psychoanalyse Ende des 19. Jahrhunderts zu einer Ausformulierung des Unbewussten geführt. Diese Formulierungen standen im Zeichen des 19. Jahrhunderts, in dem mehrere Präkonzeptionen des Unbewussten auftauchten. Während verschiedene Beispiele aus Wissenschaft, Literatur und Kunst diese frühen Ausformulierungen des Unbewussten widerspiegeln, sind Dostojewskis Formulierungen in den *Aufzeichnungen aus dem Kellerloch* von 1864 als ein besonderes Beispiel hervorzuheben (Ellenberger, 1970; Meurs, 1984; Collani & Fenga, 2015; Enriquez, 2021). Das *Kellerloch* kann als Sinnbild der Bemühungen um eine Verortung unbewussten psychischen Materials stehen, das aus undenkbaren Situationen oder unerträglichen Wünschen und Vorstellungen heraus oder durch (transgenerationale Weitergabe von) Verlust und Trauma entstanden und verdrängt worden ist. Es konnte, im Sinne primitiven psychischen Materials oder unerträglicher, aus der Erinnerung und der Bewusstheit verworfener Teile, noch nicht vom Ich bearbeitet werden.

Die detaillierte Betrachtung von Ausschnitten aus zwei psychoanalytischen Psychotherapien soll es ermöglichen, auf einige Gestalten des psychischen Materials aus dem *Kellerloch* hinzudeuten sowie auf die Art und Weise einzugehen, wie beide Patient:innen im analytischen Prozess, im assoziativen Spielen und Sprechen sowie in Momenten des Rückfalls versuchen, mit vielen Schwierigkeiten ein möglichst unbefangenes Verhältnis zum *Kellerlochmaterial* zu finden: Der eine Patient (ein Kind aus der Latenzzeit) tendiert dazu, zu seiner Mutter, die sich wegen einer schweren Depression und Melancholie aus ihrem und seinem Leben zurückgezogen hatte, eine Beziehung zu finden. Die andere Patientin (eine adoleszente junge Frau) versuchte, mit Hilfe der Therapie ein kreativeres Verhältnis zu Mitmenschen und sich selbst zu finden, was nur möglich war, wenn sie tiefst verdrängte Wünsche nach Kontakt und Ängste vor Abhängigkeit zulassen und in die Therapie besprechen konnte.

Dieser klinischen Verdeutlichung, die die Bedeutung des unbewussten Materials mitdenkt, geht allerdings die Auseinandersetzung mit dem historischen Rahmen zur menschlichen Nichteindeutigkeit und Unbewusstheit in Dostojewskis Roman und – ganz grundsätzlich – mit dem Denken des 19. Jahrhunderts voraus. Dieses Jahrhundert sollte, vor dem Hintergrund der Aufklärung im 18. Jahrhundert, als eine Zeit, die vor allem geprägt war durch Rationalismus und Empirismus sowie durch die Romantik, die eine Gegenreaktion gegen die Aufklärung war, verstanden werden (Ellenberger, 1970).

Dostojewski (1821–1881) ist dadurch bekannt geworden, dass er in seinen Romanen, im Vergleich zur großen Weltliteratur von vorher, bestimmte Grenzen verlegt hat. Durch seine Erzählkunst gelang es ihm, in jene Kellerräume der Seele und in die Labyrinthe des Menschlichen vorzudringen, deren Tiefe bisher kein anderer Romanautor erschlossen hatte. Im Buch *Aufzeichnungen aus dem Kellerloch* handelt es sich um eine Analyse des modernen Menschen und der von ihm geschaffenen Gesellschaft, wobei das Verborgene, die Bruchlinien, Schattenseiten, Abgründe, Ambivalenzen und Konfliktpotenziale sowie das von der Moderne verworfene und geleugnete psychische Leben angedeutet werden. Die im zweiten Teil des 19. Jahrhunderts unter Sozialisten und Revolutionären populär gewordene Idee des Fortschrittglaubens, der Machbarkeit des Lebens sowie der Gesellschaft, wird von Dostojewski – nachdem er für seine Zugehörigkeit zu revolutionären Gruppen schwer bestraft worden war – kritisch betrachtet, nicht so sehr abgelehnt, sondern aufgegriffen, um so die Schattenseiten der menschlichen Art deutlicher aufzuzeigen. Dies gilt sowohl für soziale Gruppierungen als auch für Sozialisten/Marxisten, ebenso für konservative Orthodoxe und die romantisierte russische Volksseele wie auch für die in Russland gut vertretene Gruppe der Nihilisten. Und ab 1864 (*Kellerloch*) auch für die Schattenseiten des Individuums in einer gespaltenen russischen Gesellschaft anno 1850 bis 1860. Gerade weil er diese Schattenseiten so eindrücklich beschreibt, ist die Arbeit von Dostojewski als eine tiefenpsychologische Perspektive in Richtung der menschlichen Psyche und des sozialen Lebens des modernen Menschen zu betrachten. Das Nichteinheitliche, das Konflikthafte oder Gespaltene der menschlichen Natur und der Modernität wird in seinen Romanfiguren immer thematisiert, vor allem in seinen späteren Romanen. In seinem Werk nimmt der Roman vom *Kellerloch* die Position eines Wendepunkts ein (Müller, 1983).

Es gibt im Menschen und in gesellschaftlichen Verläufen Knotenpunkte, Hemmungen und Gegendynamiken, die von Dostojewski im Keller verortet werden und die von sich hören lassen wie durch ein Loch. Sie drängen sich durch dieses Loch auf eine verborgene und vorerst unbegreifliche (symptomatische) Art und Weise an die Oberfläche. Das Bild des Kellerlochs ist ein Versuch, dieser Dynamik aus der Tiefe Aufmerksamkeit zu widmen. Ohne Einsicht in diese verborgenen Aspekte – die mit Scham und Schuldgefühlen besetzt sind und die man am liebsten verborgen halten würde – können Lebensläufe von individuellen Menschen und soziale Dynamiken nur stückweise verstanden werden. Solche Kellerlochdynamiken können Lebensläufe hemmen und der kreativeren Lebensgestaltung im Wege stehen, zur Selbsteinschränkung und sogar zur Selbstvernichtung Anlass geben.

Die Romanfiguren von Dostojewski sind sicherlich nicht unabhängig von persönlichen Vorfällen im Leben Dostojewskis. Das *Kellerloch* (Dostojewski, 1864) wird aus mehreren Gründen als ein Wendepunkt in seiner Arbeit betrachtet. Seine epileptische Erkrankung konfrontierte ihn mit Kräften, die seine Pläne und die bewusste Gestaltung seines Lebenswegs verhinderten; eine Scheinexekution als Strafe für seine Mitgliedschaft in eine Bolschewikengruppe brachte ihn an den Rande des Todes und später zu einer langen Strafe in Sibirien. Seine Zugehörigkeit zu revolutionären Gruppierungen hatte ihn die Zwiespalt der Partizaner kennenlernen lassen sowie das wechselhafte und ambivalente Verhältnis von Russland zu Europa und der Modernität gegenüber. Diese Doppelheiten, Konflikthaftigkeiten und Nichteindeutigkeiten waren für Dostojewski zur zentralen Charakteristik der menschlichen Psyche und der Geschichte geworden. Das Bild des Kellerlochs machte diese Einsicht anno 1864 zum ersten Mal sehr deutlich und wirkte wie ein Katalysator in Dostojewskis Œuvre: Mensch und Geschichte werden nicht nur rational bestimmt, sondern auch von einer verborgenen Dynamik oder Dimension her, die anerkannt werden muss, damit sie nicht zur Selbsteinschränkung oder gar Selbstvernichtung hinführt.

Von Dostojewskis Romanliteratur zur psychoanalytischen Praxis

Wir erörtern Aspekte der kinder- und jugendanalytischen Arbeit der beiden Autoren und zeigen einige mögliche Ausdrucksformen der »Kellerlochdynamik« bei zwei Patient:innen. Zunächst sprechen wir über ein neunjähriges Kind, Peter, das mit depressiver Stimmung und psychosomatischen Symptomen angemeldet wurde. Aus den Situationen, die sich in seinem jungen Leben ereigneten, konnten die Therapeuten eine Ahnung von den inneren Konflikten bekommen, mit denen dieses Kind lebte. Aber auch von den enormen Kräften und Wünschen, die es tief in einem abgetrennten und unerreichbaren Teil seiner Psyche in Schach zu halten versuchte (vgl. Meurs, 1999).

Danach sprechen wir über Nadia, eine Adoleszente, die sich in ihrem Leben jeglicher Abhängigkeit und Wertschätzung für andere oder von anderen entzog und diese Aspekte aus irgendwelchen Gründen unter einer dicken Schicht von Selbstgefälligkeit auf Distanz hielt, was es ihr extrem schwer machte, aus dem therapeutischen Kontakt zu lernen. Sie lehnte jeden Versuch ab, sich auf ihre tiefe Kellerlochdynamik einzulassen, selbst inmitten schweren, psychischen Leids, als sie merkte, dass sie sich selbst in ihrem Leben enorm einschränkte.

Vignette 1 der Kellerlochdynamik: Peter und seine affektiv weit entfernte, schwer depressive und unerreichbare Mutter

Wir lernten Peter, in unserer Rolle als psychoanalytische Kindertherapeuten, in einer pädiatrischen Abteilung eines Allgemeinkrankenhauses kennen, wo das Kind wegen anhaltender Bauchschmerzen und Erbrechen angemeldet worden war. Bei einer umfassenden somatischen Untersuchung konnte kein ausreichender Erklärungsfaktor für diese Symptome gefunden werden. Peters Vater und seine Stiefmutter gaben an, dass das Leben von Peter von einigen schmerzhaften Episoden und Vorfällen geprägt war. Derzeit hatte er auch zu Hause Verhaltensprobleme, wobei plötzliche gewalttätige Wutausbrüche das Zusammenleben in der Familie erschwerten.

Aus den Elterninterviews geht hervor, dass Peter zwei Jahre alt war, als seine Mutter wegen einer Depression, die sie schon seit einiger Zeit geplagt und die sich nach Peters Geburt deutlich verschärft hatte, für längere Zeit in eine psychiatrische Klinik eingewiesen worden war. Bei dieser postpartalen Depression erlebte die Mutter auch psychotische Momente. Als Peter fünf Jahre alt war, trennten sich die Eltern, und Peter wuchs bei seinem Vater auf. Der Vater sagte, er habe die Scheidung durchgesetzt, nachdem sich Peters Mutter in einem tiefen depressiven Zustand immer weiter von ihm entfernt habe.

In den folgenden Jahren lernte Peters Vater seine neue Lebensgefährtin, Peters Stiefmutter, kennen, die seit einem Jahr ebenfalls in der Familie lebte. Vor einigen Monaten jedoch suchte Peters Mutter unerwartet wieder mehr Kontakt zu ihrem Sohn; sie wollte wieder regelmäßige Treffen mit ihm haben, eine Möglichkeit, die zum Zeitpunkt der Scheidung der Eltern offengelassen worden war und die die Mutter bisher nicht genutzt hatte. Das Auftreten von Peters psychosomatischen Symptomen fiel in etwa mit dem erneuten Wunsch der Mutter nach Kontakt zu ihrem Sohn zusammen.

In der diagnostischen Phase lernten wir Peter als ein depressives und eher zurückhaltendes Kind kennen, das viel an sich selbst zweifelte. Bei der kleinsten Bemerkung von seinen Eltern oder des Therapeuten wollte er alles richtig machen und hatte nie das Gefühl, gut genug sein oder das Richtige tun zu können. Auffallend war auch, dass es sich um ein Kind mit sehr guten kognitiven Fähigkeiten und Symbolisierungsfähigkeiten handelte. Die Empfehlung für eine Kinderanalyse im Rhythmus von zwei Sitzungen pro Woche und eine Elternberatung alle zwei Monate wurde angenommen. In der Therapieeingangsphase traf Peter zum ersten Mal seine Mutter wieder, mit der im Laufe der zweijährigen Therapie insgesamt fünf Gespräche stattfinden konnten.

In der ersten Therapiesitzung fiel Peters Schüchternheit auf. Er spielte und zeichnete meist allein; wenn der Therapeut ihn etwas fragte, bekam er immer eine ausführliche Geschichte als Antwort. Nach ein paar Sitzungen schien Peter gerne zur Therapie zu kommen. In der achten Sitzung fertigte er eine Zeichnung an, die uns aus mehreren Gründen wichtig erscheint:

Peter zeichnete eine neblige graue Landschaft mit allerlei Figuren und Silhouetten. Die Figuren hatten keine Gesichter; sie waren in einem dichten Wald verloren und konnten einander nicht sehen. Als der Therapeut Peter nach einer Weile fragte, was ihm an seiner Zeichnung am meisten auffalle, antwortete er: »Sie haben keine Augen, kein Gesicht, sie können nichts erkennen, kein Signal und nichts.« Der Therapeut war beeindruckt von der Unbestimmtheit, die von der Zeichnung ausging, einer Unbestimmtheit, die auf die fehlende sensorische Fähigkeit, miteinander zu kommunizieren, zurückzuführen war. Die Zeichnung enthielt vage Silhouetten, denen die Möglichkeit fehlte, affektiv miteinander zu kommunizieren. In den folgenden Sitzungen hatte der Therapeut den Eindruck, Peter habe während der Therapiesitzungen viel mehr Mühe, etwas zu gestalten; er hing im Therapieraum herum, ergriff keine Initiative mehr und zeichnete auch nicht mehr.

Der Therapeut sah darin eine therapeutische Stagnation oder Sackgasse. Erst als er diese Schwierigkeit in eine Supervision eingebracht hatte, wurde ihm klar, dass Peter das Problem, das er in der Zeichnung angedeutet hatte, nun auch in der therapeutischen Beziehung zeigte, nämlich eine Schwierigkeit, mit jemandem in Kontakt zu bleiben, der ihm wichtig geworden war oder wichtig werden könnte.

Zu Hause zeigte Peter seine Schwierigkeiten, indem er eine sehr ambivalente Beziehung zu seiner Stiefmutter aufbaute. Er verlangte viel von ihr, aber was sie auch tat, es war nie gut genug. Er litt unter Bauch- und Kopfschmerzen. Im Therapieraum fragte er den Therapeuten, was er tun oder ihm sagen solle.

Er verhielt sich sehr anklammernd, was ihn etwas irritierte. Auch der Therapeut fühlt sich, angesichts Peters großer Passivität und der Tatsache, dass er keinen seiner Vorschläge annahm, machtlos. Aus Trotz neigte der Therapeut dazu, Peter noch mehr zu drängen oder den Versuch aufzugeben, ihn zu erreichen.

Manchmal ging der Therapeut mit einem gewissen Widerwillen in die nächste Sitzung, was für ihn ein Signal darstellte, sich mehr mit der Gegenübertragung zu beschäftigen. Er nahm einerseits wahr, dass er die Irritation und Ohnmacht angesichts von Peters Passivität nicht einfach als solche kommunizieren konnte. Andererseits aber wäre die Nichtbeachtung dieser Gegenübertragung auch gleichbedeutend damit, wichtige affektive Botschaften von Peter zu ignorieren. Der Therapeut musste also nach einer verdaulichen und sinnvollen Übersetzung dieser Gegenübertragungsgefühle für Peter suchen. Die Zeichnung aus der früheren Sitzung bot hier einen Ausweg. Die Figuren, die Peter damals gemalt hatte, waren ohne sensorische Möglichkeiten der Kommunikation mit einem Mitmenschen gezeichnet: Gesichter ohne Augen, Ohren, Nase oder Mund. Der Therapeut vermutete, die Übertragung von Peter habe damit zu tun, dass dieser eine Beziehung zu einem nebelhaften Objekt in sich trug, das einen Schleier wie einen Schatten über sich geworfen hatte.

In der 20. Sitzung, nachdem Peter wieder einmal jegliche Initiative aufgegeben hatte, beschloss der Therapeut, ihm Folgendes zu sagen:

»Peter, ich habe von dir gehört, dass Menschen, die mit einer anderen Person in Kontakt sein wollen, dies manchmal schwierig finden. Du hast mir auch mehrmals deutlich gemacht, dass du gerne hierherkommst, aber manchmal weißt du nicht, was wir zusammen tun könnten, und es scheint dir hier im Spielzimmer nicht zu gefallen.«

Obwohl Peter diese Deutung nicht beantwortete, fertigte er in der gleichen Sitzung eine weitere Zeichnung an, die er mit »das Haus in der Ferne« betitelte.

Das Haus ist schon immer da gewesen, aber jetzt möchte das Kind dorthin gehen, weil es neugierig ist, was dort vor sich geht und wer dort wohnt. Das Kind klingelt, aber niemand öffnet die Tür. Trotzdem will das Kind hineingehen. Peter sagt plötzlich: »Nein, nein«, der Junge darf nicht hineingehen, er wird draußen warten müssen, bis jemand wieder nach Hause kommt. Der Therapeut entgegnet: »Der Junge weiß, dass er dort jemanden finden möchte, aber er hat auch das Gefühl, dass er nie sicher sein kann, ob und wann jemand für ihn da sein wird.«

Peter nickt zustimmend und erklärt: »Der Junge wird bestimmt weiter warten, dann können sie ihn nicht vergessen, wenn jemand nach Hause kommt.«

Der Therapeut fügt an: »Der Junge denkt, er kann nur warten. Als ob alles andere davon abhängen würde, was die Leute tun werden. Jedenfalls sorgt der Junge dafür, dass sie ihm nicht aus dem Weg gehen können, wenn sie nach Hause kommen, weil er sich vor die Tür gestellt hat.«
Peter meint, es könne sehr lange dauern, bis jemand käme. Der Junge ist sich nicht sicher, ob er weiter warten kann, denn er glaubt, die Hausbewohner hätten es nicht gerne, wenn er dort sitzen und warten würde. Er wisse deshalb nicht, was er tun solle, und sei schließlich eingeschlafen.

Ein Therapiefragment wie dieses kann natürlich aus sehr unterschiedlichen Perspektiven betrachtet werden. Aus Peters Lebensgeschichte heraus ist aber eine bestimmte Bedeutungslinie sicherlich angebracht.

Der französische Psychoanalytiker André Green hat 1983 das Konzept der »toten Mutter« (die emotional tote oder abwesende Mutter) als Ergänzung der trauernden Mutter (die in unvollendeter Trauer oder Melancholie gefangene Mutter) eingeführt. Das Konzept von Green – *la mère morte* – ermöglicht es, den Kontakt mit einer depressiven Moderatorin zu beschreiben. Die affektive Ansprechbarkeit und Verfügbarkeit eines solchen Objekts ist unvorhersehbar, stark schwankend und manchmal völlig abwesend. Die depressive Mutter wird dem Kontakt entzogen, als schwer fassbar, unsichtbar erlebt. Dieses Abdriften vom Kontakt ist auch ein zentrales Thema in Peters Zeichnung. Außerdem weiß das Kind nicht, ob und wann die andere Person aus ihrer Depression zurückkehrt und wieder ansprechbar ist. Hilflosigkeit, Ohnmacht und Verzweiflung darüber hat der Therapeut im Kontakt mit Peter selbst gespürt, und der Junge drückte dies nun in der Zeichnung aus. In der Zeichnung wusste das Kind nicht, was es noch tun konnte, und wartete, trotz des starken Wunsches nach Kontakt, darauf, dass die andere Person wieder Kontakt aufnehmen und ein Lebenszeichen von sich geben würde.

In dieser Zeit erlebte Peter weniger schlaflose Nächte zu Hause und klagte auch weniger über Bauchschmerzen. In einer anschließenden Therapiephase zeigte er klinisches Material, das sein Kernthema gut widerspiegelte: seine Angst, dass der sinnvolle Kontakt jederzeit abreißen könnte. Inzwischen war Peter aber mehr mit seinem Wunsch in Berührung gekommen, den Kontakt nicht einfach abreißen zu lassen, sobald er in Sicht war, wie ein Fragment aus Sitzung 41 verdeutlicht.

Peter spielte nun, er sei ein Junge, der auf eine Botschaft aus der tiefen Erde warte, wo die Erdenmütter lebten, eine unbekannte Welt tief unter der Erde. Der Junge sendete alle möglichen Signale in diese unbekannte Welt, die von der gewöhnlichen Welt, in der der Junge lebte, völlig abgeschottet war. Beide

Welten waren durch eine Mauer und eine dicke Schicht aus undurchdringlichem Material getrennt. Die Welt der Erdenmütter war von älteren, mütterlichen Wesen bevölkert. Die Signale, die aus dieser Welt zurückkamen, kamen zu schnell oder wurden in der schmalen Öffnung in der Wand, durch die die Botschaften gehen mussten, um den Jungen zu erreichen, vermischt und verwirrt. Das machte die Botschaften unverständlich. Irgendwo gab es einen magischen Schlüssel, der die Wand öffnen konnte und durch den die Botschaften der Erdenmütter verständlich werden könnten. Der Junge hatte den Schlüssel in die Hand bekommen. Sobald er eine Botschaft erhielt, konnte er nicht mehr warten. Aber er war so ungeduldig, dass der Schlüssel zerbrach und der Weg zum Verständnis der Botschaften für immer verloren schien. Der Junge assoziierte einen älteren Mann, der ihm half, zu verstehen, wie der Schlüssel funktionierte, was ihm wieder dienlich war dafür, die Botschaften von der Erde besser zu verstehen. Der ältere Mann näherte sich, doch dann nahm der Junge den Schlüssel wieder in die Hand, und während er den Mann anschrie: »Nimm mir den Schlüssel nicht weg«, wollte er erneut versuchen, die Tür zu den Erdenmüttern selbst zu öffnen. Dieser Versuch, bei dem der Junge alle möglichen Behauptungen darüber aufstellte, wie er es ohne die Hilfe des älteren Mannes schaffen könnte, scheiterte, weil der Schlüssel brach. Erst dann bat der Junge den älteren Mann um Hilfe, verzweifelt, weil ohne dessen Hilfe der Zugang zu den Müttern aus dieser anderen, weit entfernten Welt für immer verloren wäre.

Es sind sicherlich mehrere Interpretationen dieses Fragments möglich. Mit dem französischen Psychoanalytiker Paul-Laurent Assoun (1983) kann man argumentieren, dass die ödipale Struktur als universelle Struktur durch den Einfluss der präödipalen Entwicklungsgeschichte in jedem Menschen in einer spezifischen Form konkretisiert oder verkörpert wird. In diesem Sinne kann man auch diesen Ausschnitt aus Sitzung 41 von Peters Therapie betrachten.

Peter spielt in diesem Ausschnitt eine Welt der Unterschiede durch. Der alte Mann und der Junge empfangen Botschaften aus einer anderen Welt, durch Stimmen, die selbst eine noch nicht begreifbare Botschaft aus dieser anderen Welt erzählen. Die andere Welt wird von weiblichen Figuren bevölkert, die sich von der männlichen Welt unterscheiden, in der es zwei Generationen gibt, den Jungen und den älteren Mann. Das Bild, das Peter hier entwirft, besteht aus unterschiedlichen Welten: männlich, weiblich, Generationen. Diese Unterschiede verleihen dem Bild eine ödipale Konnotation (Nicolaidis, 1979). Diese ödipale Dynamik hat bei Peter jedoch eine spezifische Färbung, denn er benutzt den Schlüssel, um die Grenze zwischen den beiden Welten zu öffnen und Zugang zu der Welt der Erdenmütter zu erhalten. Ein präödipales Verlangen nach einer unmittelbaren und unvermittelten Vereinigung mit dem Weiblichen/Mütterlichen spielt dabei eine wichtige Rolle und färbt damit Peters ödipale Szene.

Die neue Forderung der Mutter nach Kontakt mit Peter scheint ein starkes, aber in der Tiefe seiner Psyche verdrängtes Verlangen nach Wiedervereinigung mit der (präödipalen) Mutter wieder aufleben zu lassen. Aus dieser Perspektive ist es verständlich, dass die dritte Figur, der ältere Mann, aus der Szene herausgehalten wird. Die Befürchtung, dass dieser ältere Mann dem Kind den Schlüssel wegnehmen könnte, die einzige Möglichkeit, mit der anderen, mütterlichen Welt in Kontakt zu treten, könnte in einer ödipalen Perspektive auf eine Kastrationsangst hinweisen. Diese Angst, dass die väterliche, ältere, männliche Figur dem Kind den phallischen Schlüssel wegnimmt, ist stark verwoben und sogar vollständig geprägt von der Angst, nicht mehr in Kontakt treten zu können, nachdem die Mutter sich durch alle möglichen Botschaften aus einer fernen Welt zu erkennen gegeben hat, Botschaften, deren Bedeutung das Kind derzeit noch nicht verstehen kann. Wegen des starken Einflusses dieses präödipalen, mütterlichen Themas (die Mutter, die sich depressiv aus seinem Leben zurückzieht und erst nach Jahren wieder ihre Stimme hören lässt) ist die ödipale Konstellation in diesem Bild so schwierig. Gleichzeitig hat Peter das Gefühl, dass er den alten Mann einbeziehen muss, um Zugang zur Welt der Mutter zu bekommen. Diese ödipale Konstellation wurde in der Therapie allmählich wichtiger; die damit verbundenen Identifikationen, Rivalitäten und Ängste konnten erforscht werden. In seinen Objektbeziehungen ist Peter alles andere als passiv geworden. Er ist in seinen Ansprüchen gegenüber der Stiefmutter klarer zutage getreten und versteht sich besser mit dem Vater, trotz vieler Rivalitäten und Kämpfe. Auch seine psychosomatischen Symptome sind rückläufig.

Peter hatte bis dahin seine Sehnsucht nach einer Verbindung mit seiner Mutter ganz tief »im Keller seiner Psyche« versteckt, denn die Schwere der Depression der Mutter lieferte ihm jahrelang keine Anzeichen dafür, dass er diese Verbindung zu seiner Mutter jemals wieder aus diesem Kellerloch herausholen könnte. Ohne die Hilfe von Vermittlern wie seinem Vater und seiner Stiefmutter – was auf die Bedeutsamkeit der Elternarbeit hinweist – oder ohne eine Therapie hätte er vielleicht nicht gewusst, wie er mit dieser zutiefst abgeschirmten und ferngehaltenen Dimension – dieser in einem Kellerloch versteckten Dimension – seiner Existenz hätte in Kontakt kommen sollen und damit hätte umgehen können.

Vignette 2: Nadia und ihre tief abgespaltenen Affekte und verworfenen Abhängigkeitswünsche:

Diese Patientin, die im Alter von 15 Jahren eine psychoanalytische Therapie beginnt, ist intellektuell sehr klug und verfolgt in der äußeren Realität hohe Ziele, die sie in der Regel auch erreicht. Aber sie konnte sich selbst erst viel später und mit großen Schwierigkeiten mit Wertschätzung betrachten. Sie leidet sehr unter dieser Schwierigkeit, versteckt ihre Stärke unter viel Jammern, mangelndem Selbstwertgefühl und auch der Abwertung des Therapeuten und anderer Beziehungen. Dem Therapeuten wird bald klar, dass, wenn er nichts sagt, ihm vorgeworfen wird, die Therapie sei wertlos, und, wenn er etwas diesbezüglich äußert, eine solche Bemerkung (Interpretation oder Rekonstruktion) Widersprüche auslöst oder er von der Patientin ausgelacht wird. Manchmal ist ihre Haltung gegenüber dem Therapeuten geradezu hochmütig, gleichzeitig macht sie sich aber auch über sich selbst lustig.

In der Anfangsphase der Therapie sprach die Patientin davon, von Hass erfüllt zu sein; sie war überzeugt, der Hass wäre tödlich für die anderen. Sie könne kaum etwas von außen aufnehmen, habe Mühe, sich auf ein Gegenüber zu konzentrieren und empfinde einen tiefen Wunsch, alles selbstdestruktiv zu zerstören, was sie erreichen wolle. Sie fühle ein riesiges Bedürfnis, zu weinen, könne aber nicht, und erfülle sich sämtliche Bedürfnisse und Begehren in Tagträumen, über die zu reden sie sich verbiete, weil ihr diese ja sonst nicht mehr selbst gehörten. Schon von frühester Kindheit an hatte sie eine Art inneres Theater aufgebaut mit imaginären Figuren, in dem sie stundenlang Autorin, Regisseurin und Schauspielerin und Publikum zugleich war. Was der Therapeut jeweils sagen würde, stimme zwar, stelle sie aber bloß und nähme ihr jeglichen Schutz weg.

Teile solcher Probleme werden in der aktuellen psychoanalytischen Theorie als ein Mangel an epistemischem Vertrauen verstanden (Fonagy & Campbell, 2017). Was vom anderen kommt, kann nicht als wertvolle und brauchbare, soziale Information betrachtet und aufgenommen werden, im Fall von Nadia, weil eine aggressiv-primitive, kritische Instanz und eine narzisstische Haltung dafür sorgten, dass alle Abhängigkeit und zugleich alle Wertschätzung für das abhängige kindliche Selbst *(the needy self)* vernichtet wurde. Vitalität wurde am meisten außerhalb der üblichen zwischenmenschlichen Beziehungen, in einer abgespaltenen, imaginären Welt, erfahren, in einer privaten Welt mit »imaginary companions« (Nagera, 1969), die etwas Spielerisches haben können, das Nadja in der Realität aber sich selbst und anderen versagte.

In einer zweiten Phase der Therapie berichtete die Patientin, sich zwar verändern zu wollen, jedoch scheiterte dieser Wunsch an einem anderen, bislang mächtigeren Teil in ihr, einem Teil, der die externe Realität und die Abhängigkeit von anderen massiv abwehrte. Sie erzählte z. B., dass sie sich nicht getraue, zu lieben. Sie sei deshalb nicht beziehungsfähig und habe sich emotionslos gemacht, da sie sonst platzen und alle anderen zutiefst verletzen würde.

Dieser Abwehrvorgang wird von Joyce McDougall (1989) als *foreclosure of affect and relationship* beschrieben, ein radikaler Abwehrvorgang, der auf alle Beziehungen zu anderen Menschen, die intensive Affekte aufrufen könnten, gerichtet ist. Bion (1983) hat solche Vorgänge beschrieben als *attacks on linking*. Solche Angriffe auf Verbindungen sowie das damit verbundene *affect foreclosure* können zu ernsthafte Problemen in der Realitätsprüfung, im Selbstbild und in der Beziehungsgestaltung führen.

Auch der Therapeut wurde abgewertet. Eigentlich könne er Nadja nichts Neues mehr aufzeigen. Sie ertrage es auch keinesfalls, das Objekt des Begehrens von anderen zu werden. Sie sei imstande, jeden Affekt sofort abzustellen, zahle aber mit Bauchschmerzen. Oft schwieg sie wegen unsagbarer Ängste über den Zustand ihres Körpers, nämlich, dass etwas von außen in sie eindringe; der Einfluss von anderen wurde von ihr automatisch verstanden als ein (traumatischer) Einbruch ins Selbst.

Es blieb für den Therapeuten eine jahrelange, extrem anstrengende Arbeit, sich nach jeder Stunde – wegen seiner scheinbar völligen Nutzlosigkeit für die Patientin, wie sie dies gerne formulierte – in seiner therapeutischen und persönlichen Identität wiederherzustellen. Winnicott (1969) vertrat die Ansicht, Patienten sollten den Therapeuten nutzen können – *making use of an object* –, um sich weiterentwickeln zu können. Bei dieser Patientin kam es aber (noch) nicht dazu. Sie lehnte Abhängigkeit und damit auch die Möglichkeit des Lernens von anderen (dem Therapeuten) – *learning from experience, learning from the therapist* and *learning along the way* (Casement, 2018) – ab. Der Therapeut kann so kein entwicklungsförderndes Objekt werden, wie dies Anne Hurry (1998) in ihren Beiträgen zum Thema *developmentally based psychotherapy* umschreibt.

Ein hoffnungsvoller Punkt entstand, als die Patientin auf der kognitiven Ebene eine Art Öffnung ließ:

Was in den Stunden geschehe, sei völlig bedeutungslos, interessiere sie aber trotzdem. Sie wisse, dass diese Therapie nicht funktioniere, eigentlich aber funktionieren könnte. Deshalb komme sie ja immer noch. »Ich will nicht das sein, was ich bin.« Alles bleibe gleich, dennoch wolle sie auch alles ändern. Dafür müsste sie aber, wie sie meinte, sich genauer anschauen, was sie bislang verborgen gehalten habe.

Zum ersten Mal war in der Folge bei der Patientin die Rede davon, es gäbe tief in ihr eine verborgene Realität, die sie in der Therapie besprechen und sich anschauen konnte, statt sich nur in die verborgene, imaginäre Welt und die damit verbundenen Omnipotenzgefühle zurückzuziehen.

In einer nächsten Phase der Therapie, als die Patientin am Abschluss ihrer Lehrzeit stand, fand sie alles interessant, was sie nicht haben konnte. An dem, was sie erhielt (z. B. vom Therapeuten) oder erreichte (z. B. in ihrem Studium), verlor sie sofort jegliches Interesse. Sie staunte darüber, dass sie das Einfachste in ihrem sozialen Leben nicht zu lösen, komplexeste professionelle Probleme hingegen außerordentlich schnell und erfolgreich zu klären vermochte. Zum ersten Mal ließ sie kleine Wünsche bezüglich Kollegen zu (z. B. weit weg mit diesen in die Ferien zu fahren), tönte auch Lust auf Sexualität und Intimität an, aber nur ganz verborgen oder verstohlen.

Schon seit sie reflektieren könne, habe sie die Neigung gehabt, sich in ihre eigene innere Welt der Träumereien und Fantasien zurückzuziehen (Winnicotts *defensive use of phantasy*; vgl. Frankel, 2002), eine Tendenz, die stärker sei als ihre Beziehung zur äußeren Welt. Ganz vorsichtig begann die Patientin, sich mehr auf die therapeutische Beziehung einzulassen.

Sie wollte wissen, von welcher Art die Notizen des Therapeuten seien. Eigentlich sei alles schon gesagt, die Probleme seien bekannt, jede Veränderung oder Entwicklung führe zu Krieg oder Vernichtung, und sie habe Angst, den Therapeuten in der Therapie nicht kontrollieren zu können. Ohne Kontrolle bliebe aber nichts mehr von ihr übrig.

Viele Ängste, die sich zeigten, sowie Vieles, was sie sagte, diente der Abwehr anderer Affekte. Noch immer glaubte die Patientin, eine Quadratur des Kreises konstruieren zu können, nämlich gleichzeitig sich emotional einlassen und draußen bleiben oder über Emotionen sprechen zu können, diese jedoch nicht zu spüren. Die Angst vor einem Kontrollverlust war überaus groß und ging einher mit der Vorstellung, die geringste Änderung oder Weiterentwicklung in der Therapie würde nur bedeuten können, sie würde vernichtet, und es bliebe nichts mehr von ihr übrig.

Wenn sie in den Keller der von ihr abgekapselten Welt der Beziehungen und Affekte hinabsteigen würde und die Büchse der Pandora oder den Koffer ihrer Affekte öffnen würde, würde alles kaputtgehen, da sie überzeugt war, ein Zuviel an Gefühlen in sich zu tragen, das nur abgekapselt werden konnte. Aber dafür bezahlte sie einen Preis: Sie war sehr verwerfend sich selbst gegenüber. Ihre Grausamkeit gegen sich selbst begann die Patientin zu stören. Sie musste andauernd das Kind in sich trösten, es in den Arm nehmen und halten. Wenn sie einen Zusammenbruch hätte, wäre der Therapeut überfordert, meinte sie. Das kleine Kind in ihr, das sie in die Arme nahm, kam wie aus dem Dunklen hervor. Sie machte sich jetzt oft sehr klein und hilflos und den Therapeuten allwissend. Sie identifizierte sich mit dem kleinen Kind, das nun ins Licht rückte, einem hilflosen Kind. Wenn die Gefühle eine gewisse Intensität überschritten, wurden sie unerträglich und daraufhin völlig weggefegt, mit der Folge, dass sie sich von sich selbst entfremdete und sich selbst als Roboter erlebte, ein von sich selbst entfremdetes Wesen, das erneut ins Dunkle weggesteckt wurde. Dieser radikale Abwehrvorgang wurde von ihr mehr und mehr infrage gestellt, weil sie nicht nur fürchtete, dass Weiterentwicklung Kontrollverlust und Vernichtung bedeuten würde, sondern auch spürte, dass nur diese Änderung zu mehr Lebhaftigkeit führen könnte.

Von der klinisch-analytischen Praxis zurück zum Roman des Kellerlochs

Die Schrift von Fjodor Dostojewski (1864) mit dem Titel *Aufzeichnungen aus dem Kellerloch* hatte beide Autoren schon seit langer Zeit berührt. Das »Kellerloch« in Dostojewskis Roman kann als der unzugängliche Ort des Verborgenen, Abgespaltenen, Dissoziierten, Verworfenen und Verpönten verstanden werden.

> Dort, in ihrem scheusslichen, stinkenden Kellerloch, versinkt unsere beleidigte, gegründete und verwöhnte Maus unverzüglich in kalte, giftige und vor allen Dingen ewig andauernde Bosheit... Aber gerade in dieser kalten, ekelhaften Halbverzweiflung, in diesem Halbglauben, in diesem leidvollen, bewussten Sich-selbst-lebendig-Begraben... in all dem Gift ungestillten, im Inneren gestauten Begehrens, in diesem Fieber eines Schwankens zwischen auf ewig gefassten Entschlüssen und im Augenblick auftretender Reue – darin, gerade darin liegt die Essenz jenes sonderbaren Genusses, von dem ich sprach. (S.16)

Dostojewski verbindet das Kellerloch mit einem unbewussten Selbstaspekt, zu dem man ein Verhältnis finden muss, um sich nicht lebendig zu begraben. In dem Buch von 1864 ist das »Kellerloch« mit dem Verlust des »lebendigen Lebens« oder des vitalen Lebens und der Kreativität verbunden. Zugleich spürt man in Dostojewskis Roman die Verzweiflung darüber, ob und wie man diesen abgespaltenen Aspekt, der im Keller der Psyche situiert wird, wieder integrieren kann. Dostojewski weist auf ein ambivalentes Verhältnis zum Kellerloch hin. Das im Kellerloch gestaute, psychische Leben wird zwar negativ und verwerflich vorgestellt – man könnte sich vorstellen, nichts damit zu tun haben zu wollen, wie Nadia in der zweiten klinischen Vignette. Trotzdem enthält das »Kellerloch« die Keime der eigenen Kreativität, sofern man es schafft, diese abgewehrten und abgewerteten Selbstaspekte zu integrieren, sie in die Arme zu nehmen.

Die Rationalität und das Bewusstsein, an die die westliche Welt so stark glaubt und an welchen sich der Fortschrittglaube im Russland des 19. Jahrhunderts orientierte, werden von Dostojewski als Lösung abgelehnt. Eine Bewusstseinspsychologie wäre nicht in der Lage, diese Kellerlochdynamik wieder zu integrieren.

Dostojewski erörtert in seinem Roman, was es für Freundschaften und Liebesbeziehungen bedeutet, einer solchen Dynamik des Getrennten ausgeliefert zu sein, ohne einen Weg zur Integration oder einen anderen Umgang mit dieser verborgenen Dimension in sich selbst finden zu können.

»Ich lüge... weil ich selbst weiß..., dass das Beste keinesfalls das Kellerloch ist, sondern etwas anderes, etwas ganz anderes, wonach ich mich sehne, das ich aber auf keine Weise finden kann!« (S.43)
»In der Schule hasste ich meine Mitschüler vom ersten Tag an und verschanzte mich vor ihnen hinter einem scheuen, tödlich verwundeten und unbändigen Stolz« (S.74). »Ich trachtete nur danach, sie zu erniedrigen« (S. 75). »Ich versuchte mich manchen zu nähern, aber stets waren die Beziehungen gekünstelt und gingen bald von selbst wieder ein. Einmal hatte ich sogar einen Freund, aber in meinem Herzen war ich schon ein Despot.« ... »Ich wusste eindeutig und mit Sicherheit, dass ich das alles in Wirklichkeit überhaupt nicht brauchte, dass ich in Wirklichkeit überhaupt niemanden vernichten, unterwerfen oder mitreißen wollte« (S.78).
Aber sie (die Freundin Liza) hatte »verstanden, dass ich ein ekelhafter Mensch war und vor allem nicht fähig, sie zu lieben... Liebe bedeutet für mich Tyrannei und... Überlegenheit.« Ich denke zuweilen, »die Liebe bestehe gerade in einem von dem geliebten Wesen freiwillig zugestandenen Recht, es zu beherrschen« (S. 135) ... »dann aber war es mir unmöglich, mir auch nur im entferntesten

vorzustellen, was man mit dem besiegten Wesen noch hätte anfangen können.«
»Ich wollte sie forthaben. Ich wünschte ›Ruhe‹, ich wünschte das Alleinsein im
Kellerloch. Das ungewohnte ›lebendige Leben‹ erdrückte mich dermaßen, dass
mir sogar das Atmen schwerfiel« (S. 136).

Die Ich-Figur im Kellerloch-Buch macht deutlich, dass in der Moderne der
(Selbst-)Hass und die Abwertung, die einhergehen mit der Verwerfung von
wichtigen Teilen des psychischen Lebens, die Beziehungen zu sich selbst und
Anderen erschwert. Der Rückzug aus der sozialen Welt – ein Rückzug ins
Kellerloch – führt zwar zur Reduktion der Spannung und der sozialen Angst,
bedeutet aber auch, dass man dauerhaft vom lebendigen Leben abgeschnitten
ist, man sich für eine kreativere Beziehung zu den Anderen oder für die Verspieltheit in Beziehung zur externen Realität verschließt.

Dostojewski schrieb zu einer Zeit, als sich Russland im 19. Jahrhundert
unter Zar Alexander II. in voller Expansion befand und die Industrialisierung
und das Wirtschaftswachstum voranschritten. Gleichzeitig war das zaristische
Regime autokratisch, was aber nichts daran änderte, dass den Wissenschaftlern und den Künstlern viele Freiheiten gewährt wurden und Kunst und Wissenschaft blühten. In den städtischen Zentren wurde das rurale Russland von
den Wissenschaftlern und Künstlern auf idealisierte und romantisierte Weise
als Quelle authentischer russischer Kultur angesehen. Diese Idealisierung der
russischen Seele auf dem Lande wurde jedoch auch von Nihilismus begleitet,
sowohl in wissenschaftlichen als auch in politischen Kreisen in den Städten.
Dieser Nihilismus wurde von Zar Iwan dem Schrecklichen durch die Massenmorde, die er als politische Waffe einsetzte, auf die Spitze getrieben.

In der Mitte des 19. Jahrhunderts gab es sowohl innerhalb der konservativen orthodoxen Kirche als auch innerhalb der sozialistisch-marxistischen Szene
(Marx war ein Zeitgenosse Dostojewskis) mehrere sich bekriegende Fraktionen. In diesen gesellschaftlichen Gruppierungen war nicht selten ein zynisch-destruktiver Unterton auf der Ebene konkreter lokaler Gruppen vorhanden. In
dieser Perspektive möglicher Entwicklungen (Industrialisierung, Kommerzialisierung), die Russland dem Westen hätte näherbringen können, in dieser Zeit
der Revolution gegen das autokratische Zarenregime und der Rückbesinnung
auf eine (idealisierte, aber auch als primitiv dargestellte) russische Volksseele
und einen ungeheuren Konservatismus im orthodoxen Glauben, der sich vor
allem auf die Seite der Macht stellte, schrieb Dostojewski 1864 die *Aufzeichnungen aus dem Kellerloch* über den tiefst verzweifelten Menschen. Er schildert das in der damaligen russischen Gesellschaft existierende Gefühl, dass die
Entwicklungen, die Russland von außen modernisieren könnten, mit einem
Verlust des Kontakts zum »lebendigen Leben« sowie der Einheit mit sich selbst

und der Verbindung mit Anderen einhergehen würden. Diese Verzweiflung und Spaltung ist ein Thema, das sich in mehreren Werken Dostojewskis wiederfindet. Sowohl in seinem Menschenbild spricht er von der Unbehaglichkeit eines Menschen, der nicht länger als Einheit gedacht werden kann, als auch in seiner politischen Sicht von der Unheimlichkeit des Hin- und Hergerissenseins zwischen Menschen, die eine konservative russische Volksmoral idealisieren, und Anderen, die sich in ihrem Streben nach Freiheit von jeglicher religiöser Ethik lösen (Berdiaev, 1929).

Nach seiner sibirischen Verbannung und der Wehrpflicht als Strafe für den Beitritt zu revolutionären Gruppen beginnt Dostojewski, sich immer mehr von der Spannung zwischen den Slawophilen, die die russische primitive Volksseele idealisieren und romantisieren, und den Revolutionären, die die bestehende Ordnung völlig zerstören wollen, zu distanzieren. In dieser Bewegung beschäftigt er sich zunehmend mit den tiefsten, inneren Erfahrungen der menschlichen Seele. In seinem persönlichen Leben erlebt er nach seiner sibirischen Verbannung Not und Armut. Seine erste Ehe geht 1863 in die Brüche (vgl. Christofi, 2021), zur Zeit, als er die *Aufzeichnungen aus dem Kellerloch* schreibt, ein Buch, das von immer mehr Dostojewski-Kritikern als Wendepunkt in seinem Werk angesehen wird. Das Buch ist eine Erkenntnis darüber, dass der Mensch nicht vollständig rational kontrollierbar ist, sondern vielmehr – in einer unwiderruflich gespaltenen Existenz – geleitet wird durch das Unbewusste der Kellerdynamik.

Damit ist Dostojewski ein Wegbereiter eines psychoanalytischen Menschenbildes, in dem psychische Konflikte und abgewehrtes oder noch nicht angefreundetes psychisches Leben einen großen Einfluss ausüben. Diese psychoanalytische Sicht des Menschen hat im 20. und 21. Jahrhundert zu Methoden geführt, die dabei helfen können, zu vermeiden, dieser selbstbegrenzenden Kellerlochdynamik ausgeliefert zu sein. Dostojewskis Hauptfiguren bringen ihre inneren Kämpfe und die Einschränkungen des Lebens im Griff des »Kellerlochs« zum Ausdruck.

Die Psychoanalyse vermag Patienten wie Peter und Nadia geduldig einen Ausweg zu bieten. Peter hat einen konstruktiveren Zugang zu etwas gewonnen, das er sich vorher nicht vorstellen konnte (die Beziehung zu seiner sehr depressiven Mutter). Nadia hat es allmählich gewagt, das sehr junge Kind in sich zu umarmen, und mit einem Bedürfnis nach Abhängigkeit, Verbindung und einer größeren Freiheit Affekte zum Ausdruck zu bringen, statt diese Selbstaspekte in der Dunkelheit des Kellers sitzen zu lassen.

Fazit: Es trägt also Früchte, Dostojewski im Lichte späterer Entwicklungen in der Psychoanalyse zu lesen oder die Psychoanalyse von einigen Vorannahmen über das Unbewusste in Dostojewskis Romanliteratur her zu verstehen. Wie bei Dostojewski wird auch in der Psychoanalyse dem Verdrängten,

Abgespaltenen ein großer Einfluss zugeschrieben. Was die Psychoanalyse von Dostojewski unterscheidet, ist das Bestreben, sich nicht in Selbstironie und Zynismus zu ergehen, eine Eigenschaft, die der Ich-Figur in den *Aufzeichnungen aus dem Kellerloch* demonstriert.

Wir schließen unsere Überlegungen ab mit der Suche der Ich-Figur nach Glück sowie ihrer Unfähigkeit, dieses Glück mit der Freundin Liza zu finden:

> »Ich war nicht mehr fähig zu lieben, denn Liebe bedeutete für mich Tyrannei […]. Mein ganzes Leben lang habe ich mir keine andere Form der Liebe vorstellen können […] und ich gehe sogar so weit zu glauben, dass die Liebe das Recht des geliebten Wesens ist, die Tyrannei über es auszuüben. Selbst in meinen unterirdischen Träumen, in meinem Kellerloch, habe ich mir die Liebe nie als etwas anderes vorgestellt als einen Kampf. […] Ich hatte keine Ahnung, dass Liza nicht gekommen war, um Vorwürfe oder Worte des Mitleids zu hören, sondern dass sie gekommen war, um mich zu lieben.« (S. 208f.)

Anhand der Ich-Figur in den *Aufzeichnungen* deutet Dostojewski auf den in seinen neurotischen Elementen gefangenen Menschen hin. Die Tragödie dieser Menschen, von der auch Freud berührt war, hat in der Psychoanalyse dazu geführt, dass immer wieder Wege gesucht worden sind, um Patienten zu helfen, ein kreativeres Verhältnis zu ihrer Kellerdynamik zu finden. Dostojewski beschrieb im russischen Kontext spezifische Kellerdynamiken seiner Zeit. Die Psychoanalyse sieht es als ihre Aufgabe an, die immer wieder neu entstehenden Formen von Kellerdynamiken zu beschreiben und ihre Methodik daran anzupassen, damit ihre Patienten sich den unterschiedlichen Varianten der Kellerdynamik annähern und zu ihrer Kreativität zurückfinden können.

Literatur

Assoun, P.-L. (1983): *Freud et la femme.* Paris: Calmann-Lévy.
Berdiaev, N. (1929): *L'esprit de Dostojewski.* Paris: Editions Stock.
Bion, W. R. (1983): *Learning from experience.* London: Routledge.
Casement, P. (2018): *Learning along the way. Further reflections on psychoanalysis and psychotherapy.* London: Routledge.
Christofi, A. (2021): *Dostojevski en de liefde. Een intiem portret van de beroemde Russische schrijver.* Amsterdam: Meulenhoff. (Dostojewski und die Liebe. Ein intimes Porträt des berühmten russischen Schriftstellers.)
Collani, T. & Fenga, V. (2015): L'émergence de l'inconscient dans la littérature européenne. Online: https://hal.science/hal-01905597/document [Stand 20. Sept. 2023].

Dostojewski, F. M. (1979 [1864]): *Herinneringen uit het ondergrondse (Notes from the Underground)*. Baarn: Ambo.

Dostojewski, F. M. (2008 [1864]): *Aufzeichnungen aus dem Kellerloch*. München: Anaconda/Penguin Random House.

Ellenberger, H. F. (1970): *The discovery of the unconscious. The history and evolution of dynamic psychiatry.* New York: Basic Books.

Enriquez, R. (2021): *L'invention de l'inconscient par le récit de fiction (1850–1895)*. Paris: Classiq Garnier.

Fonagy, P. & Campbell, C. (2017): Mentalizing, attachment and epistemic trust: how psychotherapy can promote resilience. *Psychiatria Hungarica*, 32(3), 283–287.

Frankel, R. (2002): Fantasy and imagination in Winnicott's Work. *British Journal of Psychotherapy,* 19(1), 3–19.

Green, A. (1983). La mère morte. In: A. Green (Hrsg.): *Narcissisme de vie, narcissisme de mort.* Paris: Minuit, S. 229–253.

Hurry, A. (1998): *Psychoanalysis and developmental therapy.* London: Routledge. Dt.: Hurry, A. (2015): *Psychoanalyse und Entwicklungsförderung von Kindern.* Frankfurt a. M.: Brandes & Apsel, 3. Aufl.

McDougall, J. (1989): *Theatres of the body: A psychoanalytic approach to psychosomatic illness.* London: Free Association Books.

Meurs, P. (1984): *Het begrip »vrijheid« in het oeuvre van Fjodor M. Dostojewski* (Der Begriff der Freiheit in den Werken von Fjodor M. Dostojewski). Nicht veröffentlichte Masterarbeit in der Fakultät der Theologie, Katholische Universität Leuven (Belgien).

Meurs, P. (1999): Psychosomatic symptoms, embodiment and affect. Weaving threads to the affectively experienced body in therapy with a neurotic and a borderline child. *Journal of Child Psychotherapy,* 25(1), 71–91.

Müller, L. (1983): *Dostojewskij: sein Leben, sein Werk, sein Vermächtnis.* München: Erich Wewel.

Nagera, U. (1969): The imaginary companion: Its significance for ego-development and conflict solution. *The Psychoanalytic Study of the Child,* 24(1), 165–196.

Nicolaidis, (1979): Oedipe: le message de la différence. *Revue française de Psychanalyse,* 43, 409–419.

Winnicott, D. W. (1969): The use of an object. *Int. J. Psycho-Anal.,* 50(4), 711–716.

Gisela Schleske
(Freiburg i. Br.)

Entwicklungsstillstand, Regression, Progression und die Entwicklung des Selbst

Einleitung

Jeder Psychoanalytiker entwickelt seinen ganz eigenen psychoanalytischen Bezugsrahmen. Eine gute Kenntnis der Entwicklungspsychologie ist dabei eine große Hilfe, denn im Verlauf jeder Analyse regrediert der Analysand in der Übertragung. Dabei kommt das analytische Paar unweigerlich auf frühere Erfahrungen, Erfolge und Misserfolge, die den Analysanden von seiner ersten Lebenszeit an und in den folgenden Wochen, Monaten und Jahren geprägt haben. Analog zu den Eltern für jedes individuelle Kind müssen auch Analytiker zu jedem individuellen Analysanden ihren ganz eigenen und unverwechselbaren Zugang finden. Übergeordnetes Ziel ist, sich mit dem Selbst des Analysanden und dessen Konflikten vertrauter zu machen. Das bedeutet auch, über dessen Selbstentwicklung nachzudenken. In meinem Bezugsrahmen sind zudem Parameter wie Spielfähigkeit, freie Assoziation und Steuerung der Regression bedeutsam. Diese Begriffe würde ich gerne aus der Einpersonenpsychologie herauslösen und auf das analytische Paar anwenden. Spielfähigkeit in der jeweils individuellen Begegnung ist auch mit der Frage der Passung des »analytischen Paares« verbunden. Die Parameter Passung, Spielfähigkeit und Fähigkeit zur Regression haben nach meiner Erfahrung nicht unmittelbar mit dem Strukturniveau des Analysanden zu tun. Maßgeblich ist eher, ob sich die Analytikerin in der Begegnung mit dem jeweiligen Analysanden treiben lassen kann im affektiv aufgeladenen Kontakt mit dem Unbewussten des Analysanden. Kann sie in diesem speziellen Fall Ungewissheit und Zweifel ertragen? Wann und warum reguliert sie in einer antiregressiven Bewegung dagegen?

Analog einer analytischen Behandlung kommen auch Eltern mit ihrem Unbewussten in Kontakt mit dem sich entwickelnden Unbewussten ihres Kindes. Das sich entfaltende Entwicklungpotenzial des Kindes bringt auch ein Transformationspotenzial für die Eltern mit sich (Schleske, 2017). Darum wird es im letzten Fallbeispiel anhand der Langzeitbeobachtung einer afrikanischen Flüchtlingsfamilie gehen. Hier konnte ein Entwicklungsstillstand oder Entwicklungszusammenbruch eines knapp vierjährigen Jungen allmählich überwunden werden, indem der Vater seine Spielfähigkeit entdeckte.

Nach Winnicott gibt es ein dem Menschen innenwohnendes Wachstumspotenzial. Er sieht eine Analogie zwischen dem analytischen Prozess eines Analysanden und der Entwicklung eines Kindes. Er hat sich mehr für psychische Gesundheit als für psychische Krankheit interessiert (Winnicott, 1984 [1965]). Bereits in der Übernahme dieses Arbeitsmodells liegt eine regressionssteuernde Wirkung.

Mein metapsychologisches Koordinatensystem wird im Folgenden anhand von konkreten Begebenheiten aus meiner Praxis veranschaulicht. Es geht um kurze Fallvignetten, die mit regressiven Bewegungen und deren Abwehr zu tun haben. Ich zeige auf, wie ich unter dem Druck der analytischen Situation meine Wahrnehmungen, Gefühle und Reverien in Worte umsetze. Wenn es gut geht, führt die imaginative Ausgestaltung der Psyche zur Erschaffung von Übergangsobjekten. Es geht um die geistige Aktivität beider Protagonisten. Nach Ogden (2009) werden sowohl Analysand als auch Übertragungsobjekt im intersubjektiven Prozess erschaffen. In diesen Übergangsbereichen sind verschiedene Logiken am Werk. Übergangsobjekte weisen verschiedene Schichten auf. Es gibt Schichten, die sowohl aus ehemals mütterlicher als auch kindlicher Substanz bestehen.

In der analytischen Begegnung reichern sich diese Schichten an mit Schichten von sowohl Analysand[1] als auch Analytikerin (Green, 2010). Diese Kreationen erfasse ich für mich mit dem Begriff der Spielfigur.

Ein wichtiges Kriterium für eine potenziell gelingende analytische Arbeit ist für mich, ob Spielfiguren entstehen können, die der psychischen Arbeit der Nachträglichkeit zugänglich gemacht werden können. Die Art der Gestalt kommt im hohen Maß von der unverwechselbaren Subjektivität beider Mitglieder der Dyade. Sie sind von den einzigartigen, sich von Augenblick zu Augenblick wandelnden Gegebenheiten ihrer Beziehung beeinflusst (Levin, 2014). Den Begriff der Spielfigur stelle ich allerdings nicht in den analytischen Raum. Ich benutze ihn vielmehr zur Verständigung unter Kollegen. Die Spielfigur ist eine Metapher für die jeweils besondere Qualität und Struktur der analytischen Objektbeziehung. In ihr lassen sich Beziehungsmuster in Sprache fassen. Spielfiguren bringen mit sich, dass sich in ihnen verschiedene Beziehungskomponenten gut mischen lassen. Zudem sind sie leicht aufzuladen mit der Qualität

---

1 Im Folgendem schreibe ich von der Psychoanalytikerin in der weiblichen Form und dem Analysanden in der männlichen Form.

der Primärobjekte, den Personen der Vergangenheit. Sie sind dreidimensional und damit auch plastisch. Spielfiguren entstehen durch die produktive Nutzung von regressiven Prozessen, wie ich im Folgenden aufzeigen werde.

Die Kunst der analytischen Behandlung besteht darin, dass dadurch ein Übergangsraum geschaffen wird, der allmählich erhalten bleibt, auch wenn der Analytiker körperlich abwesend ist (Schleske, 2020).

Zur Steuerung der Regression – Spielfigur von Reiter und Pferd

In meinen Therapiegutachten in der Rubrik Therapieplanung schreibe ich immer wieder, dass die Regression sorgfältig gesteuert werden soll. Wer steuert die Regression? Ist es die Analytikerin, ist es der Analysand, ist es das analytische Paar? In meinem Arbeitsmodell geht es immer auch um die wechselseitige Steuerung der Regression. Damit stelle ich mich in die Tradition der Erkenntnisse der experimentellen Säuglingsforschung. Diese hat unter anderem ergeben, dass nicht wie ursprünglich angenommen vornehmlich der Erwachsene die Regression steuert, sondern dass dem Baby dabei eine maßgebliche Beteiligung zukommt (Stern, 1986). Auch die folgenden klinischen Fallbeispiele befassen sich mit der gemeinsamen Steuerung der Regression.

Mein erstes Beispiel ist eine Metapher. Ich werde Ihnen zur besseren Verständigung analog zu einem Kinderanalytiker eine Spielfigur anbieten. Sie ist sozusagen ein verbales Spielsetting. Im Behandlungszimmer allerdings würde ich vorzugsweise Figuren benutzen, die vom Analysanden kreiert oder gefunden wurden. Oder anders ausgedrückt, der Initialreiz, der die repräsentationalen Fähigkeiten des Analytikers aktiviert, sollte eindeutig vom Patienten kommen.

Meine Spielfigur ist die Figur der Reitlehrerin sowie die Figur von Reiter und Pferd, analog zum analytischen Paar. Eine große Pfütze wird zum Symbol für einen regressiven Prozess. Hier kann die Reiterin entscheiden, ob sie sich der der Pfütze innewohnende Turbulenz, Angst und Verwirrung stellen möchte oder ob sie diese Chance, aber auch das Risiko ausschlagen wird.

Fallbeispiel Reiter und Pferd

Eine Reitlehrerin verfügt über ein sehr weit ausgebildetes Dressurpferd, auf dem sie ihrer Reitschülerin eine zweite Unterrichtsstunde gibt. Der Lehrerin ist aufgefallen, dass sich das differenzierte Pferd im Vorfeld schon in der Bodenarbeit gut mit der Schülerin verbinden konnte und sich zwischen den beiden ein Beziehungsband einstellte.

Nach der Stunde bemerkt die Reitschülerin etwas betrübt, dass sich das Pferd wohl mehr an Anregung oder Meisterschaft von ihrer Schülerin versprochen hätte und nun wohl enttäuscht sei. Daraufhin schlägt die Lehrerin ganz überraschend vor, dass sich die Reitschülerin gemeinsam mit dem Pferd eine Freude machen könnte, indem Pferd und Reiter noch einen Ausflug ins Gelände unternähmen. Für die Schülerin war es aufregend und spannend, mit einem ihr noch weitgehend unbekannten und temperamentvollen Pferd in Abwesenheit der Reitlehrerin auszureiten. Pferd und Reiterin verstehen sich aber gut, es stellt sich ein gemeinsames Sicherheitsgefühl ein. Dann allerdings tut sich auf einem Feldweg eine große Pfütze auf. In der Reaktion des Pferdes auf die Pfütze wird deutlich, dass das Pferd wasserscheu ist und deutlich signalisiert, dass es einen weiten Umweg um die Pfütze nehmen möchte. Am liebsten würde es nun den Ausritt ins Gelände ganz abbrechen und in den Stall zurückkehren. Das Pferd steht in dem Moment nicht mehr an den Hilfen der Reiterin. Diese sieht jetzt ihre Chance, dem Pferd doch etwas Neues, Anregendes und Aufregendes zu bieten. Es gelingt ihr, das zögernde und zum Teil auch deutlich aversive Pferd mehrfach durch die Pfütze zu reiten, bis sich beide auch im Wasser ganz flüssig miteinander bewegen können. In der Art, wie sich das Pferd verweigert hatte und wie es sich dann doch wieder an die Hilfen seiner Reiterin begeben konnte, hatte diese viel über das Pferd und seine Ausbildung gelernt. Danach kehren Pferd und Reiter in gehobener Stimmung und innerlich gut verbunden in den Stall zurück.

Besprechung

Für die Nichtreiter unter Ihnen ist zu erklären, dass Pferde ausgesprochen phobische Wesen sein können. Bei einer Pfütze könnte es sich auch um ein Moor oder ein tiefes Loch handeln, was beide verschlingen kann. Hier stellt sich die Frage, ob das zögernde Pferd von seiner Reiterin ausreichend Sicherheit, aber auch Überzeugungskraft bekommt, um sich seinem Angstobjekt zu stellen. Für die Reiterin hingegen ist wichtig, dass sie die richtige Entscheidung trifft. Wird es ihr wirklich gelingen, das widerstrebende Pferd durch das Wasser zu bekommen, ohne dass sie an Feinheit in der Hilfengebung verliert oder Gewalt anwendet? Kann sie einschätzen, dass das Pferd nicht steigt oder im Galopp nach Hause durchgeht? Hat die Reiterin wirklich ausreichend innere Sicherheit und Überzeugungskraft, dass beide sicher durch die Pfütze kommen? Das wird nur gelingen, wenn sie die Angstreaktionen, die die Pfütze im Pferd erzeugt, ausreichend feinfühlig emotional eingestimmt aufnehmen und dann auch dessen Erregung in einer guten emotionalen Einstimmung dämpfen kann. (Hier kommen die von Stern [1986] beschriebenen Konzepte des »attunements« zur

Anwendung.) Ein zu forsches, aber auch ein zu zögerliches Vorgehen kann nicht funktionieren. Auch sollte sie besser Abstand von der Pfütze nehmen, wenn das gemeinsame Probieren anderen Menschen zu nahe käme.

In jedem Fall sind nach erfolgreich durchschrittener Pfütze sowohl Reiter als auch Pferd in der gemeinsamen Beziehung gestärkt. Viele erfolgreich durchschrittenen Pfützen vermitteln einem Pferd zudem, dass Wasser und Pfützen gar nicht so gefährlich sind und dass die Reiterin geeignet ist, das Pferd in neue und spannende Gefilde zu führen.

Die bei der Pfütze abwesende, aber in ihrem Vertrauen innerlich anwesende Reitlehrerin, die mit ihrem Zutrauen in Pferd und Reiter die ganze Szene erst möglich gemacht hat, wird im Folgenden für sowohl ein gutes inneres Objekt als auch für eine zuversichtliche Supervisorin stehen.

Verschiedene Entwicklungsphasen aus der präsymbolischen Zeit

Holding

Winnicott und Stern haben sich in ihren Werken mit der Selbstentwicklung des Babies befasst, die sie in Abhängigkeit sehen zur psychischen Verfasstheit der Mutter. Der Zustand der Mutter sollte dem Alter und Reifezustand des jeweiligen Babys angepasst sein. Eine bestimmte Form der Beziehungsaufnahme zum Baby kann in einem Zeitabschnitt optimal entwicklungsförderlich sein, zu einem anderen Entwicklungszeitraum kann sie dessen Entwicklung behindern und gefährden. Sowohl Winnicott als auch Stern sprechen von der notwendigen intuitiven Einstimmung der Mutter. Beide entwickelten aus ihren Forschungen und Beobachtungen von Mutter-Kind-Paaren zudem Arbeitsmodelle für die psychotherapeutische Praxis. Mit einer gewissen Zeitverzögerung haben diese Modelle mitgeholfen, den Fokus von einer Einpersonenpsychologie zur Zweipersonenpsychologie zu verschieben. Beide stellen die Frage, wie Mutter und Baby, aber auch Analytikerin und Analysand sich über die gemeinsam geteilte Erfahrung verständigen können. Mit meinem Konzept der Spielfiguren leiste ich hier einen Beitrag.

In einer ersten Entwicklungsphase, die sich typischerweise in den ersten zwölf Lebenswochen des Babys ereignet, geht es um die gemeinsame Etablierung einer elementaren Ordnung und Regelmäßigkeit. Stern beschreibt, wie sich jede weitere Entwicklungsphase zwiebelschalenförmig um diesen Grundkern legt. In der Terminologie von Winnicott (1988 [1941]) wäre diese erste Lebensphase mit dem Begriff des »Holdings« gut gefasst. Es geht dabei um die gemeinsame Erschaffung von stabilen Zuständen. Können Mutter und Kind, können Analysand und Analytikerin zuverlässig gemeinsam ein Niveau an geteilter Freude und gemeinsamer Erregung herstellen? Die gut eingestimmte Mutter als regulierendes Objekt verstärkt, dämpft, stellt vorige Zustände wieder her und erschafft zuverlässig Rituale einer Rückkehr zum vorher eingestellten Gleichgewicht. Die Genauigkeit, mit der die Betreuungsperson den Zustand des Säuglings erfasst, und die Geschwindigkeit, mit der sie reagiert, sind wichtige Faktoren, von denen abhängt, wie die Selbsterfahrung des Säuglings beschaffen sein wird. Wenn Mutter und Kind in vielen Momenten gut zueinander passen, wenn sich gemeinsam ein Gefühl der Stimmigkeit und der Kohärenz einstellt, profitieren beide davon. Für die Mutter entsteht dann das Gefühl, dass sie ihr Kind kennt, dass sie sich als Mutter kompetent fühlt und dass sie mit einer gegenseitigen Kooperation rechnen kann (Stern, 1986).

Nach meiner Erfahrung sind Regressionen gut zu steuern, wenn sich dieses basale Gefühl des Holdings immer wieder einstellt. Dies setzt vonseiten der Analytikerin Einiges an Erfahrung und körperlicher und psychischer Gesundheit voraus und ist auch mit Opfern verbunden. So muss sie in ihrer An- und Abwesenheit berechenbar sein. Das bedeutet beispielsweise eine langfristige und sorgfältig geplante Urlaubsplanung, die dem Analysanden frühzeitig bekannt gegeben wird. Es braucht zudem ein klares Setting mit Anfang und Ende der Sitzungen und einen von Bewertungen freien Raum dazwischen und zudem das Vertrauen, dass keiner der Beteiligten vorzeitig aussteigt (Westlund-Morgenstern, 2023).

Für ein gutes Holding sind auch Parameter wichtig wie die Erwartung, dass es zu einem gemeinsamen Verständnis kommen wird. Können beide (das Eltern-Kind-Paar; das analytische Paar) damit rechnen, dass es ihnen wieder gelingen wird, eine berechenbare und fruchtbare gemeinsame innere Welt aufzubauen? Im Fallbeispiel 4 werden Bedingungen dargestellt, die es möglich gemacht haben, dieses Holding gemeinsam infrage zu stellen und daraus Erkenntnisse zu gewinnen.

Im Fallbeispiel mit dem Pferd gingen sowohl Reitlehrerin als auch Reitschülerin davon aus, dass das Pferd auch im Gelände an den Hilfen der Reitschülerin steht. Das ist Reitersprache und bedeutet, dass die Reiterin sich dem Pferd nonverbal verständlich machen kann über die einzuschlagende Richtung und die dafür gewählte Geschwindigkeit. Es gab die Erwartung, dass das Pferd den Signalen der Schülerin folgen würde. Die Reitschülerin konnte ein Gefühl der Dankbarkeit für die Reitlehrerin empfinden, die ihr ein Pferd zur Verfügung gestellt hatte, von dem sie erwarten konnte, dass es sich gut mit einem durchschnittlichen Reiter verbinden würde. Für den Analyseverlauf ist es von Vorteil, wenn es der Analytikerin analog gelingt, eine Verbindung zum Primärobjekt im Analysanden herzustellen, das ehemals diese basale Holdingfunktionen bereitgestellt hatte. Menschenkinder sind nicht überlebensfähig, wenn niemand jemals in diesem Sinn für sie da gewesen ist. Eine Einweisung in die Klinik kann unter Umständen dann notwendig werden, wenn kein Bild dieser primären Holdingfunktion mehr im analytischen Paar aufzubauen ist.

Fallbeispiel 1
Eine als Kind schwer traumatisierte Lehrerin möchte in den Tagen vor Abnahme der mündlichen Abiturprüfungen die vereinbarten Stunden absagen. Sie befürchtet, dass in der analytischen Begegnung für sie in Folge das ihr so gut bekannte Gedankenkreisen wieder begänne, das sie dann als Prüferin für ihre Schüler weniger empfänglich machen würde. Diese Mitteilung schätze ich zunächst wert, denn sie hat etwas aus ihrer Innenwelt wahrgenommen und mitgeteilt. Ich erinnere sie dann an den Behandlungsvertrag und die Bedeutung der Regelmäßigkeit unserer Begegnungen. Könnte sie nicht doch kommen, wenn ich ihr zusagen würde, Mitverantwortung für den Stundenverlauf zu übernehmen? Wir würden uns dann in der fraglichen Stunde gemeinsam in harmlosen Zonen bewegen.

Im Bild des Reiters gesprochen, würde ich in dieser Stunde dann in der Reithalle bleiben und das eventuell auch nur im Schritt.

In den Folgestunden erkundige ich mich danach, ob die in ihr gefürchtete Labilisierung tatsächlich ausbleiben konnte.

Für Winnicott (1984 [1965]) gibt es eine Entwicklungslinie von der Erfahrung der »holding environment« zum »being«, zum »live creatively, to play«.

Mir hat sich erschlossen, dass die Analysandin in ihrer Entwicklungslinie nicht von einem Zustand des »being« im Sinne von Winnicott ausgehen kann. Ihr Sein kann jederzeit durchbrochen werden von traumatischen Erinnerungen und Erfahrungen, die sie für mich, aber auch für sich selbst im Umgang mit ihrer Umgebung unzugänglich machen. In diesem Zustand würde sie von jedem Spielversuch von meiner Seite gefährdet. Es geht in diesem Moment vornehmlich darum, dass sie mich als sie nicht störende »Umgebungsanalytikerin« empfinden kann. Als »Umgebungsanalytikerin« versuche ich als Person mit eigenen Rechten wenig in Erscheinung zu treten und bemühe mich, dass auch mein Raum und die Art, wie ich sie dort empfange und mich zur Verfügung stelle, eine haltende Wirkung auf die Analysandin hat und keine Variationen des Gewohnten aufweist.

Zu diesem Zeitpunkt konnte ich nicht von der Spielfähigkeit der Analysandin ausgehen und habe deswegen auch meine eigene Spielfähigkeit zurückgestellt. Ich ging hier von akuten regressiven Phänomenen in der Analysandin aus, da wir früher bereits Spielfiguren miteinander kreieren konnten. So hatte sie nach dem Erstgespräch ihren Wunsch nach einer Psychotherapie zurückgenommen, um mir im Zweitkontakt mitzuteilen, dass eine Frau wie ich »schon gar nicht ginge«. Was an mir für sie nicht ging, war meine Weiblichkeit, die nicht nur rein funktional und verhüllt erscheint. Sie käme aus einer streng religiösen Familie, und ihre Mutter hätte jegliche Weiblichkeit jenseits der funktionalen Mütterlichkeit zurückgewiesen. Wie wir später rausfanden, hatte sie diese Beschränkung in ihrem weiblichen Auftreten nicht vor dem sexuellen Missbrauch durch den Vater schützen können.

»Die Frau, die so gar nicht geht« als Spielfigur, war zum geflügelten Wort zwischen uns geworden und konnte uns beide immer wieder erheitern, anregen und inspirieren.

Thema mit Variationen, Beginn der Spielbeziehung

Ab dem dritten Lebensmonat interessieren sich Babys weniger für Berechenbares, sondern mehr für die Abweichungen von der Norm. Sie haben mehr Interesse und Freude an den Variationen, als dass sie ständig auf dem Hauptthema beharren.

Als Beispiel: Das Hauptthema könnte sein, das Baby zeigt, dass es sofort einen Schnuller als Regulationshilfe für seinen Zustand benötigt. Die Variation wäre, die Mutter hat das verstanden, zeigt dem Baby, dass sie es verstanden hat, spielt dann aber damit, dem Baby den Schnuller nicht sofort zu geben, sondern ihn sich bspw. selbst in den Mund zu stecken. Wenn es gut geht, lacht das Baby dann darüber. Mutter und Kind überlegen sich dann gemeinsam weitere Varianten. Sie muss zeigen, dass sie verstanden hat, dass das Baby den Schnuller möchte. Dann aber verschwindet der Schnuller und taucht wie von Zauberhand wieder auf, bis er wieder verschwindet. Wenn alles gut geht, reguliert sich dann das Kind in diesem Spiel, anstatt immer gleich nach dem Schnuller zu verlangen.

Das gemeinsame Spiel: Variationen sind nur möglich, wenn zunächst das Hauptthema, »Mutter weiß, wann ich Schnuller brauche«, gut etabliert wurde. In gewisser Weise leistet eine Mutter, wenn sie mit dem Schnuller spielt, eine psychische Figurationsarbeit. Voraussetzung ist, dass es ihr durch das Spiel gelingt, das Baby vom realen Objekt weg und zur Repräsentation des Objekts, in dem Fall des Schnullers, zu führen. Um diese Form des Spiels einzuführen, muss die Mutter bereit und in der Lage sein, dem Baby ihre Psyche zur Verfügung zu stellen. Sie darf ihr Baby nicht zu mechanisch oder zu sorgfältig behandeln.

Autisten aller Altersstufen haben interessanterweise weniger Interesse an Variationen. Bei Versuchen ihrer Beziehungspersonen, Variationen vom Hauptthema einzuführen, geraten sie ins psychische Ungleichgewicht (Stern, 1986).

Aber auch das ältere Baby erträgt in vielen Momenten nur das Hauptthema, »Schnuller kommt sofort«, selbst wenn es bereits früher erfolgreiche Variationen der Schnullerszene gegeben hat.

Nach meiner Beobachtung interessieren sich Babys weniger für ihre Beziehungspersonen, wenn diese keine Variationen einführen oder die Bezugspersonen nicht mitspielen, wenn das Baby Variationen einführt. Im Fallbeispiel 5 wird davon die Rede sein.

Fallbeispiel 2

Es geht um eine postadoleszente Patientin, die sich aufgrund einer Essstörung und selbstschädigender Verhaltensweisen über mehrere Jahre immer wieder in unterschiedlichen psychotherapeutischen und psychiatrischen Kliniken aufgehalten hatte. Ich war ihre dritte ambulante Therapeutin. Von jeder Therapie hatte sie einen Gewinn ziehen können, vielleicht auch, weil sie sich zunehmend die Fähigkeit erworben hatte, ihre Therapeutinnen ziemlich zu ramponieren. Als Kind hingegen war sie für ihre Angehörigen allzu pflegeleicht und angenehm gewesen.

Trennung hat bei ihr eine potenziell desorganisierende Wirkung. Für sie wird es darum gehen, Trennung von der Katastrophe der absoluten Abwesenheit, des Verlusts und der psychischen Vernichtung abzugrenzen. Meine Strategie mit ihr liegt nicht darin, verborgene Bedeutung aufzudecken, sondern eher, sie darin zu unterstützen, Bedeutung in sich selbst zu erfahren. Sie ist auf die figurabilitätsfördernde Aktivität der Analytikerin angewiesen (Levin, 2014). Es geht dabei um ein Handeln, das dazu beiträgt, die Repräsentationsfähigkeiten der Patientin zu mobilisieren oder zu stärken. Wobei diese Patientin ausreichend kreativ war, mich zum Handeln aufzufordern.

Im Vorfeld der folgenden Begegebenheit hatte die Patientin begonnen, die Erfahrung zu machen, dass das Zusammensein im Analyseraum zuverlässig mithelfen konnte, dass sich in ihr ein Gefühl der Leere und Haltlosigkeit ermäßigen konnte.

Am sich nähernden Stundenende bereits auf der Couch sitzend sagte sie spontan, unvermittelt und auch heftig: »Frau Schleske, ich kann jetzt nicht gehen und ich gehe jetzt einfach auch nicht.«

Indem die Patientin in die Analytikerin und deren Behandlungsrahmen hineingreift, zeigt sie einen Wunsch, ein Begehren auf. Gleichzeitig hat sie dabei die Hoffnung, dass es der Analytikerin möglich werden wird, mit dem eingegangenen Risiko einen guten Umgang zu finden. Man könnte auch sagen, dass sich hier die Patientin aktiv auf die Suche nach ihrer Analytikerin gemacht hat. Die weitere Therapiegeschichte wird davon bestimmt werden, ob beide gestärkt oder geschwächt aus dieser Situation hervorgehen. Wenn es nicht gelungen wäre, das neue Thema »ich gehe jetzt nicht, ich bin nicht einfach so fügsam und pflegeleicht« bespielbar zu machen, wäre diese Episode zu einem Empathiebruch, einem fundamentalen Misslingen der gemeinsamen Beziehungsregulation und zum geteilten Trauma geworden. Zusätzlich traumatisch wäre, wenn die Episode anschließend einer Tabuisierung unterläge.

Im Pferdebeispiel wäre Tabuisierung, wenn Pferd und Reiter künftig Wasser und Pfützen gemeinsam meiden und großflächig umgehen müssten. So wie allzu ängstliche Reiter Pfützen bei wasserscheuen Pferden besser meiden, wäre diese Patientin mit einer vorsichtigen oder durch eine allzu strenge Supervision blockierten, wenig spontanen, Analytikerin nicht am richtigen Ort.

In einer anderen Terminologie ist diese Szene ein »Now Moment« im Sinne von Stern (2005). »Now Moments« sind zudem Momente, in denen es keine vorgeschriebenen Theorien oder Behandlungskonzepte gibt, sondern in denen es zu einer Begegnung kommt, in der die Analytikerin als ganzer Mensch mit der ihr eigenen Geschichte oder Originalität gefordert ist. »Now Moments« sind auch Momente der Chancen und der Risiken, in denen in Sekundenbruchteilen auch regressive Phänomene in der Analytikerin wirksam werden und zu kreativen Lösungen führen könnten.

Ob und wie diese Situation gemeinsam bewältigt wird, hängt maßgeblich davon ab, welche Bedeutung die Analytikerin der Szene im unmittelbaren Hier und Jetzt geben wird. Dabei geht es um die Authentizität und die spontane Geste der Analytikerin, ebenso wie die Patientin vermutlich die Szene nicht geplant hatte, sondern sich hier ihrer spontanen Geste bedient hatte. Das neue Thema wäre beispielsweise: »Was machst du, wenn ich dich zwinge, kann ich dich zwingen, bin ich dir dann lästig, kommst du ins Schwitzen, wirst du dann kalt oder unangenehm, oder selbstunsicher?«

Die spontane Geste bei einer Patientin mit ehemals restriktiven Essverhalten ist nicht selbstverständlich, sondern kostbar. In diesem Fall gründet ihre neu erworbene Fähigkeit auch auf der Vorarbeit ihrer ehemaligen Therapeutin.

Im weiteren Verlauf wird wichtig sein, dass die Szene im weiteren Analyseverlauf wachgehalten und in ihren Facetten erkundet oder bespielt werden kann.

Intersubjektivität

Stern (1986) beschreibt in seinen Babybeobachtungen, wie das sieben bis 18 Monate alte Kind entdeckt, dass es innere Erfahrungen mit einem Anderen teilen und kommunizieren kann. Mutter und Kind kommunizieren nicht nur Affekte, sondern über Affekte. Der Fokus verschiebt sich von der Regulierung auf die Teilung innerer Zustände. Es treffen sich dabei zwei Welten und die

Fähigkeit entwickelt sich, einem Erleben eine gemeinsame subjektive Bedeutung zu geben. Dadurch wird ein intersubjektiv vermitteltes Drittes geschaffen. In dem intersubjektiv vermittelten Dritten entsteht die Exklusivität einer gelungenen Eltern-Kind-Beziehung. Es geht hier auch um die Exklusivität einer für beide Beteiligten befriedigenden Analysestunde. In Eltern-Kind-Paaren und auch in analytischen Paaren entsteht ein Gefühl von Effektivität, wenn Interaktionen gemeinsam zu einem positiven emotionalen Zustand führen, bzw. entsteht ein Gefühl der Hilflosigkeit, wenn das wiederholt misslingt.

Fallbeispiel 3

Eine Patientin kommt sehr geängstigt und beunruhigt in eine Montagsstunde. In den Monaten zuvor hatte sie sich von ihrem Ehemann getrennt. Am Abend nach der Analysestunde steht ein Telefonat mit diesem an. Deutlich wird, dass sie dem Ehemann in Antizipation des Telefonats sehr viel Macht über sich und ihren anschließenden Zustand zugesteht. Sie befürchtet, dass sich in ihr im Anschluss an das Telefonat die ihr so gut bekannte selbstvernichtende Todessehnsucht ausbreiten wird.

Ich bin überrascht und erschrocken über das Ausmaß ihrer Ängste und stellte aktiv die momentane Gefährlichkeit ihres Mannes für ihr Seelenheil infrage.

Am folgenden Tag kommt sie etwas ärgerlich in die Stunde. Ich hätte mich in der gestrigen Stunde übermäßig bemüht, ihre Ängste abzumildern und sie einseitig zu stärken und zu stützen. Könnte es sein, dass ich »positivistische Psychotherapie« betreibe? Kurz bin ich geneigt, mich ungerecht behandelt zu fühlen oder mich zu verteidigen, bis mir verblüfft deutlich wird, dass ich ihr Recht geben muss. Am Vortrag bin ich stützend und regulierend mit ihr gewesen. Gleichzeitig wird mir deutlich, dass sich im Angriff der Patientin auf mich eine neue Beziehungsqualität manifestiert. Bislang war sie mir gegenüber eher angepasst oder fügsam. In ihrer Selbstbehauptung mir gegenüber liegt auch ein Grund zum Feiern. Als ich das zunächst ins Zentrum stellte, fällt ihr ein, wie sie ihre selbstunsichere, ängstliche und wenig auf sie bezogene, heimlich verachtete Mutter stets schone, außer bei sehr seltenen Ausbrüchen in der Adoleszenz.

Mir wiederum fällt ein, dass es sich bei der gestrigen Stunde um eine Montagsstunde gehandelt hat. Ich erinnere sie an eine zwischen uns bereits früher geteilte Beobachtung, dass ich mich insbesondere an Montagsstunden im Zusammensein mit ihr weniger resonant und aufnehmend für ihre Belange als an den Stunden der übrigen Woche wahrnehme. Dieses Phänomen meiner eingeschränkten partiellen Verfügbarkeit, vermutlich als Gegenübertragungsphänomen in Resonanz mit ihren Primärobjekten, spielt im Analyseverlauf immer wieder eine Rolle.

Besprechung

Wenn im Analysanden Fehler des Analytikers Ärger verursachen, kann darin auch eine Chance liegen (Winnicott, 1988 [1947]). In diesem Fall hat der Ärger dazu geführt, dass die Vergangenheit der Analysandin in die Gegenwart des Behandlungszimmers gekommen ist. Damals war das ehemalige Baby noch nicht reif genug, seinen Ärger auf die vorsichtige und selbstunsichere Mutter zu empfinden. Jetzt ist es ihr jedoch möglich, ärgerlich auf mich zu sein.

In Bezug auf unser Thema Regression wurde deutlich, dass ich von dieser Analysandin den klaren Auftrag erhalten hatte, mit ihr in die Pfützen zu gehen. Mich und sie vermeintlich zu schonen, kommt einem Empathiebruch gleich, und im gemeinsamen Fokus auf diesen Empathiebruch konnten wir uns mit ihrem Primärobjekt beschäftigen.

Gleichzeitig konnte die Analysandin hier die Erfahrung machen, dass es mir möglich war, ihren Angriff psychisch zu überleben. Für Winnicott (1993 [1968]) ist das intrapsychische Überleben des Objekts eine grundlegende Voraussetzung für psychische Gesundheit und die Möglichkeit von Entwicklung in analytischen Behandlungen.

Auch im Sinne eines »Now Moments« (Stern, 2005) konnte ich mir vor der Szene nicht sicher sein, dass ich angesichts des berechtigten Ärgers der Analysandin nicht innerlich einfrieren würde, was zu einer steifen und ängstlichen Reaktion in mir geführt hätte, die wiederum vermutlich die Analysandin vorsichtig oder resigniert gemacht hätte.

Regression auf den psychotischen Kern

Im letzten klinischen Fallbeispiel zeige ich auf, dass es falsch wäre, anzunehmen, dass Analysanden stets auf einem bestimmten Punkt auf der Entwicklungslinie fixiert bleiben.

Mit dem folgenden Patienten aus einer langjährigen hochfrequenten Therapie ist es in weiten Teilen der Behandlung um verdrängte und dynamische Anteile seines Unbewussten gegangen. Dann, unvermittelt, waren wir beide zeitweise mit tiefen regressiven Phänomenen befasst, indem es uns gelang, die basale Holdingfunktion infrage zu stellen.

Der Patient sitzt im Wartezimmer. Zum regulären Stundenanfang ist er damit konfrontiert, dass ich nicht wie üblich die Tür öffne, um ihn in den Behandlungsraum zu lassen. Ich hatte wohl die Klingel überhört, oder er hatte nicht geklingelt. Jedenfalls war ich davon ausgegangen, dass er sich noch nicht in der Praxis befindet. Fünf Minuten nach Beginn der regulären Sitzung klopft er an der Tür des Praxisraumes und legte sich völlig verstört auf die Couch.

Im Wartezimmer sei in ihm die Erinnerung an seinen allerersten Traum wach geworden. »Ich war wohl noch nicht ganz vier Jahre alt und liege auf dem Sofa, mir fallen allmählich die Augen zu. Als ich wieder aufwache und meine Mutter erblicke, die mich anlächelt, ist nichts mehr so wie es war. Im Traum habe ich nämlich gesehen, wie meine echte Mutter durch das tickende Rohr der Heizung verschwunden ist. Ich bin davon überzeugt, dass ich meine Mutter verloren habe. Die Frau, die aussieht wie meine Mutter und mich freundlich anlächelt, ist nicht meine eigentliche Mutter.« Wir führen die Erinnerung an seinen Traum auf sein Warten auf mich im Wartezimmer zurück. Dabei arbeiten wir auf einer erwachsenen Ebene produktiv und sorgfältig miteinander. Der Traum interessiert mich sehr, er ist davon fasziniert, dass er sich an diesen Traum erinnern konnte. Unsere Begegnung entfaltet jedoch keine mir zugängliche Wirkung auf mein Selbsterleben. Ich verstehe den Traum kognitiv und gemeinsam geben wir ihm eine Bedeutung in genetischen Konstruktionen der Entwicklungsgeschichte des Patienten und den dabei auftauchenden Symptomen.

Wochen später im Analyseverlauf in anderen Kontexten löst die Erinnerung an den Traum eine unmittelbare psychische Wirkung auf sowohl ihn als auch auf mich aus, die wir miteinander teilen können. Manchmal bin ich in Identifikation mit der Mutter erschreckt und desorientiert. Ich erlebe, wie es sich wohl anfühlen mag, wenn das eigene Baby, der eigene Analysand nicht mehr erreichbar oder lesbar erscheint; wenn nicht sicher ist, dass sich hinter dessen zugewandtem und zustimmendem Äußeren nicht ein heimlicher Feind verbirgt, der lauernd hinter einer Fassade sitzt. Mein Patient hingegen ist immer wieder auf der Suche nach Bestätigung der »Alienqualität« seiner Analytikerin und wirklich geängstigt.

Zu anderen Zeiten kann ich in konkordanter Identifizierung seine damalige Verzweiflung teilen, sich alleine und ohne Orientierung in einer ihm erratisch erscheinenden Welt bewegt zu haben, im ständigen Bemühen, nicht aufzufallen.

Es bleibt offen, ob es im Patienten selbst gelegen hat, dass er seine Mutter immer wieder innerlich auslöschen musste, oder ob auch die Mutter zeitweise von psychotischen Episoden heimgesucht war. In ihrer Spätadoleszenz finden sich jedenfalls Anzeichen dafür.

Beurteilung

Das gemeinsame Erleben eines Traumes stellt eine Symmetrie in einer ansonsten asymmetrischen Situation her. Dabei werden beide Protagonisten zu Partnern. Nicht immer ist mir das Erleben und Nachfühlen möglich. Manchmal bin ich nicht in der Verfassung, mich von Unheimlichkeit oder psychotischen Phänomenen durchdringen zu lassen. In jeder Behandlungsstunde wird immer wieder neu ausgehandelt, wieviel an Ungleichgewicht, psychischem Schmerz oder psychotischen Phänomenen jeweils Platz finden kann. In jeder Behandlung stellt sich die Frage, welches Bild, welche Reverie, welche Wahrnehmung aus der Innenwelt der Analytikerin zur Mitteilung geeignet ist. Die Mitteilung würde ich keineswegs in jedem Fall empfehlen. Die Qualität dieser analytischen Beziehung hat es mir mittelfristig möglich gemacht, dass aus der im Heizungsrohr verschwundenen Mutter die Spielfigur der Analytikerin werden konnte, die ausgetauscht wurde und die falsche Mutter sogar ein »alien« ist. Von diesem Schreck konnten wir uns dann zeitweise auch durchdringen lassen. Wobei der Spielfigurencharakter erhalten bleiben konnte, was sich darin ausgedrückt hat, dass sich stets zwei mündige Erwachsene, die nicht falsch waren, am Stundenende voneinander verabschieden konnten. Ein anderes Charakteristikum war auch, dass er in der Folgestunde häufig an einem ganz anderen Punkt wieder angeknüpft hatte.

Es ist wichtig, stets auf einem mittleren Emotionsniveau zu arbeiten oder zumindest Affektspitzen zu vermeiden. Wir müssen eine Wahrnehmung dafür entwickeln, wann die Verarbeitungsgrenze im Gegenüber, aber auch im analytischen Paar überschritten wurde (Plassmann, 2011). Im Fall mit dem Heizungsrohr waren sowohl ich als auch der Analysand gleichzeitig auf Erwachsenenebene fasziniert und angeregt vom Drama, das sich auf der Ebene der Spielfiguren abspielte. So wurde es möglich, dass wir auf der einen Beziehungsebene, der Ebene der Übertragung-Gegenübertragung, uns von der Unheimlichkeit durchdringen lassen konnten, und gleichzeitig auf der Beziehungsebene der mündigen Erwachsene fasziniert von der ängstigenden Qualität, aber auch der Wucht der Welt der Spielfiguren bleiben konnten. Beim ersten Auftauchen des Traumes ist dies noch nicht gelungen. Vermutlich war ich durch meine Fehlleistung, die Stunde nicht pünktlich begonnen zu haben, selber in meinem Selbsterleben so eingeschränkt, dass mir mein eigener Boden für das Spiel mit Spielfiguren nicht fest genug erschien.

Im Bild des Pferdes würde ich hier sagen, dass ich mich zunächst nicht kompetent und sicher genug gefühlt habe, um mit dem Analysanden durch die Pfütze zu gehen. Die analytische Beziehung war jedoch ausreichend dicht und lange, dass es uns in mehreren weiteren Momenten gelungen ist und er oder ich am Ende der Stunde jeweils wieder auf einem nicht psychotischen Funktionsniveau agieren konnten.

Die Abhängigkeit des Menschen und Chancen der Babybeobachtung

In vielen Ausbildungsgängen zum analytischen Psychotherapeuten ist die Babybeobachtung ein integraler Teil der Weiterbildung. Sigmund Freud hat bedauert, dass ihm seine Frau keinen Zugang zum Kinderzimmer gewährt hat. In seiner Zeit waren die Väter fern der Aufgabe, ein Baby und Kleinkind zu versorgen. Winnicott als einer der Pioniere der Babybeobachtung und der Säuglingsforschung hat sich mit präödipalen Themen wie der Abhängigkeit befasst. Für Freud (1893) bestand eine der großen Kränkungen des Menschen darin, nicht »Herr im eigenen Hause« zu sein, Winnicott würde vermutlich sagen, dass die Kränkung darin besteht, einer so langen und fundamentalen Abhängigkeit und damit auch Verletzlichkeit in der eigenen Entwicklung ausgesetzt zu sein. Wir beginnen das Menschsein mit der fundamentalen und existenziellen Abhängigkeit von einem anderen Menschen. Im Alter fürchten sich Menschen erneut vor dieser fundamentale Abhängigkeit in allen Lebensbezügen und Vorgängen; hilfsbedürftig und angewiesen zu sein, gefüttert und gewickelt zu werden.

Ohne die nicht nachlassende Sorge und Fürsorge über lange Zeit entwickeln sich Babys nicht und würden zahlreiche alte und demente Menschen frühzeitig sterben. In der Pädiatrie in Indien in einem staatlichen Krankenhaus wurde mir beigebracht, dass Kleinkinder mit frühzeitiger motorischer Entwicklung eine höhere Überlebenschance haben und seltener Hungerbäuche aufweisen. Sie können in die Selbstversorgung gehen. Allerdings stehen sogenannte Straßenkinder dann auch außerhalb der Einflussnahme von primären Bezugspersonen. Sie gehen weniger echte Beziehungen mit Erwachsenen ein. Vordergründig kooperieren sie möglicherweise, beispielsweise um an eine Mahlzeit zu gelangen, jedoch sind sie weit davon entfernt, sich innerlich zu verbinden. Diese Erfahrung machen Adoptiveltern oder Betreuer von Einrichtungen, in denen ehemals deprivierte Kinder gefördert und betreut werden. Um so einen Menschen wieder zu erreichen, braucht es die Regression auf Abhängigkeit, in der die ehemals versagenden Holdingfunktionen der Primärobjekte aufgedeckt und wiederhergestellt werden kann. Das gelingt jedoch nicht immer. Auch unsere Analysanden weisen Bereiche auf, in denen sie sich unwillkürlich analog zu den Straßenkindern der Einflussnahme durch ihre Mitmenschen entzogen haben.

Die Beobachtung von jungen Familien ist für mich ein Königsweg zum Verständnis psychischen Rückzugs und zu Entwicklungschancen im analytischen Behandlungsraum.

Gisela Schleske

Fallbeispiel 4: Entwicklungszusammenbruch und Wiederaufnahme einer blockierten Entwicklung – Entstehung der Spielfähigkeit

Der folgende Bericht stammt aus einer Langzeitbeobachtung eines nun fast vierjährigen afrikanischen Jungen namens Ibrahim und seiner Eltern im Rahmen einer ehrenamtlichen Tätigkeit in einem größeren Flüchtlingsheim. In seinem zehnten Lebensmonat bricht seine Entwicklung ein. Die Spielbeziehung mit dem Primärobjekt kommt nicht in Gang.

In meinem Pferdebild haben die Eltern von Ibrahim zunächst keine gute Reitlehrerin im Hintergrund, die ihnen ein Sicherheitsgefühl vermittelt, gemeinsam mit dem Pferd, das Richtige tun zu können. Sie vermeiden deswegen, das Pferd zu reiten. Es wird zwar mechanisch sorgfältig und zuverlässig versorgt, niemand kann und möchte dabei jedoch etwas Neues oder Unerwartetes erfahren. Jede Neugier, Spaß und Weiterentwicklung werden unterbunden.

Über die 25-jährige Mutter
Mayeni ist eine warmherzige, zuverlässige und offene traditionelle westafrikanische Frau mit einem vordergründig glücklichen Temperament. Sie bezieht viel Sicherheit aus ihrem muslimischen Glauben. Vor fünf Jahren kam sie als Flüchtling aus Guinea Conakry. Sie war von ihrem Onkel muslimisch an einen Plantagenbesitzer verheiratet worden, wo sie dessen vierte Frau wurde. Am ganzen Körper weist sie Narben von dessen Misshandlungen auf. Ihre Mutter verstarb bei ihrer Geburt, der Vater in ihrem fünften Lebensjahr. Ihre Hauptbezugsperson war die zwölf Jahre ältere Schwester, die in Mayenis 17. Lebensjahr starb. Bei dieser Schilderung muss die Mutter heftig weinen.

In Afrika hat sie ein Abitur in französischer Sprache abgelegt. In dieser Sprache kann ich mich mit ihr verständigen. Es ist ihr nicht gelungen, Deutsch zu lernen. Sie führt dies auf einen »Nebel im Kopf« zurück, den sie in Zusammenhang mit den Misshandlungen durch den Plantagenbesitzer sieht.

Ibrahim war nicht geplant, er ist aus der ersten und für viele Monate einmaligen Begegnung mit dem Kindsvater entstanden. Dieser stammt ursprünglich aus dem gleichen afrikanischen Dorf wie die Mutter. Sie begegnet ihm aber in Deutschland zum ersten Mal, als er auf Geheiß seines Dorfes in Afrika zum Dolmetschen bei ihrer Anhörung für ihr Asylbegehren einspringt.

Mayeni möchte das Kind unbedingt. Insbesondere von einem Sohn erhofft sie sich eine Stütze im Alltag und später für ihre Altersversorgung.

Über den 30-jährigen Vater
Der Vater ist der einzige Sohn seiner Mutter, die noch drei Töchter hat. Die Mutter ist die dritte von vier Ehefrauen des Vaters. Die Familie ist überaus

arm. Sie muss um ihr physisches Überleben kämpfen. In seinem Dorf gehen viele Kinder nicht zur Schule. Er hingegen verdient sich bereits als Grundschulkind das Schulgeld selbst, indem er bei der Holzkohleherstellung behilflich ist, so dringend wollte er lernen. Später studiert er Soziologie in Conakry und ist zusätzlich für den Lebensunterhalt seiner Mutter zuständig. In seinem Dorf sei es ganz üblich, dass erwachsene Söhne für die Mutter aufzukommen haben. Mit 22 Jahren kommt er als Au-Pair nach Deutschland, lernt Deutsch und befindet sich bei der Geburt von Ibrahim noch in der Ausbildung zum Krankenpfleger. Die Schwangerschaft löst in ihm große Schamgefühle aus. In seinem Dorf wäre er aufgrund der nicht-ehelichen Elternschaft auf dem Dorfplatz ausgepeitscht worden, 30 Peitschenhiebe hätte er erhalten.

Sein gesamtes soziales Umfeld, sowohl in Afrika als auch in Deutschland, erfährt erst drei Wochen nach der Geburt des Kindes von dessen Existenz. Er plant zunächst, sich von Mutter und Kind fernzuhalten und seine Priorität der Pflegeausbildung zu geben. Ohne einen erfolgreichen Berufsabschluss ist er ebenso wie die Mutter von der Abschiebung aus Deutschland bedroht.

Von seinem afrikanischen Freundeskreis wird der Vater angehalten und verpflichtet, sich regelmäßig um Mutter und Kind zu kümmern. Mir war der Vater seit mehreren Jahren aus meiner ehrenamtlichen Tätigkeit mit afrikanischen Flüchtlingen und ihrem afrikanischen Freundeskreis gut bekannt. Er bittet mich inständig, Mutter und Kind in seiner Abwesenheit kennenzulernen.

Über Ibrahim
Mit vier, sechs und acht Monaten ist Ibrahim ein gut gediehenes, sonniges und aufmerksames Baby, das ein Gegenüber erkundet, den wechselseitigen Austausch sucht und dabei auch vokalisiert. Mit sechs und acht Monaten lacht er mehrfach laut. Zu meinem Abschied von Mutter und Kind am letzten Termin weint Ibrahim. Eventuell nimmt er auf, dass es Mayeni schwerfällt, mich wieder gehen zu lassen. Diese hat die Fähigkeit, viel Wärme zwischen ihr und mir entstehen zu lassen. Gleichzeitig lässt sie einen ruhigen Raum für meine Beobachtung ihres Babys. Sie übt keinen Druck auf mich aus, stellt keine Forderungen, zeigt aber Dankbarkeit über mein Interesse an ihr und ihrem Baby. Als ich Mutter und Kind erst Monate später wiedertreffe, ist die Mutter noch die gleiche, aber Ibrahim wirkt wie ein ganz anderes Kind. Ich erlebe ihn als durchgehend verschlossen und unzugänglich.

Was ist passiert? Bei meinen ersten Besuchen ist die Mutter noch im auswärtigen Flüchtlingsheim einige Stunden vom Wohnort des Vaters entfernt. Danach bricht Corona in diesem Heim aus, Mutter und Sohn müssen ständig im Heim bleiben, niemand darf zu ihnen rein. Zudem sind sie angewiesen, ihr kleines Zimmer möglichst nicht zu verlassen.

Gisela Schleske

In Ibrahims 16. Lebensmonat ziehen Mutter und Kind um in ein Flüchtlingsheim an den Wohnort des Vaters.

In den folgenden fünfzehn Monaten beobachte ich Ibrahim bei zahlreichen Anlässen. Er ist durchgehend tiefgestimmt. Er wirkt auf mich wie ein Kind, das dringend schlafen sollte und bis dahin nur noch quengelnde Unlustäußerungen von sich geben kann. Mir gelingt es nur selten, seine Aufmerksamkeit zu bekommen. Einem Gegenüber gibt er zuverlässig das Gefühl, als sei er ein Niemand, als hätte dessen Anwesenheit keine Bedeutung, außer eventuell die einer milden Störung. An die Mutter wendet sich Ibrahim, wenn er Hunger oder Durst hat oder schlafen möchte. Dann bindet sie ihn sich auf ihren Rücken, auf dem er dann einschläft. Zudem klammert er stark und trennt sich schlecht von ihr. Jedoch fördert auch die Mutter seine Exploration nicht und unterbindet sie sogar. Er soll nicht stören.

Der auswärts lebende Vater kümmert sich täglich pflichtbewusst und sorgfältig um seinen Sohn. Zwischen beiden ist die Grundstimmung jedoch gedrückt oder sogar finster. Im Kreise von anderen Afrikanern begibt sich der Vater mit dem meist quengelnden Sohn oft an den Rand der Gruppe, wohl damit dessen gleichförmige Unlustäußerungen die anderen Personen nicht belasten.

Mit zwei Jahren kommt Ibrahim in eine Kita, die ein Förderprojekt für Flüchtlingsfamilien anbietet. Hier kann die parallel anwesende Mutter in einer kleinen Gruppe in einem anderen Raum Sprachunterricht erhalten. Leider löst sich Ibrahim über Monate so schlecht von Mayeni, dass sie sich nicht häufig in einem vom Kind getrennten Raum aufhalten kann. Die Kita beschreibt, dass Ibrahim wenig oder gar kein Spielverhalten zeigt, über ein Jahr gelingt es ihm nicht, Tagesabläufe zu antizipieren oder mit Erwachsenen zu kooperieren. Für den anstehenden Übertritt in einen Kindergarten sehen sie die Notwendigkeit eines Integrationshelfers. Jedoch beginnt Ibrahim allmählich, sich für andere Kinder zu interessieren, und schließt sich insbesondere in afrikanischen Kreisen der dort anwesenden Kinderschar an.

Die Kitaleitung führt Elterngespräche. Bei einem dieser Gespräche, das eine überraschende Wendung nimmt, bin ich anwesend. Im Vater entsteht der Eindruck, dass die Mutter in ihren Mutterfunktionen kritisiert wird. Sehr überraschend für alle Anwesenden verteidigt der normalerweise sehr zurückhaltende und höfliche Vater die Mutter mit Leidenschaft. Er äußert: »Diese Frau ist eine typische Afrikanerin und eine gute Mutter. Ich liebe sie und werde sie im nächsten Jahr heiraten.«

Auf der Heimfahrt im Auto in Abwesenheit des Vaters beglückwünsche ich die Mutter. Sie hat jedoch dem Gespräch gar nicht folgen können. Sie zeigt sich vollständig überrascht von der Aussage des Vaters. In seinen positiven Gefühlen oder Hochzeitsabsichten hatte er sich ihr gegenüber bislang nicht geäußert. Sie hat die Gabe, sich darüber überschwänglich zu freuen. Später erfahre ich, dass der Vater vor einem Heiratsantrag an die Mutter zunächst das Einverständnis seiner Herkunftsfamilie und der Verwandtschaft der Mutter hätte einholen müssen. Indem ich mit Mayeni darüber gesprochen hatte, hatte ich voreilig gehandelt.

Wenige Wochen später kann ich einen Kontakt zwischen Ibrahim und einer therapeutischen Pferdeherde initiieren (pferdegestützte Psychotherapie; Glückspferde Nessellachen). Das noch jugendliche Minishetty Valentin in der Größe eines Schäferhundes, das eigentlich aufgrund seines jugendlichen Alters noch gar nicht therapeutisch eingesetzt wird, berührt Ibrahim sanft im Gesicht. Ibrahim wird dabei ganz weich. Später jagt er das winzige Pony über den Sandplatz und das Pony jagt ihn. Dabei blickt mir Ibrahim mehrfach strahlend ins Gesicht. Seine große Freude über das munter galoppierende Pony möchte er mit mir teilen. In diesem Moment erlebe ich Ibrahim seit über anderthalb Jahren zum ersten Mal wieder ausgelassen und glücklich. Seit seiner Isolation in der Coronapandemie hatte ich nicht mehr erlebt, dass er einen intersubjektiven Austausch gesucht hatte.

Mit nun über dreieinhalb Jahren ist Ibrahim ein schönes, großgewachsenes, motorisch sehr geschicktes dunkelhäutiges Kind mit großen, fast schwarzen Augen. Er ist oft ruhig und ernst mit sich beschäftigt. Selten ist er zu einem gemeinsamen Spiel anzuregen. Noch nie hatte er von sich aus eine Initiative dazu ergriffen. Nachdem ich gesehen habe, wie er das Kinderbettchen seiner Babyschwester als Trampolin nutzt, bringe ich ihm ein eigenes Minitrampolin mit. Er stürzt sich sofort darauf und beginnt zu springen. Seine Eltern wollen ihn dazu anhalten, mich zunächst zu begrüßen. Die Begrüßung im Fall von Ibrahim kann nicht verbal erfolgen, da er nur über etwa vier Worte verfügt. Wie üblich verweigert er jedoch jeglichen Blickkontakt. Lieber verzichtet er auf die Benutzung des Trampolins, als mich auch nur mit einem Hauch seiner Körpersprache als Person anzuerkennen.

Als ich einige Tage später Mutter und Kinder erneut besuche, nimmt mich Ibrahim völlig unerwartet an die Hand und zieht mich nach draußen. Dort möchte er mir den Spielplatz der Flüchtlingsunterkunft zeigen und benutzt gemeinsam mit mir eine große Rutsche. Immer wieder versucht er allerdings auch, davonzulaufen. Ich muss ihm hinterherjagen, was angesichts der nahen großen Straße einer sportlichen Herausforderung gleichkommt. Mir gelingt es dann, ihn auf eine Wiese zu lenken, auf der er sicher ist. Dann allerdings macht er keinerlei Anstalten mehr, nach Hause zu wollen. Nachdem er eingenässt hat, trage ich ihn zurück. Keineswegs ist er bereit, seine Füße zu benutzen oder dabei zu kooperieren, gut getragen zu werden. Er leistet stummen Widerstand.

Eine Beobachtung vier Wochen später ergibt wiederum ein Bild, das sehr viel Hoffnung entstehen lässt. Nach der Geburt des zweiten gemeinsamen Kindes nimmt sich der Vater ausgedehnt Zeit für seinen Sohn. Es ist eindrücklich, wie Vater und Sohn in eine gemeinsame Spielbeziehung eintauchen. Beide fahren mit Autos im Sandkasten und führen Zusammenstöße herbei. Auch spielen sie miteinander Fußball. Ich bin erstaunt, wieviel Talent und Ausdauer Ibrahim dabei entwickelt. Der Vater, dessen Umgang mit dem Sohn bislang von ernsthaftem und verschlossenem Pflichtgefühl geprägt war, zeigt nun Freude und Überschwang im Umgang mit dem Sohn. Dieser folgt ihm nun auf Schritt und Tritt und ist komplett auf ihn bezogen. Im Zusammensein mit dem Vater kooperiert Ibrahim und antizipiert auch dessen Alltagshandlungen. Eindrücklich ist, dass Ibrahim seiner kleinen Schwester gegenüber bislang keinerlei Aggressionen zeigt. Auch holt er die Mutter, wenn die Schwester Unlustäußerungen von sich gibt.

Beunruhigend allerdings ist die Bemerkung der Mutter, dass sie sich immer wieder überlege, den Kontakt von Vater und Sohn zu begrenzen. Sie hat den Eindruck, dass der Sohn sie nicht möge und dass die große Liebe zwischen Vater und Sohn dazu führen könnte, dass sich Ibrahim noch weniger für sie interessiere. Ich kann die Mutter in ihren Gefühlen gut verstehen. Ibrahim löst auch in mir sowie anderen Erwachsenen regelmäßig das Gefühl aus, abgelehnt zu werden. Noch immer verwendet er viel Energie darauf, den Gesichtern und Körpern von anderen Menschen auszuweichen und fast jeglichen Blickkontakt zu vermeiden. Da er sich auch der Sprache nicht bedient und wenig Anzeichen von sich gibt, an der verbalen Äußerung eines Gegenübers interessiert zu sein, gelingt ein Kontakt mit ihm nur selten.

Beurteilung

Es stellt sich die Frage, ob der Junge von seinen Anlagen wenig geneigt ist, sich in Spielbeziehungen zu begeben und damit auch wenig Intersubjektivität und Übergangsobjektbeziehungen zwischen Mutter und Kind entstehen kann. Sind es vornehmlich ungünstige kulturelle oder umweltbedingte Gegebenheiten oder liegen die Schwierigkeiten in seinen primären Bezugspersonen auf der Ebene ihrer inneren Vorstellungsbilder vom Kind (Schleske, 1993a, 1993b, 1999)? Als Neugeborenes und Baby bis zum achten Lebensmonat war Ibrahim durch die Mutter gut gehalten und versorgt worden im Sinne der Umweltmutter nach Winnicott. Der Entwicklungseinbruch von Ibrahim ist nach meiner Beobachtung entstanden mit Beginn der völligen Isolation von Mutter und Kind durch die Coronaepidemie. In seiner Selbstentwicklung wurde der Entwicklungsschritt der gemeinsamen Intersubjektivität unterbrochen. Ohne das psychische Zusammensein mit einer anderen Person ist einem Baby und

Entwicklungsstillstand, Regression, Progression und die Entwicklung des Selbst

Kleinkind überschwängliche Freude nicht möglich (Stern, 1986). Dieser Gefühlszustand stellt sich zwischen Mutter und Sohn nicht ein. Beiden ist es zudem nicht möglich, miteinander in ein Spiel zu kommen, was das Spektrum der beiderseitigen positiven Gefühle erhöht hätte. Auch mir gelingt das mit dem Jungen fast nie. Erschwerend kommt hinzu, dass es auch dem Vater zunächst schwer gefallen ist, gute Gefühle im Umgang mit dem Sohn zu entwickeln. Ebenso wie bei der Mutter war seine eigene Kindheit hart und wenig spielerisch. Auch die Liebe zur Mutter seines Sohnes musste er erst in sich entdecken und entwickeln. Für den Vater hat der Umgang mit seinem Sohn jedoch eine Transformation in Gang gesetzt. Gemeinsam mit ihm hat er begonnen, spielen zu können und sich jenseits der Nützlichkeit zu bewegen. Momentan bewegen sie sich jedoch noch auf einer dyadischen Beziehungsebene, die die Mutter zu wenig einbezieht.

Bei der Mutter stellt sich die Frage, wie sie ihre Spielfähigkeit entwickeln könnte. Sie musste selbst eine Mutter entbehren und hatte als Waisenkind im Dorf keinen gesicherten Status. Vielleicht kommt auch zusätzlich eine kulturelle Gegebenheit mit ins Spiel. In Afrika gibt es das Sprichwort, »um ein Kind« aufzuziehen braucht es ein ganzes Dorf«. Darin steckt vermutlich aber auch, dass es vielen afrikanischen Müttern fremd ist, mit ihren Kindern exklusive und ausschließliche Spielbeziehungen einzugehen. Zudem hat die Mutter nach wie vor einen unsicheren Flüchtlingsstatus und kann sich nicht auf Deutsch verständigen. Sie sieht sich übermäßig als Dienerin von »his majesty the baby«. Sie überhöht den Sohn in seiner Bedeutung für ihr Schicksal und fühlt sich von ihm abhängig. Sie setzt ihm wenig Grenzen, weil sie befürchtet, seine Liebe zu verlieren und seiner Aggression nicht standzuhalten. Im Sinne von Winnicott (1993 [1968]) hat er in ihr kein Objekt, das zur Objektverwendung tauglich wäre.

In dem Maß, in dem es dem Vater möglich ist, sich spielerisch mit dem Sohn zu befassen, beginnt sich die schwere Kontaktstörung von Ibrahim zu ermäßigen. Dieser ist nun weniger darauf angewiesen, den Objekten mit viel innerem Aufwand die Besetzung zu entziehen. Analog zu einer analytischen Behandlung, die sich nur in Freiheit entfalten kann, ist es nicht möglich, Eltern die Freude am Spiel mit ihrem Kind zu verordnen. Die harmonische Verschränkung von unbewussten Phänomenen kann nur zwanglos entstehen. Hilfspersonen und die Gesellschaft mit ihren jeweiligen politischen Rahmenbedingungen können aber mithelfen, Bedingungen entstehen zu lassen, die begünstigend wirken. In diesem Fall hat der nun gefestigte Status des Vaters eine Rolle gespielt. Er hat die Mutter seiner Kinder geheiratet, nachdem er durch Abschluss seiner Ausbildung nicht mehr von der Abschiebung aus Deutschland bedroht ist.

Gisela Schleske

Zum zweiten Kind der Familie

Aminata, zehn Wochen alt, ist ein ruhiges, zufriedenes und körperlich gut gediehenes, fast schwarzhäutiges Baby mit ebenmäßigen Gesichtszügen und noch sehr verträumten Augen.

Die folgende Szene hat mich gerührt, aber auch sehr beschäftigt und gibt mir Anlass über Regression, Abhängigkeit und gelingende Entwicklung nachzudenken: Aminata wurde eben gestillt und mir anschließend von der Mutter in den Schoß gelegt. Zunächst läuft ihr etwas Milch aus dem Mund. Dann initiiert Aminata einen Vokaldialog, dabei ist sie sehr bemüht, den Kontakt aufrechtzuerhalten. Die Mutter sagt unvermittelt und für mich zunächst schockierend: »Ich habe nachgedacht. Wie wäre es, wenn ich Aminata noch so lange behalte, bis sie zwölf Wochen alt ist? Anschließend gebe ich sie dir und wenn sie sechs Monate alt ist, entscheiden wir beide, ob sie nicht für immer bei dir bleibt und deine Tochter wird.«

Der Vater schaut mich gespannt lächelnd an.

Wie ist die Situation einer Mutter, dass es zu so einer Aussage kommt?

Eine deutsche Mutter würde an dieser Stelle als Rabenmutter gelten. Diese Mutter aber ist Afrikanerin. In Westafrika binden sich junge Mütter nicht so eng an ein einzelnes Kind, sondern die Kinder gehören der Dorfgemeinschaft an. Jeder Erwachsene, aber auch jedes ältere Kind fühlt sich für ein jüngeres Kind mitzuständig. Zudem ist aufgrund der hohen Kindersterblichkeit und der hohen Geburtenrate ein einzelnes Kind weniger hoch besetzt. Unsere Kleinfamilienstrukturen wirken auf viele Afrikaner überfordernd und wenig attraktiv. In Afrika hingegen wäre es relativ normal, dass Ersatzeltern gesucht würden, wenn ein Kind nicht wirklich in die Lebenspläne seiner Eltern passt. Mayeni hätte das Bedürfnis, Deutsch zu lernen, einem Beruf nachzugehen, um sich in der ihr unbekannten Kultur besser verwurzeln zu können. Zudem war sie sehr verunsichert durch die zwei ungeplanten Schwangerschaften und die Entwicklung ihres ersten Kindes, die ihr häufig als eine misslungene Entwicklung gespiegelt wird. In ihrer Äußerung, mir ihr ihre Tochter anzuvertrauen, liegt auch ein Kompliment an mich, zudem der Wunsch, dass ihrer Tochter durch ein anderes Mutterobjekt der Eintritt in unsere deutsche Leistungsgesellschaft leichter gelingen möge. Vielleicht spürt sie auch intuitiv, dass ihr zwar ein primäres Holding ihres Kindes gut gelingt, sie jedoch Mühe hat, dieses in die Phase der Intersubjektivität einzuführen.

Schlussbemerkungen

Entwicklungsbeeinträchtigungen entstehen aus einem Zusammenspiel von Anlage und Umwelt. Bei einer vornehmlich anlagenbedingten Entwicklungsbeeinträchtigung hätte es zwar den reflektierenden und aufnehmenden Dritten gegeben, er konnte jedoch nicht akzeptiert werden. Bei einer Entwicklungsbeeinträchtigung, die vor allem auf Umweltversagen beruht, hätte es den reflektierenden aufnehmenden Dritten nicht gegeben. Für eine erfolgreiche Therapie braucht es den aufnehmenden Dritten und den Patienten, der bereit ist, den aufnehmenden und zuhörenden Dritten für sich nutzbar zu machen. Alle mit Ibrahim befassten Beziehungspersonen werden immer wieder damit konfrontiert sein, dass er ihnen wiederholt die psychische Besetzung entzieht. Wenn für Ibrahim eine psychodynamische Therapie installiert würde, stünde nicht die Aufdeckung der realen Ereignisse zwischen Eltern und Kind, eine äußere Wahrheit im Vordergrund. Vielmehr müsste es darum gehen, was das Kind im Prozess der »Erschaffung des Objekts« daraus gemacht hat.

Ziel jeder analytischen Therapie ist, den Analysanden in Kontakt mit seiner Innenwelt zu bringen und ihn empfänglicher zu machen für Botschaften, die er aus dieser empfangen könnte. Der Besetzungsentzug blockiert diese Prozesse.

Die Innenwelt des Menschen ist entstanden aus seiner Entwicklungsgeschichte. Seine Entwicklungsgeschichte ist auch die Geschichte seiner Erfahrungen mit den Primärobjekten und der uns allen höheren Säugetieren innewohnenden existenziellen Abhängigkeit von erwachsenen Individuen, insbesondere in der ersten Lebenszeit. Dabei ist der Mensch das Säugetier mit der längsten und intensivsten Abhängigkeit. Um Aufschluss zu erhalten über die Innenwelt unserer Analysanden identifizieren wir uns mit seinen unterschiedlichen inneren Objekten, die aus seinen Beziehungen aus den Zeiten der intensiven Abhängigkeit stammen. Das gelingt nur, wenn die Analytikerin in Gegenwart des Analysanden auch selbst in Kontakt mit ihren eigenen inneren Objekten bleiben kann. In unterschiedlichen, sich wandelnden Regressionsgraden in der analytischen Begegnung nimmt sie innerlich Kontakt auf mit dem ehemaligen Baby, Kleinkind und Jugendlichen im Analysanden und mit dessen Primärobjekten. Es ist ein gutes Zeichen, wenn es sich immer wieder so anfühlt, als sei sie virtuell mit dem Analysanden auf einem Spielteppich am Boden.

Angeblich habe Winnicott auf die Frage, was es brauche, um Analytiker sein zu können, geantwortet: »To be alive and to be able to breathe.« Wenn wir Analytiker uns und unsere inneren Objekte übermäßig schützen müssen vor dem Kontakt mit dem Analysanden und dessen Objekten oder ein innerer oder äußerer Supervisor zu streng agiert, frieren wir innerlich ein und verschließen unsere Innenwelt (Schleske, 2019). Wenn wir zu viel oder zu wenig Angst vor eigenen Fehlern oder der Reaktion des Analysanden haben, kann der Kontakt mit unbewussten Phänomenen nicht im kreativen Sinne gelingen. Wir müssen beim analytischen Arbeiten in Kontakt mit unserem Selbst sein und spielbereit bleiben. Eine Analytikerin, die innerlich wiederholt einfriert, sich allzu sehr fürchtet oder defensiv reagiert, sollte die Behandlung dringend überdenken und überschlafen und kann hoffentlich produktiv davon träumen. Wenn das nicht gelingt, sollte sie sich in Intervision oder Supervision begeben.

Das Gleiche gilt auch für Eltern mit ihren Kindern. Wenn diese ihre Innenwelt vom Kontakt mit ihrem Kind verschließen, brauchen sie Hilfe. Bereits in der Schwangerschaft verschließen manche Eltern ihre Innenwelt vor dem Kontakt mit ihrem Kind, wie eine eigene Studie ergeben hat (Schleske, 1993a, 1993b, 1999). Insbesondere dann, wenn die Schwangerschaftsfantasien der Eltern durch ungünstige Umwelteinflüsse blockiert oder aufgrund mangelnder Ambivalenzfähigkeit der Eltern zu ängstigend sind.

Ein Schwerpunkt meiner Aufmerksamkeit in der analytischen Begegnung liegt auf der Kooperation zwischen meinem rezeptiven Unbewussten und dem rezeptiven Unbewussten des Analysanden. Wenn sich eine gute Kooperation ergibt, feiere ich das auch, um bei einem Begriff von Bollas (1999) zu bleiben. Diese Vorgehensweise ist nach meiner Erfahrung geeignet, Regression zu fördern und maligne Regression zu mildern.

Im Pferdebeispiel konnte sich die Reiterin auf die grundsätzliche Bereitschaft des geängstigten Pferdes verlassen, mit ihr seinen Horizont zu erweitern. Sie hatte das Bild, dass es auch für das Pferd gut wäre, sein Angstobjekt zu überwinden und sich auch im Wasser zu entspannen. Die Reiterin ging stillschweigend davon aus, dass ihr beim Misslingen der Pfützendurchquerung später die Reitlehrerin als Gesprächspartnerin zur Verfügung stünde und diese sie für ihre misslungenen Versuche nicht tadeln oder entwerten würde. Die Reitlehrerin wiederrum konnte stillschweigend davon ausgehen, dass sie einen ehrlichen Bericht über die Erfahrungen von Reiter und Pferd erhalten würde, wenn sich dafür die Notwendigkeit ergäbe. Im Bild der Reitschülerin mit ihrer Reitlehrerin liegt für mich auch die Metapher für eine gute Supervisionsbeziehung. Mayeni benötigt jemanden, der sich im Sinne dieser Reitlehrerin auf sie einlässt, sie erfasst und wertschätzen kann.

Der lebendige Kontakt mit der Entwicklungsgeschichte unseres Analysanden setzt eine beiderseitige Bereitschaft zur Regression voraus. Eine analytische Therapie ohne Regression ist nicht möglich. Regression ist jedoch immer auch mit einem Risiko oder einem kleinen Angstgefühl verbunden, wie ich im Bild der Pfütze oder in den klinischen Fallbeispielen aufgezeichnet habe. In ängstigenden, regressionsauslösenden Momenten und ihrer Bewältigung liegt aber auch ein Gewinn oder ein potenzielles Geschenk. Hier besteht die Chance der Veränderung von eingespurten Schemata. Die innere Unfreiheit, Leere oder auch Angst vor dem Kontrollverlust, die Menschen zum Therapeuten geführt haben, ermäßigen sich.

Bei einem erneuten Anlass hätte das Pferd vermutlich noch immer Angst vor einer Pfütze, es wäre jedoch schneller bereit, diese zu überwinden. Dafür braucht es allerdings auch die Bereitschaft beider Beteiligten, sich gemeinsam neuen Erfahrungen zu öffnen. Analysen, in denen statisch stets die gleichen Beziehungsmuster oder Vorwürfe neu aufgelegt werden, haben kein Transformationspotenzial. Welches Wagnis und welches Risiko zu welcher Zeit eingegangen werden kann, sollte immer auch die gemeinsame Entscheidung des analytischen Paares sein. Wenn im Pferd bspw. seine Angstreaktionen auf die Pfütze nicht innerhalb kürzester Zeit nachgelassen hätte, wäre die Reiterin gut beraten gewesen, nicht zu insistieren oder gar Gewalt anzuwenden. Wenn der Analysand mit der Mutter im Heizungsrohr noch im basal verunsicherten Zustand den Behandlungsraum verlassen hätte, hätten beide Beteiligten diese Szenen zu anderen Zeitpunkten nicht öfters aufleben lassen sollen. Genetische Konstruktionen oder die Erforschung der Ursachen der Erstarrung auf einer kognitiven Ebene waren zwar interessant, hätten alleine jedoch nicht zu einer wirklichen Veränderung führen können. Ohne das regressive Element hätte sich keine Veränderung eingestellt. Für eine Transformation im analytischen Paar war ein Wiederaufleben der damaligen Szene auch auf der emotionalen Ebene in beiden Beteiligten notwendig. Zuvor musste jedoch die analytische Beziehung ausreichend gut gewesen sein. In meinem Konzept der Spielfiguren steckte, dass wir beide nur beispielsweise die Spielfigur »verschwundene Mutter« oder »Heizungsrohr« erwähnen mussten, um uns in den damaligen Beziehungskontext zu versetzen. Damit man sich von der Störung des Patienten und dessen Traumbildern infizieren lassen kann, geht es nach Bion (1958) um Semipermeabilitätsgrenzen. Wie ich im Fall mit dem Heizungsrohr aufgezeigt habe, bin ich bereit, mit fusionären Zuständen zu arbeiten – wobei stets zu prüfen ist, ob es hier um die Fusion im Dienste des Ichs des Analysanden geht.

Durch die analytische Methode konfrontieren wir unsere Analysanden ständig mit der An- und Abwesenheit. In vielen Fällen führt das zu Verlassenheitsängsten und deren Abwehr. Wir begeben uns sozusagen auf die Ebene der damaligen Primärobjektbeziehungen. Für mich geht es darum, Spielfiguren im analytischen Austausch zu kreieren und weiterzuentwickeln, die sich als geeignet erweisen, mit der partiellen An- und der Abwesenheit des Objekts in Kontakt zu kommen. Bion (1959) beschreibt, wie traumatische Erfahrungen in diesem Bereich zu Angriffen auf Verbindungen führen. Green (2001) spricht in diesem Zusammenhang von der Desobjektalisierung, also einem Angriff auf die eigenen psychischen Funktionen. Im Fall von Ibrahim ist dieses innere

Einfrieren gut zu beobachten, was tendenziell leider auch geeignet ist, seine Beziehungspersonen einfrieren zu lassen.

Für die analytische Begegnung gilt, dass stets verschiedene Beziehungsebenen mitschwingen und unabhängig voneinander reguliert werden. Die erste Beziehungsebene ist die Ebene der Beziehung zwischen zwei mündigen Erwachsenen auf Augenhöhe. Hier geht es beispielsweise um das Thema des Behandlungsvertrags und der Rahmengebung. Auch am Ende der Stunde sollten sich zwei mündige Erwachsene voneinander verabschieden können. Erst wenn die Beziehungsebene der Begegnung auf Augenhöhe hergestellt werden kann, kann ich mit der Beziehungsebene der Übertragungs-Gegenübertragungsdynamik spielen. Diese Ebene wäre das Ressort der klassischen Psychoanalyse und des dynamischen Unbewussten. In einer anderen Terminologie ausgedrückt, sollte sichergestellt sein, dass beiden Protagonisten zum jeweiligen Zeitpunkt die therapeutische Ich-Spaltung möglich ist. Oder anders ausgedrückt, es braucht das Vertrauen, dass keiner der Spieler aus der Spielbeziehung vorzeitig aussteigt und seine Mitspieler darüber beschämt (Westlund-Morgenstern, 2023).

Wie wird es mir mit meinen bescheidenen Ressourcen gelingen, auch die kleine Aminata soweit zu fördern und anzuregen, dass sie der Mutter kostbar und veränderbar genug erscheint, dass sie ihr nicht die Besetzung entzieht und sie später doch ihrer Wege gehen kann, die sich vermutlich von den klassischen afrikanischen Wegen unterscheiden?

Ein Unterschied zwischen mir und einer Verhaltenstherapeutin besteht darin, dass ich (um in der Metapher mit dem Pferd zu bleiben) Pfützen nicht erschaffe. Ich nutze sie aber, wenn sie sich auftun. Das ist für mich mit Abstinenz, aber auch mit freier Assoziation verbunden. Hierfür vertraue ich dem von Freud beschriebenen Auftrieb des Unbewussten.

Ein zentraler Punkt für die Begrenzung der Regression scheint mir auch zu sein, dass ich mich als Analytikerin durchdringen lassen kann vom Idiom (Bollas, 1989) eines jeweiligen Analysanden. Ich übernehme Analysanden nur dann, wenn ich ihr Idiom spüren und wenn sich in mir dabei auch ein Gefühl der Achtung, des Respekts und der Faszination für den jeweiligen Menschen einstellt. Nach Winnicott geht es um das Sein des Analysanden in der Art, wie er von der Analytikerin angesehen wird. »When I look, I am seen, so I exist« (Winnicott, 1971).

Analog ist es für die Entwicklung eines Kindes in den Augen seiner Eltern wichtig, dass sie ihr Kind in seinem Wesen und seinen Entwicklungsmöglichkeiten erfassen und fördern. Wenn die afrikanische Mutter in ihrem Sohn weiterhin den Retter aus einer misslichen Situation sieht, wird sie ihren Blick von ihm abwenden, wenn er diesem Bild nicht entspricht. Der Sohn hört dann in ihren Augen auf zu existieren. In dem Maß, wie sie sich selbst besser in

Deutschland verwurzeln kann und der Kindsvater ihr ein anderes Sicherheitsgefühl vermittelt, wird es ihr möglich sein, den Sohn aus ihren Projektionen zu entlassen.

Den berühmte Satz von Winnicott, »there is no such thing as a baby«, könnte man erweitern: »there is no such thing as an analyst«. Auch wir Analytiker sind auf den kollegialen Austausch, die Supervisionen, die Intervisionen und den Kontakt mit der analytischen Literatur angewiesen. Eine analytische Behandlung im stillen Kämmerlein, die sich nicht dem Austausch stellen kann, ist in einem hohen Maß von regressiven Phänomenen bedroht. So wirkt es antiregressiv auf unsere Analysanden, wenn sie davon ausgehen können, dass wir uns in unserer Behandlungsführung an die analytische Community anlehnen können und dort unseren Platz gefunden haben.

Literatur

Bion, W. R. (1958): On hallucination. *Int. J. Psycho-Anal.*, 39, 341–349.
Bion, W. R. (1959): Attacks on linking. *Int. J. Psycho-Anal.*, 40, 308–315.
Bollas, C. (1989): *Forces of Destiny. Psychoanalysis and Human Idiom*. London: Jason Aronson.
Bollas, C. (1999): *Mystery of Things*. London: Routledge.
Freud, S. (1893): Über den psychischen Mechanismus hysterischer Phänomene. *GW XVIII*, S. 181–195.
Green, A. (2001): Todestrieb, negativer Narzißmus, Desobjektalisierungsfunktion. *Psyche – Z Psychoanal*, 55, 869–877.
Green, A. (2010): Sources and vicissitudes of being in D. W. Winnicott's work. *Psychoanal. Q*, 79(1), 11–35.
Ogden, T. H. (2009): Das intersubjektive Subjekt der Psychoanalyse bei Klein und Winnicott. *Jahrbuch der Psychoanalyse*, 58, 139–168.
Levin, H. (2014): Die nichtfarbige Leinwand: Repräsentation, therapeutisches Handeln und die Bildung der Psyche. *Psyche – Z Psychoanal*, 68, 797–819.
Plassmann, R. (2011): *Selbstorganisation. Über Heilungsprozesse in der Psychotherapie*. Gießen: Psychosozial.
Schleske, G. (1993a): Wechselspiel bewußter und unbewußter Phantasien schwangerer Frauen über ihr Kind unter besonderer Berücksichtigung der transgenerationalen Perspektive. *Kinderanalyse*, 4, 341–372.
Schleske, G. (1993b): Innere Vorstellungsbilder der Schwangeren von ihrem Kind und Versuch ihrer prognostischen Bewertung. *Schweizer Archiv für Neurologie und Psychiatrie*, 144(5), 443–460.

Schleske, G. (1999): Imaginiertes und reales Kind. Über den Einfluss mütterlicher Phantasien auf die frühkindliche Entwicklung und die Dynamik des Kindesmissbrauchs. *Zeitschrift für psychoanalytische Theorie und Praxis*, 14(4), 438–464.

Schleske, G. (2017): Das Paar im Übergang zur Elternschaft. *Psychoanalytische Familientherapie*, 34, 18.

Schleske, G. (2019): Lust und Liebeswünsche im Spielraum der analytischen Arbeit. In: P. Bründl & H. Timmermann: *Geschlechterdifferenzen im Spielraum: Entwicklung und therapeutische Prozesse bei Mädchen und Jungen. Jahrbuch der Kinder- und Jugendlichen-Psychoanalyse, Bd. 8*. Frankfurt a. M.: Brandes & Apsel, S. 218–233.

Schleske, G. (2020): Übergangsobjekte und der Erwerb von Freiheit. Ein Beitrag zur psychoanalytischen Behandlungstechnik. In: P. Bründl & C. E. Scheidt: *Psychosomatik – Sadomasochismus – Trauma. Klinische und entwicklungstheoretische Perspektiven. Jahrbuch der Kinder- und Jugendlichen-Psychoanalyse, Bd. 9*. Frankfurt a. M.: Brandes & Apsel, S. 125–144.

Stern, D. N. (1986): *The interpersonal world of the infant*. Basic Book, New York

Stern, D. N. (2005): *Der Gegenwartsmoment. Veränderungsprozesse in Psychoanalyse, Psychotherapie und Alltag*. Frankfurt a. M.: Brandes & Apsel.

Westlund-Morgenstern, K. (2023): Überlegungen zur Spielfähigkeit des Patienten im Analytiker. *Psyche – Z Psychoanal*, 77, 922–946.

Winnicott, D. W. (1971): Playing and Reality. New York, NY: Basic Books.

Winnicott, D. W. (1988 [1941]): Die Beobachtung von Säuglingen in einer vorgegebenen Situation. In: Ders.: *Von der Kinderheilkunde zur Psychoanalyse*. Fischer: Frankfurt a. M.

Winnicott, D. W. (1988 [1947]): Hass in der Gegenübertragung. In: Ders.: *Von der Kinderheilkunde zur Psychoanalyse*. Fischer: Frankfurt a. M.

Winnicott, D. W. (1984 [1965]): In: Die Theorie von der Beziehung zwischen Mutter und Kind. In: Ders.: *Reifungsprozesse und fördernde Umwelt*. Fischer: Frankfurt a. M.

Winnicott, D. W. (1993 [1968]): In: Ders.: *Vom Spiel zur Kreativität*. Stuttgart: Klett-Cotta.

Suzanne Maiello
(Rom)

Zäsuren[1]

Zur Brückenfunktion der inneren Objekte in Lebenszeiten des Umbruchs

> Etwas vom Schwersten: die Zahl Zwei zu denken.
> Aber nur wer Zwei gedacht hat, kann Eins sagen.
> *Ludwig Hohl*

Der Philosoph beschreibt den Prozess, der von einem Zustand der Ureinheit zur Erfahrung der Ver-einzelung und damit zur Anerkennung der Zweiheit hinführt. Die Ent-zweiung ist das Ergebnis einer radikalen, definitiven, nicht rückgängig zu machenden Trennung, eines Schnitts, eines Einschnitts, einer Zäsur in der Kontinuität des Seins.

Der Begriff der Zäsur ist der Welt der Poetik und der Musik entnommen und bezeichnet einen metrischen Einschnitt, einen Bruch im Rhythmus eines Verses, bzw. in der Kontinuität einer melodischen oder rhythmischen Linie in der Musik.

In der Geschichte eines jeden Menschen konstelliert sich der erste radikale Einschnitt in der rhythmischen Kontinuität des Seins im Moment der Geburt. Die Erfahrung des Ausgestoßenwerdens aus der uterinen Behausung, die Entbindung, die Ent-zweiung der Nabelschnur konstelliert buchstäblich die einschneidendste Zäsur jeden Lebens, dessen Bogen sich von der Begegnung von Eizelle und Sperma bis zum Lebensende spannt, über die Stadien der evolutiven Expansion der Kindheit, des Latenzalters, der Pubertät und Adoleszenz, zur Reife des Erwachsenenalters und über Stadien der Involution bis hin zum Tod, der letzten und radikalsten Zäsur unserer Existenz.

Eine jede dieser unvermeidlichen Zäsuren weckt Verlustängste, öffnet jedoch gleichzeitig den Blick auf neue Dimensionen des Seins. Meltzer beschreibt die unabdingbare Notwendigkeit, das »alte, romantische Objekt«

---

[1] Vortrag bei der Münchner Arbeitsgemeinschaft für Psychoanalyse MAP. München, 13. Oktober 2023.

hinter sich zu lassen, um dem neuen, fremden, noch unbekannten Objekt entgegenzugehen. Wer den Schritt wagt, entdeckt, dass das neue Objekt, der neue Raum, nicht nur unbekannte Perspektiven öffnet, sondern gleichzeitig den inneren Reichtum des verlassenen alten Objekts mitenthält (1988). Die Angst vor Veränderung hängt damit zusammen, dass die Erfahrung der Bereicherung erst nach der Zäsur erfolgen kann.

Freud hat den Begriff der *Zäsur* im Zusammenhang mit der Geburtserfahrung in die psychoanalytische Sprache eingeführt mit seiner oft zitierten Aussage: »Intrauterinleben und erste Kindheit sind weit mehr ein Kontinuum, als uns die auffällige Caesur des Geburtsaktes glauben lässt« (1926, S. 278). In seinem historischen Zusammenhang gesehen klingt in Freuds Formulierung allerdings eine polemische Note mit, insofern als Otto Rank zwei Jahre zuvor in seiner Arbeit über das Trauma der Geburt ganz andere Zeichen gesetzt hatte (1924).

Gegen Ende des vergangenen Jahrhunderts greift Fachinelli Freuds Formulierung auf, wenn er schreibt, dass es zwischen dem Status des Fötus' und demjenigen des Neugeborenen keine radikale Diskontinuität gibt (1989). Allerdings sieht der Mailänder Psychoanalytiker die Situation aus einer anderen Perspektive. Mit seiner Aussage weist er darauf hin, dass schon das pränatale Kind fähig ist, Wahrnehmungen in Erfahrungen zu verwandeln, deren Erinnerungsspuren auch nach der Geburt erhalten bleiben. Piontellis longitudinale prä- und postnatale psychoanalytische Beobachtungsstudie (1992) sollte wenig später Fachinellis Formulierung in allen Teilen bestätigen. Auf diesen Grundlagen basiert teilweise auch meine Formulierung des vorgeburtlichen Klangobjekts, dem pränatalen rhythmisch-auditiven Kern des postnatalen mütterlichen inneren Objekts (Maiello, 1999).

Grundfragen des menschlichen Seins kreisen um die Themen von Kontinuität und Diskontinuität, von Eins-Sein, *at-onement* und/oder einer integrierbaren Erfahrung von Trennung und Zweiheit, dank welcher ein Ich sich selbst erst als Individuum begegnen kann.

Im Unterschied zu Freud zweifelt Bion nicht daran, dass die Geburt, die Schwelle zwischen der pränatalen und der postnatalen Existenz, trotz aller herübergeretteten Erfahrungsspuren die tiefste Zäsur im Leben eines jeden Individuums darstellt. Er geht davon aus, dass jede der darauffolgenden Zäsuren traumatische Aspekte der Geburtssituation erneut konstellieren kann und damit sowohl die Gefahr eines Zusammenbruchs als auch die Chance eines Aufbruchs in sich birgt, d.h. die Möglichkeit eines Durchbruchs und Neuanfangs. Auf die psychoanalytische Situation Bezug nehmend schreibt Bion: »Ich möchte Freuds Aussage wie folgt umformulieren: Die Quanten des vegetativen inneren Geschehens und die Wellen des bewussten Denkens und Fühlens bilden weit mehr ein Kontinuum als uns die auffällige Zäsur von Übertragung und Gegenübertragung glauben lässt. Also...? Untersucht die *Zäsur*... die *Verbindung*, die *Synapse*...« (1977a, S. 73, kursiv S. M.). Nur wer die Zäsur, die Synapse, wahrgenommen hat, »nur wer Zwei gedacht hat«, steht vor der Herausforderung, Verbindungen herzustellen zwischen einem Ich und einem Du, zwischen einer Ein-heit und einer anderen Ein-heit. Jener Zwischen-Raum ist der Ort der Entstehung emotionaler Bindungen, kreativen Denkens und der symbolischen Funktion.

Auch Grotstein prägt einen für das Thema der Zäsur sowohl theoretisch als klinisch grundlegenden Begriff, indem er das dynamische Hin und Her zwischen der Urphantasie fusionalen Einsseins und den ersten flüchtigen Momenten des Gewahrwerdens von Getrenntheit beschreibt. Mit dem Begriff des *dual track,* der Doppelspur, vermittelt er eine dynamische Vision proto-mentaler Zustände, die sich im Verlauf des menschlichen Lebens immer wieder konstellieren. Im Moment der ersten Begegnungen mit »Andersheit«, so Grotstein, kann das Kind zwischen zwei mentalen Zuständen oszillieren, zwischen Augenblicken des Gewahrwerdens und Erforschens von Getrenntheit und solchen des Rückzugs in das Refugium des Urgefühls fusionalen Einsseins. »Die gesunde Fähigkeit, *Diskontinuität* zu ertragen, kann nur dank der Vorstellung einer Doppelspur, deren eine in der *Kontinuität* verwurzelt ist, entstehen« (1981, S. 371). Im Rahmen des Themas *Zäsuren* stehen in diesem Beitrag nicht nur die bewussten und unbewussten inneren Zustände bzw. Objekte des Individuums im Mittelpunkt, sondern auch und insbesondere die Zwischenräume, die Übergänge, das, was sich räumlich und zeitlich auf den Grenzlinien zwischen den beiden mentalen Konstellationen abspielt. Grotstein selber bringt das Thema auf den Punkt, wenn er schreibt: »Das menschliche Wesen ist einer Anzahl von *Zäsuren* ausgesetzt, durch welche es beim Auftauchen aus dem *Hintergrundobjekt der primären Identifizierung* ein Gefühl der Trennung erfährt« (1981, S. 369, kursiv S. M.).

Die Frage ist, wie eine Zäsur erfahren wird, ob als traumatischer Ein-schnitt und Absturz, oder aber als Bruch, der zu einem Auf- und Durchbruch führen kann, zu einem Hinter-sich-Lassen überholter Beziehungsmuster hin zu einer Neuorientierung auf einem noch unbeschriebenen Blatt eines neuen Lebens-Abschnittes.

Der Untertitel dieses Beitrags nimmt Kleins Begriff der *inneren Objekte* auf. Die kleinianische Objektbeziehungstheorie ist eine dynamische Theorie, insofern als die durch projektive und introjektive Prozesse entstandenen und entstehenden »Objekte«[2] in ihrer immerwährenden Entwicklungsfähigkeit gesehen

---

2   Der »Objekt«-Begriff ist aus der psychoanalytischen Fachsprache nicht mehr wegzudenken, obwohl er oft als zu statisch empfunden wird. Das »innere Objekt« ist immer im Sinne einer verinnerlichten »Funktion« zu verstehen.

werden. In diesem Zusammenhang sei auf die vor wenigen Jahren von Elizabeth Spillius entdeckten Originalmanuskripte von Melanie Kleins Vorlesungen zur Technik hingewiesen, die sie 1936 für die Kandidaten der British Psychoanalytical Society hielt. Von John Steiner herausgegeben (2017), gewähren diese Originaltexte einen faszinierenden Einblick in die Entstehung nicht nur der Objektbeziehungstheorie an sich, sondern in die von den inneren Objekte in der Übertragungssituation gespielten Rolle. Die Wandlungsfähigkeit der inneren Objekte bildet denn auch die Grundlage unserer gesamten psychoanalytischen Praxis.

In der Folge liegt der Akzent nicht nur auf der Mobilität und der Entwicklungsfähigkeit der inneren Objekte selber, und auch nicht nur auf den bewussten und unbewussten Verbindungen, die das Individuum mit diesen unterhält, insbesondere in Zeiten inneren Umbruchs, sondern auf der emotionalen Beschaffenheit und der Solidität der Verbindungen, die sich *zwischen* den inneren Objekten entwickelt haben und die, insbesondere in Krisenzeiten, zum Rettungsnetz werden können, welches das Subjekt vor einem traumatischen mentalen Absturz schützen kann. Meltzer (1988) unterstreicht insbesondere die Bedeutung der emotionalen Qualität und Stabilität, die sich zwischen den elterlichen inneren Objekten etabliert hat, für das innere Gleichgewicht des Individuums.

Im Zusammenhang mit der Brückenfunktion der inneren Objekte in Lebenszeiten des Umbruchs gilt es somit vor allem, der emotionalen Dynamik der Geschehnisse Rechnung zu tragen, welche sich im Grenzbereich *zwischen* diesen Objekten konstelliert, dort, wo Grotsteins Doppelspur sowohl trennt als verbindet. Das existentielle Enigma von Einssein und Zweiheit ist ein universelles, kulturübergreifendes Thema. In der japanischen Sprache bedeutet ein und dasselbe Wort *Grenzwache* und *Begegnung* (Nikki, 1955). Grenze und Begegnung bedingen einander gegenseitig. Ohne Grenze, ohne Anerkennung der eigenen Getrenntheit gibt es keine Begegnung. Be-*geg*-nung, en-*counter,* ren-*contre,* in-*contro.* Auch in den meisten indogermanischen Sprachen impliziert die Wahrnehmung eines *Gegen*-über, eines in seinem existentiellen Anderssein wahrgenommenen anderen Subjekts, die Möglichkeit einer Überbrückung der Zäsur. In einem Urzustand des Einsseins erübrigen sich sowohl Grenzen als Brücken, deren Aufgabe in der Schaffung einer Verbindung zwischen zwei Ufern besteht.

Damit sei die Verbindung zu Bion und seinem Postulat nochmals hergestellt: »Untersucht die *Zäsur,* die *Verbindung,* die *Synapse*« (1977a, S. 73, *kursiv* S. M.).

Die Zäsur der Geburt – Verlust des pränatalen Containment

Im Rahmen einer informellen Studie hatte ich am Anfang der 1990er-Jahre Gelegenheit, in der Gebärstation der Römer Universitätsklinik soeben entbundene Babys zu beobachten (Maiello, 2013). Damals galt die Aufmerksamkeit des Personals noch vor allem der Mutter. Die schreienden Babys wurden nach dem Schnitt der Nabelschnur gewaschen und nackt auf den Rücken auf einen harten Tisch unter das grelle Licht einer Wärmelampe gelegt, allein oder neben anderen Neugeborenen. Die Schreie der nackten Kinder, die gerade erst zu atmen begonnen hatten, waren unregelmässig und schienen noch ohne Orientierung auf einen hörenden Anderen zu sein. Die unkoordinierten Bewegungen der kleinen Ärmchen und Beinchen vermittelten ein Gefühl von Fragmentierung und Desintegration.

Meine Intervention war minimal. Ich drehte das Neugeborene auf die Seite, legte meine Hand leicht an den kleinen Rücken und machte fast unmerkliche rhythmische Kreisbewegungen. Innerhalb weniger Sekunden hörte das Baby auf zu schreien, die kleinen Arme und Beine zogen sich in der Ellen- und Kniebeuge leicht an den Körper zurück. Ausnahmslos fanden die Kinder sofort und spontan das Oval der Fötalposition wieder. Der Daumen einiger Babys, der wohl auch vor der Geburt schon den Weg zum Mund gefunden hatte, suchte und fand die richtige Öffnung wieder. Der Mund empfing ihn und begann zu saugen. Alle Babys beruhigten sich in kürzester Zeit.

Meine Hand hatte nichts anderes getan, als den soeben entbundenen Kindern einen leichten Rückenhalt zu geben, ohne das pränatale *Containment* faktisch wieder herzustellen. Ausnahmslos jedoch fanden und verwirklichten alle Babys die ovale Form des uterinen *Containers* wieder, den sie soeben verloren hatten.

Kommentar

Was hatte die Kinder beruhigt? Meine Hand als äußeres warmes, stützendes lebendiges Objekt oder deren katalytische Funktion, dank welcher die Babys die während des pränatalen Lebens erfahrene und internalisierte *Containerform* wiederfinden konnten? Die kaum angedeutete Kreisbewegung meiner Hand mochte nicht nur in der *räumlichen* Dimension das Wiederfinden der vorgeburtlichen Erfahrung einer haltenden Form und des darin Enthaltenseins ermöglicht haben, sondern gleichzeitig in der *zeitlichen* Dimension die Erinnerung an die rhythmische Lebendigkeit der pränatalen Behausung.

Zahlreiche Studien zur Biologie und Neurologie des vorgeburtlichen Lebens haben seit jener Beobachtung die Präsenz protomentaler Aktivität des pränatalen Kindes bestätigt, sodass das Verweisen auf vorgeburtliche Gedächtnisspuren nichts Spekulatives mehr an sich hat. Schon Bion hatte zu seiner Zeit keine Zweifel an der Fähigkeit des Kindes, bereits vor der Geburt sich und seine Umgebung und sich *in* seiner Umgebung emotional zu erfahren und auf einer protomentalen Ebene zu introjizieren, d. h. zu er-innern. Vorsichtshaber setzte er zu seiner Zeit noch ein Fragezeichen: »Denkt ein Fötus?« (1977b, S. 270).

Am Anfang dieses Textes wurde auf Freuds berühmte Textstelle hingewiesen, in welcher er die Hypothese eines Kontinuums zwischen Intrauterinleben und erster Kindheit aufstellt. Unmittelbar auf diese Textstelle folgt jedoch eine Aussage, mit der Freud selber einen Teil seiner Formulierung zurückzunehmen scheint, indem er die nachgeburtliche Situation mit folgendem Kommentar beschreibt: »Das *psychische* Mutterobjekt ersetzt dem Kinde die *biologische* Fötalsituation. Wir dürfen darum nicht vergessen, dass im Intrauterinleben die Mutter *kein Objekt* war und dass es damals keine Objekte gab« (1926, S. 278f., kursiv S. M.).

Im Verlauf der vergangenen hundert Jahre haben nicht nur Klein und Bion unsere Sicht auf die frühesten Erfahrungen, auch die des Kindes vor der Entbindung, vertieft. Die pränatale Mutter bleibt zweifellos ein vom Kind in ihrer psychophysischen Individualität nicht introjizierbares Objekt. Es ist aber auch nicht zutreffend, die Gebär-Mutter als Teilobjekt im kleinianischen Sinne zu bezeichnen, denn sie ist die eine, einzige und einzigartige Behausung des enthaltenen Kindes, mit ihren Wänden, der Plazenta und der Nabelschnur, durchwirkt von rhythmischen Geräuschen und belebt von der Mutterstimme, dem einzigen nicht materiellen »Objekt«, das im vorgeburtlichen Gedächtnis des Kindes über die Schwelle der Entbindung getragen und bei der Wiederbegegnung mit der Mutter nach der Geburt wiedergefunden wird (Maiello, 1999). Aus dieser Überlegung heraus würde ich heute die Mutterstimme als *Kernobjekt* des nachgeburtlichen mütterlichen Objekts bezeichnen.

Die Gebär-Mutter als Ganzes bietet dem Kind die Grunderfahrung der Bion'schen Abstraktion von *Container/contained*. Der *Container* ist sehr wohl ein pränatales »Objekt«, eine bewegliche Umgebung mit spezifischen Funktionen, die den Bewegungen des Kindes begegnet, bis sich in den letzten vorgeburtlichen Wochen deren Innenwände enger um seinen Körper schließen und seine Bewegungsfreiheit einschränken. Ob sich das Kind eingeengt fühlt oder ob der direkte Kontakt mit dem Endometrium ihm im Gegenteil eine Erfahrung von zunehmender Festigkeit und solidem Gehaltensein vermittelt, im Sinne von Grotsteins *background object* (1981), bis es zur gegebenen Zeit ausgestoßen bzw. aus der Enge »befreit« wird, können wir nur erahnen.

Auf Winnicotts Begriff der *Continuity of being* (1971), des Vertrauens in die Kontinuität des Seins, die im Zusammenhang mit der Erfahrung des Gehaltenseins des Babys entsteht, stützt Houzel seinen Begriff der *strukturellen Stabilität* (2016). Er beschreibt damit das psychische Gleichgewicht, dessen Entstehung seinen Ursprung in den Erfahrungen des vorgeburtlichen *Containments* hat. Im psychischen *Container* der schwangeren Mutter, schreibt Houzel, sind beide Funktionen, die mütterliche und die väterliche, nicht nur bereits vorhanden, sondern, sich gegenseitig vervollständigend, miteinander verwoben (2019). Der psychische und der organische *Container* sind untrennbar. Bion sah denn auch bereits bei der Ausarbeitung seiner Theorie des Denkens eine funktionale Parallele zwischen dem mentalen Apparat und dem Verdauungsapparat (1967). Entsprechende Parallelen können zwischen dem mentalen Apparat und anderen Organen gezogen werden. Wir sind in allen Aspekten unseres Seins eine unetrennte psycho-physische Einheit. Auf die zitierte Studie zurückkommend zeigten die soeben entbundenen Babys mit aller Deutlichkeit nicht nur ihre Hilflosigkeit und die existentiellen Ängste, die durch den nicht voraussehbaren Verlust des vorgeburtlichen *Containments* geweckt wurden, sondern, und das ist der springende Punkt, sie ließen auch erahnen, dass die Erfahrung des pränatalen Gehaltenseins in ihrer inneren Welt Spuren hinterlassen hatte, sodass ein leichter dynamischer Kontakt genügte, um das Wiederfinden der verinnerlichten Empfindung des *Containments* zu ermöglichen.

Meltzer schreibt denn auch: »Emotionale Erfahrungen und eine rudimentäre Denkfunktion und Symbolbildung beginnen in den letzten Monaten der Schwangerschaft und bilden den Hintergrund, auf welchem die Erfahrung mit der Außenwelt und insbesondere die ersten Begegnungen mit dem mütterlichen Körper und ihrer Psyche ihre tiefsten Spuren hinterlassen« (1992, S. 58). Geneviève Haag ihrerseits weist auf die Bedeutung der dynamischen Formen hin, die das Baby mit seinen Bewegungen im Raum nicht nur produziert, sondern gleichzeitig erfährt und internalisiert. Diese selbst geschaffenen kinetischen Formen haben, so Haag, eine wichtige Funktion für die psychophysische Entwicklung des Kleinkindes. »Früheste rhythmische und geometrische mentale Formen scheinen Erfahrungsmomenten von körperlicher Einheit und Kohärenz zu entsprechen, welche wiederum den eigentlichen Grundplan des Selbst bilden« (2018, S. 21). In der psychoanalytischen Säuglingsbeobachtung (Bick, 1964) sind die Beobachter/innen immer wieder Zeugen der Fähigkeit der Babys, schon in den ersten Lebenswochen und -monaten ihre Händchen zu vereinen oder mit einem Händchen ein Füsschen zu finden und festzuhalten, oft unter dem eigenen aufmerksamen Blick. Es entstehen Kreise, die sich schließen und wieder öffnen lassen. Die pränatale Grunderfahrung von *Container/contained*, die sich in der nachgeburtlichen Begegnung des Mundes mit der Mutterbrust auf der Teilobjektebene erneut konstelliert, wird nicht nur defensiv in loco mit dem momentan die Leere stopfenden Daumenlutschen reproduziert, sondern auf kreative Weise mit der Erkundung der Fähigkeit der selbständigen Schließung und erneuten Öffnung von haltenden/enthaltenden mobilen Kreisen bzw. im dreidimensionalen Raum, von flüchtigen *Container*formen. Solche dynamische Formen können nur hergestellt und wiederholt werden, wenn wir die Existenz von vorgeburtlichen proto-introjektiven Prozessen voraussetzen.

Das Trauma der Frühgeburt

Dem frühgeborenen Kind fehlt die Zeit für die Vernetzung und Konsolidierung der pränatalen psycho-physischen Wahrnehmungen auf allen Ebenen, der taktilen und kinetischen, der rhythmisch-vibratorischen und der auditiven, im Kontakt mit dem mütterlichen Organismus und mit der Mutterstimme, dem Herold der mütterlichen psychischen Realität. Diese vorgeburtlichen Wahrnehmungen bilden und durchwirken in ihrer verwobenen Gesamtheit die Umwelt des Kindes. Das Frühgeborene wird aus dem mütterlichen *Container* ausgestoßen, bevor es die volle Erfahrung nicht nur seiner Bewegungsfreiheit, sondern vor allem von deren allmählicher Einschränkung machen kann. Der Unterschied zwischen dem flüssig-mobilen Zustand des frühen vorgeburtlichen Seins und der zunehmenden Festigkeit des Umschlossenseins gegen Ende des pränatalen Lebens hinterlässt, wie die zitierte Studie zeigt, protomentale Spuren im impliziten Gedächtnis des zum Termin geborenen Kindes. Beim Frühgeborenen kann sich auch die erste Begegnung mit der Mutterbrust auf der Teilobjektebene nicht konstellieren, jene neue Version des Grundmusters einer rhythmisch-dynamischen *Ver*-bindung zwischen *Container* und *contained,* die vom reifen Neugeborenen nach der Zäsur der Entbindung aktiv gesucht und in Zusammenarbeit mit der Mutter gefunden wird.

Das frühgeborene Kind findet nach dem Trauma der vorzeitigen Zäsur keine haltenden Arme, keine warmen Hände, der Mund bleibt leer und bei den kleinsten Frühchen stimmlos. Die belebende Präsenz der Mutterstimme ist verloren. Alle primären psycho-physischen Bedürfnisse bleiben ungesättigt. Was von außen kommt, sind schmerzhafte Intrusionen auf allen Sinnesebenen. Im Exil des Inkubators geht es ums nackte Überleben.

Umso bewegender ist es festzustellen, mit welchem Lebenswillen frühgeborene Kinder und Jugendliche oft fähig sind, spontan oder während eines späteren psychotherapeutischen Prozesses Aspekte der fehlenden psychophysischen pränatalen Erfahrungen nachzuholen bzw. die Urängste, denen sie ausgesetzt waren, wiederzufinden und, wie der klinische Bericht zeigen wird, oft auf dramatische Weise zu reproduzieren.

Eine Kleinkindbeobachtung bot mir die Gelegenheit, das zunächst unerklärliche Verhalten eines zweijährigen Mädchens zu beobachten (Maiello, 2013). Anlässlich der Besuche von erwachsenen Freunden und Verwandten lief die kleine Lia dem Besucher jeweils freudig entgegen, als wolle sie diesen umarmen und sich von ihm umarmen oder auf den Arm nehmen zu lassen. Kurz bevor das Kind beim Besucher anlangte, drehte es sich jedoch um und lehnte sich mit dem Rücken an seine Beine. Spontan neigte sich dieser jeweils über die Kleine und umfasste sie mit gekreuzten Armen, was den vom Kind offensichtlich gesuchten Kontakt mit seinen Beinen noch verstärkte. Erst nach geraumer Zeit befreite sich die kleine Lia wieder aus dieser von ihr selber induzierten Form der Begegnung und ließ sich auf den Arm nehmen. Zu einem späteren Zeitpunkt erfuhr ich, dass Lia in der dreißigsten Schwangerschaftswoche zur Welt gekommen war. Ist es denkbar, dass das zweijährige Kind mit einem unbewussten Wissen um die Notwendigkeit einer psycho-physischen Selbstheilung die fehlende vorgeburtliche Erfahrung eines haltenden *Hintergrundobjekts* (Grotstein, 1981) nachzuholen versuchte, indem es die stützende Festigkeit der Beine des Erwachsenen an seinem Rücken spüren musste, bevor es ihm als einem frontalen Gegenüber begegnen konnte?

Ein weiteres Beispiel der inneren Notwendigkeit, aber auch der Fähigkeit Frühgeborener, den emotionalen Kontakt zur traumatischen Zäsur ihrer ersten Lebenszeit wiederherzustellen, stammt aus der psychoanalytischen Praxis eines Kollegen. Eine frühgeborene anorektische Jugendlichen berichtete ihrem Analytiker eines Tages mit einer zwanghaft genauen Beschreibung von einer »Halluzination«:

> Es war da eine Insel, und auf der Insel war ein riesiges Gebäude. Die Bewohner waren in Quarantäne. Im Inneren des Gebäudes war es kalt, alles war hart und steril. Die Isolierung war total. Gleichzeitig herrschte eine Atmosphäre ununterbrochener Lebensbedrohung. Ein Alarmsystem kündigte von außen kommende Invasionen an. Die Dysharmonie der Alarmtöne war proportional zum Gefährlichkeitsgrad der bevorstehenden Intrusionen. Der Alarm hatte die Funktion, die Bewohner des Gebäudes in einen Zustand panischer Erstarrung zu versetzen, bevor an ihnen lebensbedrohliche Praktiken vorgenommen wurden.

Die Patientin, berichtete der Analytiker, lag während der Beschreibung wie erstarrt auf der Couch. Anstelle einer Deutung reichte er ihr eine Wolldecke. »An interpretation in action«, könnte Bion kommentiert haben. Die Patientin schien zu wissen, ohne dass sie wusste, dass sie wusste. Ihrem Analytiker vermittelte sie, was sie als albtraumähnliche Halluzination verstand. Es bedurfte des horchenden und hörenden Ohrs dieses Anderen, um die Verbindung zwischen der zwanghaft genauen Beschreibung der lebensbedrohenden Alarmsignale und der invasiven therapeutischen Praktiken mit dem Trauma des frühgeborenen Kindes in der Isolation seines Exils herzustellen, aufzufangen und in einen menschlich-haltenden wärmenden Rahmen zu betten. Nur allmählich konnten die erstarrten Vernichtungsängste der Patientin auftauen und benannt werden. Die Rêverie des Analytikers hatte im Laufe der Zeit den lebendigen *Container* geschaffen, in welchem es für die Patientin möglich geworden war, den namenlosen Schrecken der Frühgeburt, Bions *nameless dread* (1967), aus der Starre und der Anonymität zu lösen und in erfahrbare und verbal kommunizierbare Todesängste zu verwandeln.

Von der Frühgeburt zur Neugeburt – Renato[3]

Renato war acht Jahre alt, als sich seine Eltern auf den dringenden Rat seines Klassenlehreres zu einer psychologischen Beratung entschlossen. Beim Erstgespräch gaben sie zu, auch selber etwas besorgt zu sein, nicht nur wegen der mangelnden Selbstsicherheit und der Passivität ihres einzigen Kindes, sondern auch wegen seines insgesamt als »merkwürdig« bezeichneten Verhaltens. Er spielte nie wie die anderen Kinder noch mit anderen Kindern, saß stundenlang vor dem Fernseher und war so total mit seinen Cartoon-Helden identifiziert, dass er nicht mehr ansprechbar war. Auf die gelegentlichen elterlichen Versuche, den Sohn zu anderen Aktivitäten zu animieren, reagierte er so heftig, dass sie ihn gewähren ließen, aus Angst vor seinen gewalttätigen Ausbrüchen, mit denen sich, wie sie sagten, sein »tyrannischer Charakter« zeigte. Sie fanden es bizarr, dass er gelegentlich sein Bild im Spiegel bespuckte und dann verwischte.

Auf die Frage des Therapeuten nach den Anfängen von Renatos Leben erfuhr er, dass das Kind in der 26. Schwangerschaftswoche geboren wurde, mit einer Hemiparesis der linken Körperhälfte und einem schielenden Auge. Der Vater fügte jedoch sogleich mit sichtlicher Genugtuung hinzu, dass der Sohn seit dem sechsten Lebensmonat im Rahmen eines umfassenden Rehabilitationsprogramms therapiert wurde. Die verbleibenden motorischen Schwierigkeiten des Kindes seien nur noch geringfügig, fügte er hinzu. Beim Aufstehen am Morgen wurde der achtjährige Junge jedoch noch immer von der Mutter angekleidet. Sie band ihm auch die Schuhe. Alle elterlichen Bemühungen schienen darauf ausgerichtet, die restliche Behinderung ihres Sohnes nicht nur zu minimalisieren, sondern zu leugnen.

---

3 Die Autorin dankt Lorenzo Iannotta für die Erlaubnis, Auszüge aus dem psychotherapeutischen Prozess des Patienten zu zitieren. Eine frühere Version von Teilen des klinischen Materials ist in *Kinderanalyse*, 2003, Heft 4, erschienen.

Erst als der Therapeut etwas mehr über die ersten Lebenswochen des frühgeborenen Kindes zu erfahren versuchte, berichtete die Mutter, dass das Baby gleich nach der Entbindung in ein entferntes Krankenhaus mit einem hochspezialisierten Perinatalzentrum verlegt wurde. Die abgepumpte Muttermilch wurde angeblich, sagte sie, von einem Kurier dorthin gebracht, aber sie bezweifelte, dass diese auch wirklich an dem fernen Ort ankam und das Kind erreichte. Geschickt versuchte sie, ein paar Tränen zu verbergen, aber ihre Schuldgefühle wurden sichtbar, als sie die Hepatitis erwähnte, welche die Ursache der Frühgeburt des Kindes gewesen war. Von Besuchen der Eltern an dem fernen Ort, wo das winzige Baby, dessen Überleben alles andere als sicher war, im Inkubator lag, war nicht die Rede.

Das Elterngespräch hinterließ im Therapeuten ein Gefühl von Leere, Kälte und stummer Verzweiflung. Erst später fiel ihm ein, dass das Kind nie beim Namen genannt worden war. Es war, als ob in der Anonymität die elterliche Angst vor dem möglichen Tod des frühgeborenen Kindes noch immer nachklang, als wäre dieses namenlose Etwas eine Fehlgeburt gewesen, die man möglichst rasch zu vergessen versuchte. Das persönliche Motiv der Eltern für die Konsultation war denn auch weniger der dringende Rat von Renatos Lehrer gewesen als die Tatsache, dass die Mutter im dritten Monat schwanger war und die Eltern fürchteten, dass der Sohn mit seinem bizarren Verhalten und seinen Gewaltausbrüchen nach der Geburt das Baby gefährden könnte. Die emotionale Temperatur der Gegenübertragung des Therapeuten lag sehr nahe an jener Beschreibung der jugendlichen Patientin von der Insel mit dem kalten, sterilen, todbringenden Gebäude. Er hatte bereits im Elterngespräch die abgespaltenen und geleugneten Ängste erahnt, denen er in der Arbeit mit dem Kind mit unerwarteter Vehemenz ausgesetzt werden sollte.

Renato war ein für sein Alter kleiner, blasser, schüchterner Junge, der jedoch sehr rasch ein reges Interesse am Inhalt der zur Verfügung stehenden Box zeigte. Als erstes wählte er die Puppenfamilie. Er gab jeder Puppe einen Namen, außer dem Säugling, der vom Tisch fiel und nicht wieder aufgehoben wurde. Zwischen den Erwachsenen und den Kindern kam es zu heftigen Kämpfen, die in sadistischen Folterszenen endeten. Im Therapeuten entstand, wie beim Elterngespräch, ein Gefühl von Ohnmacht und Ausgeschlossensein. Er fühlte sich unfähig, irgend etwas Sinnvolles zu denken, geschweige denn zu sagen. Was er jedoch bemerkte, war, dass Renato ihn sehr gekonnt daran zu hindern vermochte zu sehen, was offenbar verborgen bleiben musste: seine leicht zurückgezogene, schwache passive linke Hand. Die Täuschungsmanöver waren so geschickt, dass der Therapeut immer wieder vergaß, dass das Kind fast für alle Szenen, einschließlich der Kämpfe zwischen zwei Figuren, praktisch nur die rechte Hand benutzte.

Suzanne Maiello

In den ersten Wochen seiner hochfrequenten Psychotherapie begann Renato jede Stunde in einer Atmosphäre verachtungsvoller Gleichgültigkeit. Er nahm sich ein Blatt Papier und einen Stift, schrieb in großen Lettern den Namen eines seiner Cartoon-Helden, wischte dann das Blatt kommentarlos weg und in den Papierkorb. Die weiteren Blätter mit anderen Heldennamen erlitten dasselbe Schicksal, bis alle aufgebraucht und mit derselben gleichgültigen Geste im Müll verschwunden waren. Der Therapeut versuchte, den Jungen mit der einen oder anderen Bemerkung in seinem Tun zu begleiten, aber Renato ignorierte auch seine Präsenz.

Nach einiger Zeit änderte sich Renatos graphische Produktion. Er begann, auf ein hochkant gelegtes Blatt eine große Eiform zu zeichnen, die im unteren Drittel durch eine horizontale Linie auf beiden Seiten durchschnitten wurde. Dieselbe Form wurde wiederholt, bis auch diese Blätter aufgebraucht und unbesehen im Papierkorb gelandet waren. Renato schwieg und antwortete auch nicht auf gelegentliche Mutmaßungen des Therapeuten, der sich fragte, ob der Strich vielleicht das Ei oder das Gesicht entzweischneiden wollte. Eines Tages jedoch begann Renato nach dem letzten weggeworfenen Blatt zu schreien, furchtbar, entsetzlich zu schreien. Der Strich-Mund schien das Ei durchschnitten zu haben. Was herauskam, waren gellende, ohrenzerreißende, akustisch fast unerträgliche Schreie, die in der Folge eine endlose Serie von Therapiestunden ausfüllen sollten. Der Therapeut konnte nichts anderes tun, als gegen die Versuchung anzukämpfen, dem Kind den Mund oder sich selber die Ohren zu stopfen, um die schrille Schärfe der Intrusion der Schreie zu dämpfen. Gleichzeitig wusste er, dass er diese schutzlos ertragen musste. Es war ihm, als sei sein eigenes psychisches Überleben in Gefahr, aber es war ihm unmöglich, irgendetwas zu fühlen, bzw. zu denken oder zu sagen. Renatos Schreie waren gehörzerreißend, aber nicht herzzerreißend. Die Unterscheidung war fundamental. Sie erreichten das Sinnesorgan des Therapeuten, aber nicht seine Bereitschaft, das unaussprechliche Leid des Kindes auch auf der emotionalen Ebene zu empfangen.

Eines Abends, als er nach Renatos Stunde seine Praxis, verließ die sich hoch oben im fünften Stock des Gebäudes befand, verließ, begegnete er im Innenhof dem Gärtner, der die Wege fegte und Renatos Schreie gehört hatte. Er habe sich gefragt, bemerkte er, ob da oben wohl ein verletztes Kind gewesen sei, das Angst vor einer schmerzhaften Behandlung hatte. Aus der Distanz hatte der Gärtner in seiner spontanen »Gegenübertragungs«-Assoziation in Worte zu fassen vermocht, was der Therapeut im unmittelbaren Kontakt mit dem Kind weder denken, noch formulieren konnte, weil ihn aus der Nähe sein unsagbares Leid mit lähmender Gewalt überflutet und betäubt hatte. Aber es war gerade das Gefühl von Renatos in ihn projizierter absoluter Ohnmacht, das ihm den

Kontakt mit dem Unfühlbaren und Unintegrierbaren des Traumas des frühgeborenen Kindes ermöglicht hatte.

Renatos Schreie konnten nicht nur mit der Stimmlosigkeit der kleinsten frühgeborenen Babys in Verbindung gebracht werden, denen das einzige Instrument fehlt, mit dem das zu seiner organischen Zeit geborene Kind seiner Umgebung Hunger, Schmerz, Hilflosigkeit und Todesangst mitteilen kann. Renato konnte am Anfang seines Lebens weder schreien noch saugen. Alle Verbindungen waren durchschnitten, selbst in der Vorstellung der Mutter, welche bezweifelte, dass ihre Milch das ferne Kind im Inkubator je erreicht hatte. Renatos Schreie und seine weggeworfenen Zeichnungen mit den augenlosen und ohrenlosen Gesichtern und dem zugebissenen Mund, der jedoch auf beiden Seiten den Rand des Ovals durchstach, brachten Zeichen der frühen Traumatisierung des Kindes in den emotionalen *Container* der Therapie. Winzige Schritte vorsichtigster Annäherung an die noch undenkbaren ungesättigten oralen Bedürfnisse des kleinen Patienten öffneten allmählich neue Erfahrungsebenen.

Renato konnte beginnen, seinen oralen Sadismus in Szenen extremer Grausamkeit zwischen den Spielzeugtieren darzustellen. Er begleitete die Angriffe mit unartikuliertem tierischem Geschrei, das nun aber, und das war ein emotional entscheidender Schritt, in *Beziehungen* zum Ausdruck kommen konnte. Es war nicht mehr ein Schreien in der Leere. Die oralen Attacken involvierten zwei Lebewesen, ein beißendes und ein gebissenes. Sie spielten sich in einem Zwischen-Raum ab, in der Synapse. Es entstand eine Verbindung zwischen zwei Einheiten, auch wenn in der Grausamkeit des Kontaktes eine Figur der anderen zum Opfer fiel.

Eines Tages attackierte das Krokodil, das einen Tyrannosaurus darstellte, den Schwanz des Löwen. Der Löwe wandte sich unerwartet um und warf sich mit den Krallen gegen den Angreifer. Renato schien zu erschrecken, obwohl er die Aggression selber inszeniert hatte. Er bestrafte das Krokodil, indem er es in siedendes Öl warf. In jenem Augenblick geschah etwas Unerwartetes: Renato schrie auf – es war zum ersten Mal ein Schmerzensschrei – und berührte kurz mit beiden Händen seine beiden Arme, als ob das heiße Öl, in das er das Krokodil geworfen hatte, ihn selber verbrüht hatte. Er war selber zum »gebrannten Kind« geworden. Seine spontane unkontrollierte Geste brachte seine bis jetzt fast unsichtbare linke Hand aus ihrem Ärmelversteck hervor. Einen Moment lang schien sich die Erfahrung einer möglichen psycho-physischen Symmetrie konstelliert zu haben. Gleichzeitig hatte ein emotionaler Temperaturumschlag stattgefunden. Der kalte Sadismus hatte sich in brennenden Hass verwandelt. Ausgehend von Bions Formulierung (1962) war aus dem -H der kalten sadistischen Vereinzelung ein heißer, auf ein Objekt bezogener Hass geworden, ein +H welches, nach Bions These, untrennbar mit +L, der Liebe, verbunden ist.

Im weiteren Verlauf der Therapie ging es in den von Renato dargestellten Szenen des öfteren um die Beziehungen zwischen zwei Objekten, einem großen und einem kleinen, einem mächtigen und einem ohnmächtigen. Abwechselnd wurde das hungrige Krokodil oder das Baby auf den Boden geworfen. Häufig waren sie tot, aber manchmal schrien sie um Hilfe, wurden von Renato wieder aufgehoben und »gerettet«, wie er selber sagte.

Es ist kein Zufall, dass in den darauffolgenden Monaten Renato ein besonderes Interesse für die Zahl Zwei entwickelte. Oft schrieb er eine 2 auf die während der Stunde produzierten Zeichnungen. Die Zahl schien auf mehreren Ebenen bedeutungsvoll: Sowohl auf der Teilobjekt- als auf der Ganzobjektebene begann er, sich vermehrt mit Fragen auseinanderzusetzen, die im Zusammenhang mit Begegnung und Trennung standen, mit Vereinzelung, Zweiheit, Unterschiedlichkeit und individueller Identität. Auf der tiefsten unbewussten psycho-physischen Erfahrungsebene begegnete er der schmerzlichen Realität seiner zwei ungleichen Hände, seiner unvollkommenen Körpersymmetrie, deren psychische Bedeutung emotional von der Familie nicht mitgetragen, sondern im Gegenteil ausgeblendet und von Anfang an das Rehabilitationsprogramm delegiert worden war. Geneviève Haag fasst ihre dank der Babybeobachtung und ihrer langjährigen psychoanalytischen Erfahrung mit autistischen Kindern gewonnenen Erkenntnisse in einer umfassenden Publikation zusammen (2018) und beschreibt akribisch die in den allerersten Lebensmonaten erfahrenen psycho-physischen Begegnungen des Babys mit dem eigenen Körper. Sie beobachtet, wie sich die doppelten Körperteile allmählich um die Symmetrieachse der Wirbelsäule herum mobilisieren und organisieren und unterstreicht die Bedeutung der Erfahrung der Symmetrie des Körper-Ichs, welche einen wesentlichen Beitrag zur Entwicklung der psychischen Stabilität leistet. Auch diese Erfahrung war Renato in seiner frühen Kindheit verwehrt geblieben. Im Kontakt mit seinem Therapeuten hatte er jedoch offenbar mit der Zeit genügende Momente eines zugewandten und zugleich festen emotionalen *Containments* erfahren, so dass in jener »heißen« Szene die geleugnete Scham und das unterdrückte Leid um seine körperliche Asymmetrie der Selbstkontrolle des Kindes entwischen konnte. Von jener Stunde an konnte die Zahl 2 gelegentlich und mit aller Vorsicht vom Therapeuten auch auf der Ebene von Renatos schmerzlich fehlender physischer Symmetrie angesprochen werden.

Im Unterschied zur anfänglichen omnipotenten Verachtung, die Renato gegenüber den weggeworfenen Zeichnungen und dem namenlos auf den Boden fallengelassenen Baby zum Ausdruck gebracht hatte, und im Gegensatz zu den darauffolgenden unerträglich penetranten Schreien, war in der Szene mit dem heißen Öl Renatos spontaner Schrei Ausdruck eines befreiten heftigen psycho-physischen Schmerzes gewesen. Von jenem Moment an lieh er den

Tieren seine Stimme in artikulierterer Form. Oft nahm er einen kleinen Hund in die rechte Hand. Das Hündchen jaulte, weil es in die Box eingelassen werden wollte, in welcher die anderen Tiere vereint waren, aber der Deckel war zu und Renatos linke Hand blieb in ihrem Versteck und trug nicht dazu bei, die »Tür« zu öffnen. Vorsichtig begann der Therapeut, sich selbst zu fragen, ob nicht eine zweite Hand dem einsamen Hündchen helfen könnte, an die Wärme und zu den anderen Tieren zu gelangen.

Das Oszillieren von Renatos Gefühlen blieb extrem und war meist nicht voraussehbar. Das Krokodil/Tyrannosaurus blieb das Hauptobjekt seines oralen Hasses. In einer Stunde quälte er dieses auf grausame Weise, schlug es mehrmals auf die Tischplatte und wollte es dann an einem Seil erhängen, weil es verrückt war, wie er sagte. Die Schnur lockerte sich jedoch unversehens, und Renato schleuderte das Krokodil zornentbrannt in eine entfernte Ecke des Raumes. Es verschwand aus seinem Blickfeld. Renato brach in Tränen aus, nahm seine Brille ab, sodass das schielende Auge sichtbar wurde, und flehte den Therapeuten an, ihm zu helfen, das verlorene Krokodil zu suchen. Gemeinsam fanden sie es wieder. Renato legte es vorsichtig vor sich auf den Tisch, setzte sich auf seinen Stuhl und erzählte in bekümmertem Ton eine »traurige Geschichte«, wie er selber sagte. Das Krokodil hatte sich zu den Tieren in der Box gesellen wollen, aber die wollten es nicht einlassen. Das Krokodil war hungrig und fror. Es war Winter, und draußen lag Schnee. Renato lieh ihm seine Stimme. Das Krokodil weinte bitterlich, es war verletzt und flehte die anderen Tiere an, es doch einzulassen. Diesmal war die Box offen. Der Hund kam heraus, nahm das Krokodil auf seinen Rücken und trug es hinein zu den anderen Tieren.

Gegen Ende des ersten Jahres begann Renato, seine Aktivitäten mit einem dauernden leisen Singsang zu begleiten. Die Schreie hatten ganz aufgehört. Die emotionale Atmosphäre war lockerer und wärmer geworden, und der Therapeut bemerkte, dass sich die linke Hand des Kindes öfter unbemerkt aus ihrem Versteck herauswagte. Meist war sie zu einer kleinen Faust geschlossen, aber bisweilen entpannten sich die Finger, und die Faust öffnete sich leicht. Es wurde möglich, der schüchternen Hand vorsichtig gemeinsame Momente der Aufmerksamkeit zu gönnen. Wenig später erschien in Renatos Erzählungen ein Arzt, der ein kleines Mädchen behandeln musste. (In jenen Wochen war Renatos kleine Schwester auf die Welt gekommen.) In seiner Geschichte hatte das Kind hohes Fieber und Durst. Es musste ihm Wasser zu trinken gegeben werden. Der Arzt Renato »las« mit großer Aufmerksamkeit einen Bericht, in dem alle existierenden Krankheiten aufgezählt waren, und zeigte ein reges Interesse am Inhalt des Krankenberichts. Wenig später erfuhr der Analytiker während eines Elterngesprächs, dass der Physiotherapeut, der Renato seit den ersten Lebensmonaten behandelte, sich wunderte, wie es nach so langer Zeit nach seiner Beurteilung fast fruchtloser Rehabilitierungsbemühungen geschehen konnte, dass die linke Hand des Kindes plötzlich unerwartete Fortschritte machte.

Zur letzten Stunde vor der ersten langen Sommerpause erzählte Renato eine Geschichte von dem damals berühmten anglo-amerikanischen Komikerpaar Stan Laurel und Oliver Hardy. (Stan war klein und dünn, ungeschickt und immer ein bisschen »daneben«, Oliver war dick, pompös und dümmlich.) Die beiden, ein auf allen Ebenen asymmetrisches Duo, stritten sich dauernd, blieben aber dennoch unzertrennliche Freunde. Beide liebten Musik, spielten mehrere Instrumente und sangen zusammen. Auf der Teilobjektebene lag die Assoziation mit der unvollkommenen Körpersymmetrie des Kindes buchstäblich »auf der Hand«. Es war als begegneten sich seine ungleichen Hände zum ersten Mal.

Renato erzählte jedoch – es war die letzte Stunde vor den Ferien –, dass der Film zu Ende sei. Er gab einen schrillen Schrei von sich, weil, wie er sagte, eine Violine zu Boden gefallen war. Sein Schrei klang tatsächlich, als wären die Saiten einer Geige gesprungen. Später jedoch musizierten die beiden doch wieder zusammen, obwohl es Winter war und schneite. Sie stimmten ein Lied an, das von der Kälte erzählte und von der Sehnsucht nach einem warmen Ort. Während die beiden so sangen und Renato ihnen seine Stimme lieh, schlug ihnen ein Schneeball ins Gesicht. Ein weiterer Schneeball traf eine Milchflasche, die eine Frau für die beiden bereitgestellt hatte. An jener Stelle brach das emotionale Gleichgewicht des Kindes zusammen. In einer Sequenz gewalttätiger Racheakte wurde der dicke ungelenke Oliver von einem Auto überfahren. Der Therapeut sprach vorsichtig von Stans und Olivers Angst vor der Kälte des Alleinseins, aber auch vom Zorn des kleinen Stan gegen den großen Oliver, weil die Ferien begannen und auch sie beide sich bald trennen mussten. Da stand Renato auf, schlang *beide* Arme um den Hals seines Therapeuten und sagte, indem er seine eigene Not bei ihm unterbrachte, dass er ihn retten wolle.

Kommentar

Wenn in einer therapeutischen Situation von Rettung die Rede ist, geht es um Leben und Tod, aber auch um die Hoffnung auf Hilfe. Renato hatte seinen Therapeuten, kurz vor der Trennung in einer symmetrischen Bewegung mit dem »Rettungsring« seiner beiden Arme umfangen.

Renato war drei Monate zu früh aus der vorgeburtlichen Wohnung ausgestoßen worden. Im Exil des Inkubators findet das fühgeborene Kind für seine Todesängste keine Erinnerungsspur an eine genügende Erfahrung von *Containment* und dementsprechend keine Vorstellung eines Rettungsrings, einer möglichen Verbindung, irgend eines *links* im Sinne Bions. Was uns im Albtraum der jugendlichen Patientin und aus Renatos wortlos-kalten und ohrenbetäubenden Stunden des Therapiebeginns entgegenschlägt sind Leere, Kälte, Härte und Isolierung gegenüber lebensbedrohlichen Intrusionen, auf die das Frühgeborene mit innerer Erstarrung und später, in der projektiven Umkehrung, mit kalter Grausamkeit reagieren kann.

Am Anfang seines Lebens hatte Renato auf mehreren Ebenen traumatische Zäsuren erfahren, nicht nur im Zusammenhang mit der frühzeitigen Ausstoßung aus dem mütterlichen *Container*, und dies zu einer Zeit, in der in der inneren Welt des Kindes noch kaum protomentale Erinnerungsspuren an ein Gehalten- und Enthaltensein vorhanden sein können, sondern auch wegen seiner körperlichen Versehrtheit, die von den Eltern als unerträgliche narzisstische Kränkung erlebt und an eine Außenstelle delegiert wurde, in der Beziehung zum Kind jedoch ausgeklammert blieb. Renato hatte sämtliche Erwartungen seiner Eltern enttäuscht. In den Szenen am Anfang der Therapie fielen denn auch namenlose Babys auf den Boden und verschwanden aus dem Blickfeld und dem Bewusstsein der Lebenden. Je unerfahrbarer und undenkbarer das durch eine frühe radikale Zäsur hervorgerufene Trauma ist, umso größer ist die Wahrscheinlichkeit, dass in der psychotherapeutischen Beziehung das anfängliche Erwachen und Auftauen eingefrorenen Leids des Patienten für beide Beteiligten die Grenzen der Erträglichkeit psycho-physischen Schmerzes erreichen und zeitweilig auch übersteigen kann.

Das Drama des frühgeborenen Kindes besteht nicht nur darin, dass die Erfahrung des in einem lebendigen, pulsierenden mütterlichen *Container* Gehaltenseins vorzeitig unterbrochen wird, sondern hängt auch damit zusammen, dass der Inkubator, sein Exil nach der Ausstoßung, ein Roboter, ein totes, mechanisches Objekt ist. In der frühesten Lebenszeit, in der noch keine konsolidierte Primärspaltung denkbar ist, kann das »sterile Gebäude auf der Insel« im Unterschied zur warmen, pulsierenden, alle Sinne ansprechenden und primär sinn-gebenden Wohnung der psycho-physischen Mutter kaum als böses, persekutorisches Objekt erfahren werden, sondern eher, im existentiell hilflosesten Zustand des Kindes, als todbringendes *Minus-Objekt* im Bion'schen Sinne. Umso erstaunlicher ist es zu erfahren, wie viele frühgeborene Kinder dennoch keine sichtbaren Spuren ihrer frühen Traumatisierung zeigen, wie die kleine Lia, die auf einer tiefen Ebene ihres psycho-physischen Seins »wusste«, was ihr fehlte und was sie brauchte, um die ungenügend konsolidierte *Container*funktion in ihrer inneren Welt zu nähren und zu festigen.

Abschließende Gedanken

Wenn heute davon ausgegangen werden kann, dass sich die ersten Zeichen projektiver und introjektiver protomentaler Tätigkeit bereits während des vorgeburtlichen Lebens feststellen lassen, ist die Frage berechtigt, wie diese frühesten Erinnerungsspuren, die mit den sinnlichen Erfahrungen des Kindes vor allem im taktil-kinetischen und auditiven Bereich zusammenhängen, benannt werden können. Es ist kein Zufall, dass der Sehsinn, der Sinn, der Distanzen erkennt und Ganzheiten in Teileinheiten aufzugliedern vermag, erst nach der Geburt seine Funktion voll ausüben kann. Deshalb macht es vielleicht erst nach der Entbindung Sinn, von »Teilobjekten« zu sprechen. Für die Erinnerungsspuren von Gehalten- und Enthaltensein, die das Neugeborene aus der pränatalen Zeit mitbringt, kommt Bions Begriff von *Container/contained* mit seiner komplexen Dynamik mobiler Verbindungen zwischen dem Behälter und seinem Inhalt den Wahrnehmungen des Kindes wohl näher. Auch Haags Hinweis auf die psychische Bedeutung von früh introjizierten kinetisch/rhythmischen, haltenden und enthaltenden Formen tragen zum tieferen Verständnis dieser frühesten inneren Objekte, bzw. Funktionen bei, deren Spuren in der inneren Welt des Individuums erhalten bleiben.

Die Fähigkeit, Zäsuren im Verlaufe des Lebens nicht als dramatischen Einschnitt oder als Auslöser eines Zusammenbruchs zu erfahren, sondern, nach der anfänglichen unvermeidlichen Destabilisierung, als Chance für eine Bereicherung und Neuausrichtung, hängt nicht nur mit den Eigenschaften der Objekte in der inneren Welt des Individuums an sich zusammen, sondern auch mit der emotionalen Qualität und Stabilität der Verbindungen, die sich im Laufe der Zeit zwischen den inneren Objekten und dem Subjekt und zwischen den inneren Objekten untereinander entwickelt haben. Deren zuverlässige Vernetzung ist in Zeiten von Entwicklungskrisen ausschlaggebend für die Fähigkeit, eine Zäsur nicht passiv als traumatischen Bruch zu erleiden, sondern aktiv als Chance für einen Wachtumsprozess wahrzunehmen, der das Potenzial einer kreativen Transformation in sich birgt.

Literatur

Bick, E. (1964): Notes on Infant Observation in Psychoanalytic Training. *Int. J. Psycho-Anal.*, 45, 558–566

Bion, W. R. (1962): *Learning from Experience.* London: Heinemenn Medical Books.

Bion, W. R. (1967): A Theory of Thinking. In: *Second Thoughts.* London: Heinemann Medical Books. Dt.: Bion, W. R. (2013): *Frühe Vorträge und Schriften. Mit einem kritischen Kommentar: »Second Thoughts«.* Brandes & Apsel: Frankfurt a. M.

Bion, W. R. (1977a): Caesura. *Two Papers: The Grid and Caesura.* London: Routledge, 1989. Dt.: Bion, W. R. (2009): *Raster und Zäsur.* Frankfurt a. M.: Brandes & Apsel.

Bion, W. R. (1977b): *The Past Presented.* Rio de Janeiro: Imago Editora, und in: Bion W. R. (1991): *A Memoir of the future.* London/New York: Karnac.

Fachinelli, E. (1989): *La mente estatica.* Milano: Adelphi Edizioni.

Freud, S. (1926): Hemmung, Symptom und Angst. *Hysterie und Angst.* Sigmund Freud Studienausgabe Bd. VI. Frankfurt a. M.: S. Fischer, 1971.

Grotstein J. S. (1981): Who is the Dreamer who dreams the Dream and Who is the Dreamer who understands it? In: J. S. Grotstein (Hrsg.): *Do I dare disturb the Universe? A Memorial to Wilfred R. Bion.* London: Karnac.

Haag, G. (2018): *Le moi corporel – Autisme et développement.* Paris: Presses universitaires de France.

Hohl, L. (1981): *Die Notizen* oder *Von der unvoreiligen Versöhnung.* Frankfurt a. M.: Suhrkamp Taschenbuch.

Houzel, D. (2016): Le sentiment de continuité d'existence. *Journal de la Psychanalyse de l'Enfant,* 6(1), 115–129.

Houzel, D. (2019): Splitting of the maternal Container. Presentation *IPA Congress, London 2019.*

Klein, M. (2017): *Lectures on Technique by Melanie Klein.* Ed. and critical Review: John Steiner. London: Routledge.

Maiello, S. (1999): Das Klangobjekt – Über den pränatalen Ursprung auditiver Gedächtnisspuren. *Psyche – Z Psychoanal,* 2, 137–157.

Maiello, S. (2003): Zerstörte Verbindungen: Angriff oder Zusammenbruch? Über die Ursprünge von Gewalt. *Kinderanalyse,* 11(4), 306–329.

Maiello, S. (2013): Über die frühesten Spuren psycho-physischen Erlebens – Reminiszenzen pränataler traumatischer Erfahrungen in der psychoanalytischen Praxis. *Jahrbuch der Kinder- und Jugendlichen-Psychoanalyse.*

Meltzer, D. & Harris Williams, M. (1988): *The Apprehension of Beauty. The Role of aesthetic Conflict in Development, Art and Violence.* The Roland Harris Educational Trust.

Nikki, K. (1955): *Tagebuch einer japanischen Edelfrau ums Jahr 980.* Zürich: Max Niehans.

Piontelli, A. (1992): *From Fetus to Child – An observational and psychoanalytic Study.* London: Routledge.

Pynoos, R. S. (1996): The transgenerational repercussions of traumatic expectations. *6th IPA Conference on Psychoanalytic Research.* London, UCL, 8–9. März 1996.

Rank, O. (1924): *Das Trauma der Geburt und seine Bedeutung für die Psychoanalyse.* Wien, Leipzig, Zürich: Internationaler Psychoanalytischer.

Winnicott D. W. (1971): *Playing and Reality.* London: Tavistock Publications.

Joshua Durban
(Tel Aviv/Los Angeles)

Das Röhrenkind und das Korkenkind
Infantile Verletzlichkeit und maligne Symbiose

Die kleinianische Objektbeziehungstheorie und Praxis der Kinderpsychoanalyse stellt die subjektive psychische Realität des Säuglings in den Mittelpunkt ihrer Erforschung. Diese entwicklungspsychologische Realität bestimmt in hohem Maße die Selbst- und Fremdwahrnehmung des Kindes, den Prozess der Realitätsbewältigung und alle nachfolgenden Verhaltensweisen. Dieser Prozess der »Resignation vor der Realität« (Roth, 2020) oder die Akzeptanz der grundlegenden »Tatsachen des Lebens« (Money-Kyrle, 1971) ruft beim Kind eine Vielzahl von Ängsten hervor, da es die schmerzhafte Erkenntnis der Unvollständigkeit jeder Befriedigung mit sich bringt, der Abhängigkeit, der Getrenntheit des Objekts und seiner Existenz außerhalb der allmächtigen Kontrolle des Säuglings; ebenso die psychische Verantwortung des Individuums (im Gegensatz zu den ständigen Projektionen auf die Objekte und deren Verantwortung) und die Realität von Vergänglichkeit und Tod. Darüber hinaus ist die Akzeptanz der Realität auch die Akzeptanz der Unterschiede zwischen den Geschlechtern, der Generationen und deren Funktionen. Mit psychischer Realität bezeichne ich die Art und Weise, wie das Unbewusste des Kindes sowohl seine innere Objektwelt als auch die äußere Realität erlebt und zwar durch das ständige Zusammenspiel von Projektions-, Introjektions- und Identifikationsprozessen. Im Mittelpunkt dieser unbewussten Erfahrung steht die hochgradig personalisierte Wahrnehmung des Säuglings: innere Erzählungen oder unbewusste Phantasien (die sich von bewussten Phantasien oder Tagträumen unterscheiden) als eine Möglichkeit, sinnvolle und vorhersehbare Interaktionen mit Objekten und mit Ängsten zu konstruieren. Diese unbewussten Phantasien versuchen, Triebe, Befriedigungen und Frustrationen, Affekte und Objekte zu verknüpfen, sodass bestimmte Muster entstehen können. Frühe Angstsituationen gegenüber den inneren Objekten, bei denen es sich traditionell um paranoide oder depressive Ängste handelt, beeinflussen die unbewussten Phantasien des Säuglings und werden von ihnen beeinflusst und sind für psychisches Leiden verantwortlich. Man könnte sagen, dass eine der Hauptfunktionen dieser unbewussten Phantasien darin besteht, die unvermeidlichen Ängste zu lindern, die dem menschlichen infantilen Zustand innewohnen und aus der grundlegenden Abhängigkeit resultieren: Hilflosigkeit, Angst vor dem Tod von innen und außen und mangelnde Kontrolle über das Objekt.

Die Erforschung der frühen Angstzustände hat uns in die unerforschten Gebiete des frühkindlichen Autismus und der Psychose geführt und neue theoretische und klinische Erkenntnisse gebracht. Ein wiederkehrendes Thema in diesen Erkenntnissen ist die zentrale Rolle der unbewussten Angst bei der Entstehung und Symptomatik von autistischen Zuständen. Die Analytiker entdeckten, dass neben den höher strukturierten Ängsten und den damit einhergehenden Abwehrmechanismen, die als borderline oder psychotisch eingestuft werden können, es primitivere Gruppen von Ängsten und Abwehrmechanismen gibt, die zu autistischen Zuständen gehören (Levine & Power, 2017; Meltzer, 1974, 1975; Tustin, 1972, 1981, 1987, 1990; Winnicott, 1982 [1952]). Um Bion (1957) zur Unterscheidung zwischen psychotischen und nicht-psychotischen Persönlichkeitsanteilen zu paraphrasieren, können wir unsere Arbeit auf das Zusammenspiel zwischen den sich oft überschneidenden autistischen, psychotischen und nicht-psychotischen Aspekten dieser Patienten ausweiten (Durban, 2019). In diesem Beitrag möchte ich zwei solcher unbewussten Phantasien und Ängste untersuchen, die mir in meiner psychoanalytischen Arbeit mit Kindern, Jugendlichen und Erwachsenen immer wieder begegnen. Sie sind oft mit erheblichen Entwicklungspathologien verbunden. In Anlehnung an frühere kurze Beschreibungen von Tustin (1987) und McDougall (1980) nenne ich diese unbewussten Phantasien »Röhrenkind«- und »Korkenkind«- Phantasien. Tustin beschreibt eine autistische unbewusste Phantasie, die auf der konstitutionell schlechten Körperregulierung des Kindes beruht, auf der Nicht-Integration und dem Gefühl, eine katastrophale vorzeitige Trennung von der Brust erlebt zu haben. Infolgedessen fühlt sich das Kind zerrissen und durchlässig wie ein offenes Rohr; tatsächlich wird der ganze Körper als ein System undichter Rohre wahrgenommen. McDougall beschreibt später eine Phantasie, in der das Baby zu einem »Korkenkind« wird, das vom Objekt erprobt und benutzt wird, um die Leere und Einsamkeit der depressiven Mutter zu füllen. Diese beiden unbewussten, komplementären Phantasien gibt es jedoch nicht nur bei autistischen Kindern oder solchen von depressiven und einsamen Müttern. Sie sind viel weiter verbreitet und stehen im Mittelpunkt vieler Pathologien in der Kindheit und im Erwachsenenalter, selbst bei Personen, die eine weitaus größere Fähigkeit zur Integration und Regulierung haben und die scheinbar normale Abwehrmechanismen entwickeln. Ich werde daher diese beiden allgegenwärtigen Phantasien zusammen beschreiben und die ihnen zugrundeliegenden Ängste und Abwehrmechanismen auf verschiedenen Ebenen der Entwicklungsorganisation ausführen und aufzeigen, wie sich die pathologische Aneignung/Enteignung des kindlichen Geistes durch das Objekt auf die Objektbeziehungen des sich entwickelnden Kindes und die klinische Symptomatik auswirken.

Frühkindliche Verletzlichkeit, Angst und Symbiose

Eine intensive Psychoanalyse von Kindern, die an katastrophalen frühen Entwicklungsstörungen wie der Autismus-Spektrum-Störung leiden, zeigt, dass ihre Verletzlichkeit eng mit einer konstitutionellen Überempfindlichkeit und Durchlässigkeit zusammenhängt. Tatsächlich ist bei den meisten dieser Kinder die Konstitution die Hauptquelle für traumatische Erfahrungen und die daraus resultierenden psychischen Abwehrmaßnahmen. Sehr oft führt dieser Zustand zu großen Schwierigkeiten bei der Bildung einer benignen Symbiose mit dem primären Objekt sowie zu Schwierigkeiten bei der Möglichkeit, aus der Symbiose aufzutauchen. So wird die normale Entwicklungsbewegung, die Tustin (1987) als die Fähigkeit beschreibt, zwischen dem »Überfließen des Einsseins« und der Trennung in einen Zustand der Selbst-Objekt-Differenzierung zu gelangen, der auf der Entwicklung eines eigenen Geistes (und Körpers) basiert, beeinträchtigt. Das Ergebnis ist eine potenziell maligne Symbiose, die drei Formen annehmen kann. Die archaischste Form ist die *verwirrte Symbiose*, bei der es zu einer ständigen Verwirrung zwischen Teilen des Selbst und denen des Objekts, begleitet von überwältigenden Ängsten des Seins, kommt. Diese Ängste resultieren aus der Erfahrung, nicht als abgegrenzte, differenzierte, kohäsive Entität in Zeit und Raum zu überleben, in der Zeit und im dreidimensionalen Raum. Typische Existenzängste äußern sich in der Erfahrung, in Stücke zu fallen, sich zu verflüssigen, zu verbrennen, zu erfrieren, für immer zu fallen, keine Haut oder eine Haut voller Löcher zu haben, die Orientierung zu verlieren, das Gefühl für lineare Zeit zu verlieren und flach und zweidimensional zu werden. Dies ebnet oft den Weg für diffuse Ängste, die weder im Selbst noch im Objekt verortet sind. Die Gefahr scheint gleichzeitig überall und nirgends zu sein (Durban, 2021).

Eine etwas weiterentwickelte Symbiose ist die *ambivalente Symbiose*, bei der sich eine hinreichende Differenzierung zwischen Selbst und Objekt entwickelt hat. Der Säugling versucht, sich zu befreien und zu trennen, wird aber von paranoiden Verfolgungsängsten und einer Vernichtungsangst überflutet. Wenn die Versuche des Säuglings, sich aus der ambivalenten Symbiose zu lösen, scheitern, besteht die Gefahr der Entwicklung einer *mörderischen Symbiose,* die durch die Unfähigkeit, sich zu lösen, und durch psychische Versuche, das symbiotische Objekt zu zerstören, gekennzeichnet ist.

Obwohl die Symbiose als Konzept nicht in der kleinianischen Metapsychologie enthalten ist, beschrieb Melanie Klein (1984 [1963]) selbst in ihrer letzten unvollendeten Arbeit »Über das Gefühl der Einsamkeit«, was man als archaische unbewusste Phantasie der Verschmelzung oder Vereinigung mit dem primären Objekt verstehen könnte. Der verletzliche, abhängige Säugling sehnt sich nach einer völligen Verschmelzung mit der mütterlichen Psyche, um einen halluzinierten, undifferenzierten Zustand des Verstandenwerdens ohne Worte herzustellen. Ich neige dazu, der späteren Beschreibung von Bleger (2013) von der Existenz eines symbiotischen, formlosen und zähflüssigen Kerns im Individuum zuzustimmen, neben den von Melanie Klein beschriebenen paranoid-schizoiden und depressiven Positionen. Meine Erfahrung mit Autismus-Spektrum-Störungen (ASS) und psychotischen Kindern und Jugendlichen zeigt jedoch, dass dieser symbiotische Kern bei hypersensiblen, hyperdurchlässigen und daher hyperverwundbaren Kleinkindern viel stärker und pathologischer wird.

Einige andere theoretische Beiträge

Viele Theoretiker haben eine andere Terminologie verwendet, um den Zustand der Psyche zu beschreiben, den ich hier skizziere. Gemeinsam ist diesen Beiträgen das Verständnis, dass die Weitergabe, die Infiltration oder Invasion von unbewussten psychischen Inhalten von einer Person zu einer anderen sowie zu und von unseren inneren Objekten untrennbar mit dem Prozess der primären narzisstischen Identifikationen verbunden ist, und zwar sowohl in ihren benignen als auch malignen Formen. Diese Identifikationen bilden die Grundlage sowohl für die Kommunikation als auch für die Pathologie. Die psychoanalytischen Autoren waren besonders kreativ, eine Fülle von Konzepten und Beschreibungen dieses Prozesses zu entwickeln, sowohl auf der individuellen als auch auf der Gruppenebene. Poröse unbewusste Empfänglichkeit zwischen Mutter und Kind (Klein, 1984 [1963]); projektive Identifikation, projektive Gegenidentifikation und intrusive introjektive Identifikationen (Klein, 1946; Meltzer, 1975); Container-Contained (Bion, 1957); destruktiver Narzissmus (Rosenfeld, 1987); primäre Undifferenziertheit, Symbiose und Ambiguität (Bleger, 2013; Mahler, 1968); überfließendes Einssein (Tustin, 1981); transgenerationale Übertragung und das Teleskopieren von Generationen (Faimberg, 1988); das mütterliche Phantasma (Mannoni, 1970) und das psychogenetische Erbe (Durban, 2011), alles das sind nur einige dieser Konzepte, die verwendet werden, um die Art und Weise, wie unbewusste Kommunikation entsteht, zu erklären, in der unbewusste Phantasien verschlüsselt, kommuniziert und manchmal pervertiert werden, und zwar von frühester Kindheit an. Andere Theorien befassen sich direkter mit dem Scheitern beim Aufbau einer sicheren Kommunikation, mit der Überflutung des Kindes durch das Begehren der Eltern oder des inneren Objekts und mit den dadurch entstehenden Abwehrstrukturen. Ferenczi (1949) beschrieb als erster die »Sprachverwirrung«, die vom Erwachsenen ausgelöst wird, wenn das Kind unbewusst zur Befriedigung seiner Wünsche benutzt wird und dadurch im Kind eine tiefe Verwirrung zwischen der Sprache der Zärtlichkeit und der Sprache der Leidenschaft entsteht. Das Kind identifiziert sich dann mit dem Aggressor und empfindet das Begehren des Aggressors als sein eigenes. Ferenczi beschreibt die Art und Weise, wie diese Kinder die gleiche verinnerlichte Beziehung zum Aggressor innerhalb der Übertragung wiederholen: »Die Patienten haben ein überaus verfeinertes Gefühl für die Wünsche, Tendenzen, Launen, Sympathien und Antipathien des Analytikers, mag dieses Gefühl auch dem Analytiker selbst ganz unbewusst sein.« (S. 226) In einem kürzlich erschienenen Artikel hat Amir (2019) festgestellt, dass diese Dynamik ihrerseits einen inzestuösen, perversen und bösartigen Sprachgebrauch hervorruft, der zu der Zweideutigkeit des Enthüllens und Verbergens führt. Sie schreibt:

»Zweideutigkeit ist hier das Ergebnis einer Sprache, die vorgibt, Sinn zu erzeugen und Verknüpfungen zu ermöglichen, aber in Wirklichkeit einen gewaltsamen Angriff auf die Verknüpfung darstellt (Bion, 1957). Dies ist eine Sprache, die täuscht, indem sie sich der Wahrheit bedient: Unter dem Deckmantel, die Wahrheit zu enthüllen, dient sie dazu, diese Wahrheit zu verbergen. Dies ist, um es mit Laplanche zu sagen, ein Angriff auf die Übersetzungsfunktion des Subjekts« (Amir, 2019, S. 253–254)

und lässt das Kind ohne Zugang zum kommunikativen und funktionalen Gebrauch der Sprache. Die Umkehrung der Alpha-Funktion (Bion, 1962); die Schaffung einer zweiten Haut (Bick, 1968); Annexion (Rhode, 2012); Falsches-Selbst-Bildungen (Winnicott, 1960), das Drama des begabten Kindes (Miller, 1979), das Konzept der toten Mutter (Green, 1986 [1980]); und das Interjekt (Bollas, 1987) sind einige andere Konzepte, die versuchen, diese Prozesse zu erkunden.

Die psychische Erfahrung, ein Röhrenkind und ein Korkenkind zu sein

Ich möchte einige weitere psychische Erfahrungen, die speziell durch narzisstische aufdringliche/akquisitorische Identifikationen und die damit einhergehenden unbewussten Phantasien und Ängste entstehen, untersuchen. Ich werde einige Arten von inneren Drehbüchern des Kindes beschreiben, das entweder die invasive Projektion psychischen Materials durch das undurchdringliche Objekt erlebt oder eine primitivere osmotisch-diffuse Identifikation, bei der es keine klare Unterscheidung oder Lokalisierung zwischen dem Einsickern und dem Überlaufen psychischer Materialien in sich selbst und im Objekt gibt. Nach Jahren der Behandlung solcher Säuglinge, Kinder, Jugendlicher und Erwachsener, habe ich begonnen, sie insgeheim als »Röhrenkinder« zu bezeichnen, die sich selbst als offenes Gefäß für unkontrollierbare, eindringende toxische psychische Stoffe, die vom Objekt ausgehen, oder im Falle der komplementären unbewussten Phantasie als »Korkenkinder« erleben. Diese Kinder fühlen sich gezwungen, das, was sie als Löcher oder Lücken im primären Objekt wahrnehmen, zu füllen, um es verfügbar und funktionsfähig zu halten. Sie müssen den Container »füllen«, damit dieser und sie selbst existieren können.

Mit diesen Begriffen beschreibe ich mir selbst und dann diesen Patienten ihre unbewussten Phantasien und Ängste, sich wie ein leeres, offenes, hohles Rohr zu fühlen, und/oder umgekehrt das psychologische Material, das zu seiner Füllung benötigt wird. Ihre Erfahrung ist die einer Aneignung, durch toxische fremde Materialien vereinnahmt zu werden, entweder in einer klar definierten, objektlokalisierten Weise (wie bei paranoid-schizoiden Ängsten) oder in einer verwirrenden, allgegenwärtigen, osmotischen Weise (wie im Fall von archaischeren, autistischen Ängsten des Seins) und des Besitzes einer angeeigneten Psyche und eines enteigneten Körpers. Im Extremfall führt der osmotische Druck, dem das Kind ausgesetzt ist, zu einem Zustand des Zusammenbruchs und zu verwirrenden, osmotisch-diffusen Identifikationen (Durban, 2021), bei denen das Kind nicht in der Lage ist, zu differenzieren und zu lokalisieren, wer was wem und warum antut. Die erlebte Gefahr scheint gleichzeitig überall und nirgendwo zu sein. Diese osmotischen/diffusen Ängste, die gleichzeitig überall und nirgends sind und einen höchst bedrohlichen, infektiösen, invasiven und vernichtenden Charakter haben, waren bei vielen Kinder- und Erwachsenenpatienten während der Covid-19-Krise (Durban, 2021) ein Erkennungsmerkmal. Die Erfahrung, ein »Röhrenkind« zu sein, ist also eng mit Somatisierungen verbunden, die eine »infizierte« Qualität haben. Das Kind fühlt sich ständig toxischen Invasionen und Infiltrationen von bedrohlichen Materialien ausgesetzt. Umgekehrt fühlt sich das Kind oft gefährlich kontaminiert für seine Objekte. »Korkenkinder« erleben alle diese gleichen unbewussten Ängste und unbewussten Phantasien mit dem zusätzlichen Gefühl, das ausgehöhlte Innere des Objekts ausfüllen zu müssen. Im Gegensatz zu hohlen »Röhrenkindern« neigen sie daher zu Somatisierungen der expulsiven Art. Während Röhrenkinder sich selbst als ständig überlaufend, auslaufend oder eindringend erleben, sind Korkenkinder stumpf, starr und scheinbar undurchdringlich. Röhrenobjekt-Eltern zeugen oft Korkenkinder und umgekehrt.

Das Thema des narzisstischen Eindringens in die Psyche eines Kindes und es gleichzeitig zu verraten und zu verlassen, ist ein häufig wiederkehrendes Thema in Literatur, Mythos und Film. Es war auch ein anhaltendes Hauptanliegen vieler psychoanalytischer Denker und Kliniker.

Skogstad (2013) untersucht die Art und Weise, wie dieser Prozess in der inneren Welt des Kindes wahrgenommen wird, sowie die Art des beteiligten inneren Objekts. Er schreibt, das Kind verinnerliche ein »undurchdringliches Objekt«, welches zwei Eigenschaften hat: für die Projektionen des Kindes unempfänglich und intrusiv zu sein, das heißt, in das Kind zu projizieren. Diese Art von innerem Objekt entsteht aus einer frühen Beziehung zu einer Mutter, die gestört oder traumatisiert ist, sodass sie die Projektionen des Kindes nicht aufnehmen oder tolerieren kann und stattdessen das Kind als Container für ihre eigenen Projektionen benutzt. Skogstad verknüpft sein Konzept eines undurchdringlichen Objekts mit anderen Konzepten wie Williams' (1997) »Umkehrung der Container-Contained-Beziehung« und Greens (1986 [1980]) »tote Mutter«. Beherrscht ein solches Objekt die innere Welt des Patienten, kann es zu ernsthaften Schwierigkeiten im analytischen Prozess führen. Deutungen können als gewalttätige Projektionen des Analytikers erlebt werden, die der Patient abwehren muss, und der Analytiker kann das, was als undurchdringliches oder aufdringliches Objekt empfunden wird, auf verschiedene Weise darstellen. Skogstad argumentiert, dass intensive Arbeit mit der Gegenübertragung erforderlich ist, damit der Analytiker subtile Enactments erkennen und eine Veränderung in sich ermöglichen kann, was wiederum eine Veränderung der inneren Welt des Patienten von einem undurchdringlichen Objekt hin zur Verinnerlichung eines durchlässigeren Objekts ermöglichen kann.

Beim Erstkontakt, wie von Ferenczi (1949) und Winnicott (1960) beschrieben, sind Kinder mit solch undurchdringlichen inneren Objekten, wie Skogstad sie beschreibt, begierig zu gefallen, indem sie auf fast unheimliche Weise die Erwartungen und Wünsche anderer Menschen wiedergeben und eine papageienartige, nachahmende und oberflächliche Kommunikationsweise annehmen, hinter der sich jedoch tiefes Elend und Todessehnsucht verbergen. Die Phantasien des Röhrenkindes und des Korkenkindes umfassen die ganze Palette der falschen Selbstbildung, der Perversionen, der Psychosen und des Autismus. Den Patienten mit diesen Phantasien ist gemeinsam, dass sie das Gefühl haben, hilflos von unbewusstem, destruktivem geistigem Niederschlag überfallen und benutzt zu werden, welcher von ihren primären Objekten stammt. Sie werden von sich selbst entfernt oder evakuiert, oft unbeseelt, und leiden entweder unter einem tiefen Gefühl von akuter Einsamkeit oder zurückgezogener Isolation.

Ein weiteres zugrundeliegendes Merkmal ist die Neigung dieser Patienten, überflutet zu werden von Ängsten des Seins, archaischen Ängsten, die typisch sind für undifferenzierte Selbst-Objekt-Zustände, die mit dem Verlust des Gefühls zu tun haben, als getrennte, abgegrenzte, zusammenhängende, dreidimensionale und integrierte Einheit kontinuierlich in Raum und Zeit zu existieren. Typisch für solche Ängste sind die unbewussten Gefühle, die Form zu verlieren, sich zu verflüssigen, zu zerfallen, auszulaufen, keine Haut, keine Orientierung, keine Zeit zu haben, nirgendwo zu sein, zu frieren oder zu verbrennen. Diese Ängste sind zwar bis zu einem gewissen Grad und Maß in jedem von uns, aber sie sind besonders charakteristisch für autistische Zustände. Diese Überflutung ist eine Folge von Hypersensitivität und Hyperdurchdringlichkeit, die zu einer Hyperverwundbarkeit führt. Dieses Trio von Konstitutionszuständen wird in einer unbewussten Phantasie als Körper erlebt, der aus offenen Rohren und auslaufenden Flüssigkeiten bestehen (siehe Rosenfeld, 1987; Tustin, 1987).

Ein älterer heranwachsender männlicher Patient beschrieb diesen Zustand kurz und bündig mit den Worten: »Ich fühle mich wie eine Vase: leer, flach und mit stinkendem Wasser gefüllt.« Der Patient wurde innerlich und äußerlich von den Erwartungen und Projektionen seines tyrannischen Vaters und seiner depressiven Mutter beherrscht, beide Kinder der zweiten Generation von Shoah-Überlebenden, die aus Deutschland umgesiedelt waren. Mein Patient war zwanghaft, extrem urteilend und blockiert durch verfolgende Figuren und Vorschriften, die er auf »die geschlossene jüdische Gemeinschaft« in seiner deutschen Heimatstadt zurückführte. Sein röhrenartiges Dilemma wirkte sich auf seinen Körper aus. Er war ständig überlastet, litt unter Allergien und bekam sehr leicht eine Erkältung oder die Grippe. Dies weckte in meinem Patienten das dringende Bedürfnis nach einer mütterlichen Schutzhülle, um seinen flüssigen und überquellenden Inhalt aufzunehmen; er hatte eine wiederkehrende Phantasie, die Mutter wie einen Korken zu füllen, damit sie in der Lage sei, ihm das zu geben, damit er überleben könne. Mit anderen Worten, das rohrartige Gefühl wurde auf das mütterliche Objekt projiziert und durch die Überzeugung ergänzt, dass dieses Objekt aufgefüllt werden musste, um den Patienten zu ernähren. Eines der vielen konkreten Beispiele dafür war ein nächtliches, obsessives Ritual: Mein Patient fühlte sich von einem schlechten Essen regelrecht überwältigt und musste sich entweder übergeben oder Durchfall leiden und entwickelte dann extreme Ängste. Unter dem Vorwand, sich um die Gesundheit seiner Mutter zu sorgen (die sich in Wirklichkeit bei bester Gesundheit befand), rief er sie an und fühlte sich etwas besser, als er ihr zuhörte. Nach diesen nächtlichen Anrufen hatte er jedoch auch das Gefühl, von seiner Mutter benutzt zu werden, verspürte aber auch eine überhebliche Genugtuung, sie »gerettet« zu haben. Dies wich einer Verwirrung und einem Gefühl der Sinnlosigkeit und Leere. Ein solcher »Rohrkrepierer«-Pakt erweist sich also als katastrophal.

Die Verletzlichkeit des Kindes und sein Bedürfnis nach einem Schutzmantel fördern eine maligne Symbiose aus einer wahnhaft-konfusen oder einer gewalttätigen, zerstörerisch-mörderischen Gestalt. Ein Teufelskreis entsteht, wenn das Kind in unbewusster Phantasie und projektiver Identifikation versucht, die »leitende« Funktion in das Objekt zurückzudrängen, und so zum invasiven Aneigner des Inneren des Objekts wird.

Einige technische Überlegungen

Solche Patienten werfen, wie Skogstad betont, verschiedene Probleme in Bezug auf die Behandlungstechnik auf, da Deutungen sehr oft als eine weitere verführerische Invasion für den Patienten empfunden werden, eine hohle Kommunikation schaffen und unbewusst als weiterer Gebrauch und Missbrauch erlebt werden. Bei der Analyse von Röhren- und Korkenkindern wird echte Kommunikation oft durch gegenseitige Evakuierungen ersetzt, projektive Gegenidentifikationen und falsche, paranoide Anpassungen an den Anderen. Zu anderen Zeiten, insbesondere nach einer Durcharbeitung der projektiven Mechanismen, kommt es zu einem Zustrom überwältigender Existenzängste, die die Kommunikation gänzlich blockieren und verwirren und einen starken Sog zu einer osmotischen Symbiose aufweisen. Eine Hauptschwierigkeit besteht darin, die richtige »Positionierung« für den Analytiker zu finden. Es geht also darum, die Deutung und die Präsenz des Analytikers feinfühlig zu dosieren und den Verlockungen der Symbiose zu widerstehen und zu erkennen, wie der Patient versucht, die Situation umzudrehen, d. h., die Gedanken des Analytikers als Ort für die Ablagerung von toxischem Material zu nutzen, ohne eine Durcharbeitung zu ermöglichen. In vielen Fällen trägt Einfühlungsvermögen (oder besser noch Mitgefühl) neben der analytischen Neutralität und einer gewissen Zurückhaltung dazu bei, beim Patienten ein Gefühl der Sicherheit zu schaffen. Nähe oder tiefgehende Deutungen können als Bedrohung empfunden werden. Deutungen können vom Patienten schnell aufgegriffen oder als ein bestimmter Mantel übernommen werden, hinter dem sich jedoch Argwohn und Misstrauen verbergen. Alternativ könnte der Patient versuchen, die Denkweise des Analytikers mit einer Reihe von Pseudoeinsichten zu »stopfen«, um ihn zu »verkorken« und weitere Verrohrung zu verhindern. Die Notwendigkeit einer einfühlsamen Zurückhaltung und einer sorgfältigen Dosierung der Präsenz des Analytikers zeigt sich konkret in den folgenden Beispielen.

Alma, ein fünf Jahre altes Mädchen aus dem autistisch-psychotischen Spektrum (Durban, 2019), wurde in Südamerika als Kind einer heroinabhängigen Mutter geboren, die gezwungen wurde, als Prostituierte zu arbeiten. Die Mutter wurde in einem verzweifelten Versuch schwanger, sich den Schutz ihres Zuhälters, Almas Vater, zu sichern. Alma war süchtig geboren worden, und ihre Mutter bestand anfangs darauf, sie zu stillen, obwohl sie kaum Milch hatte. Nachdem sich ihr Zustand ein Jahr lang in einem Kinderheim langsam verschlechtert hatte, wurde die hungernde Alma vom Sozialdienst gerettet und zur Adoption freigegeben. Ihre Adoptivmutter war sehr mit sich selbst beschäftigt, ängstlich und selbstverletzend. Als sie drei Jahre alt wurde, war Alma verbal kompetent, aber auf eine nicht-kommunikative und abgekapselte Weise. Sie hatte keine Kontrolle über ihre Schließmuskeln und redete unaufhörlich in einer Mischung aus psychotischen Phantasien über das Fernsehen, über biblische Figuren und imitierte Kindergeschichten, durchsetzt mit papageienhaften Wiederholungen ihrer Adoptiveltern und ihrer Adoptivgeschwister. Sie fühlte sich von giftigen außerirdischen Substanzen angegriffen und glaubte, dass ihre Haut voller Löcher sei. In einer ihrer ersten Sitzungen wies Alma ihre Analytikerin an, die Geschichte des kleinen Moses-Babys nachzuspielen, das sie in einer Schatulle in den Nil setzte und wegschickte. Die Schatulle war aus Papier, das aufweichte und aufriss, was Alma in einen Anfall von qualvollem Schreien trieb. Als ihre Analytikerin versuchte, ihre Verzweiflung und ihre Ängste vor dem Auslaufen, dem Ertrinken, dem Eindringen des Wassers und dem Verlassenwerden zu interpretieren, begann Alma, ihren Kopf gegen die Wand zu schlagen. Dann schnappte sie sich eine Rolle Klebeband und begann, sie um ihren Körper zu wickeln. Erst als sie sich hinter einem Vorhang in der Mitte des Raumes versteckte und ihre Deutung langsam wiederholte, beruhigte sich Alma. Es schien, dass sie die Deutungen ihrer Analytikerin zunächst als konkrete »Dinge« erlebte, die in sie eindrangen und von ihr Besitz ergriffen; später jedoch bezeichnete sie die Deutungen als »Ordnung schaffen« und ermutigte ihre Analytikerin, sie zu wiederholen, wiederum hinter einer Trennwand.[1]

Georgie, ein siebenjähriger Junge mit ASS, der stark zurückgezogen und mutistisch war, brachte immer leere Flaschen zu seinen Sitzungen mit, die er schüttelte, schlug und biss. Anfangs deutete ich ihm vor allem, dass sein Gebrauch dieses autistischen Objekts den Kontakt zwischen uns verhindern und meine Existenz ausblenden solle, um jede Wahrnehmung von Getrenntheit zu verhindern. Erst später in der Analyse wurde mir klar, dass er mir auf sehr konkrete Weise zeigte, dass er sich als leeres Gefäß fühlte, das osmotisch und unkontrolliert überflutet und aufgefüllt werden kann. So tauchte er zum Beispiel die Flasche ins Wasser und schrie vor Angst. Ich konnte dann sagen: »Die arme Nuckelflasche ist am Überfluten. Überall ist Wasser und Baby Georgie weiß

---

[1] Ich danke Frau Shiri Ben-Bassat für die freundliche Genehmigung zur Verwendung dieses Beispiels, das mir während der Supervision vorgestellt wurde.

nicht, woher das Wasser kommt. Geht es rein oder raus? Nach oben oder nach unten? Es ist alles verwirrend und gefährlich. Georgie wird ertrinken.« Dann stellte ich das Wasser ab und sagte, dass ich wüsste, woher das Wasser käme, damit ich Baby-Georgie retten könne. Sobald ich mit dem Deuten begann, wobei ich ihm den Rücken zuwandte, kam ein gewisser Kontakt zustande, gefolgt von seinen ersten Worten: »Nein, raus, Georgie ist weg.« Im Laufe der Analyse beginnt der Analytiker, Manifestationen des sich entwickelnden Selbst oder der aufkeimenden Selbstständigkeit in den Röhren- oder Korken-kinderpatienten wahrzunehmen, und zwar durch das allmähliche Auftauchen von offenen Widerständen, Problemen mit dem Setting und Missverständnissen bei Deutungen. Was oft bei vielen anderen Patienten eine Sackgasse oder eine negative therapeutische Reaktion darstellt, kann ein Zeichen von Fortschritt und Hoffnung bei diesem Patiententyp sein. Wut, Groll und Aggression in Behandlungen, wie sie oben beschrieben wurden, sind daher nicht nur Manifestationen der Wut des Kindes auf das »Rohrleitungsobjekt«, des Neids oder der Angst davor, sondern auch eine Art, ein ausgehöhltes Inneres »aufzufüllen« und eine massive Sperre gegen weitere Eindringlinge zu errichten.

Das Konzept der Radioaktivität

Eine weitere Möglichkeit, die pathologische Aneignung der Psyche durch das Objekt zu beschreiben, bietet die moderne Physik. Ich beziehe mich auf die Idee der psychischen Radioaktivität (Gampel, 2010), da ich denke, dass die in der Quantenphysik beschriebenen radioaktiven Prozesse und die radioaktiven Pathologien der Nuklearmedizin besonders relevant sind für das, was wir bei »Röhrenpatienten« beobachten. Die umfangreiche medizinische Literatur über die Auswirkungen von Radioaktivität auf Organismen zeigen drei zerstörerische Prozesse, die einzeln oder in verschiedenen Kombinationen auftreten können. Ihre psychischen Folgen können wir, wenn auch in unterschiedlicher Ausprägung des Schweregrads, in allen Fällen des »Röhrenkind-Syndroms« beobachten. Der erste Prozess ist die Zerstörung von Gewebe oder der Membran. Bei diesem Prozess ähnelt das Gewebe einem eingedrungenen Atom, aus dessen Kern Vitalität und Energie entweichen und das eine leere Hülle zurücklässt. Auf der psychischen Ebene wird dies vom Kind als überwältigende Angst erlebt, keine Haut, keine Membran, keine Form zu haben, voller Löcher zu sein, zu explodieren, zu kollabieren, sich zu verflüssigen, zu entleeren, einzufrieren oder zu verbrennen. Alma, das Mädchen mit dem eingerissenen und aufgeweichten Papiersarg, in dem das Moses-Baby lag, ist ein Beispiel dafür. Solche archaischen Ängste des Seins gehen, wie ich beschrieben habe, oft mit einem Mangel an Orientierung in Zeit und Raum, mangelnder psychischer Kontinuität oder Kohäsion und mit Zweidimensionalität einher.

Der zweite Prozess ist der radioaktive Zerfall, bei dem alle Überlebensfunktionen bereits mit der Saat ihres eigenen Untergangs überschwemmt sind. Mit anderen Worten: Der Organismus scheint unversehrt zu sein, durchläuft aber in Wirklichkeit einen prolongierten Prozess des Sterbens. Die daraus resultierende psychische Erfahrung ist die einer ständigen Gefahr, sowohl durch die eigene Leblosigkeit als auch die von anderen. Verfallende innere Objekte stellen eine Bedrohung für das Ich dar und müssen beseitigt oder in Andere verdrängt werden. Patienten, die auf diese Weise leiden, klagen über ein zombieartiges Gefühl und haben große Angst, Andere mit ihrer Leblosigkeit anzustecken oder unkontrollierbar von ihnen kontaminiert zu werden. Meine »leere Vase«, der deutsche Patient, der mit stinkendem, faulendem Wasser gefüllt ist und von seiner jüdischen Gemeinde verfolgt wird, zeigt diesen Zustand.

Georgie, der autistische Junge mit den völlig leeren, zerbissenen Flaschen, veranschaulicht sowohl die Perforation der Membran als auch den zerfallenden Kern der Persönlichkeit. In unterschiedlichen oder höheren psychopathischen Organisationsstufen versuchen solche Patienten, dieses Gefühl zu überwinden, indem sie versuchen, es zu beherrschen und zu kontrollieren, indem sie das Leiden in Anderen erzeugen.

Der dritte Prozess ist das Versagen von Reparaturprozessen auf der zellulären Ebene oder unkontrollierte manische Wiedergutmachung, die z. B. zu einer ungünstigen zellulären Entwicklung wie bei Krebsgeschwüren führt. Im psychischen Bereich ebnen übermäßige, verzweifelte Wiedergutmachungsversuche oder der »Versuch, gut zu sein«, oft den Weg für mörderische oder selbstmörderische Seelenzustände.

Defensive Organisationen im Röhrenkind

Entsprechend diesen Prozessen der Perforation, Vernichtung und fehlerhaften Reparation gibt es bei Röhrenkindern verschiedene Arten der Bewältigung. Ich werde kurz zwei andere psychologische Darstellungen des Röhrenkindes beschreiben: das saugende, zerstörende (pervers-sadistische) Röhrenkind und das chimärisch-autistische Röhrenkind. Diese Typen wurden zum Zweck der Darstellung schematisch voneinander getrennt. Im Sprechzimmer erscheinen sie jedoch oft in einer verwickelten, verwirrenden Weise. Außerdem kann jede Konfiguration auch zur Abwehr der anderen dienen.

Dem Röhrenkind fehlt es an ausreichenden Abwehrmechanismen, um das Unbewusste seiner Eltern und seiner Umgebung zu blockieren und herauszufiltern. Um Frances Tustins Beschreibung des autistischen Kindes zu paraphrasieren, leiden diese Kinder übermäßig an ihren Objekten. Sie spiegeln die Wünsche und Träume Anderer wider. Sie werden sozusagen zu »anderen Instrumenten«, die aus nichts anderem bestehen als einer gefährdeten äußeren Membran und einem Gefühl von Mangel und Leere. Das Röhrenkind findet verschiedene Wege, um die unbewohnte, verschluckende Leerstelle in seinem Inneren zu füllen: die Bedürfnisse anderer Menschen; eine Intensivierung der eigenen Bedürfnisse (z. B. Essen, zwanghafte sexuelle oder körperliche Aktivität); Nachahmung anderer Menschen und oberflächliche Aneignung ihrer äußeren Schichten; und unaufhörliches, oft zwanghaftes Denken, Sprechen und Handeln.

Im Allgemeinen versucht das Röhrenkind, sich vor der Zerstörung seines Inneren zu schützen, indem es sich zwanghaft vollstopft oder sich selbst ausgrenzt, so entwickelt das verschluckend-zerstörende oder pervers-sadistische Röhrenkind eine andere, wenn auch oft verwandte Lösung für das von Todesangst begleitete psychische Eindringen. Es identifiziert sich mit dem eindringenden Objekt und hasst das eingedrungene Kind in sich, das es zerstören möchte. Es identifiziert sich mit dem Angreifer oder, schlimmer noch, verschmilzt mit ihm oder ihr in einem »Opferbündnis«. Das heißt, Teile des Opfers sind mit Teilen des Täters auf verworrene Weise verschmolzen (Durban, 2017a). Die Beziehungen des Kindes zu seiner Umwelt und zu seinen inneren Objekten bestehen dann aus Ausbeutung, Missbrauch, der Zerstörung und des Aussaugens von Energie. In seiner Beziehung zur Welt wiederholt dieses Kind den für die radioaktive Belastung charakteristischen gleichzeitigen Prozess radioaktiver Belastung, bei der die Energiequelle ausgesaugt und die Umwelt zerstört wird. Das Kind wird zum »Rohrleitungsobjekt« für Andere und tut mit ihnen, was ihm angetan wurde. Tatsächlich wird die symbiotische Verschmelzung mit dem primären Objekt aufrechterhalten. Eine Erscheinungsform dieser Art von Röhrenkind ist das psychopathische Kind, das in der Regel ein Experte in der Nachahmung ist und die Schwächen, Gefühle und Emotionen anderer Menschen ausnutzt und missbraucht. Dieses Kind wird angetrieben von einer neidischen, gierigen und rachsüchtigen Zerstörung der Fülle, der Verletzlichkeit und der trennenden Lebendigkeit der Anderen. Diese Patienten sind in Gefahr, die Analyse auf plötzliche, destruktive Weise zu verlassen aufgrund ihrer unbewussten Angst, von ihrem Analytiker angeklebt, annektiert oder kontaminiert zu werden. Der folgende Fall von Agnes veranschaulicht, wie der verschluckende Zerstörungsmodus für das schwer depressive und suizidgefährdete Röhrenkind zu einer pathologischen Abwehrlösung werden kann.

Agnes' Mutter wurde mit Krebs im Endstadium diagnostiziert, während sie die dreijährige Agnes, ihr einziges Kind, noch stillte. Während der gesamten

Krankheit der Mutter klammerte sie sich an Agnes, während sie Agnes' Vater, von dem sie sich hatte scheiden lassen, jeglichen Zugang zu ihr verweigerte. Agnes wurde ein Korkenkind für die Einsamkeit und die Ängste ihrer Mutter und ein Röhrenkind für ihre Projektionen. Die Mutter sagte oft, dass sie sich selbst in Agnes sah, die ihre einzig verbleibende Hoffnung im Leben war. Am Tag, an dem ihre Mutter starb, fand man Agnes in ihren Armen im Bett liegend, mit der Brustwarze ihrer toten Mutter im Mund. Sie musste davon weggerissen werden, schreiend und strampelnd. Agnes wurde in das Haus ihres Vaters gebracht, wo sie nicht mehr aß und in eine tiefe Depression versank. Nach einem Jahr, nach einer Psychotherapie, schien sie sich zu erholen und sich ganz normal zu entwickeln. Sie wurde ein fröhliches, freundliches kleines Mädchen, wenngleich vordergründig etwas angepasst. Als sie acht Jahre alt wurde, entdeckte ihr Vater jedoch, dass sie tote Vögel und Mäuse unter ihrem Bett versteckte und sie nachts in ihr Bett legte. Sobald ihr diese toten, verwesenden Gegenstände weggenommen wurden, wurde Agnes sehr fordernd, manipulativ und gemein gegenüber ihrem Vater, ihrem Welpen und ihren jüngeren Halbgeschwistern. Sie entwickelte auch symbiotische Beziehungen zu ihren Freunden und wurde so dominierend und boshaft-manipulativ, dass andere Eltern ihre Kinder nicht mehr mit ihr verkehren ließen. Als sie vierzehn Jahre alt wurde, zeigte sich bei ihr eine Borderline-Persönlichkeitsstörung mit psychopathischen Zügen. Zu diesem Zeitpunkt suchte ihr Vater eine Psychoanalyse für sie. Die folgende Vignette ist dem ersten Jahr ihrer Analyse entnommen.

Agnes betrat das Sprechzimmer mit ihrem kalten, künstlichen Lächeln, schaute mich an und sagte in einem eher verächtlichen Tonfall, sie habe den vorherigen Patient das Zimmer verlassen sehen. Sie sagte: »Er sah ziemlich hässlich und schlecht gekleidet aus. Sie müssen ziemlich verzweifelt nach Arbeit suchen, wenn Sie Ihre Praxis mit so vielen Patienten vollstopfen, ohne dass es Pausen dazwischen gibt. Es ist unethisch, sich so an Patienten zu bereichern.«

In früheren Sitzungen war mir aufgefallen, dass Agnes in dem Moment zu reden begann, sobald sie mich am Empfang sah, und dann wieder, wenn sie ging. Ich sagte: »Diese leeren Pausen [zwischen den Sitzungen] müssen für dich bedrohlich sein, und du fragst dich wahrscheinlich, ob du auch für mich unerträglich bist.« Agnes schien davon verblüfft zu sein, schwieg eine Minute lang und sagte dann: »Wissen Sie was? Ich war am Verhungern, buchstäblich am Verhungern, als ich die Schule verließ, bevor ich zu dir kam. Du weißt, wie sehr ich Bitterschokolade liebe, also habe ich eine Tafel aufgemacht und ehe ich mich versah, alles vernichtet. Mir wurde schlecht, aber auf eine angenehme Art und Weise. Dann traf ich meine Freundin B. [ein neues Mädchen aus ihrer Schule, das sie anhimmelte und an dem sie auf ihre symbiotische, manipulative und tyrannische Art hing]. Wir sind dann zusammen zum Purimfest gegangen und ich hatte Angst, dass sie verloren gehen könnte, also habe ich auf sie geachtet. Ich durfte sie nicht einmal eine Minute aus den Augen lassen. Mein anderer Freund C. sagte, ich würde B. einengen, aber ich war mir sicher, dass B. dafür dankbar sein würde. Als ich nach Hause kam, begann ich, B. über WhatsApp anzuschreiben, etwa zwanzig Nachrichten hintereinander, und verlor irgendwie das Zeitgefühl. Ich wusste nicht wirklich, wo ich war, und dann klopfte mein Dad an die Tür und hat mich zum Essen gerufen.«

Ich sagte: »Wie verwirrend muss es für dich sein, nicht zu wissen, wo du bist und wo sich dein Hunger befindet, wer wen isst und wer wen füttert. Du denkst, dass diese innere Leere auch in mir ist, sodass ich dich vielleicht verzweifelt auffressen, mich mit dir vollstopfen und dich zerstören will. Oder, wie du es mit deiner neuen Freundin B. machst, mich in dich reinstopfen. Aber da ist noch diese andere Stimme in dir, wie die Stimme von C., die dir sagt, dass das eigentlich einengend ist, auch wenn es sich manchmal schön anfühlt.«

Agnes sah erst traurig, dann wütend aus und fing an mir zu drohen, dass sie mich im Internet an den Pranger stellen würde, da sie die Sitzungen heimlich aufgenommen habe.

Ich kommentierte Agnes' Wut darüber, dass sie erkennen musste, wie ihre verzweifelte Not und ihre Abhängigkeit sie beschämten und demütigten und zu einem grausamen, füllenden Ausnutzungsspiel wurden: »Du hast wahrscheinlich zu viel Angst, dir einzugestehen, wie sehr du mich brauchst und dir deshalb meine Stimme aneignen musst, damit du nicht alleine bist.«

Die *Chimäre Röhrenkind* (Durban, 2011) markiert den primitivsten Rand und damit den am meisten beschädigten Punkt auf dem Kontinuum der Psyche. Bei der Beschreibung und Benennung des Kindes mit dieser Form der unbewussten Phantasie habe ich mich bei meiner Formulierung auf zwei Quellen gestützt – die mythologische und die biologische. Die erste ist die Chimäre, das mythische Ungeheuer in Homers *Ilias* und *Odyssee*, eine Art komplexes, bizarres Objekt mit dem Kopf eines Löwen, dem Körper einer Ziege und dem Schwanz eines Drachens. Andere Quellen beschreiben sie mit dem Oberkörper einer lieblichen Nymphe und dem Unterkörper einer Riesenschlange. (Im Englischen bezeichnet Chimärismus auch jedes bizarre oder bösartige Objekt sowie unsinnige Gedanken und Ideen.) In der Genetik und Embryologie bezieht sich eine »Chimäre« auch auf ein seltenes Phänomen, das sich aus einer In-vitro-Fertilisation ergibt, bei der mehrere Embryonen produziert werden. Wenn die Embryonen in der Gebärmutter zusammengedrückt werden, können sie aneinander haften bleiben und einer kann in dem anderen aufgehen; infolgedessen ist der chimäre Organismus eine Mischung aus miteinander verschmolzenen Zellen, die nicht miteinander vereinbar sind. In seiner pathologisch-psychologischen Analogie drückt der Chimärismus eine biopsychologische Erfahrung aus, die einen verwirrten Organismus beschreibt, der sich gegen sich selbst wendet, weil ganze Teile seines Aufbaus als fremd erlebt werden und deshalb vom Selbst angegriffen werden. Auf der unbewussten Ebene gibt es ein biologisches und psychologisches Erbe, das nicht als solches erlebt oder mentalisiert werden kann; stattdessen erlebt der Organismus das totale Chaos oder zumindest Momente, in denen das beginnende Ich sich selbst als ein bizarres Objekt erlebt, das aus Teilen besteht, die sich nicht miteinander verbinden oder integrieren können, sondern lediglich miteinander verschmolzen sind und gegeneinander kämpfen.

Während das besser entwickelte Röhrenkind und das verschluckend-zerstörende Kind, wie im Fall von Agnes, psychologische Organisationstypen sind, die hauptsächlich mit Katastrophen gewalttätiger, sexualisierter Natur in Bezug auf ein relativ klar definiertes Objekt oder Teilobjekt in Beziehung stehen, so fehlt bei Chimären-Kindern wie Alma und Georgie eine solche Differenzierung. Ihre psychologische Organisation ist gekennzeichnet durch mangelhafte Selbst-Objekt-Differenzierung und steht oft in Zusammenhang mit einer frühen biologischen Katastrophe in Verbindung, die in der Gebärmutter oder während der sehr frühen Entwicklung stattgefunden hat. Es besteht also ein grundlegender Unterschied zwischen dem chimärenhaften Kind, dem sadistisch-perversen Kind und dem neurotischen Röhrenkind, basierend auf der Chronologie. Bei den beiden letztgenannten Varianten ist die Pathologie auf eine gewöhnliche Symbiose zurückzuführen, bei der der Empfänger der Projektionen zu einem relativ klar definierten Teilobjekt gehört. Bei dem chimären Kind gehört es zu einem Bereich des eigenen Geistes oder Körpers des Patienten, der mit einem formlosen, klebrigen, transparenten oder osmotischen Objekts verschmolzen ist. Im Gegensatz zu höher entwickelten Arten von Röhren- oder Korkenkindern leiden chimäre Kinder also hauptsächlich unter akuten Ängsten vor dem Sein oder osmotischen/diffusen Ängsten.

Herbert Rosenfeld (1987) verwendete erstmals den Begriff »osmotischer Druck«, um eine phantasierte intrauterine Situation zu beschreiben, in der die mütterlichen unmentalisierten toxischen psychischen Inhalte (z. B. Depressionen) in den Fötus eindringen und seine Reizbarriere durchbrechen. Rosenfeld beschrieb Patienten mit solchen Phantasien, die in der Lage sind, eine relativ klare Unterscheidung zwischen innen und außen zu treffen, mit einer aufkeimenden Fähigkeit, den Mechanismus der Aufspaltung zu nutzen und damit eine Form von kategorialen Funktionen zu erreichen. Meine Erfahrung mit ASS-Säuglingen und -Kindern sowie mit Erwachsenen, die unter autistischen Ängsten und Abwehrmechanismen leiden, führt mich zu der Annahme, dass diese osmotischen Ängste oder Belastungen (die in der Tat sehr konkret und körperlich erlebt werden) oft eine primitivere Form von diffusen Ängsten verdecken, ein Gefühl des »Nirgendwo-Seins« (Durban, 2017b), das an die Oberfläche tritt bei hypersensiblen und hyperdurchlässigen (und daher hyperverletzlichen) Individuen. Diese Ängste sickern ein und entweichen auf diffuse Weise in den Raum. Aufgrund ihres nicht-lokalisierten Charakters, der weder auf das Selbst noch auf das Objekt beschränkt ist, werden diese Ängste als überall und nirgends gleichzeitig erlebt. So werden Individuen und sogar ganze Umgebungen unspezifisch als ansteckend, verschmutzt, verrückt, bizarr und bedrohlich erlebt. Der Versuch, sie irgendwo zu lokalisieren, ist bereits eine fortgeschrittene Formation einer paranoid-schizoiden Abwehrorganisation, die auf Spaltung und projektiver Identifikation beruht, die oft scheitert. So wird die »organismische Panik«, wie Grotstein (1990) sie beschrieben hat, durch eine prekäre, zufällige Paranoia ersetzt.

Aya

Das folgende Fallmaterial veranschaulicht die Reise eines kleinen Mädchens von einem chimärenhaften Seelenzustand in ein besser differenziertes Erleben. Als ich sie traf, war Aya, die heute acht Jahre alt ist, ein sehr verschlossenes und ängstliches Kind. Heute ist sie ein intelligentes Mädchen, das liest und schreibt, Klavier spielt und eine Schule mit Hilfe einer Schulbegleiterin besucht. Als sie drei Jahre alt war, wurde bei ihr eine hochfunktionale ASS diagnostiziert und bald darauf kamen ihre Eltern zu mir für eine erste Beratung. Nach einer eineinhalbmonatigen Diagnostik begann Aya ihre fünfstündige Analyse mit mir. Anfangs vermied sie den Blickkontakt und initiierte keine Form der zwischenmenschlichen Interaktion. Als sie dann im Alter von vier Jahren zu sprechen begann, benutzte sie ein unheimlich künstliches und literarisches Hebräisch. Sie umgab sich mit einer scheinbar undurchdringlichen Mauer, die aus einem endlosen Geplapper, das zunächst wie eine faszinierende Welt der Phantasie und des Einfallsreichtums klang, bestand. Bei näherem Hinhören entpuppte sich ihr Geschwätz jedoch als eine zusammengeschweißte Sammlung exakter Nachahmungen von oberflächlich und ängstlich »annektierten« (Rhode, 2012) Texten und Figuren aus Cartoons, Disney-Filmen, Fernsehsendungen und Computerspielen in ihrer hebräischen Synchronfassung. Selbst mit Beginn dieser Sprache wirkte Aya noch verwirrt, mit schlechter Koordination, vermied Blickkontakt und blinzelte auf bizarre Weise mit den Augen und verlor oft die Orientierung. Oft stürzte sie und rumpelte gegen Möbel. Sie wirkte losgelöst, verloren im Raum und erinnerte mich manchmal an eine Puppe.

Aya war nach einer schwierigen Risikoschwangerschaft geboren worden, nach einer Reihe früherer Fehlgeburten. Ihre Mutter, die Künstlerin ist, erzählte mir, dass auch sie in ihrer Jugend ein seltsames und distanziertes Mädchen gewesen sei, das eine große Traurigkeit in sich trug. Sie sagte mir: »Ich wache immer traurig auf. Nur wenn ich Aya sehe, werde ich lebendig.« Ich erfuhr, dass es auch mehrere andere Fälle von Kindern mit ASS in Ayas weiterer Familie gibt. Ich dachte oft, dass Ayas nicht-kommunikative, irreale verbale »Diarrhöe« eine komplexe, unbewusste Funktion hat. Aya imitierte ihre Mutter auf eine spöttische Weise, als ob sie versuchen würde, sich ihre Stimme und Sprache anzueignen, um auf aggressive Weise einen symbiotischen, undifferenzierten Zustand mit ihr zu erreichen. Zur gleichen Zeit, mit Hilfe ihrer autistischen Mechanismen und ihrer Unerreichbarkeit, schien Aya zu versuchen, das abzuwehren, was sie als das Eindringen ihrer Mutter in sie empfand. Bei vielen Gelegenheiten hatte ich auch das Gefühl, dass Ayas Wortschwall auf mich eindrang und mir nach jeder Sitzung noch lange in den Ohren nachhallte. Ich hatte das Gefühl, dass Aya versuchte, in mich einzudringen, in das einzudringen (und auch abzulenken und zu umgehen), was sie als stumpfsinniges, undurchdringliches primäres mütterliches/analytisches Objekt empfand.

Ayas verbale Flut kristallisierte sich schließlich zu einem autistischen Mantel heraus und bildete eine undurchdringliche Mauer zwischen ihr und anderen. Sie sagte immer wieder: »Ich will nicht in der Welt der Farben leben, nur in der Welt von Schwarz und Weiß. Ich will nur Weiß auf Weiß oder Schwarz auf Schwarz.« Sie bestand zwanghaft darauf, nur schwarze oder weiße Kleidung zu tragen. Jede Begegnung mit anderen Farben führte bei ihr zu heftigen Wutausbrüchen, manchmal schrie sie dann laut. Während des gesamten ersten Jahres ihrer Analyse kritzelte sie immer wieder Weiß-auf-Weiß und Schwarz-auf-Schwarz, die chaotischen Eruptionen in konvergierenden oder konzentrischen Kreisen ähnelten. Es war immer irgendwo in den Kritzeleien ein schwarzes Loch. Sie versuchte dann sofort, sie auszulöschen oder verwischte sie zu unscharfen Flecken. Es schien, als würde sie sowohl den verwirrten, undifferenzierten Zustand der Verschmelzung mit ihrem inneren Objekt inszenieren, während sie gleichzeitig versuchte, eine primitive binäre Aufspaltung vorzunehmen, die ihr eine gewisse Trennung von der malignen Symbiose ermöglichen würde.

Das Land des Kauderwelschs

Im zweiten Jahr der Analyse begann Aya aus einem Buch, *Das Land des Kauderwelschs*, welches sie behauptete, gelesen zu haben, zu rezitieren. (Von ihren Eltern erfuhr ich, dass es dieses Buch in Wirklichkeit gar nicht gab.) In dem Buch, so beschrieb sie es, schlief ein Mädchen ein und flog hoch in den Weltraum, wo es an einem Ort landete, an dem alle Kauderwelsch sprachen. »Weiß es Joshua?«, fragte sie. Zuerst deutete ich ihr Gefühl, dass alles um sie herum unverständlich war, ein Kauderwelsch, das sie zu beherrschen und zu lernen versuchte. Ich bezog mich auch auf ihren Wunsch, die Sprache zu verfälschen und zu vernichten, um nicht mehr mit allen in Kontakt zu sein. Als sie nach ein paar Tagen die Geschichte wiederholte und mich immer wieder fragte, ob ich sie kennen würde, sagte ich: »Ich bin bereit, es zu lernen und ich kann sogar selbst etwas Kauderwelsch hinzufügen.« »Klimanist Raymonda – das bist du«, sagte Aya, während ich antwortete: »Shukliya Chamusta.« Aya sah erleichtert aus und nickte zustimmend, als hätte ich eine Prüfung bestanden, indem ich bereitwillig in ihren autistischen, chaotischen Zustand eintrat und zustimmte, ein vereintes bizarres Objekt mit ihr zu werden. Sie fuhr fort, mir die Geschichte zu erzählen: Das »Land des Kauderwelschs« existiert in einem hohen Turm, im 1.000. Stockwerk. Hier gibt es unbegrenzt leckeres Essen. Keiner könne so hoch kommen, und deshalb hat das Mädchen, das dort lebt, das ganze Essen für sich allein. Das Mädchen ist einsam und verängstigt, hat aber einen unsichtbaren Begleiter, der sich in den durchscheinenden, flüssigen Wänden des Turms versteckt. »Ich bin ein verzaubertes Mädchen im schwarz-weißen Land des Kauderwelschs. Ich will nicht im buntgemischten Land der Kinder leben. Ich will den ganzen Tag essen und mich vollstopfen und nie hungrig sein!«

Aya sprach und wechselte dann zu einer Flut von Kauderwelsch. Ich konnte, neben den frühen Ängsten des Seins, auch einige besser definierte Objektbeziehungen erkennen und so sagte ich: »Das kleine Mädchen im hohen Turm ist die kleine Aya in Mamas Bauch. Sie weiß noch nicht, wie die bunte Sprache der Menschen zu sprechen ist; sie kennt nur die verworrene farblose Kauderwelsch-Sprache. Das kleine Mädchen ist einsam und ängstlich, denn Mama ist da, aber nicht wirklich da. Baby Aya hat das ganze Essen für sich allein, ist aber auch einsam und hat Angst zu fallen. In dem Land ohne Farben kann Aya nichts sehen, nichts verstehen. Ihr einziger Freund ist der, der sich im Wasser von Mama versteckt. Aya will herausfinden, ob Joshua Kauderwelsch sprechen und ihr Freund sein kann – ein echter Freund sein kann – ein echter, eigenständiger Freund in der echten Welt der Farben.« Aya hörte aufmerksam zu und ich konnte spüren, wie sich ein gegenseitiges Verständnis entwickelte. Aber als ich mit dem Dolmetschen fertig war, fing sie an, Spielzeug zu schlucken; als ich versuchte, sie davon abzuhalten, schrie sie, biss mich, lutschte an ihrem Daumen und zog sich dann zurück. Ich hatte das Gefühl, dass sie sich in eine gebärmutterähnliche Erfahrung zurückgezogen hatte, einen halluzinatorischen, primär undifferenzierten Zustand, als wäre sie wieder in der wässrigen Plazenta mit den toten Babys ihrer Mutter (und dann dem allmächtigen Aya-Brustwarzen-Daumen) in ihrem Mund. Es war, als ob sie sich in ihr erstes Objekt zurückzog, mit dem in unbewusster Phantasie verschmelzen konnte, um sich vor den in sie eindringenden Todesängsten ihrer Mutter zu schützen, aber auch vor ihrer eigenen Frustration und Gier.

Ayas übermäßig geschütztes Gehör und ihre Beschäftigung mit echten und falschen Stimmen (Disney-Filme, Computerspiele und Zeichentrickfiguren mit hebräischer Synchronisierung) deuteten darauf hin, dass sie versucht hatte, eine differenziertere Beziehung zur Stimme ihrer Mutter aufzubauen, aber gescheitert war. Könnte es sein, dass die Stimme der Mutter entfremdende und beängstigende Untertöne der Angst für sie enthielt? Vielleicht verwandelten Ayas Angst, Frustration und Aggression die Stimme ihrer Mutter in eine falsche, unverständliche und tödliche Stimme, und sobald diese intrauterine Verbindung mit dem auditiven Objekt versagt hatte, brach auch das visuelle sensorisch-motorische System zusammen. So wurde sie zu einem völlig besetzten Röhrenkind. Ich sah dies als eine Art Abfolge an, die sich in Ayas Sitzungen immer wieder abspielte. Aya würde etwas tun, ich würde dolmetschen; sie würde ihre Ohren schützen, dann griff sie irgendeinen bunten Gegenstand im Behandlungsraum an und zerbrach ihn oft; dann verlor sie die Orientierung und stieß gegen die Wände und Möbel. Jedes Mal nach diesem Ablauf zog sich Aya für viele Sitzungen in eine repetitive Beschäftigung mit »Kauderwelsch-Wörterbüchern« zurück, einer Liste undifferenzierter, durcheinandergeworfener Wörter, welche sie mich bat aufzuschreiben, wobei jedes Wort immer losgelöster und unverständlicher wurde.

Die Wand

Ayas besondere Verwendung von Büchern setzte sich fort, später in Form eines echten, konkreten Buches. Während des dritten Jahres der Analyse, vor der Sommerpause, begann sie, mit fuchtelnden Händen zu ihren Sitzungen zu kommen, sprang herum und wackelte mit ihrem Kopf. Es sah so aus, als ob alle ihre Gliedmaßen durcheinander und verschoben waren. All dies wurde von ihrer verbalen Diarrhoe begleitet: »Ich habe ein Buch mitgebracht, ein richtiges Buch, mit Farben. Ein Buch ist ein Ding. Ein Ding von Sidon, es ist ein Mann, es ist ein Ding. Ist Joshua ein Mann? Ist es dein Buch?« Ich fragte sie, welches Buch sie mitgebracht hatte, und sie sagte: »Es ist von Sidon. *Uzu und Muzu aus dem Dorf Kakaruzu*« (Sidon, 1987). Ich erwiderte, dass ich dieses Buch nicht kenne; vielleicht würde sie mir gerne mehr davon erzählen. »Joshua weiß es«, rief sie. »Joshua, Sidon, Sidon ist in der Wand.« Der Name des Autors des Buches, Ephraim Sidon, klingt wie »sid«, was auf Hebräisch »weißer Putz« bedeutet. Ich dachte über Ayas Wunsch nach, mich mit einem echten Buch eines echten Autors bekannt zu machen, neben dem unmittelbaren Angriff auf dieses, durch ihre Verwechslung des Buches, Sidon und Josua. Tatsächlich kratzt Aya oft Stücke von Putz von der Wand und isst sie. Ich sagte:

»Du willst mir etwas Reales erzählen, durch ein echtes Buch von einer echten Person, aber es wird alles vermischt und durcheinander gebracht, weiß wie Gips: das Buch, Sidon, Josua, Aya und die Wand sind alle eins.« Aya gab mir das Buch, und ich fügte hinzu: »Wir werden uns bald für den Sommer trennen, also vielleicht möchtest du mich innerhalb der Mauer des Turms behalten, unsichtbar und immer um dich herum wie der unsichtbare Freund des kleinen Mädchens im Land des Kauderwelschs.« Aya stand starr da und begann, das Buch aus dem Gedächtnis zu rezitieren. Es war eine beunruhigende Erfahrung. Ich war mir der Kluft zwischen dem erstarrten Mädchen, das vor mir stand, und dem lebendigen Geschehen im Text, welcher mit verschiedenen Stimmen und unterschiedlichen Intonationen erzählt wurde, bewusst. Das Buch, das in schönen Reimen geschrieben ist, erzählt die Geschichte von zwei Brüdern, Uzu und Muzu, die zusammen in dem Dorf Kakaruzu leben. Sie liebten einander so sehr, dass sie sich nie stritten oder wütend wurden. Sie standen sich so nahe, als wären sie eins. Wenn es dem einen schlechtging, fiel der andere in Ohnmacht; wenn der eine eine juckende Nase hatte, nieste der andere. Sie schnarchten sogar in einem identischen Rhythmus. Eines Tages kam es zu einem schrecklichen Streit über die Frage, wie man die Beine beim Sitzen auf dem Sofa übereinanderschlagen sollte: das linke Bein über das rechte oder andersherum? Die Harmonie verwandelte sich rasch in tiefe Feindseligkeit und Hass, so sehr, dass sie eine dicke Mauer in der Mitte ihres Hauses errichteten.

Aya hörte abrupt auf zu rezitieren und kehrte in ihren verwirrten manischen Zustand zurück und bildete eine »Mauer« aus erregter Selbststimulation. Ich fühlte mich, als stünde ich auf der anderen Seite der Mauer, überflutet von Gedanken und Verbindungen, die ich nur schwer zu einer kohärenten Erzählung formen konnte. Ich denke, das war nicht nur ein Spiegelbild von Ayas projiziertem inneren Zustand, sondern auch eine Überaktivierung der Funktionen in mir, die ihr so schwerfielen, in ihrem Kopf aufrechtzuerhalten: Denken, Erinnern und Einordnen. Die ehemalige weiß-auf-weiß, transparente und osmotische Plazenta-Wand, die später zu der Kauderwelsch- und Endlos-Geschwätz-Wand wurde, verwandelte sich nun durch unsere Interaktion in eine symbolische, literarische Wand. Ich dachte über die Zwillinge und die Symbiose nach, über Ayas Versuche, uns beide mit dem Buch und dem Autor gleichzusetzen, über die toten Babys von Ayas Mutter; wie die Mutter Aya als vitalisierendes Objekt (Alvarez, 1992) gegen ihre eigenen Ängste brauchte und über die fehlende Unterscheidung in Ayas Kopf, wer wer ist, wer tot ist und wer lebt; darüber, wie gefährlich es für sie ist, Wut und Konflikte zu tolerieren, da sie in Abtreibung und Tod enden könnten; wie zu viele Farben zu Schwarz führen können. Die symbiotische Liebe von Uzu und Muzu führte zur Errichtung einer undurchdringlichen Mauer. Doch Ayas Konzentration auf diese Mauer war auch ein ermutigendes Zeichen für ihre sich entwickelnde Fähigkeit zur Spaltung und Differenzierung. Ich konnte nur sagen: »Wie beängstigend und traurig muss es für Uzu und Muzu sein. Sie wollten so gerne zusammenbleiben, wie Aya und Mami, wie Aya und Joshua, wie Sid und Sidon. Aber Wut und Hass haben sie auseinandergerissen. Wir können nur im Zorn getrennt werden, nur durch eine dicke Mauer. Diese Mauer schützt dich vor der Gefahr, aber dann bleibt man wieder einsam, verwirrt, leer und verängstigt zurück.«

In den nächsten Sitzungen schien Aya wieder in einen chaotischen Zustand zu verfallen – begleitet von Gewalt. Aber bald erschien sie wieder mit dem Buch und forderte mich auf, es vorzulesen. »Aber genau so, wie ich es dir zeige«, sagte sie. Wir probten eine Weile, damit ich die genaue Intonation und die Bewegungen lernen konnte, die für die Figuren erforderlich waren. Und dann durfte ich endlich den Schluss der Geschichte lesen:

»Nach vielen Jahren, als sich niemand mehr daran erinnern konnte, warum die Mauer überhaupt gebaut worden war, heirateten Uzu und Muzu schöne Frauen und bekamen Kinder. Der kleine Uzu war von seinem Vater gewarnt worden, die Mauer niemals zu überqueren, weil auf der anderen Seite ein böses, mörderisches und hinterlistiges zweibeiniges Ungeheuer hauste. Aber der kleine Uzu war zu neugierig und wollte herausfinden, wie das Monster aussah; er schlich sich auf die andere Seite der Mauer und fand dort ein wunderschönes kleines Mädchen. Er warnte sie vor dem Ungeheuer, aber sie ignorierte seine Warnungen, weil sie überzeugt war, dass das Monster auf der anderen Seite lebte.« Die Geschichte endet damit, dass sich die beiden Kinder ineinander verliebten. Sie heirateten später und zogen in dasselbe Haus, in dem die Mauer endlich niedergerissen wurde (Sidon, 1987, S. 30–34).

Ayas Umstellung auf ein echtes, buntes Buch, das von mir als echte, eigenständige Person gelesen wurde (wenn auch in Übereinstimmung mit ihren Wünschen), führte zu zunehmenden Momenten der Kommunikation, des Verstehens und der Integration der Sinneswahrnehmungen. Sie hörte allmählich mit ihren obsessiven Kritzeleien auf und begann, die Synchronsprecher der Filme in Farbe zu zeichnen. Kurze Zeit später begann sie, die eigentlichen Figuren aus den Filmen zu zeichnen: Prinzessinnen, Zauberer und Kinder. Ähnlich wie die kleine Uzu, begann sie, trotz ihrer Ängste neugierig auf die anderen zu sein. Sie begann mit mir zu spielen, was auf eine gewisse Vorstellungskraft und Phantasie hindeutete. Ich spürte, dass das röhrenartige Land, Schwarz-auf-Schwarz oder Weiß-auf-Weiß, zurücktrat und eine vielfarbige Welt auftauchte.

Vom Röhrenkind zu einem Kind, das zur Intimität fähig ist
Ein paar Monate später sollte ich die inzwischen sechsjährige Aya zu ihrer ersten Sitzung nach einer unerwarteten Unterbrechung sehen. Der Grund dafür war, dass ich einen Herzinfarkt erlitten hatte, wegen dem ich ins Krankenhaus eingeliefert worden war. Ich öffnete die Tür und Aya stand einfach da und sah mich intensiv an. Normalerweise vermied sie jeden Blickkontakt und stürmte einfach an mir vorbei ins Zimmer, als ob ich nicht existierte, umhüllt von dem Lärm ihres unaufhörlichen Redens, ihrer üblichen Imitation von Fernsehsendungen und Disney-Figuren in ihrer hebräischen Synchronisation. Diesmal jedoch schaute sie mich direkt an und fragte: »Hast du dir dein Herz gebrochen?« Ich war überrascht von dieser direkten, intimen Frage. Ich fühlte mich auch überrumpelt und verwirrt. »Warum?«, fragte ich, »weil ich dich nicht gesehen und vermisst habe? Oder ist es vielleicht, weil du mich auch vermisst hast?« »Nein, nein, nein«, murmelte Aya, die zu ihrem üblichen roboterhaften Tonfall zurückkehrte und ihren Blick von meinem Gesicht abwandte. »Ich habe dich nicht gesehen, nicht dich, nicht dich.« Dann rannte sie ins Sprechzimmer und legte auf dem Weg dorthin, wie aus Versehen, ihre Hand in meine und ließ sie schlaff fallen. Dann eilte sie zum Waschbecken, das ihr als autistischer Rückzugsort dient. Aya drehte das Wasser auf und wirkte verloren und weit weg, als würde sie mit dem Wasserstrom verschmelzen. Ich gesellte mich zu ihr an das Waschbecken und hielt meine Hände ebenfalls unter das fließende Wasser. Infolge meiner Gefühle von Wärme und Nähe nahm ich Ayas Bemerkung als ein Zeichen für eine tiefe, unbewusste Verbundenheit mit mir. Weder sie noch ihre Eltern wussten den Grund für meine Abwesenheit, aber Aya, die ein Röhrenkind war, hatte unbewusst erkannt, dass etwas zerbrochen war, und indem sie mich aufmerksam ansah und mich dann berührte, prüfte sie, ob es repariert werden konnte. Ich spürte, dass sie meine eigenen Gefühle in diesem Moment des Schocks, der Angst und des Eindringens widerspiegelte, zusammen mit einer tiefen Sorge um sie (und um mich selbst). Aya hatte ihre Besorgnis geäußert, aber auch Angst, dass sie mir etwas angetan haben könnte, was bedeuten könnte, dass sie mich verlieren würde: In der letzten Sitzung vor meiner Krankheit hatte Aya mit kaputten, verstümmelten Puppen gespielt und gesagt, es seien ihre Zwillinge. Sie hatte versucht, sie mit Klebstoff und ihrer eigenen Spucke zu reparieren, und hatte darauf bestanden, dass ich die Puppen auch ablecke. Später hatte sie versucht, sie zu reparieren, indem sie die Zwillinge unter das fließende Wasser im Waschbecken stellte. Als die »Wassertherapie« fehlgeschlagen war, hatte sie angefangen zu schreien: »Alles ist verloren, für immer und ewig, und du bist auch kaputt, weil du Dinge kaputt machst.« Sie war am Waschbecken geblieben und hatte das Wasser über ihre Hände laufen lassen, kontaktlos. Als ich mich ihr näherte und meine beiden Hände neben die ihren unter das Wasser

hielt, hatte Aya allmählich aufgehört zu weinen und schließlich sogar ihre Hände spielerisch für ein paar Sekunden zwischen die meinen gelegt. Ich erlebte dieses gegenseitige Untertauchen im Wasser als einen weiteren, seltsam intimen Moment. Indem ich direkt zum Waschbecken zurücklief und das Wasser aufdrehte, drückte Aya sowohl ihre Wünsche nach einer magischen, unmöglichen Wiedergutmachung durch die Verschmelzung mit dem Wasser und mir, als auch ihre Ängste vor dem Auflösen und Verflüssigung, sowie ihre Schuldgefühle und ihre Angst, mich »gebrochen« zu haben, aus. Zugleich benutzte sie das Wasser als autistische Abwehr, verschmolz mit dem formlosen Strom, um den Schmerz und das Grauen der Abgrenzung, der Trennung und des Verlusts nicht anerkennen zu müssen. Dies waren die Dinge, die sie zuvor versucht hatte zu »reparieren«, indem sie sich selbst verdoppelte und zu Zwillingen wurde und indem sie sie alle mit mir gleichsetzte.

Ich hatte zur Kenntnis genommen, dass sie sich, nachdem ich ihre Schuldgefühle, ihre Besorgnis und ihre Verlustangst anerkannte, sofort in ihren autistischen Schutzraum der Nichtkommunikation und Objektverleugnung (»Ich habe dich nicht gesehen, kein Du«) zurückzog; ihr Sprachgebrauch war in diesem Moment eindeutig autistisch und ziemlich eigenartig, da ihr üblicher hebräischer Sprachgebrauch auf bizarre Weise anspruchsvoll und hochtrabend war. Ich hatte das Gefühl, dass sich ein Moment tiefer Intimität auftat, der auf der gegenseitigen Anerkennung einer emotionalen, wenn auch schmerzhaften Wahrheit beruhte: der eines gebrochenen Herzens. Diese war tief verbunden mit unserer früheren Arbeit an ihren Existenzängsten und ihrer angegriffenen, fragmentierten Wahrnehmung. Jedoch folgte auf unsere plötzliche, gemeinsame Offenbarung sofort ein autistischer Rückzug und Ayas Versuch, meine Existenz zu vernichten, die sie nun als Quelle großer Leiden und Ängste wahrnahm. Die eilig versteckte Intimität hielt jedoch noch einige Sekunden an, diesmal in einem nonverbalen, körperlich-sensorischen Modus, als Aya ihre Hand in die meine schob und sie dann wieder fallen ließ. Mit dem Fallenlassen ihrer Hand spürte ich, wie dieser Moment der Hoffnung (die plötzlich in ihr erwachte und sich auf mich projizierte) abbrach und Angst und Verzweiflung wich. Ich entschied mich, zu schweigen und nicht zu deuten, da meine vorherigen Erfahrungen in solchen Momenten mit Aya waren, dass sie furchtbar fragil waren. Sie aufzugreifen und auf die vielfältigen Ängste zu verweisen, die sie auslösten, führte nur zu weiterem Rückzug. Ich wusste, ich würde warten müssen. In diesen Momenten der verletzlichen Entblößung der liebevollen, fürsorglichen Anteile des zurückgezogenen Röhrenkindes sind stille Anerkennung und Aufnahme an sich eine intime Deutung; tatsächliche verbale Deutungen können nicht nur als ein Zeichen intimen Verstehens, sondern auch als eine bedrohliche Störung erlebt werden, denn sie implizieren Getrenntheit. Zunächst kann eine handelnde Deutung erfolgen (z. B. meine Hände neben ihre ins fließende Wasser zu halten), um dann schließlich später eine tiefgreifende verbale Deutung folgen zu lassen.

Nach einem weiteren Jahr, vor meiner Sommerpause, wurde Aya wieder still und feindselig. Ich sagte ihr, sie müsse sehr wütend und traurig sein und habe deshalb sowohl unsere Köpfe und unsere Kommunikation abgeschnitten. Ich fügte hinzu, das es vielleicht die Sehnsucht war und das Gefühl, etwas verloren zu haben, dass sie zu vermeiden versuchte. »Weißt du«, sagte ich, »Wut, Traurigkeit und Sehnsucht sind Cousins.« Als ich zurückkam, drückte mir Aya einen Brief in die Hand, den sie selbst geschrieben und dessen bunten Umschlag (Container) selbst vorbereitet hatte. Er lautete:

Lieber Joshua,
ich hoffe, du bist mir nicht böse, aber ich habe viel darüber nachgedacht, was du vor unserem Urlaub gesagt hast. Ich habe meine Meinung geändert. Wut, Traurigkeit und Sehnsucht sind keine Cousins. Sie sind einfach sehr gute Freunde!
Deine, mit viel Liebe,
Aya

Aya bringt nicht nur auf bewegende Weise ihre aufkeimende Fähigkeit zu emotionaler Komplexität und Liebe zum Ausdruck, sondern wagt es auch, eine andere Sichtweise als die meine zu äußern, indem sie Traurigkeit, Wut und Sehnsucht in ihrer eigenen, originellen Form arrangiert. Sie hatte begonnen, mich als ein getrenntes (wenn auch Teil-) Objekt zu sehen, und kam eindeutig auf ihrer Odyssee in Richtung Trennung und Individuation voran. Sie betrat das »Land der Farben«. Solche Momente der Intimität, begleitet von der Verarbeitung der Hin- und Herbewegungen zwischen den verschiedenen Ebenen der sensorischen Desintegration, Fragmentierung und Ängsten, die zuvor beschrieben wurden, häuften sich mit der Zeit. Sie kulminierten in dem Moment, als Aya mich fragte, ob ich ihr das Herz gebrochen hätte, und sich dann sofort wieder verlor. Schließlich erfordert Intimität Augen, die sehen, Ohren, die zuhören, und die Bereitschaft, sich im Namen der Liebe manchmal das Herz zu brechen.

Einige abschließende Überlegungen

Ein einzigartiges Merkmal des analytischen Prozesses mit Röhrenkindern ist der Versuch, den man als »umgekehrte Rückforderung« bezeichnen könnte. Es ist die Rolle des Analytikers, die aufdringlichen Projektionen, die auf das Kind projiziert wurden, auf sich zu ziehen und sie wieder in ihren ursprünglichen

Besitzer zurückzubringen. Dies wird erstens erreicht durch ein Wiedererleben des gesamten Röhrenprozesses mit dem Kind (d. h. Eindringen, Aneignung und Verlassenheit innerhalb des heilenden Feldes von Übertragung und Gegenübertragung) und schließlich durch rekonstruktive Deutungen, die die Rolle des psychogenetischen Elternteils bei dem Eindringen und der Verrohrung des Kindes anerkennen. Dieser Prozess stößt oft auf starke Widerstände und Ablehnung seitens der Patienten, die sich dennoch ihrer Hohlheit und ihrem röhrenartigen Erleben stellen müssen, mit all den dagegen errichteten Abwehrmechanismen. Doch ein verborgener Teil des Röhrenkindes erkennt von vornherein einen Analytiker, der bereit ist, dies auf sich zu nehmen, und dieser Teil des Kindes erweist sich oft als ein starker und dankbarer Verbündeter für den Analytiker. Bei der Arbeit mit Röhren- und Korkenkindern steht der Analytiker vor komplizierten technischen und emotionalen Herausforderungen.

Susan Donner (2020) hat mich kürzlich auf die Schwierigkeiten aufmerksam gemacht, die bei der Analyse von Kindern und der begleitenden Elternarbeit entstehen, bei der es oft zu einem schnellen und verwirrenden Wechsel zwischen Röhren- und Korkenübertragungen auf den Analytikers kommt, und zu den sich daraus ergebenden Röhren- und Korkenübertragungen innerhalb des Analytikers. Im Fall von chimären Kindern können diese Bewegungen extreme somatische Reaktionen und Halluzinationen beim Analytiker hervorrufen (Durban, 2014). Die Erfahrung zeigt jedoch, dass die sorgfältige Beobachtung und Interpretation dieser Bewegungen in jeder Sitzung, wie auch der zugrundeliegenden Angstzustände und unbewussten Phantasien entscheidend für die weitere Entwicklung des Kindes sind. Es erfordert die Bereitschaft, in der »Sprache« der jeweiligen Angstzustände zu sprechen, sowie den spielerischen und kreativen Einsatz der verschiedenen uns zur Verfügung stehenden Techniken. Wie ich beschrieben habe, ist ein letztes entscheidendes Element die Schaffung eines »Dritten«, sowohl im inneren Arbeitsort des Analytikers als auch von außen, zum Beispiel in Form von Supervision oder Intervision. Die Präsenz des »verinnerlichten Dritten« des Analytikers dient als innere Reizbarriere und als flexible »Wand«, mit deren Hilfe er oder sie massiv projiziertes psychisches Material besser filtern und containen kann. Auf diese Weise können die nicht lokalisierten, diffusen und osmotischen psychischen Inhalte eines Kindes ein Zuhause finden und ein Gefühl des »Nirgendwo-Seins« in ein »Irgendwo-Sein« verwandeln (Durban, 2017b).

Aus dem Englischen übersetzt von Sebastian Kudritzki

Literatur

Alvarez, A. (1992): *Live company. Psychoanalytic psychotherapy with autistic, borderline, deprived and abused children*. London: Routledge. Dt.: Alvarez, A. (2001): *Zum Leben wiederfinden. Psychoanalytische Psychotherapie mit autistischen, Borderline-, vernachlässigten und missbrauchten Kindern*. Frankfurt a. M.: Brandes & Apsel.

Amir, D. (2019): The malignant ambiguity of incestuous language. *Contemporary Psychoanalysis*, 55(3), 252–274. DOI: 10.1080/00107530.2019.1631244.

Bick, E. (1968): The experience of the skin in early object relations. *Int. J. Psycho-Anal.*, 49, 558–566. Dt: Bick, E.: Das Hauterleben in frühen Objektbeziehungen. In: E. B. Spilius: *Melanie Klein heute. Band 1*. München: Verlag Internationale Psychoanalyse.

Bion, W. R. (1957): Differentiation of the psychotic from the non-psychotic personalities. *Int. J. Psycho-Anal.*, 38, 266–275.

Bion, W. R. (1962): A theory of thinking. *Int. J. Psycho-Anal.*, 43, 306–310. Dt.: Bion, W. R. (1963): Eine Theorie des Denkens. *Psyche – Z Psychoanal*, 17(7), 426–435.

Bleger, J. (2013): *Symbiosis and ambiguity. A psychoanalytic study*. London: Routledge.

Bollas, C. (1987): *The shadow of the object. Psychoanalysis of the unthought known*. London: Free Association Books. Dt.: Bollas, C. (2012): *Der Schatten des Objekts. Das ungedachte Bekannte. Zur Psychoanalyse der frühen Entwicklung*. Stuttgart: Klett Cotta.

Donner, S. (2021): The Pipe Child and the Cork Child: Infantile Vulnerability and Malignant Symbiosis. *Psychoanalytic Perspectives*, 18(1), 43-67. DOI: 10.1080/1551806X.2021.1845032

Durban, J. (2011): Shadows, ghosts and chimaeras: On some early modes of handling psycho-genetic heritage. *Int. J. Psycho-Anal.*, 92(4), 903–924. DOI: 10.1111/j.1745-8315.2011.00410.x. Dt.: Durban, J. (2009): Schatten, Geister und Chimären – über frühe Modi des Umgangs mit dem psychogenetischen Erbe. *Psyche – Z Psychoanal*, 63(8), 717–747.

Durban, J. (2014): Despair and hope: On some varieties of countertransference and enactment in the psychoanalysis of ASD (autistic spectrum disorder) children. *Journal of Child Psychotherapy*, 40(2), 187–200. DOI: 10.1080/0075417X.2014.922755.

Durban, J. (2017a): Home, homelessness and »nowhere-ness« in early infancy. *Journal of Child Psychotherapy*, 43(2), 175–191. Dt: Durban, J. (2019): Heimat, Heimatlosigkeit und Nirgendwosein in der frühen Kindheit. *Psyche – Z Psychoanal*, 73(1), 17–41.

Durban, J. (2017b): From the scream to the pieta: Murderous mourning and evil. In: R. Lazar (Hrsg.): *Talking about evil: Psychoanalytic, social, and cultural perspectives*. London: Routledge, S. 87–106.

Durban, J. (2019): »Making a person«: Clinical considerations regarding the interpretation of anxieties in the analyses of children on the Autisto-Psychotic Spectrum. *Int. J. Psycho-Anal.*, 100(5), 921–939.

Durban, J. (2021): Osmotic/diffuse anxieties, isolation, and containment in times of the plague. In: H. B. Levine. & A. Staal (Hrsg.): *Psychoanalysis and covidian life: Common distress, individual experience*. Manila: Phoenix publishing House.

Faimberg, H. (1988): The telescoping of generations: Genealogy of certain identifications. *Contemporary Psychoanalysis*, 24(1), 99–117. Dt.: Faimberg, H. (2009): *Teleskoping. Die intergenerationelle Weitergabe narzisstischer Bindungen*. Frankfurt a. M.: Brandes & Apsel.

Ferenczi, S. (1949): Confusion of the tongues between the adult and the child (The language of tenderness and of passion). *Int. J. Psycho-Anal.*, 30, 225–230. Dt.: Ferenczi, S. (1967): Sprachverwirrung zwischen den Erwachsenen und dem Kind. Die Sprache der Zärtlichkeit und der Leidenschaft. *Psyche – Z Psychoanal*, 21(4), 256–265.

Gampel, Y. (2010): *Ces parents qui vivent à travers moi*. (Trans. Mishor). Keter Books.

Green, A. (1986 [1980]): *The dead mother. In: On private madness*. London: Hogarth Press. Dt.: Green, A. (2010): *Die tote Mutter. Psychoanalytische Studien zu Lebensnarzissmus und Todesnarzissmus*. Gießen: Psychosozial.

Grotstein, J. S. (1990): Nothingness, meaninglessness, chaos, and the »black hole« I. The importance of nothingness, meaninglessness, and chaos in psychoanalysis. *Contemporary Psychoanalysis*, 26(2), 257–290. DOI: 10.1080/00107530.1990.10746658.

Klein, M. (1946): Notes on some schizoid mechanisms. *Int. J. Psycho-Anal.*, 27, 99–110. Dt.: Klein, M.: Bemerkungen über einige schizoide Mechanismen. *Gesammelte Schriften. Bd. 3. Schriften 1946–1963*. Stuttgart: frommann-holzboog.

Klein, M. (1984 [1963]): On the sense of loneliness. In: *Envy and gratitude and other works 1946–1963*. London: Hogarth Press, S. 300–314. Dt.: Klein, M.: Zum Gefühl der Einsamkeit: *Gesammelte Schriften. Bd. 3. Schriften 1946–1963*. Stuttgart: frommann-holzboog.

Levine, H. B. & Power, D. G. (Hrsg.) (2017): *Engaging primitive anxieties of the emerging self: The legacy of Frances Tustin*. London: Karnac.

Mahler, M. S. (1968): *On human symbiosis and the vicissitudes of individuation*. International Universities Press. Dt.: Mahler M. (2008): *Die psychische Geburt des Menschen. Symbiose und Individuation*. Frankfurt a. M.: Fischer.

Mannoni, M. (1970): *Le psychiatre, son fou et le psychoanalyse.* Paris: Edition du Seuil.

McDougall, J. (1980): A child is being eaten. In: Psychosomatic states, anxiety neurosis and hysteria. A theoretical approach II: The abysmal mother and the cork child. A clinical illustration. *Contemporary Psychoanalysis,* 16, 417–459.

Meltzer, D. (1974): Adhesive identification. *Contemporary Psychoanalysis,* 11, 239–310.

Meltzer, D. (1975): The psychology of autistic states and of post-autistic mentality. In: D. Meltzer, J. Bremner, S. Hoxter, D. Weddell & I. Wittenberg (Hrsg.),: *Explorations in autism.* Clunie Press, S. 6–32. Dt.: Meltzer, D. (2011): *Autismus. Eine psychoanalytische Erkundung.* Frankfurt a. M.: Brandes & Apsel.

Miller, A. (1979): *The drama of the gifted child.* Virago. Dt.: Miller, A. (2012): *Das Drama des begabten Kindes und die Suche nach dem wahren Selbst.* Berlin: Suhrkamp.

Money-Kyrle, R. (1971): The aim of psychoanalysis. In: D. Meltzer, D. & E. O'Shaughnessy (Hrsg.): *The collected papers of Roger Money-Kyrle.* Clunie Press. Dt.: In Vorbereitung. Frankfurt a. M.: Brandes & Apsel.

Rhode, M. (2012): Whose memories are they and where do they go? Problems surrounding internalizations in children on the autistic spectrum. *Int. J. Psycho-Anal.,* 93(2), 356–376. DOI: 10.1111/j.1745-8315.2011.00507.x.

Rosenfeld, H. (1987): Impasse and interpretation. Routledge. Dt.: Rosenfeld, H. (1992): *Sackgassen und Deutungen. Therapeutische und antitherapeutische Faktoren bei der psychoanalytischen Behandlung von psychotischen, Borderline- und neurotischen Patienten.* München: Verlag Internationale Psychoanalyse.

Roth, M. (2020): Transference in the time of Corona – Working through under a shared reality. In: G. Leo (Hrsg.): *Environment crisis and pandemic. A challenge for psychoanalysis.* Frenis Zero Press.

Sidon, E. (1987): *Uzu and Muzu from the village of Kakaruzu.* Keter Books.

Skogstad, W. (2013): Impervious and intrusive: The impenetrable object in transference and countertransference. *Int. J. Psycho-Anal.,* 94(2), 221–238. DOI: 10.1111/1745-8315.12046. Dt.: Skogstad, W. (2014): Das undurchlässige Objekt in Übertragung und Gegenübertragung. In: A. Mauss-Hanke (Hrsg.): *Internationale Psychoanalyse Band 9: Moderne Pathologien.* Gießen: Psychosozial.

Tustin, F. (1972): *Autism and childhood psychosis.* London: Hogarth Press.

Tustin, F. (1981): *Autistic states in children.* London: Routledge.

Tustin, F. (1987): *Autistic barriers in neurotic patients.* London: Karnac. Dt.: Tustin, F. (2005): *Autistische Barrieren bei Neurotikern.* Frankfurt a. M.: Brandes & Apsel.

Tustin, F. (1990): *The protective shell in children and adults.* Karnac. Dt.: Tustin, F. (2018): *Der autistische Rückzug. Die schützende Schale bei Kindern und Erwachsenen.* Frankfurt a. M.: Brandes & Apsel.

Williams, G. (1997): *Internal landscapes and foreign bodies: Eating disorders and other pathologies. The Tavistock Clinic Series*. Dt.: Williams, G. (2003): *Innenwelten und Fremdkörper. Abhängigkeitsbeziehungen bei Eßstörungen und anderen seelischen Erkrankungen*. Stuttgart: Klett Cotta.

Winnicott, D. W. (1960): The Maturational Processes and the Facilitating Environment. Studies in the Theory of Emotional Development. London/New York, NY: Hogarth and International Universities Press.

Winnicott, D. W. (1982 [1952]): Ego integration in child development. In: *The maturational processes and the facilitating environment*. London: Hogarth Press S. 56–64. Dt.: Winnicott D. W. (2020): Ich-Integration in der Entwicklung des Kindes. In: *Reifungsprozesse und fördernde Umwelt*. Gießen: Psychosozial.

Maria Rhode
(London)

Die »autistische« Ebene des Ödipuskomplexes
Über die Bedeutung emotionaler Faktoren für die Sinneswahrnehmung bei Kindern auf dem autistischen Spektrum

In diesem Beitrag möchte ich die Bedeutung emotionaler Faktoren für einige der spezifischen Schwierigkeiten, die Kinder auf dem autistischen Spektrum regelmäßig in der Koordination und Integration ihrer Sinneswahrnehmungen zeigen, in den Fokus nehmen. Neben ihrer auditorischen Überempfindlichkeit, die allgemein anerkannt ist, leiden viele von ihnen auch unter visuellen und taktilen Reizempfindlichkeiten. Diese hohe Empfindlichkeit, mit der sie schnell von der eingehenden sensorischen Reizflut überlastet werden, wurde in vielen Erfahrungsberichten von Betroffenen aus erster Hand berichtet und dokumentiert (vgl. Gerland, 1996). Viele der auffälligen Verhaltensweisen von Personen auf dem Spektrum wie zum Beispiel die Tendenz, sich rasch zurückzuziehen, und die Selbststimulation, das sogenannten Stimming, können als Versuch verstanden werden, mit der Reizüberflutung umzugehen und sich selbst zu regulieren. Es scheint für sie die einzige Möglichkeit zu sein, sich mit dem zurechtzufinden, was Meltzer (2011 [1975a]) ein »Bombardement von Sinneseindrücken« nannte.

Heute gilt es als relativ gesichert, dass angeborene neurologische Faktoren eine zentrale Rolle bei diesen sensorischen Problemen spielen. Das bedeutet jedoch nicht, dass Beziehungsfaktoren für diese Schwierigkeiten keine Bedeutung hätten. Gleichzeitig will ich damit ausdrücklich nicht die Betrachtung stärken, dass die realen Beziehungen des Kindes Rückzug oder sensorische Überlastung »verursachen«. Was ich jedoch andeuten möchte, ist, dass das Kind seine sensorischen Probleme im Kontext von Beziehungsmodellen erleben kann. Das bedeutet, dass jede Art von Stress, auch wenn er biologisch bedingt ist, *so* interpretiert werden kann, *als sei* er durch die Absicht oder das Handeln wichtiger Menschen im Leben des Kindes entstanden. Ein Beispiel dafür, das nichts mit der Autismus-Spektrum-Störung zu tun hat, ist die Art und Weise, wie körperliche Krankheit und Unbehagen so gedeutet werden können, als ob sie durch feindliche innere Objekte verursacht würden (Klein, 1961). Wie Melanie Klein schon vor langer Zeit schrieb (Klein, 1932), wird auf einer sehr grundlegenden Ebene jede gute Erfahrung der guten Brust und jede schlechte Erfahrung der schlechten Brust zugeschrieben.

Aufbauend darauf werde ich auf eine spezifische Erlebensvariante der Kinder mit Autismus eingehen, in der sie offenbar regelmäßig interpretieren, sie würden von einem ödipalen Paar verdrängt, das als körperlich zusammengewachsen erlebt wird und ihnen so auch keinen Raum für eine eigene unabhängige Existenz lassen kann. Dies bedeutet keineswegs, dass die tatsächlichen Eltern des Kindes es ignorieren. Es bedeutet nur, dass das Kind unter tiefgreifenden Existenzängsten leidet, für die es die Handlungen der inneren Eltern verantwortlich macht, wie unrealistisch dies auch sein mag,

Dieses körperlich vereinte ödipale Paar hat mit der Konstellation des Ödipuskomplexes auf der Ebene der ganzen Objekte zwar zu tun, ist davon allerdings deutlich zu unterscheiden. Diese weitaus anspruchsvollere Ebene des Ödipuskomplexes auf der Ebene der ganzen Objekte bezieht sich, wie Freud zeigte, auf Konflikte im Zusammenhang mit der sexuellen Identität (Freud, 1909). Eine weitere Ebene des Ödipuskomplexes betrifft die Ebene der Teilobjekte (Rusbridger, 2004) und führt zu einem Verständnis der psychotischen Verfolgungsängste (Klein, 1961; O'Shaughnessy, 1989).

Die »Schließung des ödipalen Dreiecks«, wie Britton es 1989 beschrieben hat, beinhaltet nach seinem Verständnis auch existenzielle Ängste, die er mit dem Begriff der Auslöschungsängste zu fassen versuchte. Wenn die Schließung des ödipalen Dreiecks entwicklungsgemäß verläuft, wird sich das Kind nicht nur der Verbindung zwischen sich selbst und jeweils einem Elternteil bewusst, sondern es erkennt auch die (sexuelle) Verbindung zwischen den Eltern an. Diese Anerkennung »vereinigt die Welt des Kindes« und ermöglicht es, sich eine »dritte Position« vorzustellen, von der aus es möglich wird, eine Beziehung zu beobachten, an der man selbst nicht beteiligt ist. Dies bedeutet allerdings auch, dass sich das Kind nun vorstellen kann, selbst beobachtet zu werden. Erst durch die Identifikation mit der Position dieses Beobachters wird es möglich, »über uns selbst nachzudenken, während wir wir selbst sind«.

Laufen die Dinge schief und die Mutter wird als Hindernis in der Kommunikation der wesentlichen vom Kind projizierten Inhalte und Interaktionsbedürfnisse des Kindes erlebt, so konzeptionalisiert Britton, dass das Kind die Funktion der Blockierung dieser Kommunikationen dem Vater zuschreibt. Dies ermöglicht der Mutter das Überleben im Erleben des Kindes und gleichzeitig dem Kind, an die Mutter gebunden bleiben zu können. Aus diesem Grund fühlt sich die Schließung des ödipalen Dreiecks wie eine Katastrophe an. Um dem Gefühl der drohenden Vernichtung vorzubeugen, hat das Kind das Ansinnen, dass diese Schließung um jeden Preis verhindert werden muss. In dem angesprochenen Aufsatz von Ronald Britton und in seiner späteren Ausarbeitung (Britton, 1998) scheint er genau die existenziellen Ängste vor Vernichtung anzusprechen, die für Kinder auf dem autistischen Spektrum so charakteristisch sind. Er beschreibt eine Erlebensebene, die er das Chaosmonster nennt (Britton, 1998, S. 55), das keine Sinnesorgane hat, das nicht sprechen, sondern nur schreien kann und das »immer in der Dunkelheit agiert«.

Das Chaosmonster scheint mir eine treffende Personifizierung der spezifischen Schwierigkeiten mit der Sinnesverarbeitung zu sein, die für Kinder auf dem autistischen Spektrum so charakteristisch sind. Dazu gehören in der Regel eine unzuverlässige Tiefenwahrnehmung und eine auditive Überempfindlichkeit, die zu einer chaotischen Erfahrung der Existenz oder sogar zu dem Gefühl, nicht als eigenständige Person zu existieren, führen können. Um dies zu veranschaulichen, zitiere ich aus einem Artikel von Joshua Durban (2011). Durbans jugendlicher Patient Omri hatte die Behandlung als sehr junges Kind mit Autismus begonnen: Im folgenden Auszug beschreibt der Junge selbst, was wie aus dem Leben im Reich des Chaosmonsters klingt:

»Am Anfang war da ein weißes Loch. Es war Weiß auf Weiß, aber nicht dasselbe. Weiß und Weiß gemischt. Es war überall Weiß, kein Schwarz im Weiß. Die Augen konnten keine Augen sehen, die Nase konnte nicht riechen […] Dann war ich im schwarzen Loch, schrie und schrie, aber niemand hörte es […] Das weiße Loch ist schlimmer als das schwarze Loch, denn im schwarzen Loch gibt es Weiß. Ich habe geschrien, aber nicht mit meiner Kehle und Zunge. Ich hatte beides nicht.«

In dieser Passage scheint Omri von einer Situation existenziellen Schreckens zu sprechen, in der er sich von etwas oder jemand anderem nicht unterscheiden kann. Er verbindet diesen Schrecken mit dem Gefühl, dass er keine Kehle oder Zunge, keine Augen oder Nase hat und dass seine Schreie von niemandem gehört werden.

Ich glaube, dass Brittons Formulierung über die vermeintliche Rolle des Vaters bei der Behinderung der Kommunikation äußerst relevant für die missliche Lage ist, in der sich Kinder mit Autismus befinden. Ein wichtiger Faktor dabei scheint mir, dass diese Kinder die Behinderung zunächst offensichtlich verstärkt auf einer körperlichen Ebene erleben. Auf einer Ebene also, auf der sie – wie das Chaosmonster auch – existenzielle Ängste erleben. Wie Frances Tustin betonte, sind diese Kinder bei ihren Versuchen sich zu schützen, darauf angewiesen, ihre körperlichen Empfindungen dazu zu nutzen, wirksame Selbstschutzstrategien zu entwickeln.

Um diese primitive Ebene des Ödipuskomplexes zu veranschaulichen, beginne ich zunächst mit einer Vignette, die zeigen kann, wie ein Junge mit

Autismus sein Erleben des Fallens und der körperlichen Verstümmelung in der Beziehung zu einem körperlich vereinten elterlichen Paar interpretierte. Anschließend werde ich einige kurze Beispiele für proto-ödipale Konstellationen anführen, die mit einer chaotischen Sinneswahrnehmung einhergehen und damit ursächlich in Verbindung stehen könnten. Mein wichtigstes klinisches Beispiel betrifft die Nutzung des Dreiecks, das ein Kleinkind aus sich selbst, seiner Mutter und seinem Therapeuten gebildet hatte, um Sehen und Hören zu integrieren. Parallel zu dieser Konstruktion des »gesunden Menschenverstandes« (Bion, 1962a) entwickelte sich seine Vorstellung vom Vaterelement von einem physischen Hindernis zu einer physischen Unterstützung. Schließlich werde ich primitive ödipale Aspekte der Fähigkeit eines Mädchens, sich selbst im Spiegel zu sehen, betrachten, eine wörtliche Version der Fähigkeit zur Selbstreflexion.

Die körperliche Erfahrung: Existenzängste und Selbstschutzstrategien

Lassen Sie mich zunächst kurz einige Überlegungen zu körperlichen Existenzängsten und zum atypischen Umgang mit sensorischen Erfahrungen bei Kindern mit Autismus skizzieren.

Frances Tustin (1990, 2005) betonte, wie ich bereits erwähnte, dass die charakteristischen Ängste von Kindern mit Autismus existenzieller Natur sind und damit im Gegensatz zu den vorwiegend verfolgenden Ängsten, die bei psychotischen Zuständen auftreten, stehen. Diese spezifischen existenziellen Ängste werden in der Regel körperlich erlebt. Dazu gehören das ewige Fallen (Winnicott, 1949), das Zerfließen, vor allem, wenn man sich durch den Raum bewegt (Bick, 1968, 1986), der Verlust von Körperteilen – vorrangig des Mundes (Winnicott, 1963; Tustin, 1972, 1989, 1990, 2005), einer Körperhälfte (Tustin, 1989; Haag, 1985) und von Gliedmaßen (Haag, 1991; Rhode, 2004a) –, das Verflüssigen, Verdampfen, Verbrennen und Einfrieren (Tustin, 1989, 2005). Die Mittel, mit denen die Kinder versuchen, sich vor diesen Schrecken zu schützen, sind ebenfalls körperlicher Natur. Typischerweise wird das Vertrauen in etwas gesetzt, das Tustin als autistische Objekte (Tustin, 2005 [1980]) und autistische Formen (Tustin, 2005) bezeichnet. Mit diesen autistischen Objekten werden Empfindungen erzeugt, nämlich harte und weiche, die Tustin als Vorläufer für die Konzepte von männlich und weiblich ansieht. Kinder mit Autismus verlassen sich auf diese Empfindungen, um sich Stärke vorzugaukeln oder um sich selbst zu beruhigen. Indem sie sich auf Empfindungen konzentrieren, die sie unter ihrer eigenen Kontrolle wähnen, versuchen sie, die potenziellen existenziellen Ängste zu eliminieren, die sich aus dem Versuch ergeben könnten, sich mit der Welt der anderen Menschen auseinanderzusetzen. Tustin vertrat die Ansicht, dass Kinder auf dem autistischen Spektrum besondere Schwierigkeiten mit der Integration von hart und weich, von männlich und weiblich haben – ein Vorschlag, der von Houzel (2001) aufgegriffen und auch erweitert wurde.

An dieser Stelle möchte ich noch einmal betonen, dass ich, wenn ich über proto-ödipale Komponenten der charakteristischen Ängste von Kindern mit Autismus spreche, eine Beschreibung der Art und Weise vorschlage, wie Kinder ihre Erfahrungen in Bezug auf Familienkonstellationen konstruieren können. Diese Beschreibung hat keine Bedeutung für die Ätiologie des Autismus. Die Diagnose Autismus basiert vorrangig auf bestimmten Spezifika in der Verhaltensbeobachtung. Fachleute aus unterschiedlichen Fachgebieten erkennen den Autismus mittlerweile als eine komplexe Erkrankung an, in der viele unterschiedliche Faktoren zur Entstehung zusammenwirken können. So können verschiedene Einflüsse auf unterschiedlichen Ebenen zum gleichen Verhaltensergebnis führen (Chawarska, Klin & Volkmar, 2008). Die Genetik spielt dabei eine zentrale Rolle, und gleichzeitig können extreme und frühe Entbehrungen bei einem kleinen Prozentsatz der Kinder zu autismusähnlichen Verhaltensweisen führen (Rutter et al., 1999). Kliniker, die Kinder mit Autismus behandeln, konzentrieren sich auf deren Erfahrungen mit der Welt, so wie sie es auch bei jedem anderen Kind tun würden. Für Kinder auf dem autistischen Spektrum ist die Welt, aus welchen Gründen auch immer, oft ein verwirrender Ort, an dem ihre Sinne von überwältigenden Reizen angegriffen werden, an dem ihre Körper nicht zusammenhalten oder kein verlässliches Gefühl von Kontinuität vermitteln und an dem Beziehungen zu anderen Menschen sinnlos oder gefährlich erscheinen können (Überblick dazu siehe Rhode, 2004a). Ich vertrete hier die Auffassung, dass Kinder, die Erlebnisse in Begriffen ödipaler Modelle strukturieren können, auch wenn diese noch weit von der Ebene ganzer Objekte entfernt sind und ihre Darstellung im klinischen Material keinen Bezug zu den tatsächlichen Verhältnissen bei den Eltern des Kindes haben, keinen Autismus haben.

Mit einer Vignette, in der ich im Weiteren über die Verwirrung eines Kindes berichten werde, das zwischen seiner auditorischen Überempfindlichkeit und dem Schrecken des Eindringens einer ödipalen Vaterfigur gefangen war, möchte ich diesen Aspekt veranschaulichen.

Die »autistische« Ebene des Ödipuskomplexes: die Undurchlässigkeit des vereinten Objekts wird als Grausamkeit empfunden

Wie bereits ausgeführt, erwähnte Tustin (1972), wie Kinder mit Autismus das Gefühl entwickeln können, einen Teil ihres eigenen Munde verloren zu haben, wenn sie merken, dass sie physisch von der stillenden Mutter getrennt sind. Dies führt für diese Kinder in der Regel zu einer katastrophalen Erfahrung der psychischen Geburt (Tustin, 1980). Die folgende Vignette kann als Beispiel dafür dienen, wie autistische Kinder diese Katastrophe einem vereinten Objekt zuschreiben, das sowohl als grausam als auch als undurchlässig erlebt wird. Wie Meltzer (2011 [1975a]) beobachtete, neigen Kinder mit Autismus dazu, extrem empfindlich auf den emotionalen Zustand anderer Menschen zu reagieren und dieses Einfühlungsvermögen im Umkehrschluss auch von Anderen zu erwarten. Wenn sich ihre Erwartungen in dieser Hinsicht nicht erfüllen, erleben und interpretieren sie dies verstärkt als Ablehnung denn als Folge einer Begrenztheit bzw. einer Unfähigkeit anderer Menschen.

Anthony, ein Sechsjähriger mit mittelschwerem bis schwerem Autismus, verbrachte die ersten Monate der Behandlung damit, vom Schreibtisch zu fallen oder verzweifelt zu versuchen, die Sicherheit eines Stuhls zu erreichen und sich an den Kordelzug seiner Hose zu klammern, als wäre es eine Nabelschnur, die ihn am Fallen hindern könnte. Es sah so aus, als würde er die katastrophale Geburtserfahrung nachspielen, die Winnicott (1949) und Tustin (1980) beschrieben haben, zumal er beim Sturz seinen Mund jeweils zu einer verzerrten, gequälten Form verzog. Anthony schien das Geborenwerden in die körperliche Getrenntheit mit der Erfahrung des Fallens zu verbinden; und dies wiederum schien mit der Erfahrung eines zerbrochenen Mundes einherzugehen, die Tustin (1972) für Kinder mit Autismus als so charakteristisch ansah. Diese Themen tauchten im Verlauf der Behandlung in Spielsequenzen auf, in denen Spielzeugtiere immer wieder vom Dach eines geschlossenen Puppenhauses fielen, während sich die Puppenfamilie im Inneren befand. Die Tiere flehten jeweils kläglich: »Bitte tut mir das nicht an«, aber sie erhielten keine Reaktion, als sie fielen und Anthony ihnen im Anschluss daran systematisch die Schnauzen und Gliedmaßen abschnitt.

Für Anthony schien die körperliche Trennung bedeutet zu haben, dass er grausam fallen gelassen und zerstückelt wurde und dass seine flehenden Schreie und Bitten nicht erhört wurden. Seine beiden inneren Eltern schienen auf unterschiedliche Weise grausam zu sein. Der Vater in der Gestalt des Riesen aus *Jack und die Bohnenranke,* dessen wildes Knurren die Not der

Spielzeugtiere im Spiel begleitete, schien unerreichbar zu sein und grausam zu handeln. Andererseits ahmte Anthony einmal die Stimme seiner Mutter nach, als das Betteln der Tiere wieder einmal ignoriert wurde, und kommentierte: »Grausame Mama.« In Wirklichkeit waren beide Elternteile sehr um sein Wohlergehen besorgt, aber Anthony konstruierte seine Ängste vor Stürzen und körperlichen Verstümmelungen so, als ob ein Elternpaar zusammenarbeitete, um sie herbeizuführen – der Vater-Riese aktiv, und die Mutter, indem sie es nicht zu bemerken schien. Im späteren Verlauf der Behandlung balancierte er eine Kuh mit der Schnauze auf dem Spiegel und konstatierte, indem er auf ihr Spiegelbild zeigte: »Mama und Papa.« Für ihn waren die Eltern Zwillinge oder Spiegelbilder des jeweils Anderen, und er schien ihre vermeintliche gegenseitige Absorption dafür verantwortlich zu machen, dass sie seine Sturz- und Verstümmelungserfahrungen nicht wahrgenommen hatten. Er verbrachte viel Zeit am Telefon und sprach, die Stimme seiner Mutter nachahmend, mit jemandem, den er mit »Darling« ansprach, während er mich völlig ignorierte. Für mich war dies eine lebendige Mitteilung darüber, wie sehr dieses Gespräch zwischen dem Elternpaar jeden auslöschte, der nicht daran beteiligt war. Interessanterweise nannte mich Anthony in einer späteren Phase seiner Therapie »Mr. Rhode«, dies oft am Ende der Sitzungen. Es wirkte so, als liege der Grund, warum er den Therapieraum verlassen musste, für ihn darin, dass eine Vaterfigur mich völlig in Beschlag genommen hatte, eine ähnliche Angst, die Brittons Patientin Frau A. (Britton, 1989) zum Ausdruck brachte, als sie flehte: »Werden Sie nicht zu einem Ding.«

Der Verlust von Teilen des Mundes: proto-ödipale Konnotationen

In Anthonys Fall äußerte sich die Erfahrung eines zerbrochenen Mundes in seiner verzogenen Grimasse, als er vom Schreibtisch fiel, sowie in der Art und Weise, wie er den Tieren die Schnauze abschnitt, nachdem sie vom Puppenhaus gefallen waren. Die folgende Vignette aus der Behandlung mit Daniel, einem neunjährigen Jungen mit Autismus, veranschaulicht eine dreiteilige, proto-ödipale Konstellation auf der oralen Ebene.

Daniel brachte zu seiner Therapiestunde Limonade in einer kleinen Plastikflasche mit. Er klopfte auf den geschlossenen Deckel der Flasche, um zu betonen, dass er geschlossen war und eine Grenze darstellte. Als er den Deckel abschraubte und trank, blieb ein Plastikring, der Teil des Deckels gewesen war, am Flaschenhals zurück. Er führte diesen Ring zwischen der Flasche und seinem Mund hin und her. Wenn der Ring auf dem Flaschenhals saß, zeigte er mir, dass sein leerer Mund wie ein Loch geöffnet war; wenn er den Ring im Mund hatte, schaute er die Flasche an, als hätte er Angst und erwartete, von ihr angegriffen zu werden. Als er die Limonade ausgetrunken hatte, warf er die leere Flasche in den Mülleimer und schreckte vor ihr zurück.

Es schien, als ob Daniel den Deckel als eine harte Grenze erlebte, die ihn ausschloss und die beseitigt werden musste, damit er an die Limonade gelangen konnte. Das Trinken der Limonade – das Leeren der Flasche – war in seiner Vorstellung möglicherweise mit der Übernahme des Plastikrings als Teil seines Mundes verbunden. Dies machte die Flasche zu einem beschädigten Objekt, vor dem er sich fürchtete. Wenn allerdings der Ring zur Flasche gehören würde, hätte er, aus autistischer Sicht, ein Loch im Mund. Ich verstehe diese Szene als eine proto-ödipale Konstellation, in der zwei Teilobjekte (Mund und Brust/Flasche) um ein drittes (Brustwarze/Plastikring) konkurrieren.

Die chaotische Erfahrung der Sinne: proto-ödipale Aspekte

Auch bei anderen Sinnesorganen jenseits des Mundes können diese eben beschriebenen proto-ödipalen Konstellationen beobachtet werden. So klingelte Anthony nach einem Urlaub hartnäckig mit einem Spielzeugtelefon, während er sich am Ohr zupfte. Dies verwirrte mich zunächst, bis ich mich an einen kleinen Asperger-Patienten erinnerte, der einer Kollegin, Daphne Briggs, erzählte: »Mami hat mir die Augen ausgestochen« (persönliche Mitteilung, 1993). In Wirklichkeit hatte seine Mutter die Kerzen auf seinem Geburtstagskuchen ausgeblasen. Dieser Junge schien das Gefühl zu haben, dass seine Augen nicht von dem zu unterscheiden waren, was sie wahrnahmen. So wurden, als die Kerzen ausgeblasen wurden, auch seine Augen »ausgeblasen«. Anthony hatte möglicherweise das Gefühl, dass sein Ohr abgezogen worden war, als er die Telefonklingel – oder meine Stimme in der Ferienpause – nicht hörte. In ähnlicher Weise hatte Brittons Patientin Frau A. Angst, blind zu werden. Dies könnte auf die Befürchtung zurückzuführen sein, dass ihre Mutter tot sein musste, wenn sie sie nicht mehr sehen konnte. Britton beschrieb, dass für die Patientin ihre Mutter aus den Augen zu verlieren gleichbedeutend mit dem Verlust ihres eigenen Augenlichts und davon im Erleben auch nicht zu unterscheiden war (Britton, 2003, S. 99).

Wenn das wahrgenommene Objekt nicht von den Sinnesorganen unterschieden wird, kann eine vermeintliche Beschädigung des Objekts zu einer chaotischen Sinneserfahrung führen. Mary, ein sechsjähriges Mädchen mit schwerem Autismus, drehte zum Beispiel einen durchsichtigen Brummkreisel, der eine Reihe von sich drehenden Spieltieren enthielt, und war erstaunt, als er nicht die Musik erzeugte, die normalerweise sein Drehen begleitet. Sie untersuchte den Kreisel sorgfältig – zunächst mit dem Auge, indem sie sich der Oberfläche des Kreisels näherte, dann mit dem Gehör, indem sie ihr Ohr daran »klebte«. Während dies zeigt, dass sie die Kanäle des Sehens und des Hörens unterscheiden konnte, reagierte sie später in der Sitzung auf ein Außengeräusch, indem sie ihre Augen schloss, anstatt sich die Ohren zuzuhalten. Ich würde dies so deuten, dass die offensichtliche Beschädigung der klangerzeugenden Funktion des Brummkreisels die Erfahrung einer Beschädigung ihrer eigenen Ohren mit sich brachte, während ihre Augen noch immer ordnungsgemäß funktionierten, da visuell keine Beschädigung des Brummkreisels zu erkennen war. Das Ergebnis war ein chaotischer Zustand, in dem es eher ihre Augen denn ihre Ohren waren, die als Eintrittspforte für den Lärm von außen zu fungieren schienen.

Die ödipale Personifizierung der Sinneswahrnehmungen

Diese Art von Verwirrung scheint aus einem Mangel an Differenzierung zwischen den Sinnesorganen und dem wahrgenommenen Objekt, zwischen dem Selbst und dem Anderen, zu entstehen. In ödipalen Begriffen formuliert könnte die Verwirrung aus einem Versagen jenes Aspekts der väterlichen Funktion, der die Differenzierung gewährleistet und die Verschlingung verhindert, resultieren. In der folgenden Vignette beschreibe ich nun die umgekehrte Variante. Die väterliche Funktion wird hierbei wie ein Eindringen in das Kind erlebt, wie ein Eindringen, das das Kind gleichzeitig vom Therapeuten abschneidet.

Auditive Überempfindlichkeit ist bei Kindern mit Autismus sehr häufig, und Daniel, das Kind mit der Limonadenflasche, war sehr wachsam gegenüber Geräuschen. Er schien diese als ein Eindringen eines ödipalen Vaters zu personifizieren.

Daniel war der Sohn einer alleinerziehenden Mutter, aber er verstand sich sowohl mit männlichen als auch mit weiblichen Lehrern in seiner Förderschule gut. Wenn er und ich jedoch einem Mann begegneten, der uns entgegenkam, wenn wir durch eine Tür im Gang zwischen Wartezimmer und Therapieraum gehen wollten, reagierte er, indem er zurückwich und sich die Ohren mit den Händen zuhielt. Dies geschah nicht, wenn es sich bei der Person, die uns begegnete, um eine Frau handelte, und auch nicht, so wurde mir gesagt, wenn er einem Mann begegnete und er nicht in Begleitung seiner (weiblichen) Therapeuten war. Ich verstehe diese Tatsachen so, dass Daniel das Eindringen von Geräuschen in seine Ohren so auffasste, als würde es das Eindringen eines männlichen Elements in die Dyade, die er mit einer mütterlichen Figur bildete, bedeuten.

Diese Vignette impliziert eine Verbindung zwischen Daniels auditorischer Überempfindlichkeit und einer drohenden, potenziell beängstigenden männlichen Präsenz. Die Bedrohung, die mit der Qualität des Auftauchens der männlichen Präsenz verbunden zu sein schien, hatte wiederum Auswirkungen auf die Fähigkeit des Kindes zur Tiefenwahrnehmung. Sowohl Meltzer (2011 [1975b]) als auch Tustin (1990) betonten, dass es für Kinder mit Autismus typischerweise schwierig ist, sich dreidimensionale Objekte vorzustellen. Stattdessen greifen sie auf die von Esther Bick beschriebenen Haftmechanismen zurück (Bick, 1968, 1986; Meltzer, 1974). Gunilla Gerland (1996), die als Erwachsene eine rückwirkende Diagnose des Asperger-Syndroms erhielt, beschreibt beispielsweise anschaulich, wie sie erst im Alter von acht Jahren erkannte, dass Häuser ein Inneres haben. Bis dahin stellte sie sich vor, dass es sich lediglich um eine flache Fassade wie bei einem Bühnenbild handelte, obwohl sie wusste, dass sich hinter der Fassade des Hauses ihre Familie und Räume befanden. Auch war sie nicht in der Lage, Entfernungen einzuschätzen, und das Überqueren einer Straße konnte bis zu 20 Minuten dauern. Wir könnten diese Probleme als Folge einer unvollständig strukturierten Darstellung des Raums verstehen. Vermutlich ergibt sich dies wiederum aus der Wechselwirkung zwischen etwaigen Wahrnehmungsproblemen oder neurologischen Störungen des Kindes und der emotionalen Konstellation einer aufdringlichen, mörderischen Vaterfigur (in Daniels Material war dies Kapitän Hook mit seinen Drohungen »Geh über die Planke«).

Meltzer (2011 [1975a]) machte darauf aufmerksam, dass Kinder mit Autismus potenziell bedrohliche Situationen vermeiden, ohne sadistisches, schädliches Aufspalten anzuwenden. Stattdessen bedienten sie sich eines Mechanismus, den er »Dismantling« (Zerlegung) nannte. Beim »Dismantling« zieht das Kind seine Aufmerksamkeit zurück, sodass der Wahrnehmungsapparat passiv auseinanderfällt. Da die Sinne nicht mehr integriert sind, nimmt das Kind nicht mehr die Position eines Subjekts ein, dessen Sinne zusammenwirken, um aus verschiedenen Kanälen Informationen über die Wahrnehmungsobjekte zur Verfügung zu stellen. Infolgedessen verliert es sich in einem Sinneseindruck, der am unmittelbarsten und damit am verlockendsten ist. Diese Formulierung mit ihren Anklängen an Bions Objekt des »gesunden Menschenverstands« (Bion, 1962a) deckt sich mit Daniel Sterns Betonung der grundlegenden Bedeutung des cross-modalen Transfers, im Sinne der Reflexion der zugrunde liegenden Muster über die Sinnesmodi hinweg, für die Konstruktion des Selbstgefühls (Stern, 2020). Prozesse wie »Dismantling« und cross-modaler Transfer erlauben uns, die guten Ergebnisse, die sensorische Integrationstrainings bei Kindern mit Autismus aufweisen können, besser zu erklären.

Nach Meltzers Ansicht könnte die Zerlegung der Sinne eine ödipale Bedeutung haben. Er schlug eine Personifizierung der Sinne vor, indem er sie als »Mama mit einer Uniform« und als »Papa mit einer Glocke« bezeichnete, in der das Sehen bzw. das Hören von Klängen so identifiziert werden konnte, dass sie getrennte Universen bewohnen und »gut differenziert von der Nacht des kindlichen Unbehagens im Geist des Kindes verbringen können« (Meltzer, 2011 [1975a], S. 25). Dies würde bedeuten, dass die Notwendigkeit einer sensorischen Zerlegung geringer sein sollte, wenn der Therapeut die ödipale Ausgrenzungserfahrung des Kindes aufnehmen und auch in sich halten kann (wie zum Beispiel in Anthonys Spiel mit dem Telefon).

Die Konstruktion des »gesunden Menschenverstands« innerhalb eines tolerierbaren ödipalen Rahmens

Die Erfahrung des ödipalen Ausschlusses in sich halten und verdauen zu können, erwies sich im Fall von Andrew, einem Kleinkind mit hohem Autismusrisiko, dessen Material ich im Einzelnen erörtern werde, um die ödipale Dimension der Konstruktion des »gesunden Menschenverstands« zu veranschaulichen, als zentral. Ich sah Andrew über einen Zeitraum von zwei Jahren wöchentlich zweimal gemeinsam mit seiner Mutter oder seinem Kindermädchen, bevor wir zur Einzelbehandlung übergingen. Er wurde an mich überwiesen, als er ein Jahr alt war und verschiedene Entwicklungsmarker, beispielsweise das Lallen und die Aufrechterhaltung reziproker Interaktionen, in seiner Entwicklung nicht erreicht hatte. Mit 16 Monaten erreichte er die Hochrisikokategorie des CHAT (Checklist for Autism in Toddlers, Baron-Cohen et al., 1996). Dabei handelt es sich um ein Screening-Instrument mit geringer Sensitivität, aber hoher Spezifität. Bei Kindern in der Hochrisikokategorie besteht eine Wahrscheinlichkeit von über 85 Prozent, dass im Alter von dreieinhalb Jahren Autismus diagnostiziert werden wird. Andrew hatte ein älteres Geschwisterkind mit einer Autismus-Diagnose, das sich im Alter von zwei Jahren dramatisch zurückentwickelt hatte. Das hatte zur Folge, dass seine Eltern über ein Jahr lang nicht zulassen konnten, sich durch positive Entwicklungen von Andrew ermutigt zu fühlen. Daher ruhten während dieser Zeit die meisten Hoffnungen für Andrews Zukunft auf mir und dem Kindermädchen.

In den ersten Monaten unserer gemeinsamen Arbeit war Andrews Mutter so entmutigt im Hinblick auf seine Fähigkeiten, dass sie ihn während der gesamten Sitzung hinweg verzweifelt stimulierte; ihre Hoffnung, so schien es mir, bestand darin, verhindern zu können, dass er autistisch werde. Wie für depressive Mütter spezifisch, ließ sie ihm kaum Zeit, zu antworten, geschweige denn, dass ich etwas beitragen oder sagen konnte. Ich musste das sehr schmerzhafte Gefühl ertragen, nicht zu existieren, keinen Platz in einem Raum zu haben, der von dem Redefluss, den Liedern und den körperlichen Aktivitäten, die Andrews Mutter auf ihn richtete, völlig ausgefüllt war. Meine Rolle beschränkte sich zu diesem Zeitpunkt darauf, zu kommentieren, wie gut ihm etwas gefiel, was sie tat, oder auf Momente hinzuweisen, in denen er zaghafte Versuche unternahm, zu spielen. Es fiel ihr schwer, diese einzuordnen: Als ich beispielsweise etwas beschrieb, das wie die Anfänge eines Guck-guck-Spiels aussah, sagte sie, dass er einfach das Gefühl seines Bauches auf dem Boden genießen würde.

Wenn Andrew mit seinem Kindermädchen kam, gab es etwas mehr Gelegenheit, sowohl mit Andrew als auch mit der ihn begleitenden Erwachsenen in Kontakt zu treten. Seine Nanny beschrieb, dass sie sich durch den Zustand von Andrews älterem Bruder weniger überschattet fühlte als die Eltern, da sie ihn noch nicht gekannt hatte, als er in Andrews Alter war. Sie konnte Andrew mehr Raum für seine Explorationen zur Verfügung stellen und ihm darin die Initiative überlassen. Er erkundete daraufhin den Spielraum, in dem wir beide mit ihm und miteinander darüber sprachen, was er gerade tat. Wenn Andrew mit seiner Mutter kam, schlug ich vor, dass wir ihr von den Unternehmungen erzählen sollten, die er in ihrer Abwesenheit unternommen hatte. Auf diese Weise konnte sie an den Ergebnissen der sich entwickelnden Dreiecksbeziehung zwischen Andrew, dem Kindermädchen und mir teilhaben, und sie begann, die Möglichkeit in Betracht zu ziehen, dass Andrew einige begrenzte Fortschritte machen könnte, dies allerdings immer auch mit dem Vorbehalt, dass er mit zwei Jahren zwangsläufig Rückschritte machen werde. Zu diesem Zeitpunkt hatte ich keine Erlaubnis, mich mit anderen Fachleuten auszutauschen. Andrews Mutter befürchtete, dass meine hoffnungsvollen Ansichten über ihren Sohn dazu führen könnten, dass ihr wichtige Dienste entzogen würden. Noch hatte sie keinerlei Vertrauen dahingehend, dass sich zwei Menschen zusammenschließen könnten und dies zu ihrem Wohlergehen beitragen würde. Sie wurde jedoch selbst etwas zuversichtlicher, was sich darin ausdrückte, dass sie zunehmend in der Lage war, Andrews Initiativen zu folgen und mir den Raum für begleitende Kommentare zu geben.

Eine weitere Person, die für die Zusammenarbeit mit der Familie zur Verfügung stand, war eine Elternberaterin, die glücklicherweise eine geschätzte Kollegin und langjährige Freundin von mir war. Sie ermutigte mich bei vielen Gelegenheiten, wenn ich von der Verzweiflung, die im Familiensystem herrschte, überwältigt wurde. Unsere Treffen boten mir auch die Gelegenheit, die oft sehr unterschiedlichen Ansichten über die Situation, die sie und ich auf Grundlage der uns vorgelegten Informationen gebildet hatten, zu vergleichen und zu versuchen, diese jeweils zu integrieren. Ohne diese Möglichkeit, ein kooperatives Paar mit der Elternberaterin zu bilden, glaube ich nicht, dass ich ein therapeutisches Umfeld, in dem Andrew ödipale Beziehungen auf verschiedenen Ebenen ausarbeiten konnte, hätte aufrechterhalten können.

So wurde mir beispielsweise berichtet, dass Andrew große Angst vor dem Hinfallen habe. In den Sitzungen warf er sich jedoch ohne Vorwarnung auf den Boden, sodass die Erwachsenen ständig wachsam sein mussten. Er verhielt sich so, als wäre er mit unseren Körpern verbunden und müsse daher nicht aufpassen, oder als wollten wir, dass er hinfällt. Vieles, was ich zu ihm sagte, bezog sich darauf, dass er sicher sein konnte, dass wir nicht wollten, dass er sich verletzt, und dass wir dies verhindern würden. Er biss seine Mutter und zog sie an ihren Haaren, was teilweise aggressiv wirkte, aber auch ein verzweifelter Versuch war, sich festzuhalten. Ich ermutigte Frau P., Grenzen zu setzen, aber regte sie auch an, über mögliche emotionale Bedeutungen nachzudenken. Sie signalisierte mir, dass ihr dies nicht leichtfalle. Sie hatte sich bisher am verhaltensorientierten Ansatz aus der Schule ihres älteren Kindes orientiert. Doch Andrews durchdringendes Schreien war zeitweise unerträglich, und es fiel ihr schwer, dies als Kommunikation anzuerkennen. Denn dies hätte auch bedeutet, dass Andrews Fähigkeiten größer waren, als sie zu hoffen gewagt hatte. Ihre Erwartungen waren sehr zurückgenommen, wie sie sagte, und sie schützte sich davor, enttäuscht zu werden. Sie verstand in diesem Zusammenhang sehr wohl, dass diese Erwartungshaltung einschränkend auf Andrews Entwicklung wirken konnte. Gleichzeitig ermutigte es mich, dass sie Zeichen der Verbesserung begrüßte – zum Beispiel, als Andrew sich zurückzog und sein Gesicht verbarg, dann aber reagierte, als ich dies in ein Guck-guck-Spiel verwandelte.

Das symbolische Spiel war der erste Bereich, in dem Andrew erhebliche Fortschritte machte. Er entwickelte ein Muster, bei dem er auf den Tisch kletterte, alle Spielsachen auf den Boden fegte und stolz strahlte, als seine Mutter kommentierte: »Wer ist der König des Schlosses?« Dann ließ er sich regelmäßig mit dem Gesicht nach unten fallen, so, als hätte er sich mit den Spielsachen identifiziert. Er schien uns etwas von der Rivalität zwischen Leben und Tod mit fantasierten Wesenheiten zu zeigen, die Tustin in der von ihr so genannten »Nest der Babys«-Fantasie beschrieb (Tustin, 1972, S. 177f.). Ich sprach mit Andrew oft darüber, dass es ihm schwerfiel, zu glauben, dass sowohl für ihn als auch für die Spielzeuge mehr als ein Platz vorhanden war, oder dass seine Mutter und ich ihm Aufmerksamkeit schenken konnten, während wir uns unterhielten.

Etwa ein Jahr nach Beginn der Behandlung begann Andrew, seine Mutter zu bitten, ein bestimmtes Aktionslied zu singen (»Kopf, Schultern, Knie und Zehen«), bei dem verschiedene Körperteile benannt und berührt wurden. Wir bemerkten beide, dass er, während er ihr aufmerksam zuhörte, mich beobachtete, während ich die Handlungen ausführte, ohne dass ich mitsang. Er wiederholte sein Bitten nach diesem Lied so oft, dass klar wurde, dass es für ihn sehr wichtig war, und dass es auch wichtig war unabhängig davon, dass er mich anstrahlte, während ich die Aktionen, die im Lied besungen wurden, ausführte. Ich dachte, dass Andrew die ödipale Konstellation auf der grundlegenden Ebene der Sinne aufbaute, indem er die Zusammenarbeit zwischen seiner Mutter und mir orchestrierte, die es ihm ermöglichte, mir bei der Ausführung der Handlungen zuzusehen, während er ihrem Gesang zuhörte. Fast ein Jahr später begann er mitzusingen, obwohl er immer noch Schwierigkeiten hatte, Worte und Handlungen zu koordinieren: Es war, als könne er sich mit einem der elterlichen Elemente identifizieren, aber noch nicht mit beiden.

H. S. Klein (1980) beschreibt, wie ein Säugling diese unterstützende Verbindung von mütterlichen und väterlichen Elementen auf der Ebene der Sinne erlebte. Ein erwachsener Patient berichtete, dass sein vier Wochen altes Baby zu schreien begann, wenn er während des Stillens nicht mehr mit seiner Frau sprach. Sobald er wieder zu sprechen begann, beruhigte sich das Baby. Einige Wochen später war das Gegenteil der Fall: Es war, als ob die Stimme des Vaters zu einem Eindringling geworden wäre. Mit anderen Worten, es gab eine Entwicklungssequenz, in der sich das Baby zunächst auf der Ebene der Sinnesmodalitäten (in diesem Fall der Berührung und des Hörens) von der Verbindung der Eltern unterstützt fühlte, später aber den Vater als Eindringling in der Fütterungsbeziehung erlebte. In den Szenen, die ich beschrieben habe, wird deutlich, wie Andrew allmählich das Gefühl, von einem Paar auf der Ebene der Sinne unterstützt zu werden, zulassen und zunehmend integrieren konnte. Ich glaube, dass dies zumindest teilweise auf die Monate zurückzuführen war, in denen wir darauf hingearbeitet hatten, einen Platz für jeden in der Dreiecksbeziehung zwischen ihm, seiner Mutter und mir zu schaffen. Kurze Zeit später fing er an, uns in die Augen zu schauen, um sich zu vergewissern, dass wir gesehen hatten, was er tat, auf etwas zu zeigen, um uns etwas Interessantes mitzuteilen, und Erwachsene zu imitieren: alles drei anerkannte Meilensteine in der Entwicklung, die Kinder mit Autismus normalerweise nicht erreichen.

Nach zwei Jahren begann ich, Andrew allein ohne seine Mutter zu betreuen, um in der Übertragung an dem wütenden Verhalten zu arbeiten, das zu Hause immer deutlicher zutage trat. Dies führte schnell zu einem großen Schub in der Sprachentwicklung. Er begann, Zwei-Wort-Sätze zu bilden, obwohl seine Artikulation immer noch sehr unvollkommen war und seine Wörter im Allgemeinen »offen« waren, das heißt, es fehlten die Konsonanten. Das folgende Jahr, in dem sich seine Sprache weiterentwickelte, war durch das Auftauchen eines guten, unterstützenden Vaters gekennzeichnet: Er sagte »Dada«, während er vorsichtig vom Schreibtisch herunterkletterte und mit dem Fuß nach einem Heizungsrohr tastete, das in einiger Entfernung vom Boden lag. Gegenwärtig ist er immer noch besorgt darüber, ob er sich emotional durchsetzen kann, wenn er mit einer physischen Grenze konfrontiert wird. So setzt er beispielsweise die größte russische Puppe zusammen, nachdem er die kleinen herausgenommen hat, und stößt die kleineren Puppen dann beharrlich gegen den Kopf der größten Puppe. Aber ich bin auch ermutigt durch die offensichtliche Freude, die er jetzt an der verbalen Kommunikation zeigt.

Sich im wahrsten Sinne des Wortes »selbst reflektieren«: Ödipale Elemente in der Spiegel-Selbsterkenntnis

Die Figur des guten Vaters, der zur Mutter etwas Wesentliches beisteuert, ohne die Kommunikation des Kindes mit ihr zu blockieren, ist auch für meine letzte Illustration von zentraler Bedeutung. Lina, ein neunjähriges Mädchen mit Asperger-Syndrom, hatte sich mit der Frage beschäftigt, wie sie sich selbst im Spiegel sieht und wie dies durch die Anwesenheit eines väterlichen Elements oder eines inneren Babys beeinflusst wird. Man könnte dies als ein Beispiel für die Verwirklichung von Brittons dritter Position in Bezug auf den Sehsinn und die Fähigkeit zur Selbstreflexion im wörtlichen Sinne betrachten.

Lina malte Kreise in verschiedenen Farben auf einen Spiegel. Diese Aktion war im Zusammenhang mit der Frage entstanden, wie Babys gemacht werden, und sie hatte gesagt, dass die Farben von Herrn Grün, Sir Blau und so weiter hergestellt würden. Sie sagte, als wolle sie sich verteidigen: »Ich will nur Glasmalerei machen«. Ich fragte sie, ob dies damit zu tun haben könne, dass sie hoffe, mir den Ausdruck – die Farbe – in meinen Augen zu entlocken, wenn ich sie ansah, und somit das Gefühl vermied, dass dieser Ausdruck von Herrn Grün, Sir Blau oder von einem Baby bestimmt wurde, wie es bei einem ihrer Spielzeuge der Fall gewesen war, als sich der Ausdruck in den Augen geändert hatte, als sie einen sehr schwanger aussehenden Bauch herumbewegte. Sie wischte die farbigen Kreise vom Spiegel ab und sagte etwas traurig: »Jetzt sieht es grau aus.« Das Abwischen der farbigen Kreise, die in Wirklichkeit ihr eigenes Spiegelbild verdeckt hatten, gab ihr das Gefühl, dass mein Blick in den Spiegel nun leer war – grau, deprimiert.

Nun zeichnete sie einen Stier auf den Spiegel. Er war rot gefärbt, als ob er blutet, und seine Augen sahen wütend aus. Sie hielt den Spiegel schräg zum Fenster und meinte: »Jetzt scheint das Licht durch.« Ich sagte, dass sie nach einer Situation suchte, in der das Licht durchscheinen konnte und es das Bild nicht verdeckte, in der das Leben hinter meinen Augen auf eine Weise weitergehen konnte, die sie umfasste und einen Raum für ihre Gefühle ließ.

Lina antwortete: »Du kannst auch etwas anderes machen«, und trug den Spiegel zum Waschbecken. Sie balancierte ihn vorsichtig aus und füllte ihn bis zum Rand des Rahmens mit Wasser: Die Zeichnung des Stiers befand sich nun unter der Oberfläche. Sie beugte sich darüber, als würde sie wieder »nach sich selbst suchen«, wie sie es in früheren Sitzungen beschrieben hatte; aber dieses Mal sagte sie: »Ich kann mich selbst sehen.« Ich stimmte ihr zu, dass das Wasser anders war als der Spiegel. Es hatte eine tatsächliche Tiefe, sodass das Bild des Stiers nicht ihr eigenes Spiegelbild verdeckte.

Wie Andrew, als er die Rolle des »Papi-Rohrs« erkannte, die ihn vor dem Fallen bewahrte, schien auch Lina zu erkennen, dass mein Blick ohne die Farben von Herrn Grün und Sir Blau grau und deprimiert wäre. Als ich sie auf ihren Wunsch nach einer lebensspendenden ödipalen Beziehung ansprach, die sie umfassen könnte, fand sie die kreative Lösung, Wasser zu verwenden, um im Spiegel eine tatsächliche Tiefe zu erzeugen, sodass ihr Bild mit den Zeichnungen koexistieren konnte.

Abschließende Bemerkungen

Mein Ziel war es, einige der dreiteiligen, proto-ödipalen Konstellationen zu veranschaulichen, die in der Behandlung von Kindern mit Autismus anzutreffen sind und die sich alle auf extreme körperliche Existenzängste beziehen, einschließlich der Erfahrung des Fallens und der körperlichen Verstümmelung. In der Vignette von Lina, die zu diesem Zeitpunkt ein Gleichgewicht mit der inneren Besetzung der Mutterfigur erreicht hatte, ging es um die zentrale Frage, als Individuum gesehen und anerkannt zu werden.

Mit fortschreitender Behandlung können sich Kinder mit Autismus auf einen genitalen Ödipuskomplex zubewegen. Melanie Kleins Patient Dick ist ein typisches Beispiel dafür (Klein, 1930). In den Vignetten, die ich beschrieben habe und die den psychischen Bereich des Chaosmonsters betreffen, birgt die (körperliche) Schließung des ödipalen Dreiecks jedoch eine Katastrophe für das Kind. In der Fütterungssituation kann man sich das ödipale Kombinationsobjekt als die weibliche Brust und die männliche Brustwarze vorstellen, aber es taucht im psychischen Raum nicht als das schützende Kombinationsobjekt auf, das Melanie Klein (1961, S. 455ff.) und Meltzer (1967) beschreiben. Stattdessen wird seine physische Vollständigkeit als Ursache für die Verstümmelungserfahrung des Kindes empfunden, das heißt, dass das Überleben des Kindes durch die Verbindung dieser primitiven kombinierten Objekte, wie beispielsweise angedeutet bei Daniel und dem Ring an der Limonadenflasche, bedroht ist. Ein ödipales Dreieck und ein triangulärer Raum sind noch nicht erreicht. Bestenfalls könnte man an eine proto-ödipale »Linie« von Mund, Brustwarze und Brust denken, in der zwei weiche, rezeptive Teilobjekte (Mund und Brust) um die Brustwarze konkurrieren (Rhode, 2004b).

Chaotische Seh- und Hörerfahrungen scheinen sowohl dann aufzutreten, wenn es, wie beispielsweise bei Anthony und Mary, keine Unterscheidung zwischen dem Selbst und dem Anderen, zwischen Sinnesorgan und Wahrnehmungsobjekt gibt, als auch dann, wenn eine Sinneswahrnehmung, wie etwa bei Daniel, als ein aufdringlicher ödipaler Vater personifiziert wird, der das Kind vom Therapeuten abschneidet. Wie Rey (1979) und Britton (1998) in Bezug auf erwachsene Borderline-Patienten gezeigt haben, bergen sowohl Trennung als auch Verschlingung potenziell die Gefahr der Vernichtung in sich.

Am Fall von Andrew lässt sich die Konstruktion des »gesunden Menschenverstands« – in seinem Fall bestehend aus Sehen und Hören – im Rahmen einer Dreieckskonstellation verfolgen, die zunächst durch die Kommunikation mit mir und dann durch meine Möglichkeiten der Zusammenarbeit mit anderen beteiligten Erwachsenen erträglicher gemacht wurde. Allmählich ging Andrew dazu über, die unterstützende Funktion des Vaterelements zu erkennen und das Rohr, auf dem er sich abstützte, als er vom Tisch kletterte, zu verwenden, anstatt zu fallen (wie er es früher getan hatte und wie Anthony es noch tat). Obwohl er sich weiterhin durch Grenzen behindert fühlte, zum Beispiel durch den Kopf der russischen Puppe oder, wie es schien, durch die Konsonanten in Wörtern, schien dies keine katastrophale Erfahrung mehr zu sein. In ähnlicher Weise war Lina nun in der Lage, sich mit ihrem Bedürfnis nach einem Ort, in dem sie sich spiegeln konnte, und dem Bedürfnis von Herrn Grün und Sir Blau zu arrangieren und den Spiegel mit Farbe und Leben zu füllen.

Die Parallelität zwischen Andrews allmählicher Entwicklung hin zu einer unterstützenden ödipalen Konstellation und seiner Sprachentwicklung lässt vermuten, dass es eine Verbindung zwischen ödipaler Struktur und der rhythmischen Gegenseitigkeit des Sprechens gibt. Die Entwicklungsforschung von Trevarthen und Malloch (2000) über den natürlichen Verlauf von »Proto-Konversation« zwischen Säuglingen und ihren Eltern hat gezeigt, dass diese Proto-Gespräche als musikalische Einheiten von regelmäßiger Länge, in denen Eltern und Säuglinge Raum für den Beitrag des jeweils Anderen lassen, abgetastet werden können. Es ist vielleicht nicht zu spekulativ, sich eine mögliche Verbindung zwischen der Rhythmik von Vokalisationen und Stille einerseits und der Interaktion von männlichen und weiblichen Elementen des Containers andererseits vorzustellen, wie sie von Bion (1962b) skizziert wurde.

Obwohl Kinder mit Autismus ihre existenziellen Ängste als Folge von proto-ödipalen Konstellationen zu erleben scheinen, unterstützen diese Konstellationen auch ihre Entwicklungsleistungen. Dazu gehören neben der Fähigkeit zur

Selbstreflexion (Britton, 1989) auch grundlegende kognitive Fähigkeiten, die, wie Hobson (2014) dargelegt hat, von »Beziehungsdreiecken« zwischen Kind, Mutter und Objekten der Außenwelt abhängen. Wenn Bion (1962a, S. 119) der Meinung war, dass »das Versagen, [die] Konjunktion von Sinnesdaten zustande zu bringen [...][,] einen mentalen Zustand der Debilität beim Patienten hervorruft, als ob der Hunger nach Wahrheit dem Hunger nach Nahrung gleichkäme«, so glaubte Leonardo da Vinci, dass ein mittlerer Ventrikel des Gehirns, »der *senso comune* (kombinierte Sinne), die Daten verarbeitet und der Sitz der menschlichen Seele, der Vorstellungskraft und des Intellekts war«.[1]

Danksagung

Diese Arbeit wurde auf einer wissenschaftlichen Tagung der Britischen Psychoanalytischen Gesellschaft am 18. April 2012 vorgestellt. Ein Teil des klinischen Materials wurde bereits veröffentlicht (vgl. Rhode, 1999, 2005, 2011).

Literatur

Baron-Cohen, S., Cox, A., Baird, G., Swettenham, J., Nightingale, N., Morgan, K., Drew, A. & Charman, T. (1996): Psychological markers in the detection of autism in infantry in a large population. *British Journal of Psychiatry*, 168, 158–63.

Bick, E. (1968): The experience of the skin in early object relations. *Int. J. Psycho-Anal.*, 49, 558–566. Dt: Bick, E.: Das Hauterleben in frühen Objektbeziehungen. In: E. B. Spilius: *Melanie Klein heute. Band 1*. München: Verlag Internationale Psychoanalyse.

Bick, E. (1986): »Weitere Beiträge zur Funktion der Haut in frühen Objektbeziehungen«. *Britische Zeitschrift für Psychotherapie*, 2, 292–299.

Bion, W. R. (1962a): Eine Theorie des Denkens. In Bion, W. R. (2013): *Frühe Vorträge und Schriften mit einem kritischen Kommentar: »Second Thoughts«*. Brandes & Apsel: Frankfurt a. M.

Bion, W. R. (1962b): *Learning from Experience*. London: Heinemann Medical.

Britton, R. (1989): The missing link: parental sexuality in the Oedipus complex. In: J. Steiner (Hrsg.): *The Oedipus Complex Today*. London: Karnac Books.

Britton, R. (1998): Subjectivity, Objectivity and Triangular Space. In: *Belief and Imagination*. New Library of Psychoanalysis. London: Routledge.

---

[1] Ausstellungsführer, »Leonardo da Vinci«, National Gallery London, 9. November 2011 bis 5. Februar 2012, Eintrag I: »The Ventricles of the Brain and the Layers of the Scalp«.

Britton, R. (2003): *Sex, Death and the Superego.* London: Karnac.

Chawarska, K., Klin, A. & Volkmar, F. R. (Hrsg.) (2008): *Autism Spectrum Disorders in Infants and Toddlers.* New York: Guilford Press.

Durban, J. (2011): Shadows, ghosts and chimaeras: On some early modes of handling psycho-genetic heritage. *Int. J. Psycho-Anal.,* 92, 903–924.

Freud, S. (1909): Analyse einer Phobie bei einem fünfjährigen Jungen. SE 10.

Gerland, G. (1996): *A Real Person: Life on the Outside.* Übers. v. J. Tate. London: Souvenir Press, 1997.

Haag, G. (1985): La mère et le bébé dans les deux moietiés du corps. *Neuropsychiatrie der Kindheit,* 33, 107–114.

Haag, G. (1991): Nature de quelques identifications dans l'image du corps (hypothèses). *Journal de la Psychanalyse de l'Enfant,* 4, 73–92.

Hobson, R. P. (2014): *Die Wiege des Denkens.* Psychosozial:Gießen.

Houzel, D. (2001): Bisexual Qualities of the Psychic Envelope. In: J. Edwards (Hrsg.): *Being Alive: Building on the Work of Anne Alvarez.* London: Routledge.

Klein, M. (1930): Die Bedeutung der Symbolbildung für die Entwicklung des Ichs. In: *Gesammelten Schriften, I/I.* Stuttgart-Bad Cannstatt: frommann-holzboog, 1975.

Klein, M. (1932): *The Psychoanalysis of Children.* In: *The Writings of Melanie Klein, Vol. 2.* London: Hogarth, 1975.

Klein, M. (1961): *The Narrative of a Child Analysis.* In: *The Writings of Melanie Klein, Vol. 4.* London: Hogarth, 1975.

Klein, S. (1980): Autistic phenomena in neurotic patients. *Int. J. Psycho-Anal.,* 61, 395–402.

Meltzer, D. (1967): *The Psychoanalytic Process.* London: Heinemann.

Meltzer, D. (1974): Adhesive identification. In: A. Hahn (Hrsg.) *Sincerity and Other Works.* London: Karnac Books, 1994.

Meltzer, D. (2011 [1975a]): Zur Psychologie autistischer Zustände und der postautistischen Persönlichkeit. In: D. Meltzer et al. (2011): *Autismus. Eine psychoanalytische Erkundung.* Frankfurt a. M.: Brandes & Apsel.

Meltzer, D. (1975b): Dimensionalität als Parameter des psychischen Geschehens – ihr Zusammenhang mit narzißtischen Organisationen. D. Meltzer et al. (2011): *Autismus. Eine psychoanalytische Erkundung.* Frankfurt a. M.: Brandes & Apsel.

O'Shaughnessy, E. (1989): The Invisible Oedipus Complex. In: J. Steiner (Hrsg.): *The Oedipus Complex Today.* London: Karnac Books.

Rey, J. H. (1979): Schizoid phenomena in the borderline. In: J. Le Boit & A. Capponi (Hrsg.): *Advances in the Psychotherapy of the Borderline Patient.* New York: Jason Aronson.

Rhode, M. (1999): Echo or Answer? The Move Towards Ordinary Speech in Three Children with Autistic Spectrum Disorder. In: Alvarez, A. & Reid, S. (Hrsg.) (1999): *Autism and Personality.* London: Routledge.

Rhode, M. (2005): Mirroring, imitation, identification: the sense of self in relation to the mother's internal world. *Journal of Child Psychotherapy*, 31, 52–71.

Rhode, M. (2011): The »autistic« level of the Oedipus complex. *Psychoanalytic Psychotherapy*, 25, 262–76.

Rhode, M. (2004a): Introduction. In: Rhode, M. & Klauber, T. (Hrsg.): *The Many Faces of Asperger's Syndrome.* Tavistock Clinic Books Series, London: Karnac.

Rhode, M. (2004b): Different Responses to Trauma in Two Children with Autistic Spectrum Disorder: The Mouth as Crossroads for the Sense of Self. *Journal of Child Psychotherapy*, 30, 3–20.

Rusbridger, R. (2004): Elements of the Oedipus complex: a Kleinian account. *Int. J. Psycho-Anal.*, 85, 731–748.

Rutter, M., Andersen-Wood, L., Beckett, C., Bredenkamp, D., Castle, J., Groothues, C., Kreppner, J., Keaveney, L., Lord, C. & O'Connor, T. G. (1999): Quasi-autistic patterns following severe early global privation. *Journal of Child Psychology and Psychiatry,* 40, 537–549.

Stern, D. (2020): *Die Lebenserfahrung des Säuglings.* Stuttgart: Klett-Cotta, 12. Aufl.

Trevarthen, C. & Malloch, S. N. (2000): The dance of wellbeing: Defining the musical therapeutic effect.. *Nordisk tidskrift for musikkterapi - Nordic Journal of Music Therapy*, 9, 3–17.

Tustin, F. (1972): *Autism and Childhood Psychosis.* London: Hogarth.

Tustin, F. (1980): Psychologische Geburt und psychologische Katastrophe. In: Tustin, F. (1989): *Autistische Zustände bei Kindern.* Klett-Cotta, 2. überarb. Aufl., 1992.

Tustin, F. (2005 [1980]): Autistische Objekte. In: *Autistische Barrieren bei Neurotikern.* Frankfurt a. M.: Brandes & Apsel (edition diskord), S. 120–138.

Tustin, F. (2005): *Autistische Barrieren bei Neurotikern.* Frankfurt a. M.: Brandes & Apsel (edition diskord). Engl.: Tustin, F. (1986 [1981]): *Autistic Barriers in Neurotic Patients.* London: Karnac, 2. Aufl. 1994, Nachdruck 2003.

Tustin, F. (1989): *Autistische Zustände bei Kindern.* Klett-Cotta, 2. überarb. Aufl., 1992. Engl.: Tustin, F. (1981): *Autistic States in Children.* London: Routledge & Kegan Paul.

Tustin, F. (2005): *Autistische Barrieren bei Neurotikern.* Frankfurt a. M.: Brandes & Apsel (edition diskord).

Winnicott, D. W. (1949): Geburtserinnerungen, Geburtstrauma und Angst. In: *Through Paediatrics to Psychoanalysis.* London: Hogarth, 1958.

Winnicott, D. W. (1963): The mentally ill in your caseload. In *The Maturational Process and the Facilitating Environment.* London: Hogarth, 1965.

Viola Kreis
(München)

Es rüttelt mich und schüttelt mich – Papa, warum verlässt du mich?

Körperliche und seelische Bewältigungsversuche eines fünfjährigen Jungen von Trauer, Migration und Verlust

Einleitung

Es werden Auszüge aus der Therapie des zu Beginn fünfjährigen Jungen Kyle vorgestellt. Vor dem Hintergrund mehrmaliger Migration der Herkunftsfamilie sowie brüchiger Bindungserfahrungen im Säuglings- und Kleinkindalter, wurde Kyles innere Sicherheit durch den plötzlichen Tod seines Vater so stark erschüttert, dass seine Beziehungsfähigkeit zerrüttet war und er traumatisiertes und desorganisiertes Verhalten zeigte. Bezugspersonen konnte er nicht zur Gefühlsregulation nutzen und versuchte so, seine heftigen Affekte über seinen Körper abzuführen. Über die Sicherheit von Setting und die therapeutische Beziehung fand er zurück zu seiner Beziehungsfähigkeit und konnte über seinen Körper und das Spiel passende Worte für seine Gefühle finden. So erreichte er eine innere Ordnung und konnte Eigenes entwickeln.

Während der dreijährigen Behandlung kam der zu Beginn fünf Jahre und neun Monate alte Junge in den ersten zwei Jahren zweimal in der Woche und im dritten Behandlungsjahr einmal wöchentlich in die Therapie. Begleitend dazu fand die Elternarbeit alle zwei und dann alle vier Wochen statt.

Familiärer Hintergrund

In beiden Herkunftsfamilien von Kyle liegt eine Migrationsgeschichte vor. So kamen die Großeltern mütterlicherseits als Gastarbeiter von Serbien nach Deutschland und bekamen hier im Abstand von je fünf Jahren einen Sohn und dann zwei Töchter. Die Großeltern väterlicherseits migrierten von Bosnien nach Kanada, wo der Vater und seine ältere Schwester geboren und aufzogen wurden.

Kyles Mutter ist die Mittlere der drei Geschwister und als älteste Tochter stark mit ihrer Mutter, Kyles Großmutter, verbunden. Die Großmutter entwickelte eine Schizophrenie und der Großvater eine Spielsucht. Vor dem Hintergrund der Symptomatiken der beiden Großeltern ist von brüchigen Bindungserfahrungen der Mutter auszugehen. Die Mutter begegnete diesen progressiv und grenzte sich durch einen frühen Auszug mit 16 Jahren ab. Ihre gute Kognition und Auffassungsgabe halfen ihr, mit der schwierigen familiären Situation rationalisierend und intellektualisiered umzugehen. Kyles Vater lernte sie mit 19 Jahren im Internet kennen. Nach einer gemeinsamen Reise entschieden sich beide für eine Beziehung miteinander. Obwohl sie abschnittsweise auf unterschiedlichen Kontinenten lebten, konnten sie ihre Beziehung halten und führten eine glückliche, intellektuelle, befruchtende Ehe. Nach ihrem Studium zog die Mutter nach Kanada, dort baute sich das Paar ein gemeinsames Leben auf. Die gemeinsame Sprache der Eltern veränderte sich von Serbisch/Bosnisch zu Englisch. Das Ehepaar entwickelte so auf Basis der Migrationsgeschichten ihrer Eltern, Kyles Großeltern, und der eigenen Migration der Mutter eine neue Identität als Paar (Akhtar, 2014, S. 113ff.).

Der Vater wünschte sich schon lange ein Kind, bis die Mutter mit 34 Jahren endlich zustimmte. Aufgrund einer hormonellen Störung bei Kyles Mutter waren die Ärzte sich jedoch unsicher, ob sie schwanger werden könnte. Als sie eine Hormonbehandlung begann, wurde sie jedoch sofort schwanger. Allerdings erkannte sie Kyles Existenz erst an, als sie seine Bewegungen und Tritte spürte. Erst diese Körperbewegungen veranlassten die Mutter, über Kyle nachzudenken und eine Beziehung mit ihm aufzubauen. Aufgrund einer traumatischen Geburt und der schmerzenden Kaiserschnittnarbe konnte sich die Mutter nicht ausreichend auf ihr Kind einstimmen. Das Stillen musste sie aufgrund von unzureichendem Milchfluss kurz nach der Geburt einstellen. Kyle war vor allem auf den Vater bezogen, der sich sehnlich ein Kind gewünscht hatte. Die Mutter begann drei Monate nach der Geburt wieder Vollzeit zu arbeiten. Auch der Vater war Vollzeit tätig, konnte allerdings von zu Hause aus arbeiten und kümmerte sich gemeinsam mit seiner Mutter, Kyles Oma, um ihn. Hinzu kam ein Ringen um eine günstige Passung zwischen den Eltern und Kyle. Der Junge suchte körperliche Nähe und Berührung, während die Eltern eine geistige und kognitiv intellektuelle Nähe bevorzugten. Diese frühen Verlassenheits- und Verlusterfahrungen (traumatische Geburt, Verlust der Brust, früher Arbeitsbeginn beider Eltern) ließen Kyle schon zu Beginn seines Lebens eine große Objektsehnsucht entwickeln. Seine Affekte regulierte er durch Bewegung, Kontaktsuche und Aktivierung im Sinne einer Externalisierung. Der Tod des Vaters reaktualisierte die frühen Brüche mit seiner Mutter und intensivierte so die Objektsehnsucht gepaart mit einer Angst vor dem Objektverlust, welche sich durch sein stark enthemmtes und desorganisiertes Beziehungsverhalten zeigte. Der Umzug nach

Deutschland intensivierte in Kyle die vorangegangenen Verlusterfahrungen. So wandelte Kyle seine Hilflosigkeit und Enttäuschung aufgrund des passiven Verlusts in eine aktive Inszenierung um.

Behandlungsbeginn

Bei unserem ersten Zusammentreffen war mir die Mutter, eine attraktive, große Frau mit langen vollen Haaren, sofort sympathisch. Eloquent und reflektiert stellte sie mir den Grund für die Suche nach einer Therapie für ihren Sohn Kyle dar: Kyles Vater hatte vor 1,5 Jahren im gemeinsamen Bett, in dem die ganze Familie – also Kyle, Mutter und Vater – schlief, einen Herzinfarkt erlitten. Sie und Kyle seien von dem Röcheln des Vaters wach geworden. Der verständigte Notarzt hatte ihn wiederbelebt, aber noch am selben Tag sei der Vater im Krankenhaus verstorben. Der Mutter kamen immer wieder Tränen, während sie von dem Tod ihres Mannes erzählte. Auch ich hatte Tränen in den Augen, ihre Trauer berührte mich tief.

Nach dem Tod ihres Mannes habe die Mutter in ihre Heimat Deutschland zu ihrer Familie gewollt. Kyle, der in Kanada geboren ist, verlor so nach dem Tod seines Vaters auch noch seine Heimat, seine vertraute Umgebung und wichtige Bezugspersonen; nämlich Großmutter und Großvater väterlicherseits, die in der Nähe wohnten und oft auf ihn aufpassten. Zusätzlich musste er sich hier in Deutschland mit einer anderen Kultur und einer Sprache, die er nicht beherrschte, auseinandersetzen. Um den Kontakt zu Kyle zu erleichtern, vereinbarten die Mutter und ich, dass die Therapie mit Kyle auf Englisch stattfinden sollte. Die Elternarbeit führten wir auf Deutsch weiter.

Es gibt verschiedene Theorien, wie Trauerprozesse ablaufen. Ich möchte hier die vier Phasen des Trauerprozesses nach Verena Kast vorstellen. Kyle durchlief alle von ihr angegeben Phasen im Laufe der Therapie und sprang, ebenso wie Kast es beschreibt, zwischen den einzelne Phasen hin und her und zeigte einige mehrmals.

Die erste Phase, die Phase des Nicht-wahrhaben-Wollens, ist geprägt durch Empfindungslosigkeit, Verdrängung und Unfähigkeit, das Ausmaß des Verlustes wahrzunehmen. Abwehrmechanismen und Apathie dienen dem Schutz des Organismus vor zu schmerzlichen Empfindungen (Kast, 1997, S. 69ff.). Eben dies berichtete die Mutter über die Zeit von ca. sechs Monaten nach dem Tod ihres Mannes. Sie habe kaum etwas empfunden, sich stumm und taub gefühlt und habe sich auf ihre Arbeit konzentriert. Auch Kyle habe sich so verhalten. Er habe wenig nach dem Vater gefragt und sei ruhig und unauffällig gewesen. Dies ist eine ungewöhnlich lange Phase des Nicht-wahrhaben-Wollens, welche ich mir dadurch erklärte, dass auch die Mutter den Tod ihres Mannes nicht wahrhaben wollte und diesen daher auch nicht zu verarbeiten begann. Nach Bowlby ist der Beginn der Auseinandersetzung mit dem Tod aber die Voraussetzung, dass sich auch die Kinder mit dem Verlust beschäftigen können (Bowlby, 1983, S. 351).

Die zweite Phase, die Phase der aufbrechenden Emotionen, ist von einem Gefühlschaos geprägt. Es treten Angst, Zorn und Wut, Verzweiflung, Sehnsucht und Liebe, Schuldgefühle und Schwermut auf (Kast, 1997, S. 70ff.). Bowlby ergänzte, dass in Zeiten von hoher psychischer Belastung, also erhöhten Anpassungsanforderungen, wie beispielsweise bei Umzug, Schulwechsel, Beziehungsende, die Sehnsucht nach dem verstorbenen Elternteil besonders intensiv und schmerzhaft ist (Bowlby, 1983, S. 369). So kam Kyle zu mir, als der Heimatverlust »die existenzielle Krise, die der Tod seines Vater hervorrief« (Franz, 2002, S. 119), noch zusätzlich befeuerte.

Ich traf Kyle das erste Mal im Wartebereich meiner Praxis. Ich erkannte sofort seine Mutter. Neben ihr saß ein zierlicher Junge mit langen Haaren, welche zu einem Pferdeschwanz gebunden waren. Hinter einer großen Brille schielte das rechte Auge ein wenig nach außen; so war ich unsicher, wohin er blickte. Als ich die Mutter begrüßte, sprang der Junge auf und umarmte mich fest. Als ich ihn ansprach, drückte er sein Gesicht noch fester in meinen Bauch. Ich lud ihn in mein Zimmer ein und er ließ meinen Bauch los und ergriff meine Hand, den Blick gesenkt. In der Stunde spielte er wild, chaotisch, er schrie und sprach, ohne dass er mir in die Augen sah, ohne dass eine echte Begegnung, eine Beziehung zwischen uns entstehen konnte. Beim Abschied krallte er sich an meinem Pullover fest, rief verzweifelt: »I love you!« Beim zweiten Termin war es, als sehe er mich zum allerersten Mal und fragte seine Mutter ungläubig: »Is that her?«

Kyles Bindungsverhalten lässt sich als enthemmt und desorganisiert beschreiben. Seine Beziehungswünsche richtete Kyle also nicht auf bestimmte Bezugspersonen, sondern an alle in dem Moment anwesenden Personen. So berichtete mir die Mutter, dass Kyle oft in Menschenmengen nicht ansprechbar sei, er taumle dann, stoße dabei an Dinge oder Personen und sie könne ihn aus diesem Zustand, welchen ich als dissoziativen Zustand einordnete, oft nicht erwecken und fühle sich hilflos. In anderen Momenten gehe Kyle proaktiv auf Fremde zu, küsse und umarme diese, rufe »I love you«. Insbesondere fremde Männer spreche er aktiv an und frage diese, ob sie sein Vater sein könnten, suche ihre körperliche Nähe und ziehe an ihren Bärten. Im Kindergarten habe er keine Freunde, er küsse und umarme Kinder, obwohl diese offen zeigten, dass sie dies nicht wollten. Auch schlage und zwicke er; Regeln zu befolgen falle ihm allgemein schwer.

Kyle wechselte zwischen enthemmtem, panischem, Halt suchendem Verhalten und abgekapselten dissoziativen Zuständen hin und her. In Beziehung sein und ohne Beziehung sein, beides schien Tod und Verlust bringend.

Verloren, Halt suchend, beziehungslos

Kyles Spielverhalten war in der ersten Zeit charakterisiert durch chaotische, fragmentierte, katastrophische Anteile, welche auf die Traumatisierung des Jungen hindeuteten. Sein inneres Chaos symbolisierte er, indem er viele Kisten aus den Regalen zog und diese umkippte, bis der ganze Boden mit Spielsachen bedeckt war. In Socken stieg er auf sie und schien den Schmerz, mit dem die spitzen Spielzeuge sich in seine Fußsohlen bohrten, zu genießen. Dann rannte er wie getrieben durch das Zimmer, warf Dinge, sprang, die Arme krampfend, auf und ab, drehte sich um sich selbst, bis er hinfiel oder rutschte, stieß sich an Boden und Möbeln, ohne über Schmerzen zu klagen. Kyle rang um die Regulation der hohen inneren Anspannung, indem er versuchte, diese motorisch abzuführen. Sie war also nicht objektgerichtet, sondern wurde impulshaft über körperliche Übererregung abreagiert, sie hatte also Abfuhrcharakter.

Im besonderen Fokus stand das Puppenhaus, ein Familienleben, welches jede Stunde zu einem »messy house«, also einem Chaos-Haus wurde, weil ein Sturm, Feuer oder Flutwellen alle Möbel und Puppen durcheinanderwarfen, wobei die Puppen unter schweren Möbeln, wie Schrank und Bett, eingeklemmt, gefangen blieben oder starben, was Kyle jubelnd und lachend feststellte.

Kyle zeigte das von Verena Kast beschriebene Gefühlchaos (Kast, 1997, S. 70ff.). Die Welt der Puppen war aus den Fugen geraten, der Tod lauerte überall.

In dieser Zeichnung von Kyle sind er und sein Vater im Zirkus. Als die Zeichnung schon fertig war, brach jedoch ein schreckliches Feuer aus und alles verbrannte; Kyle übermalte alles mit Rot. Auf einer Kopie habe ich die beiden Personen versucht nachzuziehen.

Viola Kreis

Feuer und Feuer nachgezeichnet

In den Therapiestunden erhielt ich zunächst keine Rolle in Kyles Spiel, sollte aber Zeugin sein und gut zuhören. Immer wieder schob er, auf dem Boden sitzend, seinen Fuß an meinen, sodass sie fest aufeinanderdrückten. Er sah mich nicht an, aber es war eine körperliche Verbindung über die Füße geschaffen. Als ob er einen festen Boden, eine Beziehung suchen würde, auf der er stehen konnte.

Einige Stunden später rannte Kyle im Zimmer umher, ich schnappte ihn und ließ ihn mit Griff unter seinen Armen durch die Luft schwingen. Dann drehte ich mich mit ihm um die eigene Achse. Kyle wirbelte durch die Luft und lachte. Als ich ihn absetzte, sah er mich begeistert an. Es entstand ein tiefer inniger Blickkontakt, mein Herz hüpfte. Kyles Aufregung war noch da, aber sie schien nun zwischen uns auf Beziehungsebene gelandet. »Again!«, jubelte er.

Nach und nach begann Kyle, mich intensiv in seine körperlichen Regulationsversuche einzubinden. Wir verhandelten mit Batakas den Kampf um Unterwerfung und Übermacht. Dabei behielt Kyle die dominante Position und ich war ausgeliefert. Solche wilden Kämpfe und Raufereien voller Spannung und Kraft wechselten sich mit vertrauensvollen, akrobatischen Übungen ab. Ich spürte eine väterliche wilde Seite in mir, wie ich ihn herumwirbelte, auf das Sofa warf und mit ihm raufte. Worte hatte Kyle noch keine oder nur wenige gefunden, aber eine bezogene Körpersprache konnte entstehen. Anstatt von Rennen, Krampfen, Stoßen konnte Kyle nun mich, meinen Körper mittels bezogener Körpersprache als Regulativ nutzen.

Nun zeigte Kyle weniger enthemmtes Beziehungsverhalten und mehr gerichtete Verlustängste, die seine Mutter betrafen. Diese berichtete mir, dass er nun große Angst zeige, wenn sie kurz aus dem Raum gehe, ohne ihm Bescheid zu sagen. Er reiße dann panisch alle Türen auf und rufe nach ihr. Einmal habe sie den Müll heruntergetragen und fand Kyle heftig schluchzend im Wohnzimmer wieder. »Where have you been?« Wütend habe er gegen ihren Bauch geschlagen und sie umklammert. Es waren nun – statt dem zu Beginn der Therapie desorganisierten, enthemmten Beziehungsverhalten – gerichtete und ambivalente Anteile zu beobachten. In den Therapiestunden äußerte sich dies, indem Kyle nahezu jede Stunde ganz plötzlich das Spiel unterbrach und mir mit erschrockenem Gesichtsausdruck mitteilte: »I need to go to the toilet.« Im selben Moment rannte er schon hinaus in den Gang, an seiner wartenden Mutter vorbei. Ich glaube, Kyle kontrollierte, ob die Mutter noch da war, und konnte sich mit dem Wissen, dass sie, ebenso wie ich, auf ihn wartete, in Ruhe seinem Verdauten widmen. Die Mutter zeigte sich in den Elterngesprächen überrascht von der eigenen Wichtigkeit für ihren Sohn, sie schwankte dabei von Gerührt- und Berührtsein und Gefühlen der Enge und Eingesperrtheit. Dies konnte sie gut in einer eigenen Therapie, die sie einmal wöchentlich wahrnahm, besprechen.

Das Stundenende

Bowlby bezeichnet die Trauer als besondere Form von Trennungsangst, da der Verlust bzw. der Tod die ungewollte Trennung der schlimmsten Art darstellt (Weiss, 2006, S. 23). Das Stundenende war daher eine besondere Herausforderung für Kyle, da es seine Verlustängste und Angst vor Trennung jedes Mal aufs Neue reaktivierte.

Kyle war wieder damit konfrontiert, dass nicht er, sondern jemand anderes über den Trennungszeitpunkt und die Dauer bestimmte und er diesen hilflos ausgeliefert war. Bei Ankündigung des nahenden Stundenendes wollte er oftmals schon aus dem Zimmer laufen. Wenn es dann soweit war, weigerte er sich zu gehen. Im Gang rannte er oft wild umher, zur Mutter hin und zu mir zurück. Verzweifelt rief er Liebesbekundungen, zeigte aber auch Ärger über meine Begrenzung, indem er mich zwickte oder beschimpfte. Auch wenn die Zimmertüre schon geschlossen war, sah er oft noch einige Male hinein, um sich zu verabschieden oder um sich zu vergewissern, dass ich noch da war. Die frühe unzureichende Triangulierung erschwerte den Prozess, dennoch begann in ihm die Vorstellung zurückzukehren, dass es mich auch gab, wenn er nicht da war. Und er begann, dafür zu sorgen, dass ich in dieser Zeit an ihn dachte. So gab er mir eine Liste mit Youtube-Clips mit, die ich ansehen sollte und nach welchen er in der nächsten Stunde fragte. Oder er versteckte etwas im Raum, das ich bis zur nächsten Stunde finden sollte.

Hier (siehe rechts) ist gut zu erkennen, dass Kyle schon vor Schulbeginn gut Schreiben, Lesen und auch Rechnen konnte. Die Mutter ließ Kyle testpsychologisch untersuchen, was meine Annahme bestätigte, dass Kyle über eine überdurchschnittlich gute Kognition verfügte; ebenso wie eine sehr gute Orientierung in Raum und Zeit. Dies half ihm maßgeblich, über den Rahmen und das Setting der Therapie ein beginnendes Vertrauen und Sicherheit in unsere Beziehung zu entwickeln. Und es ermöglichte ihm, progressiv mit der Trennung und dem Stundenende umzugehen, welches eine Bearbeitung des traumatischen Verlusts stützte.

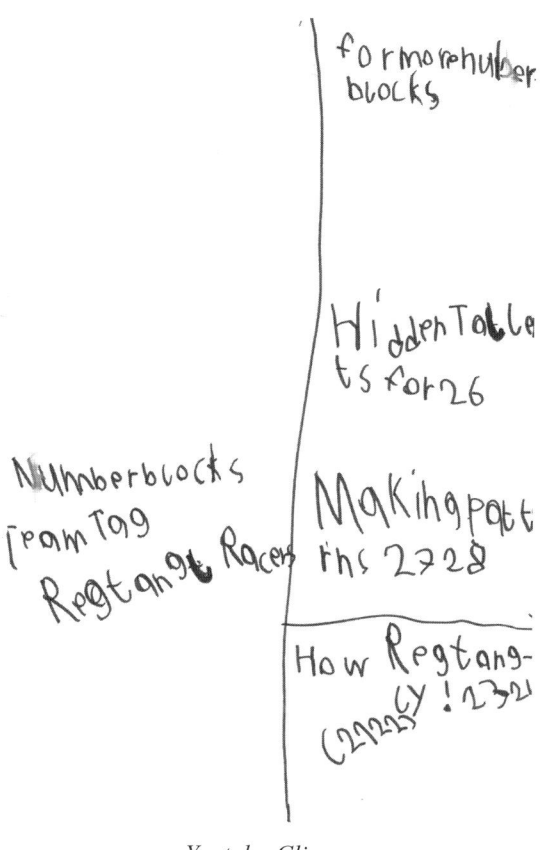

Youtube-Clips

Die gefühlte Lücke füllen

Kyle schien zu begreifen, dass ich eine konstante, verlässliche Bezugsperson in seinem Leben war. »Mummy, ah, Viola Kreis«, sagte Kyle, als er von seiner Zeichnung hochblickte.

Ich: »Sometimes it feels like I'm your mum, right?«

Kyle: »You can be my second mum, that's possible!«

In mir entstand der Gedanke, dass ich nie wieder weggehen sollte. Kyle umwarb mich in seiner aktiven Art und versuchte so, einen Verlust zu verhindern. Sehnlichst wünschte er sich Ersatz, einen Menschen, ob neuer Vater, Geschwister – irgendjemand, der die schmerzliche Lücke, die der Vater hinterlassen hatte, füllte. Gleichzeitig schien ich eine Art Ersatz- oder Reserveposition zu erhalten, die bei dem gefürchteten Verlust der Mutter aktiv werden könnte.

Kyle kam mir nun immer näher, er wollte mein Baby sein, ich sollte ihn füttern, versorgen. Er äußerte die Phantasie, in meinen Bauch hineinkriechen zu wollen, dann küsste er den Pullover auf Höhe meines Bauches und zwickte hinein. Die Ambivalenz der Nähe, der Wunsch danach und die Angst vor ihrem Verlust beschäftigten Kyle. Oft hatte ich das Gefühl, dass Kyle der Kontakt gar nicht eng genug sein konnte. Wenn er sprach, sah er mich tief an, forderte von mir laufend Bestätigung, wie ständiges Kopfnicken, dass ich sein Gesagtes gehört und verstanden hatte und dabei berührten seine Füße meine und er hielt

Dieses Bild erhielt ich zum Muttertag.

meine Hand. Sein ganzer Körper fragte: Bist du da? Verlass mich nicht! Er schien zu überlegen, wie eine Beziehung so eng sein konnte, dass Trennung und Verlust unmöglich sind. Oder wie etwas in einen hineinkommt, also Inkorporationsphantasien, und darin gehalten werden kann, z. B. der verstorbene Vater in ihm.

Hier ist ein Roboter (siehe Bild vom Roboter), ein Wesen, das sich Gefühle wünscht, das man aber auch ein- und ausschalten kann, zu sehen. An ihn wurde ein zweiter Roboter angeschraubt oder sogar integriert: »So none of them have to be lonley«, kommentierte Kyle beim Malen. Damit keiner von beiden alleine sein muss.

Im Internet fand er dazu passende Anime-Filme, die den Fetisch Vorarephilia – oder kurz: Vore – thematisieren. Dieser bezieht sich auf die Vorstellung des Verschlungenwerdens. Hier werden meist sexualisiert gezeichnete Frauen von einem Riesen oder großen Mann oral verschlungen. Im Hintergrund ist dabei oft ein Stöhnen zu hören. Hier kamen ödipale Phantasien mit symbiotischen Wünschen durcheinander. Kyle wünschte sich eine symbiotische Beziehung, wie die eines Fötus zur Mutter. In seiner noch kindlichen Vorstellung kam dieser durch orale Einnahme in die Gebärmutter. Und wurde durch Ausscheidung

Roboter

geboren. Die erwachten ödipalen und sexuellen Gefühle äußerten sich während Raufereien, bei denen Kyle immer wieder meine Brust berührte. Auch meine Weiblichkeit interessierte ihn, er stellte Fragen dazu und zeigte seine Ambivalenz, indem er, als er ärgerlich auf mich war, versuchte, nach meiner Brust und Vulva zu treten. Durch klare Abgrenzung ohne Schuldzuweisung oder Rache und im Sinne von *rupture and repair*, signalisierte ich Kyle klar, wo meine Grenzen lagen, ohne dass unsere Beziehung dabei Schaden nahm.

»Kyle! Stop! That hurts me!«, dabei hielt ich Kyles Arm, mit dem er mir in den Bauch geboxt hatte.

Kyle: »That's what I want!«

Ich: »You are angry, that's ok! … But not hitting! … You are angry because I just rolled a six, ha?«

Klye: »That's unfair!«

Ich: »It is!«

Ich begleitete die Wut, was Kyle meist beruhigte. Ein *repair* erfolgte zu Beginn auf körperlicher Ebene, durch eine Umarmung, Anlächeln, innigen Blickkontakt, Anschmiegen oder Berührung und im Laufe der Therapie durch eine ausgesprochene Entschuldigung.

Mir schien, Kyle versuchte, unsere Beziehung in eine für ihn gefühlte verbindliche Form wie Mutter-Kind-Beziehung oder Paarbeziehung zu gießen. Gemeinsam konnten wir nach und nach eine ganz eigene, sichere, therapeutische Beziehung entwickeln.

Neue Herausforderungen, neuer Zusammenbruch

Durch eine Reise nach Kanada und die Einschulung erlebte Kyle eine Reaktualisierung. Er begann, in der Schule einzunässen, und zeigte dort wieder körperliche Übererregung, welche er durch das Werfen von Steinen und Schuhen, Rennen und Schubsen abzuführen versuchte. Aufgrund dieses Verhaltens drohte ihm ein Schulverweis.

Auch zu Hause zeigte er seine Gefühle deutlicher. Seine Mutter berichtete, dass Kyle abends oft wimmernd nach seinen Vater rufen würde. Sie sei unsicher, was sie tun solle, auch sei sie oft von ihrer eigenen Trauer überwältigt, daher reagiere sie zögerlich auf Kyle. In Elterngesprächen und in wöchentlichen Telefonaten über einem Zeitraum von zwei Monate konnten wir die Situationen gut besprechen und auffangen. Die Mutter begann Kyles Wimmern zu begleiten und half ihm, Worte zu finden. Kyle machte sich Gedanken, wer Schuld an dem Tod seines Vaters habe, er fühlte Ärger, Schmerzen und Traurigkeit.

Es rüttelt mich und schüttelt mich – Papa, warum verlässt du mich?

Elefant und Grabstein

In der Therapie war der Tod nun, wie hier auf dem Bild zu sehen, allgegenwärtig. Er malte oft Grabsteine, Tod und Kreuze in dieser Zeit. Dieses Bild habe ich ausgewählt, weil es mich sofort an eine im englischen Raum oft verwendete Metapher erinnerte, die für etwas nicht Ausgesprochenes und doch Unübersehbares verwendet wird: There is an elefant in the room.

Kyle kam in dieser Zeit oft mit einem Affekt, den wir »destruction time« (also Zerstörungszeit oder -wut) nannten, in die Stunden. Hier versuchte er, diesen durch die Herstellung von Unordnung oder Raufen mit mir abzuführen. Dabei sprach er viel vom Tod und Töten: »I want you to be dead!... Not!« Er erschoss mich und ließ mich auferstehen. Kyle versuchte, im Spiel seine Angst vor dem Tod und Verlust zu verarbeiten, indem er sich selbst aggressiv verhielt, selbst tötete und dabei mächtig und stark blieb. Eine Playmobilfigur, der König, kämpfte über viele Therapiestunden hinweg gegen unzählige Gegner. Ich dachte, er muss kämpfen und aktiv sein, den drohenden Tod abwehren; früher rannte, rief und kämpfte Kyle, um nicht von dem Tod seines Vaters, dem befürchteten eigenen Tod oder dem der Mutter eingeholt zu werden, nun taten es die Playmobilmännchen für ihn. Eine spielerische Auseinandersetzung mit dem traumatischen Verlust konnte entstehen.

Innere Ordnung

In der dritten von Verena Kast beschriebenen Phase, die Phase des Suchens und sich Trennens, suchen die Trauernden Orte auf oder nehmen Tätigkeiten auf, die in enger Verbindung mit dem Verstorbenen stehen. Sie erinnern sich an gemeinsame Momente und nehmen eine rückblickende Bewertung der Beziehung vor. Dies ermöglicht das Loslassen des geliebten Menschen und die Suche nach einem neuen Lebensgefüge, in dem der Verstorbene seinen Platz hat (Kast, 1997, S. 76).

Am Todestag seines Vaters schien der lebendige Vater, unabhängig von seinem Tod, in Kyle wieder aufzutauchen. Er erzählte mir in den Stunden, dass er und sein Vater gemeinsam gereist seien, beide hätten Karten und Pläne geliebt, diese studiert und gezeichnet. Auch Mathematik habe beide interessiert. Im Folgenden malten wir viele Karten, U-Bahn-Netze und Busnetze und rechneten mit von ihm mitgebrachtem Spielzeug oder meinen Bauklötzen.

number blocks

Es rüttelt mich und schüttelt mich – Papa, warum verlässt du mich?

U-Bahn-Netz

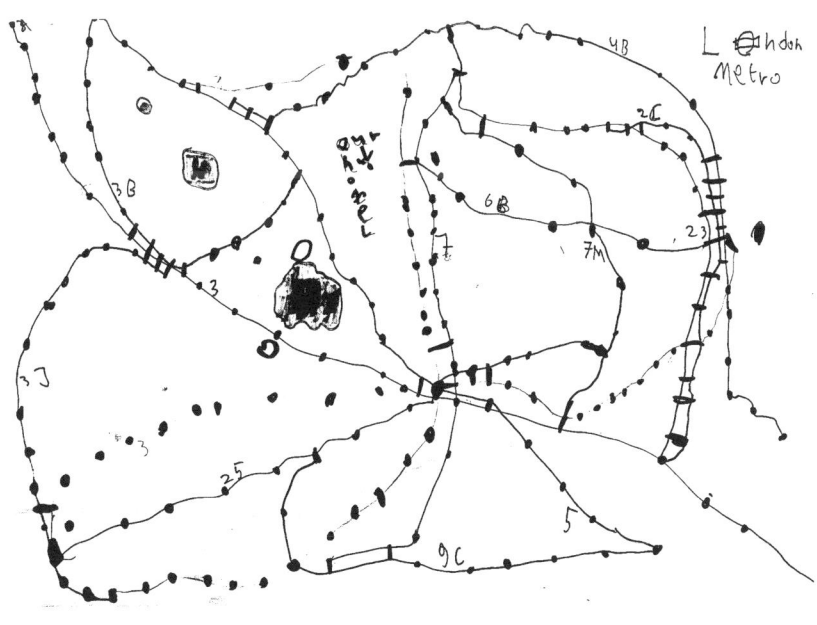

Viola Kreis

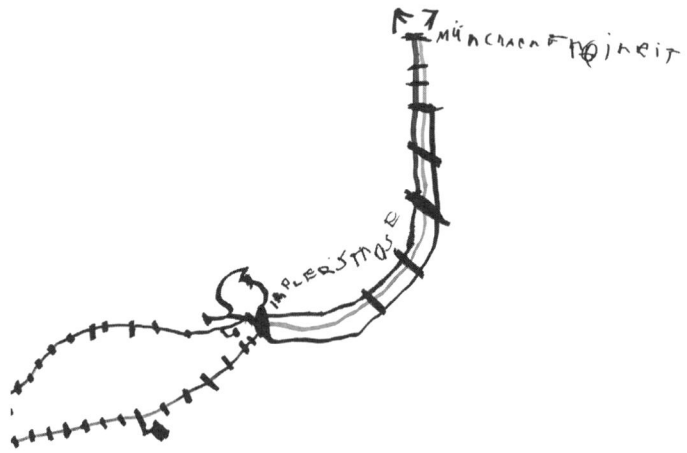

Auf die ihn quälende Frage, wo der Vater nun sei, hatte Kyle über seine in Deutschland lebende Großmutter eine für ihn passende Antwort finden können: im Himmel. Diese Entwicklung war auch möglich, da Kyle sich nun zu Teilen in der Latenz eingefunden hatte und so sein Verständnis von dem Tod mit abstrakten Vorstellungen anreichern konnte (Furmann, 1977, S. 25). In einer Stunde malte er folgendes Tafelbild von seinem Vater und Gott, wobei dieser nicht zu sehen ist, da man Gott nicht sehen könne. Aber anschließend malte er doch noch Gottheiten (siehe S. 183), welche griechisch-römisch anmuten.

Gott im Himmel

Es rüttelt mich und schüttelt mich – Papa, warum verlässt du mich?

Griechische Gottheiten

In einigen Stunden bauten wir Kyle eine kleine Höhle, die mit Decken und Kuscheltieren vollgestopft wurde, sodass er sich kaum bewegen konnte. In der Enge und Ruhe, abgeschirmt von Reizen, nur mit meiner Handytaschenlampe erleuchtet, wie in einer Gebärmutter, begann er, Bücher laut vorzulesen und mir seine Gedanken zu erzählen. Ich blieb mal außerhalb der Höhle, um ihn versorgen zu können, mal sollte mein Kopf mit drin sein – der Rest meines Körpers war einfach zu groß für die Höhle, wie wir nach mehreren Versuchen festgestellt hatten.

Auf diesem Bild sind Kyle und ich als Katzen in der Höhle abgebildet. Über der Höhle ist ein König zu sehen, der oft seinen Vater symbolisierte.

Katzen in der Höhle

Kyle erzählte mir von einem Buch, das seine Mutter über ihn und seinen Vater geschrieben hatte. In diesem hieß es, dass sein Vater »kind, honest, and smart«, also nett, ehrlich und schlau war. So wollte er auch sein und schätzte sich dabei realistisch als schlau und ehrlich ein. Nur das Nettsein fiel ihm schwer, wenn er schlimme Auseinandersetzungen mit Klassenkameraden hatte. Immer wieder bekam er große Angst und Wut, wenn er das Gefühl hatte, nicht nett gewesen zu sein. Es war dann, als ob ihm in dem Moment aller hart erarbeiteter Halt entgleiten würde. Bürgin verfasste dazu passend den Satz: »Gutsein ist die Arznei gegen den Tod« (Bürgin, 1978, S. 53). Dieser Satz bringt meiner Meinung nach viele Aspekte zusammen. Durch »Gutsein« soll trennende Aggression vermieden werden, auch Schuldgefühle können durch fehlende Selbstbehauptung umgangen werden und so kann die Wiederholung der befürchteten Trennung und Ablehnung scheinbar omnipotent kontrolliert werden. Kyle hatte Worte gefunden, er musste seine Gefühle nur noch selten, wie zu Beginn, allein in seinem und über seinen Körper regulieren, und wenn er es tat, konnte er Bezugspersonen nutzen. Über den Körper hatte er zurück in Beziehung gefunden und über das Spiel zu Worten, die auch das beschrieben, was er fühlte.

Neue Räume, neue Beziehungen

In der vierten und letzten Phase im Trauerprozess von Verena Kast, die Phase des neuen Selbst- und Weltbezugs, entsteht eine Akzeptanz des Verlustes. Das Gefühl für die eigene Person und für die Realität kommt zurück. Der Verstorbene ist zu einer inneren Figur (einem inneren Begleiter) geworden, wobei der Verstorbene nicht mehr den Alltag bestimmt. Diese Veränderungen führen zu neuen Handlungsmöglichkeiten und neuen Beziehungen (Kast, 1997, S. 81ff.).

Einige der anderen Jungen in der Schule spielten Fußball, was Kyle zunächst nicht interessiert hatte. Doch als die EM 2021 begann, erwachte sein Interesse dafür. Und Fußball bestimmte von nun an unsere Stunden. Die Mutter meldete ihn bei einem Fußballverein an, zu dessen Gunsten wir eine Therapiestunde aufgaben, sodass Kyle nur noch einmal wöchentlich kam.

Es rüttelt mich und schüttelt mich – Papa, warum verlässt du mich?

Fußball

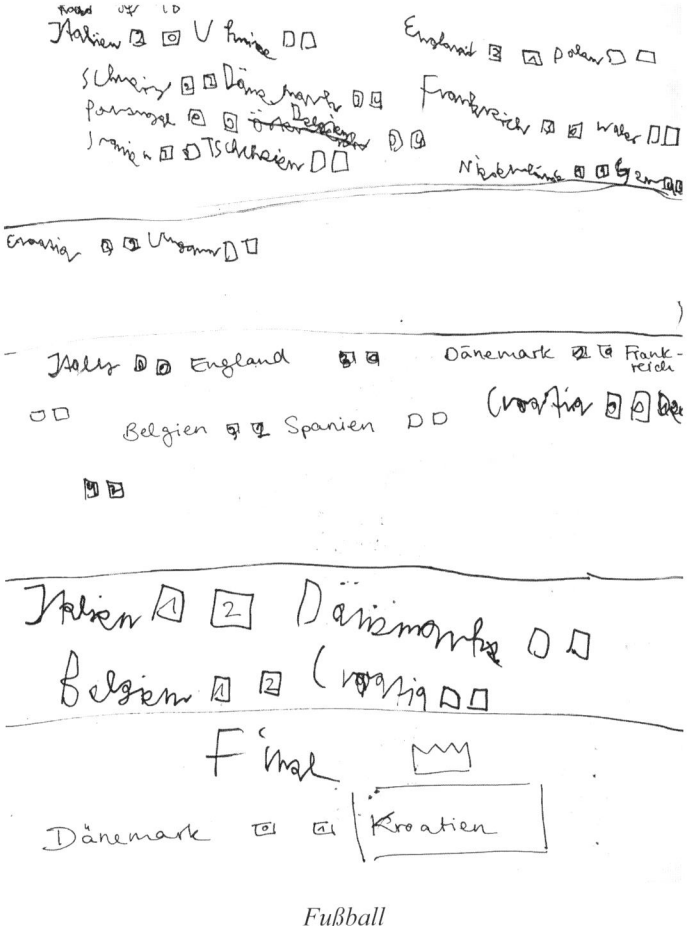

Fußball

In dem körperbetonten Sport konnten Zusammentreffen, Auseinandersetzung und Frustration gut verhandelt werden. Kyle fiel dabei kurzzeitig wieder auf die körperliche Ebene zurück, schubste, rannte, fiel oder wischte ärgerlich den Spielstand von der Tafel. Auch waren er und sein Selbstwert empfindlich abhängig von dem Ausgang des Spiels; so waren meine Tore meist aus dem Abseits erzielt worden oder sie zählten aus einem anderen Grund nicht. Doch dann fand er wieder zurück zu Worten: »When I win, I feel like the best person in the world – invincible«, und er fand neue Vorbilder und festigte Freundschaften: »I want to be the best player like Messi or Leo from my class.« Und er fand zur Realität zurück: »I think I'm one of the worst players in my class, but that's ok!«

Der Abschied

Der Abschied ist insbesondere für Kinder mit Verlusterfahrungen sehr schwierig, aber auch extrem wichtig. Daher haben wir diesen bereits sechs Monate vor dem Ende der Therapie begonnen vorzubereiten. Ein Auszug aus der vorletzten Stunde:

Kyle war in London gewesen und wollte mit mir die Reise nachspielen, wir zeichneten verschiedene U-Bahn-Pläne, die sich nun auch erstmals entwickelten, also über mehrere Blätter erstreckten und Straßen sowie Fußwege zeigten, also realer wurden.

Und das erste Mal fuhren wir tatsächlich umher. Wir setzten uns auf das Sofa und Kyle rief die Namen der Haltestellen in verstellter Stimme laut aus, ahmte die schließenden Türen und die Warnung davor nach. An unserem Ziel angekommen, z. B. London Bridge, fuhren wir bald weiter.

Als wir schon vieles gesehen hatten, rief ich ohne Nachzudenken: »I have an idea, let's go to the countryside.«

Kyle: »For real?! Ahhhrg just in the game... but ok!«

Und das taten wir, wir fuhren gemeinsam umher und sahen die Fußballspiele an.

Als das Stundenende nahte, sagte ich: »This will be our last travel together, I believe, next session is sadly our last one.«

Kyle erwiderte: »I'm gonna miss this!«

Und ich: »Me too!«

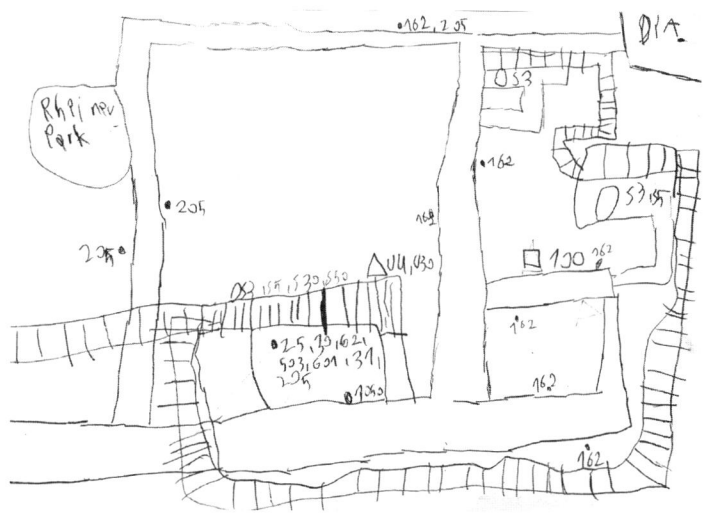

Londoner U-Bahn

Londoner U-Bahn

In dieser spielerischen Vorbereitung auf den Abschied werden Realität und Spiel klar differenziert. Die anstehende Trennung ist, anders als die vom Vater, besprochen und vorbereitet worden. Es kann formuliert werden, dass eine gemeinsame Reise zu Ende geht, aber die Erinnerung und die Zuneigung bleiben.

Zum Abschied schenkte er mir das Buch, das seine Mutter für ihn über sich und seinen Vater geschrieben und hatte illustrieren lassen. Im Einband hatte er Folgendes geschrieben:

> Dear Frau Kreis. 25.08.2022
>
> Thank you for helping me feel better after my Papa died and I moved to Germany.
>
> I will miss you!

Widmung im Buch

Resümee

Was konnte nun in der Therapie mit Kyle entstehen? Kyle kam nach Deutschland und hatte alles außer seine Mutter verloren, er musste sich hier zurechtfinden, neue Sicherheit und Beziehungsfähigkeit errichten, den Verlust von Heimat und Großeltern und den Tod seines Vater betrauern, wobei er durch seine frühen Verlusterfahrungen besonders ungeschützt und tief verunsichert war.

Dies gelang ihm zu weiten Teilen. Die zunächst unaussprechlichen Gefühle, die er über Motorik und Körper zu regulieren versuchte, konnte er im Laufe der Therapie in eine zunächst körperliche, dann spielerische und schließlich sprachliche Beziehung bringen.

Er konnte sich gut in die Latenz einfinden, fand Freunde, Hobbys und nutzte seine gute Kognition. Es gelang ihm, wieder Sicherheit in Beziehungen zu empfinden sowie eine innere Ordnung herzustellen, in der sein toter Vater Raum erhielt. In der Therapie konnte er Dankbarkeit über das Geschaffte zeigen und sich letztendlich gut aus der therapeutischen Beziehung verabschieden.

Theoretische Diskussion des Behandlungsfalls

Neben der in den Behandlungsverlauf eingewebten Theorie von Verena Kast zu Trauerprozessen, möchte ich nun folgende Aspekte beleuchten, welche Grundlage der Behandlung von Kyle waren: der Einbezug des Verständnisses zu Migration und Heimatverlust, die Theorie der zwei Systeme zur Selbstregulation des Ehepaars Novick sowie die körperliche Dimension in der Kommunikation und die Behandlungstechnik.

In Kyles Familie fanden eine Migration auf Großelternebene auf beiden Seiten, auf der Ebene der Eltern durch die Mutter und eine eigene Migration von Kanada nach Deutschland statt. Jede Migrationsgeschichte birgt sowohl Hoffnung auf ein neues und besseres Leben als auch einen Verlust des vertrauten Umfelds, der Verwandten, Freunde, Kultur und Sprache (Akthar, 2014, S. 27). So bringt jede Migrationsgeschichte auch Trauerarbeit mit sich, welche transgenerational an die Kinder weitergereicht wird (ebd., S. 28). Neben dem doppelten Heimatverlust, den Kyle transgenerational erfuhr, erlebte er einen frühen Mutterverlust. Diese geriet, aufgrund der eigenen brüchigen Beziehungserfahrung mit ihrer psychisch kranken Mutter, in Zustände im Sinne einer gestörten Responsivität (Tronick et al., 1978, S. 11f.), was Kyle vermutlich stark ängstigte. Ebenso waren der Kontakt und die emotionale Nähe zwischen Kyle und seiner Mutter, aufgrund ihrer schmerzenden Kaiserschnittnarbe und dem baldigen beruflichen Wiedereinstieg, eingeschränkt. Kyle entwickelte einen Objekthunger, den er progressiv umsetzte und durch den er auch schon als Kleinkind körperliche Nähe einforderte, auf Fremde zuging und diese herzte. Auch schon in früher Kindheit ist Kyle also aktiv; nahezu enthemmt suchte er nach Objekten. Dabei bekam er (zu) viel von Fremden und entfernteren Bezugspersonen, die gerne auf seine offene und herzige Art antworteten. Dies veränderte sich, als er nach Deutschland kommt, da distanzloses Verhalten von Fünfjährigen eher Irritation hervorruft als von Dreijährigen und sich die deutsche, distanziertere Kultur von der kanadischen unterscheidet. Kyle erhielt also viele Objektrepräsentanzen, durch Fremde und Betreuungspersonen, die er alle integrieren musste, wobei er vor allem auf der Suche nach Nähe und Spiegelung sowie körperlicher Entsprechung seiner Primärobjekte, also

Mutter und Vater, war. Von diesen erhielt er dies allerdings zu wenig, da sie oft körperlich abwesend waren. Als Kyle mit vier Jahren seinen Vater verlor und mit fünf einen Heimatverlust erfuhr, reaktivierte sich der frühe Mutterverlust. Nach Furman ist die Reaktion auf den Verlust unbelebter Objekte, in Kyles Fall das Haus, sein Zuhause, in dem er bisher gelebt hatte und in dem er seinen Vater verlor, intrapsychisch nicht nur die Reaktion auf den Verlust des Hauses, sondern »bildet einen Teil der Reaktion auf den Mutterverlust« (Furman, 1977, S. 52) bzw. Vaterverlust. Kyle verlor aber durch den Umzug nicht nur das Haus, welches er sehr vermisste, sondern auch Großeltern, weitere Betreuungspersonen, Kultur und Sprache. »Eltern sind entweder freiwillige oder unfreiwillige Migranten, Kinder jedoch immer ›Exilanten‹; sie können nicht entscheiden, ob sie gehen wollen oder nicht, und sie können auch nicht zurückkehren, wenn sie wollen« (Grinberg & Grinberg, 1990, S. 125). Kyles Großeltern und Mutter haben sich alle fünf entschieden, ihr Heimatland zu verlassen; dies taten sie allerdings freiwillig mit der Hoffnung auf ein besseres Leben. Kyle jedoch konnte nicht selbst entscheiden, wo er leben wollte, er war an sein verbleibendes Elternteil, die Mutter, gebunden. Nach Akhtar resultiert Immigration »in einen plötzlichen Wechsel von einer ›durchschnittlich vorhersehbaren Umgebung‹ [...] zu einer seltsamen und unvorhersehbaren« (2014, S. 27). Der Trauerprozess, der durch die Migration ausgelöst wurde, fiel bei Kyle mit der Trauer über den Vaterverlust sowie der Reaktivierung des Mutterverlustes zusammen (ebd., S. 28). Dieses heftige Zusammentreffen von reaktivierten und aktuellen Verlusterfahrungen überforderte Kyle und er versuchte, sich mit diesen überschwemmenden Gefühlen auf unterschiedliche Weise zu regulieren. So bemühte er sich, die körperliche Distanz zwischen ihm und seiner Mutter so gering und kontrollierbar wie möglich zu gestalten (verloren, haltsuchend, sich beziehungslos fühlend), was im Sinne der Nachträglichkeit verstanden werden kann (Kerz-Rühling, 1993, S. 931; Kirchhoff, 2009, S. 193ff.). Zudem bemühte er sich, die Gefühle über den Körper abzureagieren und zu regulieren, wie deutlich in den Spielsituationen zu erkennen ist, auf die ich später noch zurückkommen werde. Und er versuchte, die Situation zu kontrollieren, indem er sich omnipotent verhält und beispielsweise nach einem neuen Vater sucht.

Das omnipotente Verhalten kann mit der Theorie der zwei Systeme des Ehepaars Novick verstanden werden. Sie haben zwei Systeme der Selbstregulation und Konfliktlösung formuliert. Das »offene System, das realitätsbezogen ist und durch Begriffe wie Freude, Handlungskompetenz und Kreativität näher gekennzeichnet werden kann, und das geschlossene System, das durch Realitätsverlust, Sadomasochismus, Omnipotenz und Entwicklungsstillstand geprägt ist« (Novick & Novick, 2019, S. 16). Omnipotenz ist dabei differenziert zu betrachten. Sie ist eine »*Qualität*, die Wünsche, Gedanken oder auch Tagträumen zugeordnet werden kann« (ebd., S. 19). Das bedeutet, die Omnipotenz kann ein harmloses kindliches Vergnügen sein, wenn Kinder den Unterschied zwischen Illusion und Phantasien (innen) und Realität und Handlung (außen) halten können. Manchmal werden die kindlichen Phantasien von Omnipotenz aber tragischerweise durch äußere Faktoren scheinbar bestätigt, wie beispielsweise durch Krankheit, Trauma oder einen Todesfall. Dann entstehen oft omnipotente Phantasien, um mit dieser überfordernden Realität zurechtzukommen. Diese zielen darauf ab, das Kind vor überschwemmender Hilflosigkeit zu schützen, indem sie ihm suggeriert, die Eltern und die Situation kontrollieren zu können (ebd., S. 19). Das Ehepaar Novick definiert die Omnipotenz folgendermaßen: Sie »ist der bewusste und unbewusste Glaube an eine magische Kraft, die uns befähigt, die Grenzen der Realität zu überwinden, um andere zu kontrollieren, sie zu verletzen und sie unseren Wünschen zu unterwerfen« (ebd.).

Kyle reagiert zunächst völlig enthemmt und desorganisiert auf die heftigen Verlusterlebnisse und versucht geschlossen-systemisch, fremde und bekannte Männer dazu zu bewegen, »neue Väter« zu werden. Im Laufe der Therapie richtet er dann seine omnipotenten Kontrollversuche auf seine Mutter; sie soll eine »gute Mutter« sein, ihm körperliche Nähe spenden und ihn nicht verlassen (ebd.). In den Therapiestunden versucht er zunächst auch, mich zu kontrollieren, indem er mich belehrt, mich bei Begrenzung schlägt oder zwickt und indem er versucht, das Stundenende selbst zu bestimmen. Erst mit wachsender, therapeutischer Beziehung, in der er Verlässlichkeit, Kontinuität und Halt erfährt, kann er Abstand von seiner Großartigkeit nehmen, Begrenzungen anerkennen und offen systemisch seine Kompetenzen nutzen und auf narzisstische Verletzungen verbal reagieren.

Nun möchte ich auf den vorher erwähnten Versuch Kyles zurückkommen, seine überschwemmenden Emotionen körperlich zu regulieren. Kyles körperliche Bewegung – sein Rennen, Zwicken, Krampfen, Springen, Werfen, Raufen und Treten – rief auch in mir Bewegung und Reaktionen auf der körperlichen Dimension hervor. Jutta Westram schildert, dass »die Interaktion mit Kindern ohne ein konkretes Tätigwerden und körperliches Sich-Einlassen der Therapeutin kaum vorstellbar ist« (2013, S. 130). Frühe sozioemotionale Erfahrungen werden aufgrund der frühen Reife der rechten Hirnhälfte rechtshemisphärisch im implizit-prozeduralen Erinnerungssystem verarbeitet. Dieses frühe Beziehungswissen, welches »Affekte und Wörter – jene Wörter zumindest, die zwischen den Zeilen stehen« (Stern, 2005, S. 124) – und nonverbale Kommunikation und Körperausdrucksformen auch umfasst, kann »nur handelnd, also prozedural, ›erinnert‹ und kommuniziert werden« (Willerscheidt, 2018, S. 24f.).

Neuere Forschungsergebnisse versuchen herauszufinden, wie das implizite Beziehungswissen entsteht und welche Auswirkungen es hat. Der Begriff *embodied mentalizing* beschreibt die Fähigkeit, »den Körper als Sitz der Emotionen, Wünsche, Gefühle anzusehen« sowie die »Fähigkeit über die eigenen körperlichen Erfahrungen und Empfindungen sowie deren Beziehung zu den intentionalen mentalen Zuständen in sich selbst als auch bei anderen reflektieren zu können« (Lyten et al., 2012, S. 125). Shai und Belsky (2011, 2017) entwickelten ein nonverbales Messinstrument, das »Parental Embodied Mentalizing« (PEM), das sich rein auf die Körpersprache in dyadischen Interaktionen bezieht. In einer Studie konnte gezeigt werden, dass Mütter mit einer höheren verkörperlichten Mentalisierungsfähigkeit häufiger sicher gebundene Säuglinge hatten. In einer Langzeitbeobachtung zeigte sich, dass Kinder von Müttern mit einem hohen PEM-Score deutlich höhere soziale Fähigkeiten und bessere Regulationsfähigkeiten besaßen (Schulz-Venrath, 2021, S. 175f.).

Nach Schulz-Venrath ist »der Körper des Babys und des späteren Kleinkinds […] sozusagen die Grundlage des Lebens, der alle weiteren psychischen Funktionen trägt« (ebd., S. 182f.). Kommt es zu einer Überforderung oder Traumatisierung, kann dies also zu einer körpermodusbezogenen sekundären Bindungshyperaktivierung, wie bei Kyle, oder Bindungsdeaktivierung kommen. Beide gehen mit einer Beeinträchtigung des Mentalisierens einher (ebd., S. 177).

Kyle war nach dem Tod seines Vaters wieder auf die Körperebene zurückgeworfen. Er konnte sprachlich nicht ausdrücken, was ihn beschäftigte, und versuchte, seine Gefühle körperlich zu regulieren. Nach Stern wird nur ein Bruchteil der impliziten Erfahrungen im Laufe der kindlichen Entwicklung explizit (Willerscheidt, 2018, S. 25). Kyles traumatische Verlusterfahrungen und die damit verbundenen heftigen Affekte erschweren eine Versprachlichung dieser zusätzlich. Anders geht es seiner intellektuellen, sprachbegabten Mutter, welche den Kontakt auf kognitiver, reflexiver Ebene suchte, während Kyle auf der körperlichen Ebene eine verkörperlichte Mentalisierung benötigte, also eine Beantwortung seiner Gefühle auf Körperebene sowie haltgebende, strukturierende und erdende körperliche Interaktionen.

Grundlage einer analytischen Kinder- und Jugendlichen-Psychotherapie kann die Winnicott'sche Trias der »Primären Mütterlichkeit« sein, welche sich auch in der körperlichen Dimension fortführen und verstehen lässt (ebd., S. 41). Diese Trias umfasst Holding, Object-Presenting und Handling. Willerscheidt führt aus, dass die Therapeutin dem Patienten einen sicheren und zuverlässigen Raum bietet, welcher auch taktil beruhigende Interventionen beinhalten kann (ebd., S. 43). In Kyles Behandlung trifft dies beispielsweise auf die Berührung unserer Füße zu, wenn wir uns bei den Händen hielten, während er erzählte, oder wir dicht nebeneinander saßen, wenn er etwas malte oder vorlas. »Im Object-Presenting stellt sich der Kinderanalytiker – analog zur mütterlichen Fürsorge – innerlich darauf ein, die schöpferischen Impulse oder emotionalen Signale des Patienten aufzugreifen und gegebenenfalls in einer körperorientierten Handlung zu beantworten.« (ebd., S. 43) Hierbei sind allerdings die innere Beziehungsaktivität des Therapeuten und die analytische Haltung gemeint, aus welcher »konkrete Ausformungen einer wachstumsfördernden Intervention im Sinne des körpernahen *Handling* dem Patienten zu Verfügung gestellt werden« (ebd., S. 43). Mit Kyle geschah dies, wenn er beispielsweise rannte und ich ihn einfing, herumwirbelte oder jagte, um seinen Affekt in einen körperlichen Dialog zu bringen. Oder wenn er mich ansprang, ich ihn auffing, wir rauften, ich ihn auf dem Rücken trug oder auf das Sofa warf. Oder wenn er mich trat und ich verbal, aber auch mit meiner Körperhaltung und Mimik deutlich machte, dass dies nicht in Ordnung war. »Aufgrund der wechselseitigen aktiven Teilnahme ereignen sich beständig Enactments, die in der Stern'schen Konzeptfassung große Ähnlichkeit mit den Now-Moments (Begegnungsmomenten) haben« (ebd., S. 58). Diese Enactments oder Berührungsdialoge können im Sinne der Now-Moments zu hilfreichen und wegweisenden Interventionen genutzt werden.

Mit Kyle konnte in der analytischen Therapie über körperliche Interaktion, Berührungsdialoge und körperliches Spiel eine nicht kognitive, sondern sinnliche, geschickliche körperliche Kompetenz, im Sinne einer körperlichen Entsprechung zu anderen Körpern, in Kyle entstehen, welches sich in einem besseren sozialen Umgang mit Gleichaltrigen sowie einer körperlichen Kompetenz, dem Fußballspielen, manifestierte. Kyles Behandlung spiegelt wider, wie wichtig die implizit-prozeduralen Interventionen für die Behandlung von Kindern sind. Dennoch werden sie im wissenschaftlichen Kontext immer noch wenig diskutiert. Vielleicht aus Angst vor einem Türöffner für Intrusionen und Übergriffigkeit, jedoch wird dabei die Chance verpasst, über eine innere Abgrenzung zu sprechen, die nicht nur in der körperlichen Dimension unabdingbar ist.

Literatur

Akthar, S. (2014): *Immigration und Identität. Psychosoziale Aspekte und kultur übergreifende Therapie.* Gießen: Psychosozial.
Bowlby, J. (1983): *Verlust, Trauer und Depression.* Frankfurt a. M.: Fischer.
Bürgin, D. (1978): *Das Kind, die lebensbedrohende Krankheit und der Tod.* Bern: Hans Huber.
Finger, G. (1998): *Mit Kindern trauern.* Zürich: Kreuz.
Franz, M. (2002): *Tabuthema Trauerarbeit. Erzieherinnen begleiten Kinder bei Abschied, Verlust und Tod.* München: Don Bosco.

Furmann, E. (1977): *Ein Kind verwaist.* Stuttgart.
Gaddini, E. (2016): *»Das Ich ist vor allem ein körperliches.« Beiträge zur Psychoanalyse der ersten Strukturen.* Frankfurt a. M.: Brandes & Apsel.
Grinberg, L. & Grinberg, R. (1990): *Psychoanalyse der Migration und des Exils.* München: Psychologie Verlags Union.
Kast, V. (1997): *Trauern. Phasen und Chancen des psychischen Prozesses.* Stuttgart: Herder.
Kerz-Rühling, I. (1993): Nachträglichkeit. *Psyche – Z Psychoanal,* 10, 911–933.
Kirchhoff, C. (2009): *Das psychoanalytische Konzept der »Nachträglichkeit«. Zeit, die Bedeutung und die Anfänge des Psychischen.* Gießen: Psychosozial.
Lyten, P., Houdenhove, v. B., Lemma, A., Target, M. & Fonagy, P. (2012): A mentalization-based approach to the understanding and treatment of functional somatic disorders. *Psychoanalytic Psychotherapy,* 26(2), 121–140.
Mitscherlich, M. (1987): *Erinnerungsarbeit. Zur Psychoanalyse der Unfähigkeit zu trauern.* Frankfurt a. M.: Fischer.
Novick, J. & Novick, K. K. (2019): *Die Freiheit des Selbst. Zwei Systeme der Selbstregulation in der psychodynamischen Therapie und der Persönlichkeitsentwicklung.* Frankfurt a. M.: Brandes & Apsel.
Schultz-Venrath, U. (2021): *Mentalisieren des Körpers.* Stuttgart: Klett-Cotta.
Stern, D. N. (2005): *Der Gegenwartsmoment. Veränderungsprozesse in der Psychoanalyse, Psychotherapie und Alltag.* Frankfurt a. M.: Brandes & Apsel.
Weiss, S. (2006): *Die Trauer von Kindern, Jugendlichen und jungen Erwachsenen um den verstorbenen Vater.* Dissertation, LMU München: Fakultät für Psychologie und Pädagogik.
Westram, J. (2013): Arbeitsfeld analytische Kinder- und Jugendlichenpsychotherapie. In: P. Geißler & G. Heisterkamp (Hrsg.): *Einführung in die analytische Körpertherapie.* Gießen: Psychosozial, S. 130–135.
Willerscheidt, J. (2018): *Der Körper in der analytischen Therapie von Kindern und Jugendlichen.* Göttingen: Vandenhoeck & Ruprecht.
Tronick, E., Als, H., Adamson, L., Wise, S. & Brazelton, T. B. (1978): The infant's response to entrapment between contradictory messages in face-to-face interaction. *Journal of American Academy of Child Psychiatry,* 17(1), 1–13.

Anna M. Nicolò
(Rom)

Auf den Körper einwirken, mit dem Körper agieren in der Adoleszenz

Vorwort

Die meisten Psychoanalytiker stimmen mit Freuds Behauptung überein, dass »das Ich in erster Linie ein Körperliches ist, es ist nicht nur eine Oberflächlichen-Entität, sondern auch die Projektion einer Oberfläche, und […] das Ich leitet sich letztlich aus körperlichen Empfindungen ab, vor allem aus Empfindungen von der Oberfläche des Körpers« (Freud, 1922).

In diesen beiden Aussagen sind im Kern mögliche Entwicklungen enthalten, die sich erst jetzt in ihrer Bedeutung zeigen. Bis heute fehlt eine allgemeine Theorie zu diesem Thema, die die Funktionsweise der untrennbaren Einheit von Körper und Geist erklärt und ihre Charakteristiken und klinischen Impacts verdeutlicht, die zunehmend häufiger werden, weil durch die heutige Gesellschaft körperbezogene Probleme fast epidemisch geworden sind. Auch heute debattieren wir über zwei Ansichten: über den Körper, der wir sind, und den Körper, den wir haben. Der Psychoanalytiker Winnicott, der vor allem ein Vorreiter einer einheitlichen Konzeption des Körper-Geist-Binoms war, sprach von einer »psychosomatischen Kollusion« und bekräftigte damit, dass die Persönlichkeitswerdung ein Prozess ist, das Ergebnis der Durchdringung (Einwohnung) der Psyche in das Soma (1949). Unterstützt wird dieser Prozess durch die Tendenz zur Integration mit ihren alternierenden Phasen der Nicht-Integration und ist das Ergebnis des Umgangs der Mutter mit ihrem Kind, der mütterlichen Manipulation während der Haltephase, der Phase der absoluten Abhängigkeit. Die Entwicklungspsychologie und die Säuglingsforschung haben Winnicott's Theorien bestätigt. Damit existiert nun ein neuer neurokognitiver Ansatz, der von einer anderen Perspektive ausgeht als die kognitive Neurowissenschaft der Vergangenheit. Nach dieser neuen Orientierung fällt dem Körperausdruck bei der Gestaltung des Austauschs mit Anderen eine zentrale Rolle zu, wobei die zunächst implizite Intentionalität in der Bewusstwerdung des Selbst und des Anderen allmählich an Explizität zunimmt« (Ammaniti & Ferrari, 2020, S. 75). Diese Entdeckungen wurden von Winnicott selbst vorweggenommen, der betont hatte, dass die Interaktion mit der Umwelt für das Selbst des Kindes konstitutiv ist, und dass das Kern-Selbst, wie es aus der Beziehung des Kindes zur Mutter hervorgeht, durch einen kontinuierlichen Prozess (»going to being«) die Integration zwischen Soma und Psyche impliziert. Der Körper, der Geist und die Umwelt sind von daher drei Hauptakteure in diesem Szenario. Die Umwelt übt ihre eigenen Reize aus, die die Entwicklung des Organismus lenken und formen werden; das Soma wird die Quelle der Reize sein, die der Verstand integrieren und schrittweise symbolisieren wird. Es gibt demnach einen aktuell gelebten Körper, einen symbolisierten Körper und einen vom Anderen gespiegelten Körper, und diese drei Dimensionen stehen in kontinuierlicher, wechselseitiger Beziehung. Der aktuell gelebte Körper ist in erster Linie der Körper, der sensorische und kinästhetische Reize erzeugt, von denen die taktilen Reize für die Abgrenzung der Körperoberfläche und damit der Haut entscheidend sind. Mit ihrer Feststellung, dass Empfindungen, die mit Körperfunktionen und -rhythmen zusammenhängen, unbewusste Phantasien hervorrufen, nahm Susan Isaacs die heutigen Erkenntnissen um viele Jahrzehnte voraus. Sie fügte hinzu, dass »die ersten Körpererfahrungen die ersten Erinnerungen evozieren und die äußeren Realitäten aus dem Netz der Fantasien gewoben werden« (Ammaniti & Ferrari, 2020, S. 78). Die Empfindung ist also das physische Substrat der Phantasien. Aber schon vor Isaacs (1943) hatte Melanie Klein davon gesprochen, dass Erinnerungen in Empfindungen enthalten sind, »Erinnerungen in Gefühlen«. Die Verbindung zwischen diesen drei Dimensionen, zwischen den Körperempfindungen, dem symbolisierten Körper und dem Körperbild, ist von entscheidender Bedeutung.

Körper und Adoleszenz

In der Adoleszenz kommt dem Körper und seinen Veränderungen mehr als in anderen Lebensabschnitten eine strukturierende Bedeutung zu. Die Adoleszenz ist nicht nur eine Lebensphase, sondern vielmehr eine Art Enzym, das unseren Geist zu neuen Funktionen anregt (Nicolò, 2019). Die Adoleszenz und ihr Funktionieren im Geist zuzulassen, ist ein komplexer Prozess, der zu Konflikten und Ängsten führt, und vieles kann in dieser Phase neu verhandelt werden, sodass in manchen Fällen, Geschichte neu beginnen kann. Wenn wir also zum Zeitpunkt der Geburt von der Durchdringung der Psyche in den Körper sprechen, dann ist es in der Adoleszenz der Körper, der sich der Aufmerksamkeit des Geistes aufdrängt (Ferrari, 1992). Eine der evolutionären Aufgaben des Menschen besteht darin, das Neue des veränderten, sexualisierten Körpers zu akzeptieren und zu integrieren. In der Adoleszenz tauchen neue Empfindungen auf, die noch nie zuvor erlebt wurden. Sie stehen im Zusammenhang mit der Transformation in der Pubertät: Hormonelle Durchtränkung, Muskelwachstum, neuer Körperbau, sexuelle Reifung und die neuen Erfahrungen im Zusammenhang mit der Menarche, der Pubarche und der sexuellen Initiation sind einige der Ereignisse, die neue Empfindungen hervorrufen. Insbesondere die sexuelle Initiation löst neue Empfindungen aus, die manchmal als befremdlich erlebt werden (Laufer, 2002; Nicolò, 2011). In der Adoleszenz entwickelt sich dann eine neue Sensorik und Sinnlichkeit, die sich auf frühere Erfahrungen stützt. So stimuliert die neue Sinnlichkeit sensorische Erinnerungen an Kindheit und das prä- und postnatale Stadium und erlaubt, möglicherweise, die Entstehung einer neuen Integration. Gutton unterscheidet mit großer Präzision zwischen Pubertät und Pubertarius. Die Pubertät ist ein körperliches Ereignis und der Pubertarius ist für die Psyche das Äquivalent zu dem, was die Pubertät für den Körper ist (Gutton, 2008). Kurz gesagt, diese Gefühle sind neu, aber die neuen, noch nie zuvor erlebten Erfahrungen der Pubertät kehren auf jeden Fall zu den frühen zurück, insbesondere zu den primären, und manchmal gelingt es, den letzteren eine neue Ausrichtung zu geben, beispielsweise durch eine bessere Integration. Es handelt sich dabei um einen psychologischen und neurologischen Subjektivierungsprozess, den Monniello (2016) in Anlehnung an das Konzept von Cahn u. a. als Neuro-Subjektivierung definiert und den Cahn »als einen Prozess der Differenzierung beschreibt, der es erlaubt, […] sein eigenes Denken zu haben, sich seinen eigenen geschlechtlichen Körper anzueignen, seine eigenen kreativen Fähigkeiten und Einstellungen zu nutzen, um sich selbst als lebendige Einheit darzustellen« (Cahn, 2013, S. 9). Neue Empfindungen werden in diesem Alter auch durch Masturbation und Sexualität erfahren. Lustvolle Liebes- und Sexualerfahrungen der Heranwachsenden tragen durch die Erfahrung mit dem Anderen zur Selbstakzeptanz und zum emotionalen Wachstum bei und führen zur Abgrenzung des Körpers von dem der Eltern. Diese Erfahrungen ermöglichen dem Adoleszenten einen weiteren Schritt zur Integration seines sexuellen Körpers. Aber diesen neuen Empfindungen ging von Anfang an die sinnliche Investition der Mutter in das Kind voraus. Sensorische Erfahrungen, die mit dem Hören, Sehen, Riechen, Berühren, Berührt-Werden in Verbindung stehen und somit Haut und Körpertemperatur definieren, benötigen mütterliche Zuwendung, um integriert zu werden. Dieser Prozess ermöglicht die libidinöse Investition des Kindes in den eigenen Körper und das Entstehen einer gesunden Sinnlichkeit. Elsa Schmid-Kitsikis unterstreicht die Bedeutung der Sinnlichkeit und stellt fest, dass durch die Beziehung zum Anderen, durch die zärtliche Fürsorge der Mutter, »Sinnlichkeit auch sinnliches Verlangen (Begehren) stimuliert und an sich bindet« (2005, S. 395). Das Fehlen dieser frühen Erfahrung »hält das Kind in einem Zustand der Erregung und den Adoleszenten in einem desaströsen Zustand, wenn er mit irgendeiner Form der Penetration konfrontiert wird, sei es sexuell, verbal oder in der Beziehung« (2005, S. 393). Die Erfahrung der Sinnlichkeit ist also durch zwei Seiten gekennzeichnet, eine zur Innenwelt und eine zur Außenwelt und dem Anderen. Aber wenn es für das Kind zunächst die Mutter ist, die diesen Prozess begünstigt, so ist es in der Adoleszenz, wenn die Eltern verlassen werden müssen und der Sturm der neuerlichen ödipalen Erregung einsetzt, der Andere, das neue Objekt, der Partner, der enge Freund, der Lehrer, die Gruppe, die eine entscheidende Rolle spielen.

Der symbolisierte Körper

Die Adoleszenz ist durch eine drastische Infragestellung der bisherigen Identifikationen und auch der bisherigen Repräsentationen gekennzeichnet (Cahn, 1999). Der Adoleszente muss sich neue Repräsentationssysteme schaffen, die die Veränderung des Körpers, neue Objektbesetzungen und die neuen anstürmenden Gefühle widerspiegeln. Dies ist ein komplexer, anstrengender und manchmal sogar schmerzhafter Prozess, da das Neue verstörende Eigenschaften haben kann. Um diese Aufgabe zu bewältigen, wird der Adoleszente die neuen Empfindungen nutzen, die den archaischen Implantat ähnlich zugefügt wurden, aber er wird sie symbolisieren müssen, um sie gegenüber dem eigenen Selbst zu vertreten. In gewisser Weise vollzieht er damit eine Analogie zu dem Prozess, den er bereits zu Beginn seines Lebens in der Beziehung zu seiner Mutter erfahren hat. Der langsame Übergang von Empfindungen zum Denken, zu den Repräsentationen, wird von vielen Autoren beschrieben. So weist zum Beispiel Piera Aulagnier darauf hin, dass Sehen, Hören und Schmecken eine Quelle der Freude oder des Unbehagens sein und im letzteren Fall abgelehnt werden kann und dass manchmal sogar die Bedeutung des Organs abgelehnt wird, das die Quelle des Unbehagens ist (de Mijolla-Mellor, 1998, S. 114–115). Aber all dies wird das Ergebnis eines Prozesses sein, der von zwei Akteuren gestaltet wird und bei dessen Entfaltung der Andere immer notwendig sein wird. Angesichts dieser Umwälzungen können Vernichtungs- und Todesängste auftreten, die den adoleszenten Geist herausfordern. Da der Adoleszente in diesem Kampf um ein neues Repräsentationssystem scheitern kann, kommt es, unter Umständen, zu einer vorübergehenden Depersonalisierung. In anderen Fällen kann der Heranwachsende eine früh erlebte Abwesenheit erneut erfahren und das öffnet den Weg für eine gefährliche Rücknahme der Objektbesetzung, bis hin zum Verlust seiner Repräsentation. Diese Heranwachsenden zeigen dann ihr Leiden, Gefühle der Sinnlosigkeit und Destruktivität. Die symbolische Reorganisation des Körpers stellt somit die letzte Phase eines komplexen Arbeitsvorgangs dar, der zwar in den archaischen Empfindungen wurzelt, aber dank des Austausches mit dem Anderen und seiner Spiegelung zu der Fähigkeit führt, den Körper zu denken und zu symbolisieren. Manchmal kommt dieser komplexe Prozess zum Stillstand; dann wendet sich der Heranwachsende in dem Versuch, sich an Erfahrungen zu klammern, die dem Selbst Halt geben und eine gewisse Identität vermitteln, dem Bild zu, um eine narzisstische Stabilität und die Spiegelung zu finden, an der es zu Beginn fehlte. Auf der Suche nach Existenzberechtigung und Spiegelung nutzen junge Menschen heute das Bild viel stärker als früher. Unsere Kultur ist auch eine Kultur des Bildes und mit Sicherheit definiert sich Identität heute unter anderem auch über den ästhetischen Aspekt. Problematisch wird es, wenn sich der Adoleszente unter seiner ästhetischen Identität nicht findet. Er wird dann mit einer kontinuierlichen und krampfartigen Suche reagieren, die ins Leere läuft. Der Mythos von Narziss und Echo scheint eine Darstellung dieses Prozesses zu sein, in dem Rückzug aus der Beziehung zum Anderen und eine sensorische Desorganisation, die zur Transformation des Körpers führt, bestimmend sind. Bekanntlich stürzt Narziss, der in sein Ebenbild verliebt ist und niemanden außer sich selbst lieben kann, ins Wasser und kommt um, woraufhin er in eine Blume, die Narzisse, verwandelt wird. In ähnlicher Weise verwandelt sich die verliebte, aber von ihm abgewiesene Echo in einen Stein oder, in einer anderen Version des Mythos, in einen Klang, das Echo. Beide betreiben auf diese Weise eine Art sinnliche Auflösung und körperliche Demontage. Der Andere ist verschwunden: Narziss betrachtet sich selbst im Wasser; zum ersten Mal sieht er sich selbst und niemanden sonst. Niemand hat ihn je zuvor gespiegelt. So kann er sich selbst in seiner Identität nicht erkennen.

Auf den Körper einwirken, mit dem Körper handeln

Der Kampf um die Bestimmung der Identität in unserer heutigen Gesellschaft verstärkt das Bedürfnis, sich an den Körper zu klammern, um sich in der Realität zu verankern, und verleiht dem Handeln und Handlungen eine Bedeutung, die den Prozess der Symbolisierung ersetzt. Mobbing und neue Formen der Jugendsexualität gehören zu den Phänomenen, die unsere Gesellschaft und Kultur herausfordern. Handlungen ersetzen das Reflektieren und Verbalisieren und übernehmen den Denkraum mit einer affektiven Entfremdung vom Körper. Heranwachsende zeichnen sich heute dadurch aus, dass sie oberflächliche, auf den Augenblick bezogene und flüchtige sexuelle Kontakte eingehen. Solche Kontakte ermöglichen das Erleben von Empfindungen und sind ein Mittel, um mit anderen darüber zu sprechen. »Adoleszente privilegieren also

Empfindungen anstelle des Erlebens einer Beziehung zum Anderen« (Gutton, 2004, S. 218) mit ihrem Reichtum und ihrer Kreativität, aber auch mit den natürlichen Grenzen, die sich in der Beziehung zum Anderen ergeben. In den meisten Fällen und bei günstiger Entwicklung können diese Prozesse dem Adoleszenten auch zur Bewältigung der Angst vor dem Verlust des kindlichen Körpers und der primären Beziehung zur Mutter verhelfen. Dies generiert einen allmählichen Übergang zu einer reiferen Sexualität, die den Aufbau eines persönlicheren »sexuellen Szenarios« erlaubt und auch ein Gefühl der Kontinuität mit der eigenen Kindheitsgeschichte vermittelt. Manchmal kommt es aber auch zu einer Art affektiven Distanzierung vom Körper. Der Körper wird zu einem »Objekt der Sprache«, zu einer »Quelle von Empfindungen«, nicht integriert im Denken und somit nicht in der sich entwickelnden Subjektivität des Adoleszenten. Der Adoleszente betrachtet sich selbst wie außerhalb seiner selbst, er ist der Zuschauer seiner selbst und existiert im Gefühl, in den Empfindungen, die er auf der Hautoberfläche spürt, von außen gesehen oder auf der sensorischen Ebene erlebt. In diesem Szenario verspüren manche Heranwachsenden einen Hunger nach Empfindungen und Sinnesreizen, um eine Art Körperbild zu konstruieren, das ihnen die Illusion einer stabilen Identität vermittelt. Die Suche nach einem perfekten oder akzeptabel erscheinenden Körper ist eines der aktuellsten Probleme der heutigen Jugend, auch weil, wie Alessandra Lemma (2005) betont, der Körper heute manipuliert, verändert, verleugnet und omnipotent rekonstruiert werden kann. Unsere heutige Gesellschaft vervielfacht die erregenden Reize, die von außen kommen, und nötigt damit zu einem Mehr an Integration und Verarbeitungsmöglichkeiten. Wenn Adoleszente diese Gefühle und Erregungen nicht »verknüpfen« können und kein Objekt finden, um sie zu ordnen und zu containen, werden sie versuchen, sie durch vermehrtes Agieren loszuwerden.

Der verstoßene und verfolgte Körper

Wenn diese Aufgabe nicht gelingt, wird die Möglichkeit des Zusammenbruchs konkret. An diesem Punkt gehen Körper und Geist in Opposition zueinander (Lombardi, 2021) und es ist, als ob der Körper selbst eine verfolgende Bedeutung annimmt (E. Laufer, 2002, S. 369). Das gilt aber auch für den Anderen und für dessen Blick. Der Körper wird fremd und extraterritorial, wie Gutton (2003) es ausdrückt. Der Adoleszente fühlt sich von neuen, vor allem sinnlichen Empfindungen bedrängt, die er als von außen, aber vor allem von innen kommend empfindet. Diese Empfindungen können angenehm, verführerisch, aber auch massiv, beängstigend, beschämend, aufdringlich sein, wenn man nicht die Fähigkeit besitzt, sie zu modifizieren, zu integrieren, durchzuarbeiten. Eine mögliche Abwehr ist dann die Leugnung der »realen« Körpererfahrung und das verändert unweigerlich die Realitätsprüfung. Von da an ist es die Realität selbst, die verleugnet wird. Der Heranwachsende muss dann zwischen zwei Möglichkeiten wählen: zwischen der aktiven Wiederinbesitznahme des eigenen Körpers und den eigenen Wünsche einerseits und der Blockierung des Wachstums und damit der Aufrechterhaltung des »allmächtigen Phantasmas der Vereinigung oder Verschmelzung mit dem idealisierten präödipalen Körper der Mutter« andererseits (E. Laufer, 2002, S. 370). Der Junge kann dann in eine Stand-by-Situation geraten, eine Pattsituation, schwankend zwischen der Angst vor dem Verlust des kindlichen Körpers und der Integration des neuen, sexuell reifen Körpers. Da entsteht panische Angst, die Kontrolle über den Körper zu verlieren, oder die ebenso große Angst, die Kontrolle über den Verstand zu verlieren. Dies ist einer der Gründe für die zunehmende Häufigkeit psychotischer Zusammenbrüche in der späten Adoleszenz, obwohl auch andere Herausforderungen wie die Bewältigung entwicklungsbedingter Trauerprozesse und die Integration von Aggressionen zu diesen Problemen beitragen können. Wir können davon ausgehen, dass es zum Zusammenbruch kommt, wenn der Adoleszente nicht in der Lage ist, diesen Ansturm neuer Empfindungen und Erfahrungen zu integrieren. Aber das ist noch nicht alles! Tatsache ist, dieser Ansturm neuer Empfindungen bedroht ja eine bisher nicht voll integrierte Persönlichkeit. Es gibt demnach Situationen, in denen das Festhalten am Körper das Überleben sichert. Manchmal wird der Körper als Abwehr gegen einen möglichen Zusammenbruch eingesetzt. Wir können dies in einem klinischen Fragment sehen:

Giovanni ist 17 Jahre alt und reist in ganz Italien herum, weil er glaubt, dass seine Ohren schlaff sind. Er wird schließlich in einer Stadt in Mittelitalien operiert. Danach wird er an der Nasenscheidewand operiert, aber seine Angst geht weiter, und jetzt ist sie in seinen Augen. Er glaubt, dass seine Klassenkameraden und Mädchen wegen dieser körperlichen Mängel kein gutes Verhältnis zu ihm haben. Er meint, seine Augen seien starr, sein Blick sei eingeschränkt, aber wehe, wenn er sagt, dass er vielleicht eine andere Art von Blick meint. Ein Augenarzt aus einer kleinen Stadt, die weit von seinem Dorf entfernt ist, empfängt ihn einmal im Monat und gibt ihm Übungen zur »Umziehung der Augenbewegungen«, die seine Ängste zu lindern scheinen. In der Zwischenzeit unternimmt er Reisen, die ihm eine gewisse Distanz von seinen Eltern ermöglichen, die beunruhigt realisieren, dass sie seine Eigenart tolerieren müssen.

Was ist der Grund für dieses dysmorphophobische Symptom? Man könnte hier von der Existenz »psychotischer Inseln« (Rosenfeld, 1998) sprechen, die sich in einem Organ oder einem Körperteil konzentrieren und auf diese Weise vor dem Eindringen der psychotischen Angst schützen können. Sind wir konfrontiert mit

1) einem als hässlich und unvollkommen empfundenen Körper, der der Welt die Hässlichkeit des Selbst, sein Unvermögen, seine Impotenz vor Augen führt (Lemma, 2012)?
2) Sieht sich Giovanni konfrontiert mit einem idealisierten und unerreichbaren Körper?
3) Oder versucht er, indem er diesen Teil des Körpers auf besondere Weise besetzt, eine Art Wiederaneignung zu erreichen?

Auf jeden Fall ist diese Art von Regression, durch die der Patient seine Sinnesorgane erforscht und sie von Zeit zu Zeit voneinander trennt, eine Abwehr gegen eine allumfassende Desintegration, die er zu vermeiden sucht, indem er sich in konkreter Weise auf jeweils ein Organ konzentriert.

Der monströse, fremde, abgelehnte Körper des Transgender

Ich wende mich nun einer anderen Dynamik von aktueller Bedeutung zu, bei der es um die Kongruenz zwischen Körper und Psyche geht, dem »Transgender«-Phänomen. Wir stehen vor einem Rätsel, das unsere diagnostischen Kategorien und den Kanon, auf den sich die Psychoanalyse in Bezug auf die Geschlechtsidentität stützt, in Frage stellt. In Bezug auf viele dieser Fälle müssen wir uns fragen: Ist es der Pubertätskonflikt, der die Geschlechterfrage hervorgebracht hat, mit der sich der Patient gegen die Dekompensation wehrt, oder ist es vielmehr ein tiefer Kern der Geschlechtsidentität, der den Pubertätskonflikt und den Hass auf den sexuellen Körper hervorgebracht hat, in dem sich der Patient in seinem Selbst nicht erkennt (Nicolò, 2021)? Betrachten wir diese Frage anhand des Beispiels von Valentino.

Valentino hatte im Alter von 14 Jahren eine Transition begonnen, mit der Absicht, das Geschlecht zu ändern, um ein Mädchen, Vania, zu werden. Valentinos Vater war drei Jahre zuvor an einem fulminanten Herzinfarkt gestorben. Der Mutter, von Beruf Ballettlehrerin, gelang es über die Zeit, sich zu öffnen und deutlich zu machen, dass sie und ihr Mann sich immer eine Tochter gewünscht hatten. Als Valentino als Kind Interesse an weiblichen Gegenständen gezeigt hatte, schlug sein Vater ihm sofort vor, sich als Mädchen zu verkleiden, was das Kind entschieden ablehnte. Valentino hatte einen Zwillingsbruder, der unter psychischen Problemen und an Morbus Crohn litt. Mit Beginn der Pubertät hatte Valentino starke Meinungsverschiedenheiten mit seinem Vater, vielleicht auch in dem Versuch, sich selbst zu behaupten. Sein Vater hatte die Ankunft der Zwillinge nie akzeptiert, da er sie als eine große Verpflichtung und finanzielle Belastung ansah. Valentino hatte den starken Wunsch, geliebt und akzeptiert zu werden, und man kann sich fragen, ob dies nicht ein Anstoß für die Fantasie war, das von den Eltern gewünschte Mädchen zu sein. Damit schützte er sich vor Leere und dem Gefühl des Todes. Für den Analytiker war die erste Begegnung mit Valentino sehr beeindruckend. Der Junge mit seiner mickrigen Figur präsentierte sich schwarz gekleidet und mit schweren schwarzen Militärstiefeln. Er schien zu hinken, eine Schulter hing tiefer als die andere; er war dünn und seine Haare waren lang und schmutzig. Er erklärte, dass es seine Priorität sei, das Geschlecht zu wechseln, und dass er sich dadurch besser fühlen würde, wie nach einer Art magischen Leistung. Sein Hauptproblem sei, es den Anderen mitzuteilen, seinen Mitschülern, seinen Lehrern. Er erzählte, dass er sich als Kind weiblich gefühlt, dies aber irgendwann vergessen hatte. Dann habe ihn ein Traum zu diesem verdrängtem Erleben zurückgebracht: Er sei als Mädchen aufgewacht und habe sich seiner Mutter vorgestellt, die vor Angst zu schreien begonnen habe. Sofort habe er seinen Wunsch, das Geschlecht zu ändern, wie eine Wiedergeburtsfantasie aussehen lassen: als ob er sich von einer Raupe in einen Schmetterling verwandeln könne. Er sprach von Kleidern und Handtaschen und davon, dass er ein helles, leuchtendes Kleid wolle, gelb, hellblau oder türkis. Es fiel ihm schwer zu warten, auch mit dem Beginn der Hormonbehandlung. Schon bei der bloßen Vorstellung, dass er sich im Traum gewünscht hatte, nur als Frau aufzuwachen, hatte es ihn vor Freude geschaudert. Er hatte dann gesagt, dass er seinen Penis nicht mehr akzeptieren und sich nicht mehr ansehen könne. Jeder Aspekt der Vergangenheit erschien ihm leer, hässlich, sinnlos; selbst die Gegenwart war eine vergeudete Zeit. Er hatte schon so viel von seinem Leben als Mädchen, das nicht stattgefunden hatte, verpasst: Die erste Menstruation stellte er sich als romantischen, schönen Moment vor, der in eine zarte, märchenhafte Aura gehüllt war. Nur seine virtuellen Freunde verstanden und unterstützten seinen Wandel, und er stellte sich vor, sich ihnen nur mit dem Körper einer Frau präsentieren zu können. Während Valentino sprach, ertappte sich der Analytiker dabei, wie er überrascht auf dessen dünne Beine schaute – auf den einzigen Teil des Körpers, der feminin wirkte. Es schien, als wolle Valentino den Analytiker in der Übertragung das verstörende Fremdheitsgefühl wahrnehmen lassen, das in ihm in der Verbindung von subjektiver Erfahrung des Im-Körper-Seins (Lemma, 2015) und seinem äußeren Körperbild entstanden war.

Kommentar

Was ist in diesem Beispiel von Valentino die wahre Natur des Wunsches, das Geschlecht zu wechseln? Handelt es sich um seinen echten Wunsch oder eher um das Derivat eines mit der »Umwelt« geteilten Tagtraums, im Versuch, die Realität außer Kraft zu setzen? Wie wir aus dem klinischen Fall ersehen können, war das Körperbild, das der Vater Valentino bestätigt hatte, als er ihm Frauenkleider anbot, das einer Frau. Valentino hatte es mit Schreien und Ablehnung beantwortet, aber der plötzliche Tod seines Vaters hatte eine unüberwindliche Trauer ausgelöst, die ihn dazu brachte, den Wunsch seines Vaters anzunehmen, das Bild, das sein Vater ihm zurückgespiegelt hatte. Bei der ersten Sitzung war Valentino schwarz gekleidet, um die Trauer zu symbolisieren, die sein Leben geprägt hatte. Seitdem, seit dem Tod seines Vaters, hatte sich das Körperbild vom somatischen Körper gelöst und vielleicht seine Resymbolisierung verhindert.

Abschließende Überlegungen

Valentinos Fall – und der vieler anderer – wirft für uns wichtige Fragen auf. Wir wissen, dass es eine Art Transgender-Entscheidung gibt, eine Art von Transgender-Identität, über die heute viel diskutiert wird. Das PDM nimmt diesen Zustand nicht in die Liste der Pathologien auf, und viele betrachten ihn heute als eine »normale Variante des menschlichen Ausdrucks« (Lingiardi et al., 2020). Es gibt aber noch andere Situationen, die unsere klinische und ethische Position komplex machen. Manche Patienten gehen mit der Transgender-Entscheidung einem archaischen psychotischen Kern oder dem Bild eines monströsen inneren Kindes, das sie hassen und auslöschen wollen, aus dem Weg. In diesen Fällen ist die omnipotente Entscheidung, die Realität zu modifizieren und sie der jahrelang aufrechterhaltenen Fantasie anzupassen, offensichtlich. In anderen, seltenen Fällen haben wir es mit Patienten zu tun, für die sich eine frühe und damit lange zurückliegende, individuelle wie auch durch das Umfeld bedingte massive traumatische Erfahrung nachweisen lässt, kurz gesagt, eine Traumaerinnerung in ihrem Körper, wie sie uns die jüngsten Forschungen bei traumatisierten Patienten gezeigt haben (Leuzinger-Bohleber, 2008). Der Körper wird dann in der Erfahrung dieser Menschen zu etwas, das mit ihrem inneren Erleben nicht übereinstimmt. Ein Gemütszustand, der mit der »gelebten«, subjektiven Erfahrung des Selbst unvereinbar ist und den wir als Gefühl eines körperlichen Selbst definieren könnten, das nicht im Körper verankert ist. Viele Vorgänge betreffen den Körper: seinen Gebrauch, seine symbolische Wiederaneignung, auch viele Pathologien betreffen heute den Körper, weil der Körper der Grundstein ist, auf dem wir alle ruhen; und in einer Zeit, in der es viele Faktoren gibt, die den Körper zerbrechlich machen und die Identität in Frage stellen, bleibt er eben doch ein Anker. Dies erklärt, warum es viele psychische Pathologien gibt, die mit dem Körper zusammenhängen, wie die Magersucht, bei der der Körper aus vielen Gründen verleugnet wird. Ein weiteres häufiges Phänomen, das durch seine Rohheit und Brutalität verblüfft, ist die Selbstverletzung, bei der die Haut aufgeschnitten und geritzt wird, um einen als hässlich und verfolgend empfundenen Körper anzugreifen oder, im Gegenteil, ihn als Behälter für körperlichen Schmerz zu benutzen, der den Patienten vor einem psychischen Schmerz bewahrt. Als Kliniker beobachten wir mehr und mehr die zentrale Bedeutung des problembehafteten Körpers nicht nur als Ausdruck des individuellen Funktionierens, sondern auch als Spiegel der sozialen und kulturellen Veränderungen, die uns charakterisieren.

Übersetzung aus dem Englischen von Ulrike Simon, München
(Für die Unterstützung in der Übersetzungsarbeit
geht ein besonderer Dank an Ulrike Stopfel und Carla Weber)

Literatur

Ammaniti, M. & Ferrari, P. F. (2020): *Il corpo non dimentica*. Mailand: Cortina.
Anzieu, D. (1985): *L'Io-pelle*. Roma: Borla, 1987.
Aulagnier, P. (1975): *La violenza dell'interpretazione*. Rom: Borla, 1994.
Bonaminio, V. (2009). *Die Psyche, die im Körper wohnt. Zustände der Integration, Desintegration und der primären Identifikation*. Vortrag zur 13th Frances Tustin Memorial Lecture, Los Angeles, USA, 6./7. November 2009.
De Mijolla-Mellor, S. (1998): *Pensare la psicosi*. Rom: Borla, 2001.
Ferrari, A. B. (1992): *L'eclissi del corpo. Una ipotesi psicoanalitica*. Roma: Borla.
Freud, S. (1922): *L'Io e l'Es* [Nota aggiuntiva nella traduzione inglese del 1927, nota 2]. O. S. F., 9. Dt.: Ders. (1923): *Das Ich und das Es*. Leipzig: Internationaler Psychoanalytischer Verlag.
Guignard, F. (1996): *Nel vivo dell'infantile*. Mailand: Franco-Angeli, 1999.
Gutton, Ph. (2003): Esquisse d'une théorie de la génitalité. *Adolescence*, 21, 2, 217–248. Monografie »Le pubertaire savant«, 2008, S. 11–42.
Gutton, Ph. (2004): Souffrir pour se croire. *Adolescence*, 22, 2, 209–224. Monografie »Le pubertaire savant«, 2008, S. 125–140.
Gutton, Ph. (2008): *Le pubertaire savant. Monographie de la revue Adolescence*.

Isaacs, S. (1943): Natura e funzione della fantasia. In: Petrelli, D. (Hrsg.): *Fantasia inconscia*. Roma: Il Pensiero Scientifico, 2007.
Laufer, E. (2002): Il corpo come oggetto interno. Relazione presentata al Centro di Psicoanalisi Romano nel novembre 2002 [Le corps comme objet interne. *Adolescence*, 2005, 23, 2, 363–379].
Laufer, M. & Laufer, M. E. (1984): *Adolescenza e breakdown evolutivo*. Torino: Bollati Boringhieri, 1986. Dt.: Dies. (1994): *Adoleszenz und Entwicklungskrise*. Klett-Cotta: Stuttgart.
Lemma, A. (2005): *Sotto la pelle. Psicoanalisi delle modificazioni corporee*. Milano: Cortina, 2011.
Lemma, A. (2012): »Research off the couch: Re-visiting the transsexual conundrum«. *Psychoanalytische Psychotherapie*, 26, 4, 263–281.
Levy, R. (2016): Adolescenza: la riorganizzazione simbolica, lo sguardo e l'equilibrio narcisistico. In: Nicolò, A. M. & Ruggiero, I. (Hrsg.): *La mente adolescente e il corpo ripudiato*. Milano: FrancoAngeli.
Monniello, G. (2016): Psicoanalisi dell'adolescente e processo di nuerosoggetivazione. In: Nicolò, A. M. & Ruggiero, I. (Hrsg.): *La mente adolescente e il corpo ripudiato*. Milano: FrancoAngeli.
Nicolò, A. M. (2019): Selbstbeschneidung und Adoleszenz. Bulletin, 73, 2019. 26. November 2019.
Nicolò, A. M. (2011): Sexuelle Initiation und romantische Liebe in der Adoleszenz. Vortrag vor dem Gremium »Current Day Sexuality and Psychoanalysis. Mehr als hundert Jahre nach den ›Drei Essays‹ « des 47. IPA-Kongresses, Mexiko-Stadt 2011. Richard und Piggle, 2012.
Nicolò, A. M. & Russo L. (Hrsg.) (2010): *Una o più anoressie*. Roma: Borla.
Schmid-Kitsikis, E. (2005): Corps et psyché: théorisation. *Adolescence*, 23, 2, 381–401.
Winnicott, D. W. (1949): L'intelletto e il suo rapporto con lo psiche-soma. In: *Dalla pediatra alla psicoanalisi*. Firenze: Martinelli, 1975. Dt.: Ders. (2020): Die Beziehung zwischen dem Geist und dem Leibseelischen. In: *Von der Kinderheilkunde zur Psychoanalyse*. Gießen: Psychosozial.
Winnicott, D. W. (1967): La funzione specchio della madre e della famiglia sullo sviluppo infantile. In: *Gioco e realtà*. Roma: Armando, 1974. Dt.: Ders. (1973): Die Spiegelfunktion von Mutter und Familie in der kindlichen Entwicklung. In: S*piel und Kreativität*. Stuttgart: Klett-Cotta.

Aglaja von Kalckreuth-Gahleitner
(Tutzing)

»Wenn Akali ihre Kama schwingt, entsteht tödlicher Schaden«

Über somatisches Agieren, Allmachtsphantasien und Negativität in der Analyse eines 17-jährigen Jugendlichen

»Jugendliche haben grundsätzlich zwei Möglichkeiten, sich mitzuteilen: Entweder sprechen sie direkt über ihre Probleme, was leider meist nur der Fall ist, wenn die Probleme nicht wirklich groß sind. Der zweite Mitteilungskanal ist, dass sie, statt über ihre Probleme zu reden, zum Problem für Erwachsene werden.« (Barth, 2023, S. 217)

Als ein solches »Problem« wurde Jonas mir überwiesen: Der Hausarzt berichtete über verzweifelte Eltern und über einen ebenso verzweifelten jungen Mann, der »abgestürzt« sei und der schon seit Jahren unter chronischer Migräne, Übelkeit und Tinnitus leide und seit Monaten das Bett kaum mehr verlasse.

Zur ersten Begegnung stapfte Jonas langsam die kleine Treppe meiner Praxis herauf. Ich sah eine düstere Gestalt im dunklen Mantel mit kreidebleichem Gesicht und Kinnbärtchen. Er gab mir eine schlaffe Hand, sein starrer, entrückter Blick ging an mir vorbei. Er kommt und erscheint gleichzeitig symbolisch nicht, dachte ich. In einen Sessel gesunken brachte er tonlos hervor, er habe ständig Migräne, keine Ruhe, neben dem starken Kopfschmerz und Übelkeit leide er, seit er 13 sei, unter dröhnendem Tinnitus auf beiden Ohren. Er höre ohnehin alles schon immer sehr laut, Hyperakusis nenne man das. Seit eineinhalb Jahren liege er die meiste Zeit im abgedunkelten Zimmer im Bett. Jetzt, in der 10. Klasse der Realschule, sei er dabei, ganz abzubrechen.

Während er redete, ergriff mich das Gefühl, alles sei ihm zu viel, viel zu wenig Raum zwischen uns, als würde ich in ihn eindringen, noch bevor ich ein Wort gesagt hatte. Dies versetzte mich in Spannung, ich fühlte mich verkrampft, merkte, wie ich ganz behutsam, leise und langsam sprach, als wäre ein neugeborenes Baby im Raum.

In den nächsten Vorgesprächen berichtete Jonas von der Schule. Dort sei ihm alles ständig zu laut. Ich dachte darüber nach, dass Klänge im perinatalen und postnatalen Leben eine zentrale Rolle spielen: Didier Anzieu, der sich mit der Bedeutung der akustischen Welt für die früheste Entwicklung des Selbst beschäftigt hat, sieht das »melodische Bad« (Anzieu, 1991, S. 221) als Vorbild für das Haut-Ich und für seine zwei Seiten, sowohl die nach innen als auch die nach außen gewandte. Er vermutet, dass es noch vor dem von Winnicott und Lacan beschriebenen visuellen Spiegel einen Laut-Spiegel oder eine audiophone Haut gibt (Anzieu, 1991, S. 222). Er beschreibt, wie problematisch es ist, wenn der Laut-Spiegel (ähnlich dem visuellen Spiegel) wie ein Echo dem Subjekt nur das Eigene widerspiegelt, wie etwa seine Hilflosigkeit. Oder wenn die Wirklichkeit des Objekts zu mächtig wird, sodass das Subjekt sich nicht ausreichend wahrgenommen fühlt.

Jonas weiter: Er fühle sich einsam, unverstanden. Schule: Er könne das nicht haben, diese unsinnigen Regeln. Und warum müsse er lernen, was die vorgäben? Er habe eine schnelle Auffassungsgabe, wenn er wolle, aber Hausaufgaben und so, das habe er nie gemacht. Das klang wütend, distanziert, wie eine Drohung an mich, dass er Begrenzungen und Anforderungen der Realität nicht bereit sein werde zu akzeptieren.

Verletzend sei gewesen, dass alle seine Kindergartenfreunde sich ab der Grundschule abgewendet hätten. Später erfuhr ich, dass auch seine Eltern durch familiäre Probleme und berufliche Anstrengungen kaum Zeit für ihn gehabt hatten. Niemandem war offenbar aufgefallen, wie alleine sich Jonas gefühlt hatte.

Er habe sich da schon die Zeit mit »Zocken« vertrieben. Zu Beginn der 5. Klasse habe sich wieder ein Freund abgewendet. Hier kämpfte Jonas mit den Tränen: Dies habe ihn so getroffen. Er könne das nicht verstehen, eigentlich schmerze es ihn immer noch. Eine Deckerinnerung an früherliegende Brüche, denke ich. Sein Kummer und auch der existenzielle Schmerz, den er in diesem Moment ausstrahlte, berührten mich.

Fast zu schnell schlug ich ihm eine dreistündige Analyse vor – sein projektiver Druck und seine narzisstische Sehnsucht, dass er alles von mir haben wolle und zwar sofort, sonst sei er weiter unerträglichen körperlichen Qualen ausgesetzt und verlassen, waren mächtig.

Ich lernte Jonas' Eltern kennen, die alleine zu mir kamen. Beide wie symbiotisch aufeinander bezogen – spürbar schützte der Mann die narzisstische Balance seiner Frau. Konflikthaftes war kaum besprechbar, die Mutter schien so belastet von vielen Zumutungen ihrer Kindheit und Jugend auf dem Bauernhof mit chronisch kranken Eltern. Sie habe vor Jonas ein Kind verloren. Seine ältere Schwester sei längere Zeit magersüchtig gewesen.

Beiläufig zeigte sich in den Stunden bei mir, dass Jonas eigentlich den ganzen Tag schlief: »Wie ein Baby.« Zu den Nachmittagsstunden kam er auf provozierende Weise gähnend, er sei gerade aufgestanden, kämpfe mit seiner Tag-Nacht-Umkehr, wörtlich: mit seinem »Schlafrhythmus«. Später betonte er oft, wie schlimm es für ihn sei, seine »eigene Ruhe« nicht finden zu können. Seine Triebhaftigkeit schien wie nicht existent, tauchte nur in der Schlafstörung auf. Und im Schmerz.

So zeigte er immer wieder heftiges Kopfweh, stöhnte vor Schmerz. Oft fühlte ich mich von ihm gedrängt, fast überempathisch zu reagieren. Dahinter fühlte ich Angst, dass er mich, wenn ich abgegrenzter wäre, in grandioser Negativität sofort »abschaffen« würde wie seine Eltern, Lehrer, Ärzte. Wenn ich länger schwieg, war er irritiert. Aber jegliche Versuche von mir, Gedanken anzubieten, Verbindungen zwischen seinen Migräneattacken und seinem inneren Erleben zu knüpfen, schien er nicht zu hören. Der übersensible, hellhörige junge Mann wirkte mir gegenüber wie ertaubt. Mit leidendem Gesicht erging er sich in Klagen. Im Zuhören wurde ich müde, hintergründig wütend, mir war, als gebe es nur einen im Raum, nur ihn.

Nach einiger Zeit hörte ich mich sagen, dass ich den Eindruck habe, er lebe in einer Welt, wo es darum gehe, wer darüber bestimme, da zu sein. Wenn er sich von anderen, von mir dazu gezwungen sehe, da zu sein, fühle er sich wohl wie nicht existent. Von ihm keine Reaktion.

Jacques Press schreibt:

> »Der Mensch sollte von Anfang an als somatopsychische Ganzheit gesehen werden, deren Entwicklung mit den ersten Lebenstagen beginnt. […] Eine Ganzheit voller Möglichkeiten, auf ein Objekt angewiesen, um sich entwickeln und Gestalt annehmen zu können. Diese Ganzheit der Möglichkeiten birgt aber im Verborgenen auch den Keim der Desorganisation, die ihre Spuren im Individuum am ehesten dann hinterlässt, wenn das Objekt zu sehr gefehlt hat.«

Von diesem Blickwinkel aus könnte man

> »das Negative in seinen radikalsten Ausgestaltungen als den verzweifelten Versuch verstehen, das, was auf der Ebene der Triebe und der ersten Ansätze des Körper-Ichs nicht transformiert werden konnte, im Nachhinein doch noch zu bewältigen« (Press, 2018, S. 223).

Mir fiel auf, dass ich vor und in den Stunden starke Ängste spürte, einen immensen Druck, Jonas mit Samthandschuhen anfassen zu müssen, mit der Phantasie, ihn sonst irreparabel zu zerstören.

Was ist für die Identität einer Analytikerin eigentlich so bedrohlich, wenn sie es mit einer derartigen Situation zu tun bekommt? »Was bei somatisierenden Patienten Angst in uns hervorruft, ist die Tatsache, dass sie uns mit unseren eigenen nicht-mentalisierten Bereichen, unserer begrenzten Transformationsfähigkeit konfrontieren und mit der Illusion, dass die Analytikerin durch das, was sie ›hat‹, wenn sie auf einen Patienten trifft, der etwas ›nicht hat‹, geschützt sei.« (Press, 2018, S. 226)

Jonas erklärte mir seinen Gaming-PC und erzählte viel über sein Lieblingsspiel *League of Legends,* ein Kampfspiel. Er kaufe gerne Skins, also verschiedene virtuelle Rüstungen, die er den jeweiligen Champions, die er spielte, anzog. Diese Skins in japanischer, samuraiartiger Schwertkämpferästhetik, die er mir ausführlich beschrieb, faszinierten ihn. Also eine imaginäre Rüstung als Zweithaut, dachte ich.

Detailliert erfuhr ich, wie man im Kampf Kurzschwerter, Langschwerter, Speere, Dolche und Ähnliches verwendet. Ich bot ihm Gedanken an: »Eine Rüstung und Waffen als Schutz gegen ein zu lange, zu kurz, zu viel vom Anderen; von mir.« Und mir scheine, er verzichte auf ein lebendiges Gegenüber, über die technische Welt könne er bestimmen, wie er wolle. Ich denke darüber nach, dass ich mich in seiner Gegenwart oft kontaktlos und desorientiert fühlte: dass er mich in einer Rollenumkehr wohl spüren ließ, wie es ihm mit seiner »unerreichbaren« Mutter gegangen war. Er antwortete, wenn er lange gezockt habe, stehe er manchmal vor dem Spiegel und erkenne sein eigenes Gesicht kaum wieder, so weit weg bewege er sich von sich selber. Also, auf sich selber verzichte er dann auch, entgegnete ich. Ob das nicht Schmerzen mache, dass er den Kontakt zu sich, zu seinen Gefühlen auch wegmache? Er fühle sich wohl sicherer, wenn er sich auf diese Weise betäube, aber ob nicht der Preis seine Schmerzen seien.

Neu waren die Schilderungen seines Lieblingschampions, Akali, einer langhaarigen Kämpferin, die die schönsten Skins habe. Ihr besonderes Merkmal: die Kama, eine Waffe, die aus drei Sicheln bestünde, die an einer Kette befestigt seien. Mit dieser Waffe könne sie den Gegner von weiter Entfernung blitzschnell zu Fall bringen. In meiner Phantasie tauchten Bilder einer phallischen Frau mit einem mächtigen Genitale auf. Ich kommentierte, dass ich es eindrucksvoll fände, dass er sich eine Frauengestalt mit so speziellen Waffen als Spiel-Alter-Ego wähle. Und überlegte: Mit seiner Phantasie, »die Brust zu sein, das Genital zu sein«, konnte er die Mutter negieren, die diese eigentlich hat. Kein Ausgeliefertsein, keine Passivierung, niemand, der mit ihm etwas macht; er ist derjenige, der phantasmatisch, virtuell Macht hat über sein Gegenüber.

Dann tauchten doch reale Objekte in seinen Erzählungen auf: seine Schwester, die ihn mit ihrer Dominanz ärgere. Meiner Anmerkung, dass er mich vielleicht auch manchmal wie seine Schwester höre und er mit mir sehr darauf bedacht sei, dass er bestimme, hörte er aufmerksam an. Dann: Er habe den Boxsack seiner Schwester auf dem Dachboden aufgehängt, um immer wieder draufzuhauen; er merke, dass er in letzter Zeit manchmal ganz ohne Grund extrem wütend werde.

Diese Äußerungen wechselten sich ab mit gequälten Schilderungen seiner Schmerzen und Ohrgeräusche. Ich bot ihm an: Ob es seine Wut sein könnte, die ihn taub und blind mache, ob er manchmal seiner dominanten Umwelt oder mir eine reinhauen wolle? Dass sein Sich-in-der-Schule-scheitern-Lassen auch seine Wut zeige? Wut, entgegnete er, nein. Er konnte seine Wut lange nicht denken.

Er kümmerte sich mehr um seinen Körper, erzählte davon, dass er mit Hanteln trainiere und dass er weniger esse, er habe in den letzten Jahren so zugenommen.

Seine Symptome lockerten sich. Er begann ganz zaghaft, seinem Vater wieder bei der nebenberuflichen Waldarbeit zur Hand zu gehen und andere Aufgaben auf dem Hof zu übernehmen. Die Mutter konnte/wollte Jonas, der abseits wohnte, nur noch zweimal in der Woche zur Therapie bringen. Ich fragte ihn, was dagegen spräche, den Führerschein zu machen, sodass er auf Dauer nicht mehr wie ein kleines Kind hin- und hergefahren werden müsse. Die nächsten Stunden sagte er daraufhin ab, er habe Bauchkrämpfe. Ich kämpfte mit Schuldphantasien, hatte Sorge, ihn zu sehr gedrängt zu haben, überlegte dann in seinem Beisein, ob er dieses Gefühl kenne, diese Schuldphantasie, andere zu beschädigen, wenn er eigenen Impulsen folge. Ja, das kenne er und im Übrigen hasse er es, wenn man Druck auf ihn ausübe. Er ziehe sich dann zurück und werde krank. Er fühle sich oft so deprimiert und viel jünger als 18 Jahre. Er habe doch Jahre des Jugendlichseins verpasst, er müsse nachholen.

Ich fragte ihn, ob es nicht auch gleichzeitig gehen könnte: Nachholen und sich weiterentwickeln? Ob er vielleicht zu vorsichtig sei, dass es ihm nicht zu schnell wieder bessergehen dürfe, er vielleicht Sorge habe, dann nicht mehr ausreichend gesehen zu werden und Platz für seine Bedürfnisse zu haben?

Jonas fiel zurück, die Stunden bleiern, gefüllt mit endlosen Erzählungen über virtuelle Kampfsituationen, mit Schilderungen seines dröhnenden Tinnitus. Er schien sich zu verschanzen. Die Zeit wie eingefroren.

Was ist das für ein Phänomen, »stillstehende Zeit«? Es wirkt wie ein Geschehen, in dem frühe traumatische Zusammenbrüche in die Analytikerin verlagert werden, um dort reflektiert, metabolisiert und verstanden zu werden. Die Analytikerin erfährt diesen Zustand als Zeitstillstand, als Lähmung, als Tötung ihrer analytischen Aktivität und versteht diesen als Wiederholung von Bindungsangriffen, als Desobjektalisierung und radikalen Besetzungsabzug (vgl. Schmithüsen, 2004, S. 294).

Ich arbeitete mit meiner Gegenübertragung, versuchte das Unerträgliche zu verdauen, so gut es ging. Deutende Interventionen schienen wieder ins Nichts zu gehen. Prägnant war ein Traum, den Jonas in dieser Zeit einmal mitbrachte. Er hatte *von einem bösen Teddy geträumt, der messerscharfe Metallohren habe, die er wie Klingen losschießen konnte und damit alle Menschen um sich herum tötete.* Im weiteren Verlauf des Traumes *wuchsen diese Metallohren nach innen, sodass der Teddy taub wurde.* Ein Bild für seine Abwehr, die ich in vielen Varianten zu spüren bekam?

Plötzlich kam Jonas mit der Einsicht, er wolle mich ab jetzt nicht mehr so »zutrashen« wie im Jahr davor, er sehe ein, dass er ehrlicher über sich nachdenken sollte.

Er vertraute mir an, dass er sich schon öfter gefragt habe, ob er schwul sei, aber nein, das sei er wohl nicht. Er erzählte von einer Liebesgeschichte; es ging um ein Mädchen, das lange wie eine Eisqueen gewirkt hatte und dann doch lieben konnte. Es wurde atmosphärisch wärmer zwischen uns; er traute sich jetzt, die libidinöse Seite unserer analytischen Beziehung zu bemerken und konnte ein Stück auf die totale narzisstische Vereinnahmung verzichten. Er nahm anders Kontakt zu mir als getrenntem Objekt auf, konnte wohl auch seinen unbewussten Neid auf »die mütterliche Brust« mehr aushalten und fing an, sich mit seiner männlichen Identität auseinanderzusetzen.

Er erklärte, er würde gerne genauer über seine Zukunft nachdenken, es sei ein bröckelnder Weg hinter ihm und er könne nicht sehen, was vor seinen Füßen sei, da sei ein tiefer Graben, über den er nicht hinwegkomme. Ich kommentierte, dass er vielleicht Angst vor der Realität habe, davor anzuerkennen, dass er schon ein Mann sei und nicht wisse, wie die innere Umstellung vom Kind zum Erwachsenen gehen könne: Er vielleicht manchmal die Phantasie gehabt habe, Mädchen und Junge gleichzeitig sein zu können, und er als Schutz vor dieser Verwirrung lieber wie eine Raupe im Kokon geblieben war. Dort habe es sich vielleicht sicherer angefühlt.

Jonas setzte sich dann intensiv mit männlichen Identifizierungen auseinander; er schloss sich einer Gruppe Jugendlicher an, machte mit denen Sport. Dann zog er sich wieder zurück, zeigte sich unwillig, schweigsam, lustlos. Er denke nachts nach, wie er coole Eigenschaften aus verschiedensten Animes in seinen Charakter integrieren könne und damit zu einem werde, auf den er stolz sein könne. Es falle ihm so schwer, sich einzubringen, Verantwortung belaste ihn. Er stehe auf einen Typ wie Akali: sportlich, muskulös. Eine, die ihn an die Hand nimmt und mit ihm trainiert. Woraufhin ich ihn fragte, ob er das wirklich wolle.

Wenn er ganz klein bleibe und andere alles regelten, z. B. ich, dann gehöre sein Leben nicht ihm. Ich könnte mir vorstellen, dass ihn das letztlich doch wütend mache.

So kippte er hin und her. In mir spürte ich Handlungsdruck, Ungeduld. Es verdichtete sich eine Atmosphäre, in der ich Sorge hatte, dass er es sich in einem parasitären Kokon bei mir zu bequem einrichten und sich nicht weiterentwickeln würde. Er schien immer noch zu viele seiner Kräfte, seinen Entwicklungsdruck projektiv in mich ausgelagert zu haben, macht es sich bequem, andererseits wirkte er blockiert, gefangen in einer massiven Denkstörung. Stillstand – ich grübelte darüber nach, versuchte, mich aktiv in Passivität zu üben.

Wieder Jacques Press:

»In welchem Ausmaß bin ich in der Lage, Tag für Tag, Sitzung für Sitzung, manchmal über viele Jahre hinweg, die alltäglichen Manifestationen der Negativität in Verbindung mit dem Versagen des Transformationsprozesses zu analysieren? Diese Frage zieht eine weitere nach sich: Inwieweit kann ich den unvermeidbaren ›Hass in der Gegenübertragung‹ (Winnicott, 1947), den diese Negativität mit sich bringt, in mir zulassen und ihn konsequent nutzen, ist dies doch die einzige Möglichkeit sie zu ertragen?« (Press, 2018, S. 227)

In diversen Interventionen sagte ich ihm, er zeige mir viel den kleinen Jonas, der sich vielleicht gekränkt und nicht wahrgenommen gefühlt habe; und was wäre mit dem mittlerweile erwachsenen jungen Mann, der er auch sei? Der passiv-aggressive Triumph in seinem Gesicht und zunehmend auch der Hass, den ich mit ihm spürte, beunruhigten mich. Als ob er in einer selbstdestruktiven Bewegung sich zerstören wolle, eigentlich, um omnipotent die Eltern, mich, zu treffen.

Dann fiel ihm das Verlassen-worden-Sein von seiner besten Freundin in der frühen Pubertät ein. Ich überlegte laut, ob er sich auch von mir im Stich gelassen fühle, wenn ich nicht da sei und er nicht wisse, was ich mache. Er erzählte von Stürzen, träumte, dass er fiel, berichtete über Ängste, vom Rad zu fallen, weil ihm schwindelig werde. So brachte er, wie mir schien, frühe Brüche in seiner Kontinuität des Seins in die Übertragungsbeziehung ein.

Mitte des dritten Behandlungsjahres dachte Jonas darüber nach, auszuziehen. In seinem Zimmer lähme ihn alles, die Eltern nervten. Gleichzeitig wälzte er immer noch omnipotente Zukunftsvisionen: professioneller Spieler, reichster Streamer Deutschlands zu werden. Zeit solle keine Rolle spielen, Begrenzung auch nicht, er wolle am liebsten nach Japan ziehen.

Aber er spielte jetzt kompetitiv gegen andere, was er sich vorher nie getraut hatte. Und träumte dann von einem verfolgenden Wolf und von einem aggressiven Hasen, der ihn beißen wollte. Ich deutete, dass er vielleicht Angst habe, beschädigt zu werden, wenn er mutiger und sichtbarer gewinnen wolle.

Die Kopfschmerzen waren Ende des dritten Jahres verschwunden, Jonas konnte sagen, dass er diese nur einsetze, wenn er wütend sei oder keine Lust habe auf Konflikte mit seinen Eltern, die ihn drängten, mehr zu tun, eigenes Geld zu verdienen. Auch ich thematisierte jetzt öfter, dass es ihm doch bessergehe, er erwachsen sei und es sich doch gestatten könnte, auf eigenen Füßen zu stehen.

Daraufhin er tief betrübt: Er könne nichts alleine machen, er verfalle dann in Lethargie. Ihm sei aufgefallen, wie anhänglich er sei, wie sehr er jemanden brauche, der ihn an die Hand nehme. Er habe jahrelang sich selber weggemacht. Er sei mittlerweile abhängig davon, Erlebtes teilen zu können. Warum täte das Leben so weh?

Nach langen Ferien gegen Ende der Analyse zeigte er mit erschreckender Heftigkeit Destruktives und Rückfall in seine Schmerzen. Er signalisierte mir, teilweise habe er seine progressive Entwicklung nur vorgespielt, in ihm sei alles sinnlos, er fühle sich tief deprimiert. Es schien mir, als würde er alles, was wir zusammen aufgebaut hatten, zertrümmern, was mich sehr bekümmerte. Schließlich gelang es doch, über sein destruktives Agieren nachzudenken: Verzweiflung und Wut mit meiner Abwesenheit in Verbindung zu bringen und über alte Erfahrungen von Verlassenheit nachzudenken.

Jonas konnte in einem sehr wahrhaftigen Moment sagen, dass er, jetzt, wo konkrete Schritte anstünden und die Analysestunden zu Ende gingen, sich manchmal frage, »wo seine Schmerzen blieben«. Das mache ihn stutzig. Lapidar sagte er: »Ich werde hier immer reeller. Bei Ihnen habe ich gelernt, dass ich Probleme hatte, die waren groß. Ich musste lernen, ehrlich darüber nachzudenken.«

Mittlerweile hat Jonas auch mit teils selbst verdientem Geld seinen Führerschein gemacht, er hat einen Job und holt seinen versäumten Schulabschluss nach.

Diskussion

Nach Dieter Bürgin ist »die Fähigkeit, psychischen Schmerz zu ertragen«, beim sich entwickelnden Ich gering und steigt nur allmählich etwas an. Omnipotente Frühphantasmen wirken als Abwehr gegen Unerträgliches, das nicht integriert werden kann. Körperliche Symptome erfüllen dann die Funktion von Containern für unerträgliche Schmerzen. Psychosomatische Erkrankung kann »auf diese Weise als Überlebensstrategie urtümlichster Art verstanden werden« (Bürgin & Steck, 2019, S. 38).

In der eben gezeigten Behandlung war eine Gefahr, dass Jonas, fixiert in inneren Babywelten, weiterhin seine Adoleszenz verschläft. Er zeigte mir seine Überlebensstrategien, nämlich narzisstischen Rückzug und Verschiebungen auf unbelebte, kontrollierbare Objekte und Omnipotenz verheißende virtuelle Welten. Er wollte seine destruktiven Strebungen zunächst nicht in die Übertragung einschreiben. Dichtete sich ab, schonte mich. Womöglich war er von der phantasmatischen Angst gepeinigt, dass er, wenn er sich in seiner Triebhaftigkeit und Destruktivität zeigt, für mich »tödlich« ist.

In verschiedensten Varianten flüchtete er in virtuelle Figuren, Champions mit bestimmten Anteilen: Mächtigen, Grusligen, Guten, Schlechten, Aggressiven, lauter Teilaspekten von ihm, als könne er sich nach Belieben in verschiedene Figuren projizieren und selbst inszenieren, wer er sein wolle. So wollte er den mühsamen Prozess der realen Integration umgehen. Gleichzeitig zeigte er mir seinen Groll, sich nicht ganz zeigen zu können, sondern nur in Teilaspekten. Ärger und Handlungsimpulse brachte er oft projektiv bei mir unter, verschanzte sich in einer passiven Position.

Nach einem Jahr und meinem Bestehen auf der höheren Behandlungsfrequenz schien mehr zu ihm durchzudringen, dass ich ehrlich an ihm und seinem Inneren interessiert war und mich auch trotz seiner vielfachen Versuche, sich zu verstecken, abzudichten und mich abzuschalten, nicht abbringen ließ, ihn zu suchen und ihm wirklich einen Raum zur Verfügung zu stellen. Dies ermöglichte mehr verbindliche Bezogenheit in der analytischen Beziehung und damit etwas mehr Abstand zu vermutlich desorientierenden und ängstigend-überflutenden primären Erfahrungen und damit eine trianguläre Perspektive.

Jonas konnte mich in der Übertragung, in der ich anfangs lange das Gefühl hatte, ich sei eine omnipotente archaische »Mamapapafigur«, zunehmend als väterlich-strukturierende und schützende Dritte erleben, was ihm, wie ich meine, einen Zugang zu seinem Körper ermöglichte. Er konnte seine Triebhaftigkeit nach und nach positiver besetzen und im männlichen Lager mit Gleichaltrigen seinen phallischen Narzissmus stärken. Mithilfe dieser Selbstvergewisserung konnte er dann offener über sich nachdenken und sich ehrlicher ansehen. Ein schmerzlicher Prozess, der von vielen Vorwärts- und Rückwärtsbewegungen begleitet war.

Auch bemerkte er zunehmend Abhängigkeit und Angewiesensein in der analytischen Beziehung, was einen Abbau seiner heimlichen narzisstischen Fusion mit mir zur Folge hatte. Dies brachte ein Abschleifen seiner Allmacht und sukzessive mehr Realitätsbezug mit sich. Gleichzeitig persistierten frühe parasitäre Fixierungen und ein tiefer Hass, der mir unheimlich war und den er lange Zeit zudeckte, vermutlich aus hartnäckigen konkretistischen Ängsten, mich damit vernichten zu können. Nach der letzten langen Ferienunterbrechung und mit dem Wissen um die Begrenzung der analytischen Stunden zeigte Jonas eine regressive Bewegung im Sinne einer negativen therapeutischen Reaktion und schien alles zerstören zu wollen. Gemeinsam konnten wir dies als wichtige Eigenbewegung verstehen, und dass **er** das Tempo seiner Entwicklung bestimmt – nicht **ich** oder Andere im Außen. Die wiederholte Erfahrung, mich als Objekt verwenden zu können, half Jonas, aus omnipotenten Rückzugsorten und konkretistischen Ängsten wieder ein Stück herauszuwachsen und sich der Realität zu stellen.

Literatur

Anzieu, D. (1991): *Das Haut-Ich*. Frankfurt a. M.: Suhrkamp.

Barth, D. (2023): Warum wir Jugendliche nicht verstehen dürfen. *Kinderanalyse*, 30(3), 221–244. DOI: 10.21706/ka-30-3-217.

Blos, P. (2001): *Adoleszenz*. Stuttgart: Klett-Cotta.

Bürgin, D. & Steck, B. (2019): *Psychosomatik bei Kindern und Jugendlichen*. Stuttgart: Kohlhammer.

Gaddini, E. (2015): *»Das Ich ist vor allem ein körperliches.« Beiträge zur Psychoanalyse der ersten Strukturen*. Frankfurt a. M.: Brandes & Apsel.

Gätjen, A. (2021): *Immer online? Das Smartphone zwischen Begrenzung und Begehren in der psychoanalytischen Behandlung Adoleszenter*. Frankfurt a. M.: Brandes & Apsel.

Press, J. (2018): Metapsychologische und klinische Aspekte der psychosomatischen Forschung. *Internationale Psychoanalyse*, 12, 211–242.

Schmithüsen, G. (2004): Die Zeit steht still in rasender Eile. *Psyche – Z Psychoanal*, 4, 293–320.

Winnicott, D. (1995): *Von der Kinderheilkunde zur Psychoanalyse*. Frankfurt a. M.: Fischer.

Frank Dammasch
(Frankfurt a. M.)

Jugendliche unter Druck
Erste Erfahrungen in der Walk in-Sprechstunde des Anna-Freud-Instituts

> Jeder Jugendliche braucht die Gewissheit,
> dass es einen Menschen gibt,
> dem man am Herzen liegt!

Aspekte der Adoleszenz

Françoise Dolto beschrieb mit einer Tiermetapher die Empfindlichkeit dieser Übergangszeit: »Wenn ein Hummer den Panzer wechselt, verliert er zunächst seinen alten Panzer und ist dann solange, bis ihm ein neuer gewachsen ist, ganz und gar schutzlos. Während dieser Zeit schwebt er in großer Gefahr.«

Der Übergang von der Kindheit zum Erwachsensein ist eine sehr fragile Phase, die Gefahr und Angst bedeutet und entsprechende Abwehrmaßnahmen aktiviert. Sie kann aber auch neue Spiel- und Gedankenräume eröffnen und eine nie gekannte Kreativität zutage fördern. So ist neben der hormonell bedingten Reifung der primären und sekundären Geschlechtlichkeit und des Sexualtriebs vor allem die Entwicklung des Denkraumes mit einer verbreiteten Lust an der Reflexion über Selbst und Objekte kennzeichnend. Aber die wachsenden kognitiv-mentalen Fähigkeiten können oft aufgrund der Ungleichzeitigkeit der neurobiologischen Entwicklung den Aufruhr der impulsiven Affekte nicht genügend gut ausbalancieren. Das Paradox der Adoleszenz ist, dass gerade in dieser Zeit, in der der Jugendliche auch auf die affektregulierende Hilfe eines libidinös zugewandten Erwachsenen angewiesen ist, gleichzeitig alles dafür getan wird, sich nicht abhängig zu fühlen. Ich möchte sechs psychodynamisch bedeutsame Themen benennen, mit denen sich der Jugendliche auf der Basis biologischer Veränderungen und wachsender kognitiver Abstraktionsfähigkeiten während der Adoleszenz auseinandersetzt:

- »Das Ich ist vor allem ein körperliches«, sagt Sigmund Freud. So ist eine wichtige Aufgabe der Adoleszenz die Integration der hormonell gesteuerten pubertär körperlichen Veränderungen in das innere Bild eines nun sexuell reifen Körpers mit einer Vorrangstellung des Genitals als leitender Lustzone.
- Die kindlichen Abhängigkeitsgefühle und der jugendliche Autonomiedrang führen zu äußeren Konflikten mit den Eltern und intrapsychischen Konflikten zwischen Ich, Es und Über-Ich. Die Ablösung der emotionalen Abhängigkeit von den primären Bezugspersonen läuft meistens über die Idealisierung außerfamilialer Vorbilder und Liebesobjekte. Die Balance von Abhängigkeits- und Autonomiewünschen gerät durcheinander.
- Das hormonell bedingte Anwachsen des sexuellen und aggressiven Triebdrucks mit den dazugehörigen unbewussten und bewussten Phantasien führt häufig zu einer reaktiven Verstärkung von Moral und Ideal, was vor allem bei Mädchen in der mittleren Adoleszenz zu einer Pubertätsaskese mit erhöhter Leistungsorientierung führen kann.
- Die bisherigen kindlichen Werte und Normen werden von den Elternrepräsentanzen meist konflikthaft gelöst und neu überarbeitet. Das kindliche Über-Ich und Ich-Ideal werden im Zuge der wachsenden kognitiven und reflexiven Möglichkeiten im Idealfall modifiziert.
- Die psychosoziale Identitätsbildung spielt sich im Spannungsfeld von äußeren Erwartungen (Eltern, Schule, Peers), gesellschaftlichen Rollenanforderungen und innerer Erlebniswelt ab. Dabei kommt es immer wieder zum Konflikt zwischen dem Wunsch, einzigartig und besonders zu sein, und dem Wunsch, so normal wie die Anderen zu sein.
- Die rasche Zunahme der emotionalen und kognitiven Kompetenz hin zu einer reflexiven Sicht auf das Selbst, auf die Beziehungen und die Welt kann phasenweise verwirren und ein inneres Chaos produzieren. Die wachsenden Abstraktionsmöglichkeiten können dabei helfen, in der Spätadoleszenz Moral und Begehren, Bindungs- und Autonomiewünsche in eine produktiv konflikthafte Balance zu bringen, können aber auch als überfordernder innerer Gedankendschungel erlebt werden, in dem man verloren zu gehen droht.

Insbesondere bei den Jugendlichen, die die Last spüren, eigenen und fremden Erwartungen gerecht werden zu müssen, ist die Fähigkeit zum Reflektieren meist ausgeprägt. Diese mentale Kraft ist eine noch labile Ich-Funktion, die durch die Angst vor den Triebimpulsen und die dadurch extrem gesteigerten Moralvorstellungen mit motiviert ist. Das innere Chaos ist bedrohlich und löst besonders in der mittleren Adoleszenz Ängste aus, verrückt zu sein. Das mentale Ziel des oft übersteigerten Nachdenkens ist es, die verloren gegangene

Kontrolle des Ichs – eingeklemmt zwischen starken Triebimpulsen und strengem Über-Ich – wiederzuerlangen. In keiner anderen Phase der Entwicklung ist dieser innere Kampf aufgrund des Gefühls der Schutzlosigkeit und der Gefahr von Verletzung so intensiv zu erleben. Dies erzeugt bei dem Jugendlichen den zwiespältigen Wunsch, von einem psychologisch kompetenten Erwachsenen in seinem ängstigenden Durcheinander verstanden zu werden. Zwiespältig deshalb, weil er gleichzeitig dem Autonomiewunsch entgegensteht und die Angst vor der Abhängigkeit aktiviert. Hilfreich ist dabei, dass mit dem Gewinn des abstrakten Denkens die Jugendlichen die Fähigkeit erwerben, im Dialog mit einem einfühlsamen ordnenden Dritten von den eigenen Gefühlen zurückzutreten, sich selbst in Beziehung zu Anderen wahrzunehmen und zu verbalisieren. Ich möchte das als triangulierenden Entwicklungsdialog bezeichnen.

Das beschreibende und verstehende Sprechen im Entwicklungsdialog mit einem Analytiker kann das bedrängend-verwirrende auf eine symbolische Sprachebene bringen und dadurch das Sicherheitsgefühl und die Ich-Kontrolle stärken helfen. Dabei scheint die Beziehung zu einer erwachsenen psychodynamisch verstehenden Person, die sich einerseits neugierig und empathisch einlässt und andererseits als aktiv verbalisierendes Gegenüber in ihrer professionellen Konzeptualisierungskompetenz erfahrbar wird, die Voraussetzung dafür, dass der Jugendliche sich angenommen fühlen kann und zu eigenen Worten findet. Was in einer Beziehung verstanden und besprochen werden kann, ist nicht mehr unaussprechbar ängstigend und auch nicht verrückt. Der bisher unaussprechbare Selbstmordimpuls kann – zumindest bei den nicht schwer traumatisierten oder schwer depressiven Fällen – so zum besprechbaren Selbstmordgedanken werden, dessen Wurzel erforschbar wird.

Es ist in dieser Phase eine starke geschlechtsspezifische Komponente bemerkbar. Während männliche Jugendliche eine Tendenz zum Ausagieren ihrer Konflikte in omnipotentem Gehabe auch in offen aggressiver Art zeigen, internalisieren weibliche Jugendliche ihre Konflikte und richten Aggressionen eher gegen sich und ihren Körper. Die Internalisierungstendenz im Zusammenwirken mit der Beziehungsorientierung macht weibliche Jugendliche der Psychoanalyse gegenüber aufgeschlossen. Unserer Erfahrung nach gelingt es ihnen überraschend gut, die eigenen, oft verwirrenden bis verrückten Gefühle in ihrer Mischung aus Moralforderungen und unbewussten Triebwünschen in einer vertrauensvollen Beziehung zur Sprache zu bringen. Dies führt zu einem ersten, oft signifikanten Entlastungsgefühl. So berichten uns Jugendliche häufig schon nach dem ersten Gespräch in unserer Walk in-Sprechstunde, dass sie sich erleichtert gefühlt hätten. Dies wird manchmal schon als ausreichende Hilfestellung wahrgenommen, manchmal ist dies aber auch der erste Schritt zur Motivation für eine längerfristige analytische Psychotherapie.

Frank Dammasch

Walk in-Ambulanz für Jugendliche

Der Rahmen

Im Frühsommer 2022 initiierten wir mit finanzieller Förderung der amerikanischen Bank Morgan Stanley in Frankfurt ein für Psychoanalytiker ungewöhnliches beraterisch-therapeutisches Angebot: eine Walk in-Ambulanz für Jugendliche von 14 bis 21 Jahren, deren Sprechstunden auch ohne Anmeldung direkt besucht werden können. Der glückliche Zufall wollte es, dass ein geschätzter Kollege uns seine Praxis mit vier Räumen vererbt hatte, wir diese renovieren und zum Aufbau des Projekts nutzen konnten. Die Sprechstunden werden von fünf Kolleginnen und mir durchgeführt und finden an zwei Wochentagen jeweils vier Stunden lang statt. Zur Bekanntmachung stellten wir zunächst Kontakt zu Schulen her. Da unser Angebot durch Finanzierung und Zahl der mitarbeitenden AKJPs eine natürliche Grenze hat, beschränkten wir uns zunächst auf sechs Schulen im Umkreis der Praxis. Gymnasien boten sich dabei als erstes an, weil sie eine Oberstufe haben und dadurch viele Schüler im Alter von 14 bis 21 Jahren von uns erfahren konnten. Erstaunlicherweise wurden wir bei den meisten Schulen mit offenen Armen empfangen. Dies mag daran liegen, dass es zwar meist sozialarbeiterische Hilfen, aber keine psychotherapeutischen Hilfsangebote gibt. Wir setzten uns mit den Direktor*innen, Kinderschutzbeauftragten, Vertrauenslehrer*innen und Sozialarbeiter*innen zusammen, stellten unser Projekt vor und besprachen bereits beim ersten Treffen psychosoziale Problemlagen, die die Lehrer*innen in ihren Klassen bemerkten. Insbesondere die psychischen Belastungen durch die Isolationserfahrungen während des Lockdowns der Pandemie, Angstgefühle und Depressionen bei Schülern wurden thematisiert. Ein nahegelegenes Gymnasium zeigte sich besonders interessiert an unserer psychoanalytischen Expertise, organisierte mit uns ein eigenes Projekt regelmäßiger psychotherapeutischer Beratungsstunden direkt in der Schule. Zur Vermittlung von Therapieplätzen stellten wir eine Liste von interessierten, niedergelassenen KollegInnen zusammen. Zur Absicherung insbesondere bei Suizidgefahr wurden drei kooperierende Kinder- und Jugendpsychiaterinnen gewonnen, die Jugendliche behandeln könnten, falls eine Medikation oder Klinikeinweisung notwendig ist.

Jeder aus unserem Team arbeitet zwei bis drei Stunden in der Woche neben der eigenen Praxistätigkeit daran, unser Konzept umzusetzen und psychoanalytisch orientierte ad-hoc-Gespräche mit Jugendlichen zu führen. Besonders die generationenübergreifende Zusammensetzung des Teams von Neuapprobierten bis zu KollegInnen im Rentenalter macht die Falldiskussionen in der einmal pro Monat stattfindenden Teamsitzung spannend und lehrreich für alle.

Die anfänglichen Bedenken, ob überhaupt Jugendliche zu uns in die eher versteckte erste Etage eines wenig attraktiven Mietshauses kommen würden, verflüchtigten sich sehr schnell. Unser Angebot verbreitete sich durch unseren Flyer, Internet und Mund-zu-Mund-Weitergabe schnell über die mitarbeitenden Schulen hinaus. So gab es von Beginn an eine starke Auslastung, die sich im Laufe der Zeit in Wellen, die wohl von Ferien- und Prüfungszyklen der Schulen bestimmt werden, immer weiter verstärkte. Aktuell suchen etwa sechs bis zehn Jugendliche wöchentlich die Sprechstunden auf. Zu unserem Konzept gehört neben der psychodynamischen Einzelberatung auch die Entwicklung mehrerer Gruppenangebote. So wurde unser Team bereits früh durch eine Gruppenanalytikerin und einen Gruppenanalytiker erweitert. Sie bildeten in einem recht zeitaufwändigen Prozess mit Indikationsfindung und mehreren Auswahlgesprächen zwei altersdifferente Gruppen von sechs bis acht Jugendlichen für 14- bis 16-Jährige und 17- bis 21-Jährige, die seit einiger Zeit stabil laufen. Im ersten Jahr (40 Wochen) konnten wir bereits mehr als 300 Einzelgespräche führen. Die Geschlechteraufteilung ist erstaunlich ausgeprägt. Sie liegt bei etwa neun weiblichen zu einem männlichen Jugendlichen. Erst bei jungen Erwachsenen nähern sich die Geschlechterzahlen leicht an mit ca. 75 Prozent weiblichen zu 25 Prozent männlichen Klienten.

Das Beratungskonzept

Jugendliche und junge Erwachsene in akuten Krisen und/oder mit Problemen in der sozialen, psychischen, sexuellen, psychosomatischen Entwicklung oder mit Identitätsproblemen können kurzfristig unsere Akutsprechstunde aufsuchen, um sich in einem geschützten Rahmen im Dialog mit erfahrenen Jugendlichenpsychotherapeutinnen zu öffnen und ihre Probleme anzusprechen. Gemeinsam wird mithilfe von Beratungsgesprächen oder fokalen Kriseninterventionen versucht, zu einer emotional erfahrbaren Entlastung des Erlebens zu gelangen. Die psychodynamische Beratung von Jugendlichen unterscheidet sich von der klassischen analytischen Therapie vor allem dadurch, dass der Berater von Beginn an in einen von wohlwollender Neugier gekennzeichneten, aktiv gestalteten Dialog eintritt. Das aktive Zuhören dient der Erarbeitung eines gemeinsamen Verständnisses der subjektiven Problematik. In einem dialogischen Prozess werden die inneren Bedrängnisse in Worte gefasst und erste gemeinsame Gedanken zu deren Ursachen erarbeitet.

Nach den ersten Erfahrungen stellten wir uns die Frage: Warum lässt sich eigentlich mit den meisten Jugendlichen in diesem Setting so schnell ein intensiver Dialog über das innere Erleben herstellen? Wir denken, dass auch die Spontaneität und die begrenzte Zeit auf beiden Seiten eine wichtige Rolle bei der erstaunlich schnellen Herstellung eines engagierten Arbeitsbündnisses spielen. Die Möglichkeit, ohne Anmeldung spontan zu kommen, wenn der Leidensdruck groß ist, mit dem Wissen über die Begrenztheit des Gesprächsrahmens bietet vielen Jugendlichen die Chance, sich zu öffnen, weil dadurch die adoleszenztypische Angst vor Abhängigkeit reduziert wird. Wer schnell kommen kann, kann auch schnell wieder gehen. Die Möglichkeit des spontanen Walk in beinhaltet auch die Möglichkeit des Walk-Out. So glauben wir, dass paradoxerweise gerade die scheinbare Unverbindlichkeit des Rahmens im Zusammenwirken mit der verstehend-verbindlichen Art des Therapeuten den Jugendlichen neue Möglichkeiten eröffnet, sich anzuvertrauen. Die uns entgegengebrachten durchweg positiven Übertragungs- und dann auch Gegenübertragungsgefühle bei Jugendlichen auch mit selbstdestruktiver Symptomatik haben uns überrascht. Alleine die Möglichkeit, von einem gutmeinenden, interessierten Erwachsenen gehört zu werden, sich jemandem anzuvertrauen, wenn sie selbst es brauchen, wird als hilfreich und erleichternd wahrgenommen. Die beschriebene gute Fähigkeit und libidinöse Besetzung der Jugendlichen, über sich und andere nachzudenken, wirkt wohl zusätzlich stimulierend. So kommen einige Mädchen mit dem Wunsch, »einfach mal mit jemandem über ihre Probleme zu reden«.

> Die fünfzehnjährige Fatima, Berufsschülerin, hat seit einem Jahr einen Freund und glaubt, dass sie dies ihren konservativ-muslimischen Eltern nicht mitteilen könne. Sie hat große Angst davor, aus der Familie ausgeschlossen zu werden, und möchte über dieses Problem gerne reden. Sie fühle sich wie in zwei Welten lebend. Bei Vertiefung in die Familienverhältnisse stellen wir fest, dass sie eigentlich nur Angst vor der Meinung ihrer Mutter hat. Mit dem Vater und auch mit der Frau ihres Bruders könne sie sich eigentlich vorstellen, zu reden. Wir entwickeln die Idee, doch erstmal mit denen zu reden, die sie vertrauensvoll findet. Zu einem zweiten Gespräch, zu dem sie ihr Freund begleiten muss, weil sie sich nicht traue, wirkt sie dennoch viel offener, habe bereits mit ihrer Schwägerin geredet und nun glaube sie, dass es gar nicht so schlimm werde, auch mit ihrer Mutter und ihrem Bruder zu reden, aber sie werde sich damit Zeit lassen. Vielleicht ergäbe sich in dem anstehenden Familienurlaub eine Möglichkeit, denn ohne ihren Freund könne sie nicht leben.

Einige Jugendliche waren wie Fatima mit zwei Gesprächen und der hilfreichen Erfahrung des gemeinsamen Denkens über ihre bisher unausgesprochenen Gefühle bereits zufrieden. Andere kamen entweder bereits mit dem Gedanken, eine Psychotherapie machen zu wollen, oder es stellte sich aufgrund der Schwere des Leidensdrucks im Gespräch eine gemeinsam geteilte Therapieindikation her.

Die sechzehnjährige, zart wirkende Lisa ist leise und findet erst langsam zu ihrer Sprache. Sie erzählt von jahrelangen Ausgrenzungserfahrungen in der Schule. Dabei habe sie sehr gute Noten, mache sich aber irrsinnigen Stress mit den Klausuren. Fast jede Arbeit löse bei ihr Angstgefühle aus. Manchmal habe sie auch in der Schule Panikattacken, ziehe sich von allen zurück, höre gar nicht mehr, was gesagt wird. Sie benutzt selbst die Begriffe *Dissoziationen* und *Flashbacks*, die sie habe, wenn sie zum Beispiel jemanden aus ihrer alten Schule treffe, der sie gemobbt habe. Zu Hause ziehe sie sich in ihr Zimmer zurück, schreibe manchmal Tagebuch. Mit ihren Eltern könne sie nicht reden. Sie empfinde ihr Leben als große Last und möchte sich eigentlich das Leben nehmen. Kein Tag vergehe, an dem sie nicht Gedanken an den Tod habe. Wenn ihr Druck zu groß wird, nehme sie ein Messer und müsse sich ritzen, obwohl sie es gar nicht wolle. Das sei vielleicht schon eine Sucht geworden. Mit ihren Eltern könne sie gar nicht darüber reden, die könnten sie nicht verstehen. Ihre Mutter müsse alles kontrollieren und gebe ihr für alles die Schuld. Mit ihrem Vater verstehe sie sich besser, aber der sei häufig beruflich für längere Zeit weg und könne ihre Gedanken und Probleme auch nicht wirklich verstehen. Ihr hoher Leidensdruck lässt sie sofort damit einverstanden sein, einen Therapieplatz für sie zu suchen. Auch der Einbeziehung der Eltern und einem Gespräch mit einer Jugendpsychiaterin steht sie im weiteren Verlauf der Gespräche positiver gegenüber. Bis zum baldigen Beginn der analytischen Behandlung bei einem Kollegen, die glücklicherweise kurzfristig vermittelt werden kann, werden aufgrund der Suizidgedanken übergangsweise noch weitere Gespräche geführt.

Durch unsere aktive Netzwerkarbeit konnten wir bisher alle Jugendlichen mit Therapiemotivation an niedergelassene KollegInnen vermitteln. Die beraterisch-therapeutische Arbeit mit Jugendlichen in ihrer emotionalen Direktheit ermöglicht uns einen tiefen Einblick in so vielfältige Lebensgefühle und Biografien von Jugendlichen, wie wir sie in unserer eigenen analytischen Praxis gar nicht haben können. Sowohl die intensiven Dialoge mit den meist motivierten Jugendlichen wie auch das Reflektieren im Team werden von uns als produktiv wahrgenommen und machen häufig auch viel Freude. Dabei ist es dann zu verschmerzen, dass die persönliche Belastungsgrenze an einzelnen Tagen überschritten zu werden droht, wenn z. B. bereits sechs Jugendliche zum Teil angemeldet, zum Teil unangemeldet vor der Tür stehen, wenn die Sprechstunde beginnt.

Frank Dammasch

Beratung in der Schule

Eine privilegierte Stellung bei unserer Netzwerkarbeit nimmt ein Gymnasium in örtlicher Nähe ein. Die Direktorin und die Kinderschutzbeauftragte waren an uns herangetreten, um eine Beratungsmöglichkeit für ihre Schüler*innen einzurichten. Auch die Landesregierung hilft im Rahmen der Corona-Nachsorge bei der Finanzierung eines psychotherapeutischen Beratungsangebotes. Schnell stellt die Schulleitung einen (zu) großen Besprechungsraum mit multifunktionaler Nutzung zur Verfügung. Die Kinderschutzbeauftragte richtet eine Ecke mit zwei gemütlichen Sesseln, Tisch und Pflanzen ein. Um Vertrauen und Kontinuität herzustellen, übernehme ich gemeinsam mit einer Kollegin als Vertreterin zunächst diese Arbeit. Ich stelle das Beratungskonzept der Lehrerkonferenz, dem Elternbeirat und dem Schülerrat vor. Werden die Termine zunächst über die Vertrauenslehrerin vermittelt, richte ich auf Vorschlag der Schülervertretung eine eigene E-Mail-Adresse ein, sodass die Schüler*innen direkt mit mir Termine vereinbaren können. Hier ist die überraschende Erfahrung, dass die Termine in kurzer Zeit vergeben waren, sodass es kaum noch möglich war, für Schüler*innen spontan vorbeizukommen. Eigentlich vierzehntägig geplant, wurde daher phasenweise die Beratung wöchentlich angeboten. Flexibilität und Robustheit des Therapeuten gegenüber äußeren Einflüssen während der Beratungsstunden ist hier wichtiges Handwerkszeug. So kann es vorkommen, dass mitten im Gespräch ein Lehrer den Raum betritt, der unbedingt einen Beamer für seinen Unterricht holen muss. Während der Therapeut sich hier unangenehm gestört fühlt, nimmt die Schülerin dies gelassen hin und erzählt einfach weiter. Intimität und Öffentlichkeit sind an dieser Schule möglicherweise nicht so stark getrennt, weil die Lehrer*innen auch als Vertrauenspersonen erlebt werden. Auch im schulischen Kontext lässt sich überraschend schnell ein Arbeitsbündnis herstellen und über die inneren Bedrängnisse ins Gespräch kommen – zumindest mit den weiblichen Jugendlichen. Einige Fallvignetten:

> Die sozial zurückgezogene zwölfjährige Galina kam zu mir mit ihrem Tagebuch und der im Internet selbst recherchierten Borderline-Diagnose, die sie sich verliehen hatte, weil sie manchmal so einen Hass auf ihre unverständigen Eltern verspüre und schon mal etwas an die Wand in ihrem Zimmer geworfen habe. Mehrere Gespräche, die ihr Bedrängungsgefühl durch die Wut mit der Zeit als ein normales Gefühl in bestimmten Situationen gemeinsam verstehbar machen konnten, erleichterten sie sehr und ermöglichten die Wiederaufnahme des Kontakts mit Gleichaltrigen.

Die fünfzehnjährige Ayla kämpft um ihre Anerkennung in einer Mädchenclique der Klasse, fühlt sich nicht gesehen und vor allem von ihrer ehemals besten Freundin schlecht behandelt, die jetzt von allen bewundert werde und immer im Mittelpunkt stehe. Sie werde von niemandem gesehen. Die Enttäuschung und der Neid sind so ausgeprägt, dass sie sich ganz unabhängig von allen machen wolle und auch ihren Geburtstag nicht feiern will. Sie kommt viermal zu unseren Gesprächen, die ihr wohl das Gefühl geben, dass sie nicht unsichtbar ist. Sie findet eine andere Freundin in der Klasse, wirkt zunehmend entlastet und beendet die Gespräche von sich aus.

Die neunzehnjährige Hanna muss die Schule verlassen, weil sie aufgrund einer ausgeprägten sozialen Phobie den Unterricht mit seinen vielfältigen Anforderungen über ein Jahr lang nicht besuchen konnte. Der Besuch in der Sprechstunde wurde Hanna von der Direktorin empfohlen, obwohl sie aufgrund der erheblichen Fehlzeiten bereits aus der Schule abgemeldet werden musste. Dennoch kam Hanna zu mir, stark schwitzend und komplett aufgelöst. Wir warteten gemeinsam, bis sie sich von dem gefährlichen Weg zu mir mit U-Bahnen und Bussen und vielen Menschen, die sie anschauten, erholt hatte. Es gelang ihr, etwas von sich zu erzählen, von ihrem selbstzerstörerischen Handeln, von ihrem starken Gefühl, ganz und gar hässlich zu sein, von ihrer absurden Aufgeregtheit vor allem bei Menschen, die sie eigentlich gerne habe. Eine Wurzel ihrer Angst fanden wir in den drei Gesprächen bei ihrem Stiefvater, der eigentlich lieb war, aber von einem Moment auf den anderen in einer speziellen Situation sie plötzlich geschlagen habe. Die Erkenntnis eines Zusammenhangs zu ihrer ängstlichen Aufregung gerade bei netten Menschen – so wie sie auch mich erlebte – führte zu einer Beruhigung und zu vertraulichen Gesprächen. Da sie neben der ausgeprägten Sozialphobie eine lange Leidensgeschichte mit viel Selbstdestruktion hinter sich hatte, aber doch unbedingt irgendwann das Abitur machen will, war sie sehr damit einverstanden, sich einer psychiatrischen Tagesklinik anzuvertrauen, mit der sie selbst einen Termin vereinbaren konnte.

Der vierzehnjährige Hartmut wurde von einer Lehrerin geschickt, weil er die Autorität des Lehrpersonals nicht anerkannte. Er machte einfach, was er wollte, und hatte eine kleine Jungensbande gebildet, die abwechselnd in den Unterricht reinrief, aggressiv war oder den Unterricht schwänzte. Er war bei unserem ersten Gespräch erstaunt, dass man in der Schule so vertrauensvoll miteinander reden konnte. Nachdem er ausgiebig über die Inkompetenz der meisten Lehrer*innen geredet und seine Unschuld an allen Vorkommnissen beteuert hatte, konnten wir auch einzelne nette Lehrer*innen finden und zu seinen Stärken kommen, die vor allem auf dem Gebiet des Sports mit vielen Siegerurkunden lagen.

Leider war es dann nicht mehr möglich, einen Zugang zu seinen empfindlichen Seiten und seinen Wünschen zu finden und die Gespräche zu vertiefen, weil er auch auf Bestreben einer dominanten Mutter mit dem eigenen Hang zur Schuldzuweisung an das Lehrpersonal die Schule wechseln sollte.

Männlichkeit und Widerstand

Es ist kein Zufall, dass ich bei den kurzen Fallvignetten nur einen Jungen dargestellt habe, der auch noch von der Lehrerin »verdonnert« wurde, zur Sprechstunde zu kommen. Sowohl in der Schulberatung als auch in der Walk in-Ambulanz sind es fast ausschließlich weibliche Jugendliche, die unser Angebot nutzen. Wir haben uns nach den Gründen gefragt und glauben, dass trotz aller Betonung der Gendersensibilität und Diversität in der Moderne die traditionellen Geschlechterstereotype zumindest in der frühen und mittleren Adoleszenz (12 bis 16 Jahre) sehr ausgeprägt sind. Dies mag mit der labilen Identitätssuche und der der damit einhergehenden Angst vor dem Anderssein in einer so empfindlichen schutzlosen Phase der Entwicklung zu tun haben. Der Normalitätsdruck bei der Geschlechtsidentitätsbildung scheint bei den Jungen erheblich stärker als bei den Mädchen. Dies hat psychoanalytisch gesehen auch mit unbewussten Kastrationsängsten zu tun und möglicherweise auch mit den pornografischen Vorbildern, die die Potenz mit ihrer Dauererektion in den Mittelpunkt der Männlichkeit rücken. Immerhin schauen fast alle Jungen regelmäßig Pornos. Auch die unbewusste Scham über mögliche polymorph-perverse Phantasien mag ein Hinderungsgrund sein. Ein Junge begreift sich immer noch als selbstständig und unabhängig und hat die Idee, für sich selbst sorgen und stark sein zu müssen. Sport, Fitness und Aggressionsfähigkeit sind immer noch die zentralen Werte einer phallischen Männlichkeitskultur, die Schwäche- und Abhängigkeitsgefühle von sich fernhält. Körperliche Gewalt und Omnipotenzgebaren gehören in bestimmten Subgruppen zum Männlichkeitsideal. Die männliche Peergroup überwacht meist im Kollektiv die Einhaltung der Männlichkeitsnormen und sichert die Entfernung zu den eigenen bedürftigen bzw. femininen Seiten. Psychoanalytische Gesprächsangebote scheinen nicht die Methode der Wahl zu sein, um Jugendliche, die ihre Verletzlichkeit mit männlicher Panzerung abwehren, zu erreichen. Es gibt allerdings auch Jungen, die sehr wohl erreichbar sind, die Mobbing- und Leiderfahrungen gemacht haben, die sich anders fühlen, die sensibel sind, die homosexuell oder queer sind. Ein sich selbst als homosexuell definierender 16-jähriger Schüler erzählte mir in der Sprechstunde von seinen depressiven Gefühlen und von den hämischen Ausgrenzungserfahrungen durch die Jungen in seiner Klasse, die ihm dann nur ermöglichen, sich mit Mädchen in Gruppen zusammenzutun, die sehr viel offener und einfühlsamer seien.

Auf der Basis der Dominanz der Bedeutung von Männlichkeitsnormen bei Jugendlichen ist es vielleicht kein Zufall, dass es im Bereich von Transidentität nur etwa 15 Prozent männliche Jugendliche gibt, die sich einen weiblichen Körper wünschen. Das Gefühl, im falschen Geschlechtskörper zu sein, ist ein neues Thema, dass in den Schulen fast nur biologisch weiblich geborene Schüler äußern. Das drängende Bedürfnis, dann mit männlichen Vornamen angesprochen zu werden, führt zu Unsicherheiten bei den Lehrer*innen. Dieses Phänomen der differenten bis diffusen Geschlechtszuordnung von biologisch weiblichen Jugendlichen ist ein neues Thema, das Lehrerinnen und Lehrer beschäftigt.

Im Rahmen des Projekts führen wir auch Lehrerfortbildungen mit Vortragsabenden durch. Auch hier konnten wir feststellen, dass ganz geschlechtstypisch die Gesprächsabende fast ausschließlich von Lehrerinnen besucht werden. Care-Arbeit war, ist und bleibt wohl auch weiterhin weiblich.

Die beraterisch-therapeutische Arbeit in unserer Walk in-Sprechstunde möchte ich nun anhand eines Falles ausführlicher darstellen. Es geht um eine Jugendliche, die die Last der inneren und äußeren Anforderungen so auf ihren Schultern spürt, dass sie das Leben phasenweise überhaupt nicht mehr lebenswert empfinden kann.

Falldarstellung: eine lebensmüde Schülerin

Die 16-jährige Sakura stand etwas verloren wirkend gemeinsam mit einer Freundin ohne Anmeldung vor der Tür unserer Walk in-Ambulanz. Sie musste noch etwas warten, da alle Therapeuten mit anderen Jugendlichen in Gesprächen waren. Als ich sie schließlich nach halbstündiger Wartezeit holen konnte, fielen mir ihre dicke Ummantelung und ihre sehr zurückhaltend-schweigsame Art auf. Während man mit anderen Jugendlichen in unserem offenen Setting erstaunlich schnell und vertrauensvoll ins Gespräch über ihre inneren Bedrängnisse kommt, wirkte das asiatisch aussehende Mädchen sehr zurückgezogen, fand erst langsam zur Sprache. Ich teilte ihr mit, wer ich bin, welche Aufgabe unsere Sprechstunde hat und dass wir nun etwas Zeit hätten, gemeinsam darüber zu reden, was sie heute zu uns gebracht habe. Nachdem ich ihr versichert habe, dass niemand etwas von unserem Gespräch zu erfahren braucht, kommt sie allmählich aus sich heraus. Ihr ist es wichtig zu hören, dass vor allem ihre Eltern nichts erfahren. Die hätten so viel zu ertragen mit sich und den Großeltern und der Arbeit und würden ihre Probleme ohnehin nicht verstehen. Sie wolle auch niemanden zusätzlich belasten.

Sie ist in ihrem dicken Mantel eingehüllt, redet leise. Die Lehrerin habe sie auf unser Angebot aufmerksam gemacht. Sie ist zusammen mit einem

Mädchen einen weiten Weg zu uns gekommen. Im Laufe der drei Gespräche, die mit ihr stattfinden, kommt sie immer mehr dazu, von sich und ihren inneren Bedrängnissen, vor allem von ihren Gefühlen des Alleinseins und der Isolation zu reden.

Sie habe sich eigentlich von Schulbeginn an nicht wohl gefühlt in ihrer Haut. Es falle ihr schwer, Kontakte zu anderen Menschen herzustellen; z. B. das Mädchen, das mitgekommen sei, glaube, dass sie befreundet seien, aber sie könne das nicht empfinden, sie fühle sich ihr nicht nahe, obwohl von außen gesehen wegen ihres asiatischen Aussehens alle meinen, sie seien enge Freundinnen. Sie schildert zahllose Mobbingerfahrungen, wie die anderen ihr den Ranzen geklaut hätten, wie sie ihr ein Brot in das Buch gedrückt haben, wie sie beim Vorbeigehen ihr irgendetwas Rassistisches zuflüstern oder sie als hässlich bezeichnen. Bei ihrem asiatischen Aussehen denken alle automatisch, sie müsse superklug in der Schule sein. Eine spezifische Form von Rassismus, die ihren inneren Druck noch erhöhe. Überhaupt gehe es in der Schule immer um Rivalität: »Was hast du in der Arbeit? Wow, so schlecht, ich bin da viel besser, wohl nicht gut genug gelernt.«

Dieses Gefühl, nicht gut genug und nicht beliebt zu sein, begleitet sie schon lange. Manchmal habe sie auch Panikattacken in der Schule, wenn sie sich ganz draußen fühle und von jemandem gedemütigt fühle. Immer wieder denke sie, dass das Leben nicht mehr lebenswert sei, aber dann denke sie, sie könne das ihren Eltern nicht antun. Vor drei Jahren habe sie einen Selbstmordversuch unternommen, versucht, sich die Pulsadern aufzuschneiden, aber nicht tief genug geschnitten, wahrscheinlich weil sie dann doch an ihre Familie dachte. Ich frage, ob sie heutzutage auch solche Gedanken habe, sich das Leben zu nehmen. Gedanken habe sie schon, so denke sie darüber nach, vor ein Auto zu springen, wenn sie an der Straße stehe. Vor drei Jahren war sie in einem starken Tief, das war auch während der Schulschließungen, habe sich ganz allein und isoliert gefühlt. Ihre Mutter hatte das damals mitbekommen und mit ihr geredet. Aber die Eltern haben viel Arbeit und sind schon genug belastet. Der Vater sei oft unterwegs in anderen Ländern.

Eigentlich sei es ihr nach dieser Zeit wieder besser gegangen, aber jetzt ist alles wieder zurückgekommen. Sie weiß nicht, warum. Sie beschreibt ihre innere Abgeschottetheit, die für andere gar nicht sichtbar sei. So organisiere sie durchaus gerne Ausflüge mit einer Freundesgruppe, die meisten mit asiatischem Migrationshintergrund. Andere denken aufgrund der physiognomischen Ähnlichkeiten sicherlich, dass sie eine eng aufeinander bezogene Clique seien. Sie reden ja auch viel miteinander. Aber ihre Gefühle sind nicht dabei. Sie spüre keine Gemeinsamkeit. Sie sei auch lieber alleine in ihrem Zimmer nach der Schule, die für sie wegen der vielen anderen Schüler, dem Mobbing und dem

Druck, sich anzupassen, sehr anstrengend sei. In ihrem Zimmer träume sie dann, begebe sich in ihre Phantasiewelt, in der sie sich großartig fühlen könne, unbesiegbar und erfolgreich sei; vor allem fliege sie in ihren Phantasien gerne in den Wolken – alleine, anstrengungslos. Sie lebe viel in einer Traumwelt. Allmählich wird klar, dass sie manchmal nicht wisse, ob die Realität wirklich real sei oder Traum. So würde es ihr auch mit unserem Gespräch gehen. Sie gehe nach Hause, begebe sich in ihre Traumwelt, würde vielleicht auch schlafen und danach wisse sie gar nicht mehr sicher, ob unser Gespräch stattgefunden habe oder ob es ein Traum gewesen sei. Manchmal wirke alles irreal.

Diese Derealisationsphänomene kommen häufiger bei weiblichen Jugendlichen vor, die unsere Ambulanz aufsuchen. So berichten einige Schülerinnen, dass die Schule extrem anstrengend sei. Sie könnten gut den Anderen und auch den Lehrern zeigen, wie klug sie sind, dabei sind sie innerlich mit ihren Gefühlen kaum dabei.

Bei Sakura wie auch bei vielen anderen Mädchen ist erstaunlich, wie ihre kognitiven und reflexiven Fähigkeiten aufgrund eines hohen Leistungsideals so weit entfernt sind von ihren Emotionen und ihrer Lust auf Andere. Ihre Triebwünsche, sowohl die aggressiven wie die sexuellen, können sie nicht spüren und integrieren. Einhergeht dies meistens auch mit einer Abspaltung des Körperbildes. Aggression und auch Sexualität werden bei diesen jungen, kognitiv begabten Mädchen oft in selbstverletzendes Verhalten, Ritzen, Essstörungen übersetzt. Suizidgedanken entwickeln sich dann häufig aus einer Spirale des Gefühls, dem eigenen Ich-Ideal und den vermeintlichen Ansprüchen der Eltern niemals entsprechen zu können. In ihrer narzisstisch zurückgezogenen Gedankenwelt geraten sie in Gefahr, zunehmend den emotional bedeutsamen Kontakt zu den Gleichaltrigen und den Eltern zu verlieren. Dringend brauchen sie einen Menschen, der sich traut, sie aus dieser narzisstischen Teufelsspirale herauszuholen, da sonst aus den situativen Suizidgedanken eine ernsthafte Lebensgefahr entstehen kann.

Depressive Gefühle ergeben sich unter anderem, wenn man seinen eigenen zu hohen Erwartungen nicht gerecht werden kann und einen strengen inneren Kritiker hat, der einen immer mit Selbstentwertung dafür bestraft, wenn man nicht gut genug ist. Besonders Schülerinnen, die ihren Selbstwert nur über Schulleistungen definieren können, geraten in diesen suizidalen Teufelskreis. Der Zugang zu der Vielfalt der Gefühle und der eigenen Wünsche wird zwanghaft eingeengt und der Weg zu emotionalen Beziehungen scheint blockiert.

Sakura ist klug und konnte ihren dicken Schutzmantel auch aufgrund ihres erheblichen Leidensdruckes in den drei vereinbarten vertrauensvollen Gesprächen zunehmend ablegen. Dabei kam ihr der Rahmen unserer Gespräche entgegen, der anonym sein kann, nicht auf Dauer angelegt ist und damit die große

Angst der Adoleszentin verkleinert, in eine abhängige Beziehung zu geraten. Die Möglichkeit, sofort zu kommen und auf verständnisvoll wohlwollende, nicht-bewertende Erwachsene zu treffen, ermöglicht diesen erstaunlich schnellen Zugang zur inneren Erlebniswelt. Mit Sakura konnte ich gut eine erste gemeinsame Basis des Verstehens ihrer Probleme erarbeiten. Aufgrund ihrer Selbstmordgedanken, die oft in dissoziativen Situationen auftauchen und die sie dann möglicherweise nicht mehr kontrollieren kann, ermuntere ich sie, mit ihren Eltern zu reden. Das Interesse und die Mitarbeit der Eltern ist auch eine Grundlage dafür, dass sie schließlich eine intensive langfristige Jugendlichenpsychoanalyse beginnt.

Zuletzt: Stirb und werde

»Warum arbeiten Sie eigentlich mit so abgefuckten Teenagern?« Mit dieser Frage überraschte mich nach einem längeren Schweigen meine 16-jährige Langzeitpatientin, nachdem ich sie danach gefragt hatte, wann sie sich zum letzten Mal geritzt habe. Auch wenn ihre Frage in unserem Dialog eine abwehrende Funktion hatte, in dem sie die Beantwortung meiner Frage vermeidet, brachte sie mich doch zum Nachdenken.

Die Beantwortung ihrer Frage möchte ich als Zusammenfassung des bisher Beschriebenen benutzen: Die Jugend ist eine Zeit des Umbruchs der Körperlichkeit, der Affekte und der abstrakten Denkmöglichkeiten. Emotionale und kognitive Dissonanzen sind typisch. Beziehungsentwürfe werden infrage gestellt, die bisherige psychische Struktur weicht auf und wird in einem schwierigen Prozess verworfen, neu erfunden oder modifiziert. Dabei kommt es zu einer manchmal unheimlichen Dynamik sowohl in der Außenwelt im Kampf mit den bisherigen Beziehungen als auch in der Innenwelt im Konflikt zwischen Es und Über-Ich. Die Ich-Fähigkeiten stehen immer wieder unter Druck, Regression und Progression wechseln sich in chaotischer Weise ab. Vorstellungen über den Tod kommen ins Bewusstsein, signalisieren die Schmerzhaftigkeit des Sterbens kindlicher Lebens- und Beziehungsentwürfe. Daneben entfaltet sich auch oft eine beeindruckende Kreativität.

Die Ich-Struktur und die Identitätsentwürfe wirken manchmal so fluide und wechselhaft, dass manche Hausärzte, vor allem, wenn noch Verletzungen des eigenen Körpers hinzukommen, in Unkenntnis der adoleszenten Dynamik die Diagnose Borderline stellen. Diese Diagnose sollte allerdings erst im Erwachsenenalter vergeben werden, da die Borderline-Phänomene der adoleszenten Triebdynamik zwar ein Hinweis auf eine tiefgreifende Pathologie sein können, aber oft auch nur ein besonders dramatisches Entwicklungsstadium kennzeichnen: Spaltungen in Gut und Böse, schneller Wechsel der libidinösen und aggressiven Besetzungen, hysterische Dramatisierungen, Somatisierungen, Todeswünsche im Wechsel mit Leistungsfähigkeit und libidinöser Begeisterungsfähigkeit, Verschmelzungswünsche und Isolationsgefühle, Ängste und Panikgefühle. Insgesamt also eine Zeit, die insbesondere mit der libidinösen Besetzung des Denkens und der Reflexion ein lebendiges, psychotherapeutisches Gebiet für jeden Analytiker sein könnte. Sicherlich muss man selbst auch Zugang im eigenen Selbst finden zu den ungebändigten, ängstigenden rebellischen Gefühlen seiner Jugend, um seine frühe Erlebniswelt angstfrei in der Gegenübertragung zur Erkenntnisbildung nutzen zu können.

Gerade die »abgefuckten Teenager« liegen mir dabei besonders am Herzen, inspirieren in mir eigene Erinnerungen an den ängstigenden pubertären Triebdschungel und stimulieren dadurch das psychoanalytische Junktim von Forschen und Heilen in besonders intensiver Weise.

An den Schluss möchte ich ein Zitat von Anna Freud setzen, die bereits vor vielen Jahrzehnten die Krise der Adoleszenz anschaulich beschrieb:

»Unberechenbarkeit und Unverlässlichkeit gehören meiner Ansicht nach zum Bild des normalen Jugendlichen. Während der Dauer der Pubertät kann der Jugendliche nicht anders: er wehrt seine Triebregungen ab, gibt ihnen aber auch nach; er vollbringt Wunder an Selbstbeherrschung, ist aber auch ein Spielball seiner Gefühle; er liebt seine Eltern und hasst sie zugleich; er ist gleichzeitig in voller Revolte und voller Abhängigkeit; er will nichts von seiner Mutter wissen, sucht sie aber unvermittelt zu vertraulichen Aussprachen; er ist bereit, sich selbst aufzugeben und anderen hörig zu werden, sucht aber gleichzeitig seine eigene Identität; er hat mehr künstlerisches Verständnis, ist idealistischer, großzügiger und uneigennütziger als je vorher oder nachher; aber er ist auch das Gegenteil: egoistisch, selbstsüchtig und berechnend.« (A. Freud, 1960, S. 22)

Literatur

Freud, A. (1960): Probleme der Pubertät. *Psyche – Z Psychoanal*, 14, 1–24.

Barbara Saegesser
(Biel/Schweiz)

15 Jahre psychoanalytische Feldarbeit in ostafrikanischen Städten[1]

In ostafrikanischen Städten von Ägypten bis zum Indischen Ozean, etwa in Alexandria, Karthum, Addis Abeba, Dschibuti, Uganda, Stone Town, habe ich in ganz verschiedenen Orten und Einrichtungen gearbeitet – in Waisenhäusern, Drop-in-Einrichtungen für Straßenkinder, in Krankenhäusern für die Ärmsten, in Geburtskliniken (mit, im dritten Grad, genital-mutilierten Frauen), in großen Krankenhäusern und psychiatrischen Abteilungen. Oft wurde ich mit schlimmen Mängelsituationen all dieser Menschen konfrontiert. Ich suchte mir selbstständig mein jeweiliges Arbeitsfeld, beispielsweise die Geburtenabteilung. Ich hatte mich entschieden, mit genitalverstümmelten Frauen während ihrer Wehen und während des Geburtsprozesses, der wegen ihrer extremen Genitalverstümmelung besonders schmerzhaft ist, sowie bei der Vorbereitung zu Operationen, im Operationssaal, im Aufwachraum oder auf der Neugeborenenstation zu arbeiten.

Kürzlich war ich z. B. auf der Psychiatrieabteilung eines Krankenhauses. Bei meiner Ankunft wurde mir erklärt, ich selbst könnte entscheiden, mit welchen »schwierigen Patienten« ich arbeiten wolle, um »mit denen etwas zu tun«. Diese Patienten sind Kinder – von Tante oder Großmutter begleitete Waisenkinder –, Männer und Frauen, Menschen mit Drogenproblemen oder Mangelernährung und natürlich Menschen, die tagtäglich ihr psychosomatisches Leid ertragen müssen.

Die Patienten in europäischen Kliniken lassen sich nicht vergleichen mit den jeweilig so ganz anderen afrikanischen Patienten in den dortigen psychiatrischen oder medizinischen Einrichtungen, samt der dazugehörigen Umgebung. In Ostafrika arbeite ich unter schlimmen, oft dramatischen Umständen. In all diesen Klinken versuche ich, für die jungen Ärzte eine Balintgruppe einzurichten, begleite sie, wenn möglich, auf ihren Patientenrunden und diskutiere mit ihnen die Diagnosen. Durch meine Arbeit in den verschiedensten Waisenhäusern und Krankenhäusern mit Kindern, Erwachsenen, selbst mit einigen

---

[1] Im Englischen erschienen unter dem Titel »15 Years of Psychoanalytic Fieldwork in Eastern African Cities«. Hrsg. v. V. Elton et al. (2023). Übersetzung mit freundlicher Genehmigung der Autorin und des Verlags.

ihrer Betreuer – die unter schweren psychosomatischen Stresssymptomen litten – wurde ich mit vielen typischen gesellschaftlichen und kulturell-religiösen Merkmalen der ostafrikanischen, politisch-religiösen und ethnischen Gruppierungen vertraut. Ich machte vielfältige Erfahrungen mit kleinen Waisenkindern, älteren Kriegswaisen, mit schwer hungernden und tief verängstigten Personen und solchen, die von psychosomatischen Leiden tief gezeichnet waren – insbesondere innerafrikanische Flüchtlinge in Ostafrika. Sie kamen meist aus Somalia, dem Sudan, aus Eritrea und Äthiopien. Ich lernte dabei in neuer Weise meine psychoanalytischen Konzepte und klinischen Erfahrungen schätzen als Basis für meine Arbeit in Ostafrika. Dabei bin ich mit sehr bedrohlichen Formen psychischer und psychosomatischer Störungen, mit Krankheiten und todesnahen Zuständen konfrontiert worden.

Psychoanalytische Interpretation dieser Erfahrungen

Nach einiger Zeit wurde mir bei meiner Arbeit klar, dass vielerorts Psychologie fast unbekannt ist, kaum praktiziert wird, von Psychotherapie natürlich ganz zu schweigen. Ich gewöhnte mich daran, dass meine psychoanalytische Haltung, mein psychoanalytisches Denken und meine Art abzuklären für die jeweilige Gesellschaft bzw. ethnische Gruppe, für Verstehen und Selbstverständnis eines Einzelnen oder eines Familiensystems ganz fremd sind. Dementsprechend musste ich ernst nehmen, dass man mir als weißer Frau auch misstrauisch begegnet. Weil ich Unvertrautes »anwende«, das möglicherweise an die Vorgehensweisen der Kolonialmächte erinnert. Wie ich an die Babys, die Kinder und Erwachsenen – hauptsächlich Frauen – herangehe und mit ihnen psychoanalytisch arbeite, war unvertraut. Die Begriffe Psychotherapie und Psychosomatik waren sogar in der medizinischen und psychiatrischen Versorgung unbekannt.

Dennoch, in den ostafrikanischen Gegenden, in denen ich aktiv war, machte ich grundsätzlich die Erfahrung, dass ich trotz der kulturellen Unterschiede und Schwierigkeiten an diesen vielen verschiedenen Orten arbeiten konnte. Ich wende dabei an, was ich über höchst schwierige und sensible Probleme weiß, und wäge sorgfältig ab, welche meiner Gedanken ich mitteilen werde und welche nicht. Wenn ich so arbeite, beginnen die Patienten, sich selbst und Anderen Interesse entgegenzubringen, möglicherweise auf ganz neue Weise. So bahnt sich etwas Neues an.

In vielen ostafrikanischen politisch-religiösen Kulturen und ethnischen Gruppen können die Menschen sich kaum eine eigene, subjektive Psyche vorstellen. Seit ihren Anfängen gehörte die Politik zur Religion des Islams.

Eine säkulare Trennung zwischen den beiden gibt es nicht. Der »eigene« psychische Prozess vollzieht sich entsprechend der Lehre des Islam; offensichtlich erfüllt der Koran regulierend alle individuellen und objektiven menschlichen Bedürfnisse, einschließlich der seelischen.

Zumindest nach außen vertrete ich keine Ideologie. Mittels meiner stark therapeutischen Spiegelfunktion mit meiner Reverie über meine Patienten, mit meinen persönlichen Annahmen über sie und ihre psychische Organisation kann ich ihnen irgendwie »ein bisschen Freiheit« im Denken vermitteln; dadurch können sie etwas ganz Kleines, ihnen Neues entdecken bzw. wiederfinden, das sich entwickeln und weiterhin wachsen kann. Dadurch gelingt es ihnen besser, Wichtiges von Unwichtigem zu unterscheiden oder wahrzunehmen, was »neu oder schon altbekannt« ist. Die Patienten können dann in sich Sehnsüchte und Wünsche entfalten, die vielleicht »unvertraut« sind und ehedem als gefährlich galten.

Der moderne Fundus der nicht-islamischen Weltsicht und Gefühlswelt, insbesondere mit seinen unbewussten wiederentdeckten seelischen Qualitäten, steht nicht in Einklang mit Normen und Ritualen des Korans oder des daraus abgeleiteten, für Muslime geltenden Denkens und Fühlens.

Für die mehr oder minder psychoanalytische Arbeit mit Flüchtlingen und Migranten, die auf ihrer Flucht meist sehr viel erleiden mussten und durch mehrere andere Länder geflüchtet und gekommen sind – glücklicherweise ohne dabei umzukommen –, könnten all diese Überlegungen hilfreich sein. Meiner Meinung nach sollten wir nicht glauben, ein Geflüchteter müsse dankbar dafür sein, ein sicheres Land gefunden zu haben, in dem er bessere Chancen hat, sich lebendig weiterzuentwickeln als ehemals vor seiner schrecklichen Flucht aus der Heimat. Oft ist die geflüchtete Person nicht dankbar, sondern zutiefst enttäuscht, weil sie während der gefährlichen, schlimmen Flucht aus der Heimat gehofft und erwartet hatte, endlich in einem paradiesischen Land anzukommen.

Auf jeden Fall sollten wir in der Zusammenarbeit mit Flüchtlingen mit deren religiösen Hintergründen vertraut sein. Für Geflüchtete aus Ostafrika sind diese viel bedeutsamer als beispielsweise für Flüchtlinge aus Westafrika. Kenntnisse über den spezifischen religiösen und kulturellen Hintergrund sind wirklich absolut wichtig. Anscheinend sind die ostafrikanischen Flüchtlinge enger an ihre Religion gebunden, an den Koran/Islam (aber auch an gewisse Naturreligionen) als geflüchtete Menschen aus Westafrika. Einer der Gründe für die enge Bindung an die Religion könnten die alltäglichen, über alle Maßen armseligen Verhältnisse sein. Sie leben nahe der Sahelzone, d. h. bei einer Gegend, in der nicht mehr landwirtschaftlich gearbeitet werden kann und keine Nahrung zu finden ist.

In vielen afrikanischen Staaten sind Religion und Politik stets verknüpft. Es gibt islamische Gesetze und Regeln, die für jedermann gelten und den »normalen« juristischen Gesetzen übergeordnet sind; etwa die koranischen Gesetze Scharia und Sunna; und die fünf Säulen des Islam: Schahada, Salat, Zakat, Saum, Haddsch. Die Missachtung der Gesetze des Korans kann zur Ermordung oder zu lebenslänglich negativen Folgen führen, insbesondere für Frauen. Sie werden, z. B. bei sogenanntem Ehebruch, gesteinigt oder von der ganzen Familie und Gemeinschaft ausgeschlossen und müssen so ihren sozialen Tod erleiden.

Für Patient und Patientin ist das Geschlecht des/r Psychotherapeuten/in in der Zusammenarbeit sehr wichtig. Ein muslimischer Mann kann nur unter größten Schwierigkeiten hören und annehmen, was eine Frau sagt. Für eine muslimische Frau ist das ganz normal und völlig in Einklang mit ihrer von Gott bestimmten Lebensaufgabe, nämlich anzuhören, was ihr Mann sagt. Im religiösen und Weltsystem steht der Mann an erster Stelle, die Frau an zweiter. Der Mann ist als Mann Gott näher. Der Ehemann befiehlt, was seine Frau zu tun und zu sein hat. In sexuellen Angelegenheiten kann ein Mann mit der Frau machen, was er will; für die Frau gilt, was er sich vorstellt und was er gerne macht. Respekt gegenüber der Frau ist dabei nicht erforderlich, insbesondere wenn die Frau unverheiratet ist. Die Frau ihrerseits sollte sich als unsexuelle Frau zeigen und sich als Person ohne sexuelles Begehren verhalten. Und zudem bestimmt die »umma«, über 1.000 Kilometer hinweg vom Indischen Ozean bis ins nordwestliche Äthiopien, fundamental die Familienstruktur.

Das Maß an gesundem Narzissmus und der Wert ihrer Geschlechtlichkeit sind bei Frauen sehr gering, sind wie gleichsam nichts, ganz abgesehen von Beeinträchtigungen, beispielsweise durch die pharaonische Verstümmelung ihrer Genitalien im dritten Grad. Dabei wird die Klitoris herausgeschnitten, die inneren und die äußeren Schamlippen werden abgeschnitten und die Öffnung der Vagina wird bis auf eine haselnussgroße Öffnung zusammengenäht. Diese bleibt für den Abfluss von Urin und Menstruationsblut und die Aufnahme des männlichen Samens. Der dritte Grad der weiblichen Genitalverstümmelung wird hauptsächlich in Somalia praktiziert. Diese und andere Formen der Genitalverstümmelung werden jedoch in ganz Ostafrika durchgeführt. Die Frauen sollten gemäß »religiöser Regeln« ihre Schwierigkeiten – beispielsweise ihre verstümmelten Genitalien – verbergen. Wahrscheinlich bedingt ihr tiefes Schamgefühl ihr oft stummes, masochistisch anmutendes Kommunikationsverhalten.

Der Topos Zeit ist fundamental verschieden. Zeit ist stets da, so, als hätte man sie immer und ewig. Die Zeit ist nicht knapp, nie zu knapp. Es gibt sie immer endlos. Symbolisch gesehen ist in Afrika Zeit nicht Geld, so wie dies für andere Weltgegenden zutrifft. Geld hingegen ist in Ostafrika nie »einfach da«. Mit Geld verbinden sich die Vorstellung und das Gefühl von »immer zu wenig«. Dies beeinflusst die innere Einstellung zur Geldarbeit und zu den Berufen, Arbeiter/Arbeiterin zu sein und tagtäglich für den Lebensunterhalt arbeiten zu müssen.

Schwierige körperliche und seelische Probleme des Menschen liegen in der Hand Gottes. Es gibt keine »westlichen« Modelle vom menschlichen Individuum, etwa auch im Sinne der psychoanalytischen Konzepte zur Psychosomatik. Die Welt des Islams und die Welt der Psychoanalyse sind tendenziell zwei grundverschiedene Welten. Das sollten wir nicht vergessen, wenn wir mit muslimischen Geflüchteten arbeiten. Muslimische Patienten begreifen sich selbst nicht als Subjekte, die wunschgemäß mehr oder minder selbstwirksam sind. Gott allein lässt sie oder ihn, diesen, einen anderen oder einen dritten Weg gehen. Im Zentrum des Lebens eines Muslims, einer Muslima steht Gott Allah oder aber sein Prophet Mohammed. Gott denkt für Männer und Frauen und Kinder und lenkt sie. Gemäß den heiligen Schriften des Korans hat der einzelne Mensch explizit keine Psyche, keinen »Psychismus«.

Ich beziehe mich besonders auf Flüchtlinge aus Alexandria (Ägypten), Khartum (Sudan), Addis Abeba und Hawassa (Äthiopien), Dschibuti und Kampala (Uganda) und Stonetown (Tansania). Alle diese Flüchtlinge haben annähernd denselben Hintergrund wie die Flüchtlinge aus Eritrea (bei Letzteren sind die Auswirkungen des faschistischen politischen Regimes mitzudenken, die spezifische, auch paranoide Ängste reaktiv auslösen können, Letzteres aus europäischer Perspektive verstanden) und aus Somalia (mit heftigen Angstreaktionen, hauptsächlich wegen der mörderischen Überfälle von Al-Shabaab). Ähnliche Ängste und paranoide Reaktionen können die Flüchtlinge aus dem Sudan und der Demokratischen Republik Kongo zeigen. In beiden Ländern müssen Frauen Schreckliches erleiden und sterben oft nach genitaler Vergewaltigung mittels körperfremder Gegenstände. Dies gilt wohl ebenfalls für die Zentralafrikanische Republik.

Flüchtlinge, die sehr lange unterwegs waren – zwei bis drei Jahre –, haben sich dabei auf ihrem langen Weg zum erhofften paradiesischen Land persönlich meist sehr verändert. Besonders, weil sie mit vielen anderen Menschen zusammen sind, die ebenfalls aus ihren Heimatländern weltweit geflohen sind, können sie vieles dazulernen. Sie lernen Sprachen, Gebräuche, neu zu denken und zu leben. Sie lernen ebenfalls, Dinge zu sagen und zu tun, von denen sie denken, die könnten ihnen auf die bestimmte Weise dienen, also opportun sein. Und wenn sie schlussendlich in dem paradiesisch erträumten Land ankommen, erfahren sie eine überwältigende Enttäuschung und Zurückweisung. Es geht primär weniger um traurigen Schmerz, wie Psychoanalytiker vermuten könnten, sondern stattdessen um die schreckliche Realität, dass sie ihre zurückgelassene Familie nicht mit Geldsendungen unterstützen können oder das Geld nicht zurückzahlen können, das sie gebraucht hatten, um in das »gute und reiche Land« fliehen zu können. Alles ist nun anders, als sie dachten und erhofften.

Geflüchtete aus Westafrika verhalten sich in kultureller, ethnischer und religiöser Hinsicht ziemlich anders. Viele westafrikanische Länder sind tendenziell offener für und interessierter an »westlichen Angelegenheiten«, einschließlich amerikanischem Aussehen, Erscheinen und Tun als ostafrikanische Gesellschaften. Von Ägypten bis zum Indischen Ozean sind die Menschen viel traditioneller, weil sie alle ganz schrecklich arm sind (die Sahelzone liegt nahe). Und die Armut kann tatsächlich Menschen enger an die religiösen Strukturen und Versprechungen binden, Versprechungen auf ein besseres Leben auf der Erde oder nach dem Tod im Himmel. Einige Passagen und Suren aus dem Koran werden wortwörtlich genommen, auch wenn die religiösen Auswirkungen aus amerikanischer oder europäischer Sicht sehr grausam sind (etwa die Ermordung der Frauen und die Verstümmelung der kindlichen/weiblichen Genitalien).

In vielerlei Hinsicht haben die Geflüchteten mehr gesehen und erlitten, als die meisten amerikanischen und europäischen »Psychos« sich vorstellen können, die keine Flucht und tödliche Bedrohungen erleben mussten. Oft haben die Flüchtlinge auch eine ganz andere Hautfarbe als wir selber, und ihre Sprache kann gänzlich verschieden sein – gerade auch wegen der besonderen, stark-rhythmischen Betonungen werden die gleichen Sprachen sozusagen ungleich – von der unsrigen, sodass gegenseitige Verständigung kaum möglich ist. Diese völlig neue Situation kann in jedem/r Partner/Partnerin des therapeutischen Paars tiefe Ängste, Hilflosigkeit und Verzweiflung auslösen. Das mag zur Folge haben, dass wir diese unvertraute, aversive innere Verfassung ignorieren und verharmlosen, indem wir meinen, die Person kommt aus dem dunklen Kontinent und ist mir ein wenig unheimlich und macht mir Angst. Und ein Gedanke taucht auf: Er/sie ist weniger wertvoll als ich selber. Vielleicht bemitleide ich ihn oder sie. Solch eine Einstellung ist wenig förderlich für die psychoanalytische Arbeit. Wir befinden uns dann nicht auf gleicher Ebene, was doch für die gemeinsame Arbeit so bedeutsam ist. Wir verlieren das Gefühl von Gleichwertigkeit gegenüber dem Patienten. Für einen Start der gemeinsamen Arbeit ist das wenig optimal.

Als nicht-ostafrikanischer Mensch und Psychoanalytikerin sind der Gedanke und das Gefühl, mehr zu wissen als der Flüchtling, gar nicht hilfreich. Er oder sie kennen sich meistens selber besser als der/die Analytiker/in mit seinen/ihren ihm/ihr eigenen Vorstellungen über Migrant/innen.

15 Jahre psychoanalytische Feldarbeit in ostafrikansichen Städten

Weil wir mehr über moderne Technologien und dergleichen wissen, heißt das nicht, dass wir generell mehr wissen. Es ist nicht angemessen, ihm oder ihr zu erklären, »wie es sich mit der Welt verhält und was sie bedeutet«. Unser Blick auf die Dinge, die Welt und auf Erfahrungen ist »ganz anders«. Einer Afrikanerin oder einem Afrikaner bedeutet dies und das nichts Positives. Manchmal erleben sie z. B. panische Ängste, wenn sie allein in einem Zimmer sind. Ostafrikaner sind daran gewöhnt und lieben es, unter Familienmitgliedern und Anderen zu sein, so ja auch meistens auf der Flucht. Oder etwa der Anblick gepflanzter Blumen in einem Garten bedeutet einem Flüchtling etwas ganz anderes als den meisten Menschen in den USA und in Europa. Sie können eher Unverständnis und Neid auslösen, weil »die Weißen scheint's sogar Geld für solch merkwürdige Pflanzen ausgeben können«. Man soll nicht glauben, was für »uns« schön oder schrecklich ist, bedeute dasselbe für den Flüchtling. Sein Register an Angst und Lust ist sehr verschieden. Anscheinend ist eine seiner höchsten Freuden seine Hingabe an seine islamische Religion, d. h. fünfmal am Tag beten und sein Leben ganz in die Hand seines Gottes Allah zu legen.

Mit großer Wahrscheinlichkeit dachten die Geflüchteten (vor ihrer traumatisierenden Flucht) noch wesentlich anders, als sich Psychoanalytiker vorstellen. Einem der christlicher Tradition entstammenden Psychoanalytiker sind meiner Meinung nach solche Denkweisen unbekannt und gänzlich unvertraut. Die Weltsicht Geflüchteter hängt mit der politisch-islamischen Religion zusammen, mit magischem Denken (sog. Naturreligionen), mit völlig anderen ethnischen, aber auch mit inneren Strukturen, ganz orientiert und fixiert auf Suren und Gesetze des Korans. Dementsprechend sollten wir die Werte und Charakteristiken der Geflüchteten nicht durch unsere »westlichen Augen« sehen oder sie an den verschiedenen psychoanalytischen Modellen, die wir kennen, messen. Wir können allen äußeren und inneren Bewegungen folgen, die Migranten uns zeigen, so, als begäben wir uns auf eine eigene innere Migration. Es ist ganz wichtig, die Denk- und Handlungsweisen, die die Migranten uns zeigen, zu akzeptieren und uns dafür zu interessieren. Vor allem die, die wir überhaupt nicht kennen. Der Geflüchtete fühlt sich durch den Islam tief innerlich gehalten. Es kann geschehen, dass die geflüchtete Person, in der Hoffnung von uns akzeptiert zu werden, behauptet, Religion interessiere sie überhaupt nicht mehr. Die Geflüchteten fühlen sich mehr oder minder gezwungen, so zu sprechen, wie sie denken, was wir (Nordamerikaner und Europäer) gerne von ihnen hören möchten, um sich auf diese Weise in eine scheint's relativ sichere Lage begeben können. Aus ihrer Sicht handhaben sie es so, damit sie nicht wieder in ihr Heimatland abgeschoben werden.

Viel Zeit für die Geflüchteten und für uns selbst einzuräumen, ist für den therapeutischen Prozess besonders wichtig, genauso wichtig wie die völlig neue Situation auszuhalten, die so viel merkwürdiger ist als das, was wir sonst in unserer täglichen Praxis erleben. Und besonders wichtig ist, zur Kenntnis zu nehmen und zuzulassen, wenn der Geflüchtete sagt, dass Allah nach ihm schaue. Denn genau das denkt er ganz im Innersten seiner »Seele« und das verschafft ihm inneren Halt, auch wenn wir das unseren gesicherten Einschätzungen nach nicht als inneren Halt, dank eines entwickelten Selbst, sehen und verstehen können. Unsere Theorie vom »Selbst« ist ganz jenseits von der oder gar aversiv zur islamischen, religiös-politischen, inneren Gefühlswelt. Allah ist die alles überragende Gestalt und steht im Leben jedes Mannes und jeder Frau an erster Stelle. Auch wenn wir etwas anderes denken oder glauben, haben wir nicht das Recht, islamisches Denken kleinzureden. Wir sollten den »Anderen« akzeptieren, als Patient und Individuum, mit seiner ganz eigenen gleichwertigen Glaubensvorstellung, wie wir sie möglicherweise für uns haben. Das fällt nicht leicht. Manchmal höre ich Kollegen sagen: »Das ist doch gar nicht schwer. Ich brauch' gar nichts über den Islam und seine Rituale zu wissen. Die Patienten folgen ohne Probleme meinen Gedanken.« Nun, das tun sie ja meistens, um ein »guter Patient« zu sein und zu bleiben. Mancher Kollege realisiert nicht, dass er mit diesem seinem Denken und Vorgehen zum Aufbau eines falschen Selbst beiträgt.

Wenn es mit offiziellen Sprachen nicht gelingt, sich zu verständigen, kann man sich ohne Wörter, etwa mit Gesten oder mit Zeichnungen, verständlich machen. Arbeiten Sie nicht gleich mit einem Übersetzer. Es ist nur allzu sehr bekannt, dass sie ihre eigenen Denkweisen und ethnischen Konflikte in die Übersetzung einfließen lassen. Zuweilen glauben sie, was sie verstanden haben, sensibler und bedeutungsvoller vermitteln zu müssen, als wir selber es beabsichtigt hatten. Und das stimmt jeweils mit dem therapeutischen Prozess, wie wir ihn wünschen, nicht überein. Zudem traut ein Flüchtling oft keinem Mann oder keiner Frau oder keinem Nachbarn aus seiner ehemaligen Heimat, insbesondere wenn die Person früher eine offizielle Stelle im Heimatland und nun im aktuellen Land hat, in dem der Austausch stattfindet.

Während des nicht-sprachlichen Dialogs ist es besonders wichtig und bedeutend, jegliche Haltungen und Signale des Flüchtlings wahrzunehmen: Augen, Ohren, Lippen, körperliche Erscheinung und Struktur, Geruch und Ausdünstung und vielleicht einige wenige Worte in seiner Sprache, die man kennt. Am allerwichtigsten bei diesen Therapien ist es – wie in jeglicher Therapie –, sehr genau zuzuhören, und verstehen wollen, was der Patient uns in jedmöglicher Sprache mitteilen möchte. Und dass wir dabei unsere psychoanalytische Haltung und unser inneres Setting bewahren.

Dieser besondere, nicht-sprachliche Dialog ist dem archaischen Austausch vergleichbar, am Beginn unseres Lebens: Jede Bewegung des Körpers, insbesondere lebhafte Bewegungen der Hände und wie gesagt der Augen, des Mundes, der Nase usw. ist von einzigartiger Bedeutung im anfänglichen, sich gegenseitigen »Kennenlernen«. Wenn wir selbst einen Zugang zu unserem eigenen Unbewussten erreichen, können wir allmählich das traumatisierte Innere des Flüchtlings besser verstehen, das durch viele Leiden mitverursacht wurde. Und danach wird es vielleicht, auch dank unseres Verhaltens, schrittchenweise möglich, formalere psychoanalytische Strukturen einzuführen. Zuweilen haben wir ja gar nicht unseren eigenen Behandlungsraum, aber glücklicherweise bringen wir unser eigenes inneres psychoanalytisches Setting mit.

Sexuelles oder anderweitiges Ausagieren müssen wir auf jeden Fall unterlassen. Auch wenn diese Begegnungen anfänglich wenig fruchtbar, ziemlich frustrierend und wirklich schwer auszuhalten sind, sollten wir nicht mit Widerwillen, Macht oder Sadismus reagieren. Oft stellt sich der Drang zum Agieren dann ein, wenn wir uns zutiefst frustriert, hilflos und ohnmächtig fühlen. In solchen Augenblicken fallen wir – auch je nach Wahl unseres Unbewussten – in einen agierenden Austausch. Das zeigt sich besonders in den tödlichen und sadistischen Auseinandersetzungen in den Flüchtlingslagern. Für die Flüchtlinge aus aller Welt sollten sie Schutzräume sein, aber die »Hilfskräfte« können sich, oft wegen ihrer unbewussten Wünsche, nicht angemessen verhalten.

Eine bestimmte Form sehr destruktiver, häufig eingesetzter geschlechtsspezifischer Handlungen betrifft flüchtende Frauen (kaum Männer), die von einem oder mehreren Männern vergewaltigt werden bzw. worden sind. Die Vergewaltiger benutzen dabei für den weiblichen Körper gefährliche Gegenstände: Gewehre, Flaschen, abgebrochene Flaschenhälse und Äste. All dies kann vor den Augen ihrer Kinder geschehen. Offensichtlich soll mit dieser perversen Handlung, die »verlorene Frau« oder die Geflüchtete auf Abstand gebracht werden. Man verletzt sie, quält und vernichtet sie, entmenschlicht sie zu einem bodenlos beschämten »Nichts«. Aufgrund einer projektiven Übertragung kann der/die Psychoanalytiker/in diese ganz Fremde, der er/sie gegenübersteht oder -sitzt, als »unheimlich« und nicht mehr ganz menschlich erleben. In solchen Momenten werden vielleicht Sadismus und Gewalt in das therapeutische Geschehen einströmen.

Ich beschreibe diese grausamen Szenen sexueller Gewalt explizit in der Hoffnung, dass wir sie vermeiden können. Insbesondere, weil viele Migrantinnen, vor allem aus dem Südsudan und aus der Region Kivu (Demokratischen Republik Kongo), solche brutalen, fast tödlichen Übergriffe überleben konnten und nun hoffen, ein neues, besseres Leben zu finden. Alle diese Geflüchteten, speziell Frauen, sind bereits oft in ihrer Heimat brutal vergewaltigt worden und werden daraufhin auf der Flucht wiederholt mehrmals vergewaltigt. Sie sind narzisstisch und körperlich tief verletzt, und dies nicht zuletzt wegen ihrer

Genitalverstümmelung. Und möglicherweise glauben sie – mehr oder minder unbewusst –, Sex werde »quasi natürlicherweise« stets von ihnen verlangt, besonders um die jeweils anstehende Situation zu verbessern. Und deshalb versuchen sie möglicherweise, den therapeutischen Prozess in Richtung Erotik und Sexualität zu manövrieren.

Die Gesetze des Korans mit seinen den Muslimen aufgetragenen Verpflichtungen, der damit vermittelten inneren Sicherheit und dem Schutz können, zumindest zu Beginn der psychoanalytischen Behandlung, heftige Widerstände erzeugen. Natürlich haben wir es in unserer Arbeit und in unserem Leben immer aufs Neue mit Widerständen zu tun, aber diese Widerstände, von denen ich hier spreche, sind anderer Natur, sie sind recht steinig. Viele Patienten sind nicht in der Lage oder willens darüber zusprechen, was sie erlitten haben. Es ist ihre religiöse Pflicht, zu schweigen. Vielleicht lässt sich dieser religiös fundierte Widerstand transformieren, vielleicht auch nicht. Denn er ist im Kern vielleicht sogar »felsig«.

Abschließend möchte ich nochmals betonen, wie wichtig in der ostafrikanischen Familie die hierarchische Reihenfolge des Wertes ihrer Personen ist. Das narzisstische und mächtige Gewicht der Familienmitglieder ist fundamental verschieden: Der höchste Wert kommt dem befehlenden und anführenden Mann und seinen Söhnen zu. Die Frau, die Ehefrau, die Mutter und ihre Töchter haben viel geringeren Wert und viel weniger Bedeutung.

Aus dem Englischen übersetzt von Peter Bründl, München

Literatur

Saegesser, B. (2023): 15 Years of Psychoanalytic Fieldwork in Eastern African Cities. In: V. Elton, M. Leuzinger-Bohleber, G. Schlesinger-Kipp & V. B. Pender (Hrsg.): *Trauma, Flight and Migration: Psychoanalytic Perspectives.* IPA. In The Community. Routledge, S. 165–173.

Jack Novick und Kerry Kelly Novick
(Cheaster, New Jersy)

Die Ausbildung zum Lebenszyklus-Psychoanalytiker
Die integrierte psychoanalytische Ausbildung[1]

Die Psychoanalyse ist vor allem eine Entwicklungstheorie und ein Modell von Entwicklung, die implizit oder explizit von allen psychotherapeutischen Schulen aufgegriffen worden sind. Schon 1913 vertrat Freud den Standpunkt, dass die Psychoanalyse von Anfang an darauf zielte, den Entwicklungsprozess aufzuzeigen. Seine extensiven und intensiven Erfahrungen mit Kindern ermöglichten ihm diese Feststellung.

Freud hatte in Paris bei Charcot Neurologie studiert, ging aber dann nach Berlin, um an der Klinik von Adolf Badinsky Kinderkrankheiten zu studieren. Denn man hatte ihm die Leitung der neurologischen Abteilung an der staatlichen Einrichtung für Kinderkrankheiten unter der Leitung von Dr. Kassowitz in Wien angeboten. Dreimal die Woche arbeitete Freud mehrere Stunden am Tag von 1886 bis 1893 an diesem Krankenhaus.

Neben seinen frühen psychoanalytischen Veröffentlichungen publizierte Freud auch zahlreiche neurologische Arbeiten auf Grundlage seiner Erfahrungen mit Kindern. Durch sein Buch über Aphasie und seine darauf folgenden neun Arbeiten galt Freud, und gilt immer noch, als Experte für Paralyse im Kindesalter. Gemessen an den in den Forschungsberichten persönlich beobachteten, zahlreich angeführten Fällen muss seine Erfahrung mit Kindern recht umfangreich gewesen sein. Während Freud also um seine ersten dynamischen Konzepte rang und er in die erste Periode großer psychoanalytischer Entdeckungen eintrat, umfasste sein Berufsleben extensive Kontakte mit Kindern.

Zu dieser Zeit brachte ihm auch sein Privatleben Kinder besonders nahe. Zwischen 1887 und 1895 wurden den Freuds sechs Kinder geboren, drei Knaben und drei Mädchen. Freud arbeitete damals zu Hause. Seine Briefe an seinen Kollegen und Freund Wilhelm Fließ belegen, wie intim Freud in alle Aspekte des Wachstums und der Entwicklung seiner sechs Kinder eingebunden gewesen war. Freud war nicht nur privat und beruflich sehr mit Kindern vertraut,

---

[1] Zuerst veröffentlicht in *Psychoanalytic Study of the Child*, 75, 2022, 343–351. Mit freundlicher Genehmigung der Autoren und des Verlags Routledge, Taylor & Francis Group.

als er 1897 mit seiner Selbstanalyse begann, sich seinen eigenen kindlichen Erfahrungen zu öffnen und in der Tiefe ganz wichtige Kindheitserinnerungen wieder zum Vorschein zu bringen.

In seiner gesamten Laufbahn wies Freud auf die Bedeutung der Kinderpsychoanalyse für die Theorie der Psychoanalyse hin. Gegen Ende seines Lebens schrieb Freud in *Der Mann Moses und die monotheistische Religion* (1972 [1939]), dass die Erforschung des Seelenlebens von Kindern ein unerwartet reiches Material gezeigt habe, das die Erkenntnislücken über die ganz frühen Jahre aufgefüllt habe. Die Geschichte von Freuds Erfahrungen bezeugt, wie er zur Weiterentwicklung der psychoanalytischen Theorie und Behandlungstechnik kontinuierlich Beobachtungen und klinisches Wissen über Entwicklung und Funktionsweisen der Kinder integriert hat.

Auf Freud als Beispiel aufbauend haben im Wien der 1920er-Jahre Anna Freud mit ihren Kollegen mit großem Engagement das erforscht und erweitert, was Anna Freud 1966 als neue Bewegung der Kinderanalyse bezeichnete. In jener Zeit gab es keine ausgesprochen psychoanalytische Technik für Kinder. Deshalb galt, dass Ausbildungsteilnehmer erst die klassische Erwachsenenanalyse erlernen mussten, ehe sie sich auf des »Experimentierfeld« Kinderanalyse begeben durften. Weiterführend bemerkte sie, dass sie und ihre Kollegen und Kolleginnen bedeutsame Fortschritte erzielten, »endlich einen unabhängigen Weg zur analytischen Kindertherapie gefunden zu haben, dass wir jetzt ihre Technik als Alternative zur Erwachsenentechnik lehren können, d. h. vor, nach oder gleichzeitig mit kontrollierten Erwachsenenfällen« (A. Freud, 1980 [1966], S. 2412). Das sind die ersten Vorschläge für das Konzept einer integrierten Kinder- und Erwachsenenausbildung.

1966 trug Anna Freud auf Einladung von Heinz Kohut in Chicago ihre wegweisende Arbeit »Das ideale psychoanalytische Institut. Eine Utopie«[2] vor. Dies ist die Blaupause für eine integrierte Ausbildung. 1970 kehrte sie zu diesem Gedanken in »Kinderanalyse – eine Unterspezialität der Psychoanalyse« zurück. Dort heißt es:

> »Kein Analytiker soll sich als voll ausgebildet betrachten, solange seine klinische Erfahrung und seine technischen Fähigkeiten auf eine einzige Altersgruppe oder Entwicklungsstufe beschränkt sind; dass alle Kinderanalytiker ermutigt werden sollen, sich auch mit Erwachsenen-Erfahrungen zu beschäftigen und alle Erwachsenenanalytiker zumindest eine Stichprobe von Kindern zu analysieren:

---

2   Anna Freud erklärte, dass Kohut um die Qualifizierung »Utopie« ersucht hatte, weil ihre Ausführungen sonst zu polemisch geklungen hätten. Sie bemerkt diesbezüglich: »Ich selbst wäre weniger vorsichtig gewesen und hätte meinen Beitrag ›Ein psychoanalytisches Lehrinstitut, wie es sein soll‹, genannt.« (1966, S. 2431)

Dass ein Analytiker, dem es an solchen Gelegenheiten oder an der Bereitschaft, sie zu ergreifen, fehlt, in seinem Verständnis für die Vergangenheit, Gegenwart und Zukunft seiner Patienten verkürzt ist.« (A. Freud, 1970, S. 2565)

Sie schrieb diesen Artikel in Vorbereitung auf den Wiener Kongress 1971, auf dem zentral die Frage nach dem Ort der Kinderanalyse in der psychoanalytischen Ausbildung erörtert werden sollte. Anna Freud und Jeanne Lampl-de Groot hofften, dass die Internationale Psychoanalytische Vereinigung das Model der Holländischen Gesellschaft zur integrierten Ausbildung[3] annehmen würde. Sie schloss mit den Worten:

»Vielleicht kommen der Kongress oder die Entscheidungsgremien des Kongresses zu dem Schluss, dass unsere jetzt existierenden Ausbildungsrichtlinien umfangreicher werden müssen, länger Zeit brauchen, und dass viele Einschränkungen, durch die sie geschützt werden, konservative Überreste aus der Vergangenheit sind, die einer revolutionären Umgestaltung bedürfen.« (ebd.)

Anna Freuds Antrag, dass die IPA Hampstead Therapy Course and Clinic als unabhängige IPA-Vereinigung anerkennt, die qualifiziert mit integrierter Theorie und Behandlungstechnik für Kinder und Erwachsene ausbildet, wurde abgelehnt. Ihr Traum von einer idealen psychoanalytischen Ausbildung[4] war zu Ende.

1977 übersiedelten wir von London nach Michigan. In den 1980ern implantierten Humberto Nagera, Peter Blos jr. und Jack Novick am Michigan Psychoanalytic Institute eine kinderpsychoanalytische Ausbildung in Anlehnung an die traditionellen Ausbildungsrichtlinien, mit eigenen Seminaren und Fällen unter Supervision für graduierte Analytiker nach Abschluss ihrer Erwachsenenausbildung. Aber schon 1984 verbündeten sich mit dem Kreis der

---

3 Damals hatte die Holländische Gesellschaft als einzige Zweigorganisation der IPA ein integriertes Programm.
4 Wir waren damals auf dem Wiener Kongress und erlebten, welch hohe Spannung dieser Vorschlag erzeugte. Unserem Eindruck nach ging es dabei weniger um wissenschaftliche oder pädagogische Themen. Vielmehr schien die Entscheidung aufgrund politischer und persönlicher Momente ausgefallen zu sein. So wollte die Amerikanische Psychoanalytische Vereinigung angesichts einer so wahrgenommen Bedrohung durch meist nicht-ärztliche (und weibliche) Kinderanalytiker ihre Exklusivität erhalten, dass ihr nur Ärzte angehören durften. Leo Rangell aus Los Angeles war damals Präsident der IPA und befand sich bekanntermaßen im heftigen Streit mit seinem örtlichen Gegner Ralph Greenson, der Anna Freud kräftig unterstützte und einer ihrer großen Vorkämpfer war. Vielleicht geriet der Vorschlag, die integrierte Ausbildung anzuerkennen, von vielen Seiten unter Beschuss.

aktiven Kinderanalytiker begeisterte Erwachsenenlehranalytiker am Institut, die zusammen das Michigan Modell der Integrierten Ausbildung (MMIT) zum Vorschlag und zur Durchsetzung brachten.

Nach dem Modell der Holländischen Gesellschaft war das Model von Michigan die einzige voll integrierte psychoanalytische Ausbildung. Über die folgenden 30 Jahre hinweg war es das hoffnungsreiche Sprungbrett für weitere vergleichbare Ausbildungen in den USA und für den Integrated Training Track (ITT) der IPA, den wir im Folgenden ausführlicher darstellen werden. In einem weiteren Abschnitt werden wir deren Entwicklung, Änderungen, Variationen und Problematiken besprechen.

Zunächst erläutern wir die Leitlinien des MMIT, wie sie ursprünglich als Schema strukturiert und eingeführt wurden. Das MMIT beinhaltet absichtlich Elemente, die viele der Vorschläge Anna Freuds aufnehmen, damit sowohl das Konzept wie die Praxis einer den ganzen Lebenszyklus einbeziehenden Ausbildung ersichtlich werden.

Zulassung

Den Bewerbern wird mitgeteilt, dass sie sich für ein integriertes psychoanalytisches Ausbildungsprogramm bewerben. Abhängig davon, wie sie sich ihre Ausbildungsfälle wählen, können sie als Erwachsenen- und Kinderanalytiker abschließen, als Erwachsenenanalytiker (mit der Option, später Kinderfälle unter Supervision zu übernehmen) oder als Kinderanalytiker (mit der Option auf Erwachsenenfälle).

Wie erfolgreich das Programm ist, hängt vom Engagement des Ausbildungsteams ab. Das spielt bereits beim Aufnahmeverfahren eine wichtige Rolle. Zum Aufnahmegremium gehören Kinderanalytiker und alle, die Aufnahmeinterviews durchführen, verpflichten sich, die Vorteile des umfassend integrierten Programms in der Ausbildung für ihre spätere Arbeit als Analytiker und Analytikerin zu erklären.

Fortschreitend in der Ausbildung

Wer sich für das kombinierte Ausbildungsprogramm entscheidet, kann zuerst entweder einen Kinder- oder einen Erwachsenenfall übernehmen, denn für MMIT gilt: »Der erste Fall ist der beste« (first case, best case).

Zahl der Behandlungsfälle

Für die kombinierte Ausbildung sind fünf Fälle erforderlich: zwei Kinder, zwei Erwachsene und wahlweise ein Jugendlicher bzw. ein junger Erwachsener. Dabei ist anzumerken, dass der Grund für die angeforderten Fälle die derzeitige Zugehörigkeit Michigans zur AAPE ist, die an den alten Anforderungen des Board of Professional Standards der APSA festhält. Dies beschränkt die Flexibilität des Programms der Ausbildungsrichtlinien für die Integrierte Ausbildung anders als in der jetzigen IPA und APSA. Dort werden mit verschiedenen Variationen zwei Kinderfälle und zwei Erwachsenenfälle verlangt.

Abschluss

Von jedem Ausbildungsteilnehmer wird zusätzlich zu den entsprechenden Zusammenfassungen ihrer Fälle die Abfassung einer wissenschaftlichen Arbeit gefordert, die für einen Vortrag vor einer professionellen Zuhörerschaft hinreichend gut ist. Eine entsprechender Publikation erfüllt ebenso die Abschlusskriterien für den Kinder- und den Erwachsenenanalytiker. Weil Kinderfälle häufig schneller vorangehen als Erwachsenenfälle, kann der Ausbildungsteilnehmer als Kinderanalytiker abschließen, während er die klinischen Anforderungen zum Erwachsenenanalytiker noch erfüllen muss. Der Kinderanalytiker ist Vollmitglied des Lehrkörpers. Er kann unterrichten, als Mentor fungieren und noch als Kandidat für Erwachsenenanalyse notwendige Schritte unternehmen, um Supervisor zu werden.

Seminare

Die wichtigste Komponente des MMIT ist das Kontinuierliche Fallseminar mit abwechselnd einem Erwachsenen- und einem Kinderfall. Es wird stets gemeinsam von einem Kinderanalytiker und einem Erwachsenenanalytiker geleitet. Der wöchentliche Kurs erstreckt sich über das ganze Jahr, beginnt im ersten Jahr über all die Jahre der Pflichtseminare hinweg. Dies garantiert allen Ausbildungsteilnehmern – welchen Track sie auch belegt haben mögen –, Erfahrungen mit dem gesamten analytisch-klinischen Material und der gesamten analytischen Behandlungstechnik zu sammeln.

Weitere Seminare

Alle anderen Seminare integrieren inhaltlich Aspekte der Kinder- und Erwachsenenentwicklung. Beispielsweise behandelt das Traumseminar auch Kinderträume und wie in der klinischen Arbeit damit umgegangen wird. Das Seminar Entwicklung in der Latenz zeigt auch latenzspezifisches Funktionieren und Abwehr in der Arbeit mit Erwachsenen auf. Die geforderte begleitende Elternarbeit in der Kinder- und Jugendlichenanalyse lässt die analytische Arbeit mit Erwachsenen für die Arbeit des Kinderanalytikers in Ausbildung wesentlich werden. Dabei muss betont werden, dass es für das Modell keine dramatischen Veränderungen des Curriculums bedarf, die oft die Einführung des ITT behindern.

In den späten 1990er-Jahren kam es dank der positiven Bemühungen des neu geschaffenen IPA-Gremiums für Kinder- und Jugendlichenpsychoanalyse (COCAP) dazu, dass die IPA mit enormen logistischen Anstrengungen offiziell Kinderanalytiker als Mitglieder anerkannte. Diese Wende bewirkte starkes Interesse und Engagement, die zur Bildung einer Taskforce führte, die ein Modell für einen weiteren anerkannten Ausbildungsgang vorschlug. 2014 genehmigte das Board der IPA den Integrierten Training Track (ITT) für alle neuen und alten, der IPA angehörigen Ausbildungsinstitute als tatsächliche Option.

Hauptsächlich aufbauend auf dem Modell von Michigan entwickelte die IPA für das Regelwerk der Mindestanforderungen, beispielsweise vier Fälle für den Abschluss, sowie eine Reihe »nachdrücklich empfohlener« Einbeziehungen. Seitdem erhielten zahlreiche Ausbildungsinstitute in Lateinamerika, in Europa und solche von den unabhängigen nordamerikanischen Instituten von der IPA die offizielle Anerkennung. Dieser Trend scheint sich zu verstärken. Viele andere Institute bieten in verschiedener Form ein integriertes Curriculum an.

Die der Amerikanischen Psychoanalytischen Vereinigung angehörigen Gesellschaften und Institute würdigen derzeit fast uneingeschränkt die Idee von der integrierten Ausbildung, allerdings bei faktisch weitreichender Einführung und Umsetzung von Veränderungen, damit eine voll integrierte Ausbildung angeboten werden kann.

Dies führt zur Auseinandersetzung mit Widerständen gegenüber der Integrierten Ausbildung.

Widerstände und Probleme

Anna Freud wies auf den »revolutionären Geist« zu Anfang der Psychoanalyse hin, der »die damals geltenden Vorstellungen der wissenschaftlichen Welt und der allgemeinen Öffentlichkeit in mehrfacher Hinsicht erschütterte« (A. Freud, 1970, S. 2553). In ihrer Arbeit von 1970 »Kinderanalyse als Spezialfach der Psychoanalyse« unterstrich sie die Koinzidenz von einerseits Aufschwung und Ausweitung von Theorie und Technik und andererseits »finden wir auf der Organisation Rigidität, Konservatismus und Erstarrung« (A. Freud, 1970, S. 2557). Sie meint, beides stünde mit der Kinderanalyse in Zusammenhang.

Sie beschreibt die direkten Auswirkungen auf die Kinderanalyse, wie sie sich seit den 1920er-Jahren entwickelt hat, und stellt dabei fest, dass die Kinderanalyse »die einzige Neuerung (war), die es erlaubt, die Richtigkeit von Rekonstruktionen in der Erwachsenenanalyse nachzuprüfen […]. Das, was bisher nur erraten und erschlossen werde konnte, (wurde) zum ersten Mal lebendige, sichtbare Realität« (ebd., S. 2558f.). Sie und andere Kinderanalytikerinnen erhofften sich – kaum überraschend –, dass die Erwachsenenanalytiker die Möglichkeit begrüßten, ihre Konzepte zu überprüfen und zu differenzieren, und dass sich diese tatsächlich wünschten, sich deshalb kinderanalytisch selber weiterzubilden. Sie beschreibt, wie enttäuscht sie war, dass dies nicht eintrat: »Die Erwachsenenanalytiker hielten sich von der Kinderanalyse mehr oder minder fern, beinahe als wäre sie eine minderwertige Form der Berufstätigkeit.« (ebd., S. 2559)

Ausführlich zählt sie die deshalb vorgebrachten Gründe auf, von denen sie meinte, Ausflüchte zu sein, und bemerkte abschließend: »Es ist schwer, sich des Verdachts zu erwehren, dass die meisten Analytiker das Bild der rekonstruierten Kindheit bei weitem den wirklichen Kindern vorzogen, an denen sie uninteressiert blieben.« (ebd., S. 2560)

Was Anna Freud wahrnahm und aufzeigte, charakterisierte und erklärte später Elisabeth Young-Bruehl als »Kindischheit« (childism) (2009, 2011). Young-Bruehl verstand »Kindischheit« als Vorurteil, das alle weiteren Vorurteile durchdringt, durch die das Gegenüber Verachtung erfährt, als sei es ein Kind, d. h, primitiv, impulsiv, unordentlich, unkontrolliert, unfähig, aggressiv, schmutzig usw.

Dank der Arbeiten von Young-Bruehl können wir die Widerstände bezüglich der Integrierten Ausbildung besser verstehen. Negative Einstellungen äußern nachdrücklich sowohl gewisse Ausbildungsinstitute als auch strukturell größere Berufsorganisationen. Am häufigsten zeigt sich das daran, dass einfach »vergessen« oder unterlassen wurde, Kinderanalytiker als gleichberechtigte Partner in Gremien für die Errichtung und Planung der Ausbildung einzubeziehen.

Jeglicher Bezug zur Integrierten Ausbildung wird unter der Rubrik »Kinderanalyse« aufgeführt statt allgemein unter Ausbildung. Wenn unter Druck die Veränderungen der Curricula anstehen und damit immer mehr Seminare hinzukommen, dann werden lebenslängliche Entwicklung und das gemeinsame, kontinuierliche Fallseminar als Seminarveranstaltung zu allererst vereinfacht, gekürzt oder gar fallengelassen.

Es sind nicht nur die Erwachsenenanalytiker, die angesichts der Veränderungen der bisherigen Ausbildung durch die Integrierte Ausbildung besorgt sind. Auch Kinderanalytiker machen sich Sorgen darüber, welche Auswirkungen die Wende von der getrennten Ausbildung zur Integrierten Ausrichtung haben wird. Auf gefühlte Bedrohung gibt es anscheinend zwei Reaktionen: Die eine ist eine Art gesteigerte Militanz und Loyalität zur Kinderanalyse, die sich in der Befürchtung zeigt, von der Erwachsenenanalyse verschluckt zu werden, dabei die Eigenheit und das reiche, hoch spezialisierte Wissen sowie die Solidarität und die Teilhabe an der revolutionären Vorderfront der Psychoanalyse zu verlieren. Dies alles kann das Bestreben zeitigen, getrennte Seminare und Anforderungen beizubehalten, ergänzt durch zusätzliche Seminare und Anforderungen für Kinderanalytiker, um das Empfinden, »besonders zu sein«, aufrechtzuerhalten.

Die zweite Reaktionsweise scheint mit der Internalisierung von Kindischheit zusammenzuhängen, mit dem Vorurteil gegenüber Kindern und allem, was mit Kindern zu tun hat. Dieses internalisierte Minderwertigkeitsgefühl erscheint ganz unterschiedlich. Häufig werden absichtlich Kinderanalytiker in mächtige Gremien um der Gemeinsamkeit und der Repräsentation willen hinzugezogen. Aber häufig schließen sich dann diese Kinderanalytiker der Mehrheit an und scheinen offensichtlich zu vergessen, dass sie selber ganz persönlich die Perspektive der Integrierten Ausbildung repräsentieren. Offensichtlich scheint es legitimer und wichtiger zu sein, als der Erwachsenenanalytiker gesehen zu werden, was Status vermittelt, anstatt als Kinder- *und* Erwachsenenanalytiker aufzutreten. Kindischheit ist offensichtlich auf jeder Seite dieser Dynamik wirksam. Andere Erscheinungsformen des Phänomens zu »übergehen« zeigt sich an vielen Kleinigkeiten, so etwa bei der Vorstellung von Vortragenden auf Konferenzen, wenn sie bei der Auflistung ihrer Publikationen ihre Qualifikation als KinderanalytikerInnen verschweigen usw.

Das integrierte Modell von Michigan ist nun annähernd 40 Jahre alt. Da macht es Sinn, seine Entwicklung über die Jahre hinweg zu verfolgen. In den ersten 20 Jahren erhöhte sich die Anzahl der Kandidaten für Kinderanalyse beträchtlich, das Institut gewann überhaupt merklich jüngere Ausbildungsteilnehmer, half beim Finden geeigneter Fälle, die Begeisterung zu unterrichten und für die Zugehörigkeit zum Lehrkörper erhöhte sich, MMIT stärkte die schon vorher bestehende Öffentlichkeitsarbeit des Instituts. Eine Gruppe von Kinderpsychoanalytikern startete eine kommunale Ambulanz für Kinder, Jugendliche und Erwachsene bei geringem Honorar. Erfolgreich gründeten sie zwei Vorschuleinrichtungen und stellten sich regelmäßig Kindergärten und Tageseinrichtungen zur Konsultation zur Verfügung. In besten Zeiten erreichten sie damit 6.000 Familien. Das lag in der Tradition der »altruistischen Analyse« (Novick & Novick, 2012), die hauptsächlich von Kinderanalytikerinnen und Kinderanalytikern aus Wien über London in die USA (Anm. d. Übers.: wo es nirgendwo Kassenversorgung gab bzw. gibt) kamen. Generationen von Absolventen des MMIT arbeiten entwicklungsbezogen, seien es diejenigen, die alle Altersstufen oder diejenigen, die nur Erwachsene behandeln. Damit bezeugen sie in ihrer Arbeitshaltung ihre integrierte Ausbildung. Die guten Ergebnisse und Erfolge belegen die Wirksamkeit der integrierten Ausbildungsrichtlinien. Gleichzeitig erlebten wir weltweit Herausforderungen und viele integrierte Programme. Dabei zeigte sich, dass es ständiger Aufmerksamkeit gegenüber den oben genannten Widerständen bedarf, um eine erfolgreiche Integrierte Ausbildung aufrechtzuerhalten. Es kann mehr oder minder unmerklich zu einer Art von Erosion kommen. Beispielsweise verlangte ein Weiterbildungsausschuss von einem Ausbildungsteilnehmer als Kinderanalytiker und Erwachsenenanalytiker zum Abschluss zwei schriftliche Abschlussarbeiten, weil man »vergessen« hatte, dass bei der Integrierten Ausbildung nur eine Abschlussarbeit erforderlich ist. So vermieden es Mitglieder eines Aufnahmeausschusses, dem auch Kinderanalytiker angehörten, die Bewerber und Bewerberinnen nach ihren Interessen an und Erfahrungen mit Kindern zu befragen sowie ihnen die Vorzüge der integrierten Ausbildung zu erläutern. Öffentlich zugängige Materialien und Webseiten erwähnen nicht, dass ein integriertes Programm angeboten wird. Von Ausbildungsteilnehmern, die die Behandlung eines Kindes übernommen haben, werden zusätzliche Ausbildungsgebühren verlangt, fast so wie eine »Zollsteuer«, die grundlos erhoben wird. Seminare, deren Titel nicht explizit auf Kindheit Bezug nimmt, werden nicht mehr im Sinne der Teilnehmer formuliert, die an einer Ausbildung teilnehmen, die den ganzen Lebenszyklus im Blick hat. Ausbildungsausschüsse reduzieren die alternierende kontinuierliche Falldarstellung von 16 bis 20 Wochen pro Jahr über die ganze Ausbildung hinweg auf acht Sitzungen über das zweite und dritte Jahre auf sechs Sitzungen im vierten und fünften Jahr. Das ist eine Reduktion von mindestens 64 auf 27 Wochen.

Nach unserer Erfahrung ist es durchaus möglich, ein integriertes Programm einzuführen, solange es Begeisterung, Arbeitsbereitschaft und eine gewisse Offenheit gibt, die von einflussreichen Kollegen (insbesondere Erwachsenanalytikern) des Instituts[5] stark mitgetragen werden. Der essenzielle Wert des Konzepts und seine Wirkmächtigkeit, wenn es um Herausforderungen im Aufgabenbereich geht, stärken die Kontinuität des integrierten Ausbildungsprogramms. Einige Jahre später konnten wir in Michigan mit dem ganzen Lehrkörper im Jahr 2000 das integrierte Ausbildungsprogramm überarbeiten und genauer präzisieren. In der Form blieb es für weitere 20 Jahre ziemlich intakt. Als dann die ursprünglichen Autoren und Vorantreiber nicht mehr aktiv unterstützend am Monitoring, an der Implementierung beteiligt waren und bei Zusammenkünften des Lehrkörpers und bei der Teamarbeit den Mitglieder bewusst hielten, dass alle Bereiche notwendigerweise integriert werden müssten, kam es zu einer deutlichen Erosion. Die Seminare unterschieden sich merklich nach solchen, die auf die Kindheit fokussieren, und solchen mit betont Erwachsenenproblemen, und es kam zu einer argen Verknappung der auf die klinische Arbeit fokussierten integrierten Lehrangebote.[6]

Wo steht die integrierte Ausbildung jetzt?

Wie bereits angemerkt bestehen bei der IPA zwei gleichberechtigte Ausbildungsausschüsse, der für die Ausbildung zum Erwachsenenanalytiker (Education Comitee – EC) und der für die Kinderausbildung (Committee on Child and Adolescent Psychoanalysis – COCAP). Sie haben den Auftrag, in ihrem jeweiligen Bereich die Anerkennungen und die Einhaltung der psychoanalytischen Ausbildung zu gewährleisten. Traditionelle Haltungen wirken so fort. Die unabhängige Kinderanalyse ist noch nicht anerkannt. Die IPA kann einen Kinderanalytiker erst dann anerkennen, nachdem er vorher als Erwachsenenanalytiker ausgebildet wurde und abgeschlossen hatte. Nun hat die IPA einen Training Track (ITT) ratifiziert, der unter dem Dach von COCAP in Koordination mit EC angeführt wird. Ein zu bestimmender ITT-Berater wird vom Board der IPA benannt. Er arbeitet mit beiden, aber hauptsächlich mit COCAP zusammen. Dieses System besteht jetzt. Dabei muss angemerkt werden, dass es in der Praxis offenbar die oben beschriebenen negativen Einstellungen fortschreibt, denn der Board und das EC müssen ständig daran erinnert werden, COCAP in berufspolitische Entscheidungen einzubeziehen. Und die Einordnung des ITT als Sektion der Kinderanalyse macht sie alles andere als gleichwertig. Nichtsdestotrotz bleibt das Interesse an einer integrierten Ausbildung hoch. Die IPA erhält aus Lateinamerika und Europa jährlich mindestens zwei Anträge auf ITT-Anerkennung.

---

5 1984 war für die Einreichung von MITT Mel Bornstein besonders aktiv und hilfreich.
6 Die zweite MMIT-Fassung wurde von Kerry Kelly Novick, Jonathan Sugar und James Hansell ausgearbeitet. Sie ist auf Anfrage unter kerrynovick@gmail.com erhältlich.

In den USA gibt es zwei unabhängige, mit der IPA affiliierte Gesellschaften (Contemporary Freudian Society und Institute for Psychoanalytic Training and Research) mit einer von der IPA anerkannten Integrierten Ausbildung. In Kanada gibt es keine integrierten Ausbildungsprogramme. Das Bild bei den mit der American Psychoanalytic Association affiliierten Gruppen ist gemischt.

Die Kindersektion des Departement of Psychoanalytic Education (DPE) hat ein Komitee für Integrierte Ausbildung. In den ersten beiden Jahren stand es konsultierend zwei unterschiedlichen Ausbildungseinrichtungen bei, die an der Entwicklung eines integrierten Programms interessiert waren, darüber hinaus machten sie ein kurzes Video[7] mit der Vorstellung des Konzepts der Integrierten Ausbildung für die Lehrkörper. Das Komitee verschaffte sich einen Überblick über alle Ausbildungsinstitute der APsA, um herauszufinden, was tatsächlich geschieht. Die Ergebnisse von etwa der Hälfte wiesen auf eine gewisse Begeisterung für ein integriertes Programm hin. Aber die Umsetzungen variierten beträchtlich, angefangen von einem einzigen Seminar mit integriertem Fokus bis hin zu den Entwicklungsphasen und kontinuierlichen Fallbesprechungen für alle Ausbildungsteilnehmer. Über alle hinweg zeigte es sich aber, dass es an Dozenten und Supervisoren für die Kinderanalyse mangelte, die sowohl ein integriertes wie ein kinderanalytisches Programm unterstützen könnten. Kinderanalytiker fühlten sich überfordert und enttäuscht angesichts des Widerstands von Kinder- und Erwachsenenkollegen, sobald sie versuchten, die Integrationsbemühungen zu verstärken.

Insofern wurde deutlich, dass die örtlichen Institute von den Erwachsenenpsychoanalytikern mehr Unterstützung und mehr Input von den nationalen und internationalen Organisationen bräuchten, um die Ressourcen und Konzepte zu bündeln, um Dozenten miteinander zu teilen, um gegenseitig von den curricularen Innovationen zu lernen und sicherzustellen, dass auf Konferenzen und Präsentationen der integrierten Perspektive gleich viel Zeit eingeräumt wird. Im aktuellen Kontext gesteigerter Wahrnehmung unbewusster Faktoren können die Vorurteile, die Exklusivität, Befremden und Diskriminierung bedingen können, und kann die Auswirkung systemischer Kindischheit in unseren Ausbildungen und Instituten angesprochen werden.

Vielleicht wird sich der Traum Anna Freuds letztendlich verwirklichen und die Lebenszyklus-Psychoanalyse zur Norm werden. Wir stimmen mit ihr darin überein, dass sie in dem »Entwurf eines Idealinstituts nichts eingetragen (hat), was einer Verwandlung der Utopie von heute in eine Realität von morgen im Wege steht« (A. Freud, 1970, S. 2450). So ausgebildete Analytiker werden das

---

7 Dieses Video ist unter https:/video.com/350487539 abrufbar.

Echo aus jeder Entwicklungsphase besser hören und deren spätere Resonanzen sich besser vorstellen können, während sie ihren Patienten jeglichen Alters im Lebenszyklus zuhören.

Aus dem amerikanischen Englisch übersetzt von Peter Bründl, München

Literatur

Freud, A. (1980 [1966]): Eine kurze Geschichte der Kinderanalyse. In: *Schriften IX. 1966–1970: Probleme der psychoanalytischen Ausbildung, Diagnose und therapeutische Technik*. München: Kindler, S. 2407–2416.

Freud, A. (1966): Das ideale psychoanalytische Lehrinstitut. In: *Schriften IX. 1966–1970: Probleme der psychoanalytischen Ausbildung, Diagnose und therapeutische Technik*. München: Kindler, S. 2431–2450.

Freud, A. (1970): Kinderanalyse als ein Spezialfach der Psychoanalyse. In: *Schriften IX. 1966–1970: Probleme der psychoanalytischen Ausbildung, Diagnose und therapeutische Technik*. München: Kindler, S. 2553–2570.

Freud, S. (1972 [1939]): Der Mann Moses und die monotheistische Religion. GW XVI, S. 103–246. Frankfurt a. M.: S. Fischer.

Novick, J. (1989): How does infant research affect our clinical work with adolescents? A case report. In: S. Dowling & A. Rothstein (Hrsg.): *The significance of infant observational research for clinical work with children, adolescents, and adults*. Madison, CT: International University Press, S. 27–37.

Novick, J. & Novick, K. K. (2012): *Altruistic analysis: The Anna Freud Tradition*. Hrsg. v. N. Malberg & J. Raphael-Leff. London: Karnac Books, S. 365–368.

Young-Bruehl, E. (2009): Prejudice against children. *Contemporary Psychoanalysis*, 45(2), 251–265.

Young-Bruehl, E. (2011): *Childism: Confronting prejudices against children*. New Haven, CT, Yale University Press.

Die Autorinnen und Autoren

Dieter Bürgin, Prof. em. Dr. med., Psychoanalytiker in eigener Praxis (Ausbildungsanalytiker SGPsa/IPA), Facharzt für Kinder-, Jugend- und Erwachsenen-Psychiatrie und -Psychotherapie; langjähriger Chefarzt der Kinder- und Jugendpsychiatrischen Universitätsklinik und -poliklinik Basel; em. Ordinarius der Universität Basel; zahlreiche nationale und internationale Zeitschriften- und Buchveröffentlichungen. Bei Brandes & Apsel: *Gilgamesch – eine verlorene Illusion? Psychoanalytische und anthropologische Betrachtungen* (2019), *Die Vitalität der präverbalen Psyche* (2022), *Psychoanalytische Grundannahmen* (2020) und *Lust am kreativen Zerstören. Psychoanalyse und Behandlung pervertierender Mechanismen und Prozesse* (2024) und zusammen mit Barbara Steck *Seelischer Schmerz bei Kindern und Jugendlichen* (2021).

Dr. Frank Dammasch, Diplom-Soziologe und -Pädagoge, analytischer Kinder- und Jugendlichen-Psychotherapeut, Professor (em.) für psychosoziale Störungen von Kindern und Jugendlichen an der Frankfurt University of Applied Sciences. Vorstandsmitglied und Supervisor am Anna Freud Institut. Fachliche Leitung der Walk in-Ambulanz für Jugendlich in Frankfurt. Forschungs- und Veröffentlichungsschwerpunkte: Bedeutung des Vaters und der Triangulierung für die Kindesentwicklung, Kindheit und Moderne, Geschlechtsspezifische Störungsbilder, Migrationsbiografien, Klippen der Identitätsbildung in der Adoleszenz heute. Bei Brandes & Apsel: *Jungen in der Krise* (2. Aufl. 2012); *Männliche Identität* (2009); *Das modernisierte Kind* (2. Aufl. 2015).

Joshua Durban, MA, ist Psychoanalytiker für Kinder, Jugendliche und Erwachsene, Lehr- und Kontrollanalytiker der Israelischen Psychoanalytischen Gesellschaft und an ihren beiden IPA-Instituten in Jerusalem und Tel Aviv, wo er auch unterrichtet, Er ist Dozent der Psychotherapieausbildung und der Postgraduierten Kleinianischen Weiterbildung der Sackler School of Medicine der Universität von Tel Aviv. Er ist Mitglied des IPA-Ausschusses für die Prävention von Kindesmissbrauch. Er hat eine Privatpraxis in Tel Aviv und ist spezialisiert auf die Psychoanalyse von Störungen im Austismusspektrum (ASD) und der Behandlung von psychotischen Kindern, Jugendlichen und Erwachsenen.

Die Autorinnen und Autoren

Aglaja von Kalckreuth-Gahleitner, Studium der Pädagogik und Psychologie, Psychoanalytikerin (DPV/IPA), Kinderanalytikerin (VAKJP). Dozentin und KJ Supervisorin (MAP, CIP, BLÄK). Sie ist niedergelassen in eigener Praxis in Tutzing und in München.

Viola Kreis, Analytische Kinder- und Jugendlichen-Psychotherapeutin (VAKJP) niedergelassen in eigener Praxis in München.

Sebastian Kudritzki, Studium der Sozialpädagogik und Psychologie. Analytischer Kinder- und Jugendlichen-Psychotherapeut und Gruppenanalytiker, niedergelassen in eigener Praxis in München. Dozent und Supervisor der Münchner Arbeitsgemeinschaft für Psychoanalyse (MAP); Herausgeber mit Catharina Salamander bei Brandes & Apsel: *Psychodynamische Behandlungstechnik bei Kindern und Jugendlichen* (2019).

Suzanne Maiello, Psychoanalytikerin für Erwachsene und Kinder in Rom. Gründungsmitglied und ehemalige Präsidentin der AIPPI (Assoziazone Italiana di Pscoterapia psicoanalitica infantile) Mitglied der britischen ACP (Association of Child Psychotherapists). Dozentin und Supervisorin der AIPPI sowie am MA Couse of Psychoanalytic Observationnal Studies der University of Essex. Mitbegründerin und Leiterin des Säuglingsbeobachtung-Curriculum der Berliner Studiengruppe Tavistock Modell (1992), 1997 ausgezeichnet mit dem International Frances Tustin Memorial Prize. Referentin in Europa, USA, Südamerika, Südafrika, Australien Interersenschwerpunkte: vorgeburtliche auditive Wahrnehmungen und pränatale Erinnerungsspuren, Babybeobachtung, frühe Störungen (Autismus), transgenerationale Weitergabe von Traumata, kulturelle Aspekte der Mutter-Kind-Beziehung. Über 100 Veröffentlichungen in europäischen, außereuropäischen psychoanalytischen Zeitschriften und Sammelbänden.

Meurs, Patrick; Univ.-Prof. Dr., M.A. in Theologie, Philosophie, Kultureller Anthropologie, Sexualforschung und Psychologie, promovierte (summa cum laude) im Jahr 2000 am Zentrum für Kinderpsychotherapie (Universität Leuven) zum Thema *Gefühlsambivalenz: Psychoanalytische und Entwicklungspsychologische Perspektiven auf das Zusammenspiel von Liebe und Aggression*. Seit 2016 ist er Direktor des Sigmund-Freud-Instituts in Frankfurt am Main und leitet dort den klinisch-psychologischen Bereich. Er ist Professor für Psychoanalyse am Institut für Erziehungswissenschaften an der Universität Kassel und akademisch Verantwortlicher für die Ausbildung der psychoanalytischen Kinder- und Jugendlichen-Psychotherapie in Kassel und Leuven (Belgien). Forschungsprojekte: Das psychoanalytisch orientierte Präventionsprojekt »ERSTE SCHRITTE« in Belgien, Forschung zu psychosozialen Interventionen für Geflüchtete in Erstaufnahmeeinrichtungen in Hessen, zur psychoanalytischen Kinder- und Jugendlichen-Psychotherapie nach Bindungstraumatisierungen und zur Begleitung von Familien mit Pflegekindern mit Migrations- oder Fluchthintergrund.

Anna Maria Nicolò, Dr. med., ist Mitglied des Vorstands der Repräsentanten der International Psychoanalytical Association (IPA) und seit 2005 Vorsitzende des Forums für Adoleszenz der European Psychoanalytical Federation (FEP). Sie ist Gründungsmitglied der Society for Psychoanalytic Psychotherapy for Children, Adolescents and Couples (SIPsIA), wissenschaftliche Sekretärin des Istituto Winnicott (ASNE-SIPSIA) und Mitglied der European Federation for Psychoanalytic Psychotherapy (EFPP). Sie war Präsidentin der Italian Society of Psychoanalysis for Couples and Families (PCF) und Mitbegründerin der AIPCF (International Association of Couple and Family Psychoanalysis). Sie war Mitherausgeberin der *Sammlung Contemporary Psychoanalysis*, Direktorin der Zeitschrift *Interazioni* und Mitbegründerin und ehemalige Direktorin der International Review of Couple and Family Psychoanalysis (AIPCF).

Jack Novick & Kerry Kelly Novick, Psychoanalytiker für Erwachsene, Kinder und Jugendliche. Ausbildung bei Anna Freud. Lehre am Michigan Psychoanalytic Institute, am Michigan Psychoanalytic Council, am Psychoanalytic Institute der New York University, in der New York Freudian Society, am Chicago Center for Psychoanalysis und an der Medical School der University of Michigan. Zuletzt bei Brandes & Apsel: *Ein guter Abschied. Die Beendigung von Psychoanalysen und Psychotherapien* (2. Aufl., 2008), *Elternarbeit in der Kinderpsychotherapie* (2. Aufl., 2017) sowie *Die Freiheit des Selbst* (2019).

Maria Rhode, ist emeritierte Professorin für Kinderpsychotherapie an der Tavistock Clinic in London, an der sie ehemals den klinischen Autismus-Workshop mitbegründet hat. Sie ist Mitglied der britischen Association of Child Psychotherapists und der British Psvchoanalytic Society. Ihre Ausbildung absolvierte sie an der Tavistock Clinic, wo sie von Martha Harris, Donald Meltzer und Frances Tustin betreut wurde. Ihr besonderes Interesse gilt dem Autismus und der Psychose im Kindesalter. Darüber hat sie zahlreich publiziert und international unterrichtet. Kürzlich veröffentlichte sie digital eine Reihe von Fallvorstellungen über frühe Interventionen bei Kleinkindern mit hohem familiärem Autismusrisiko. 1999 ausgezeichnet mit dem Frances Tustin Memorial Prize.

Die Autorinnen und Autoren

Barbara Saegesser, Dr. phil.. Studium der Philosophie (Promotion), Psychologie, Germanistik und Soziologie in Basel. Ausbildungsanalytikerin der Schweizerischen Gesellschaft für Psychoanalyse (SGPsa/IPA), Psychotherapeutin, Supervisorin SPV/ASP.VPB. Dozentin an verschiedenen psychoanalytischen Instituten. Langjährige leitende Aufgaben im Rahmen der SGPsa. Niedergelassen in eigener Praxis in Basel. Seit vierzehn Jahren arbeitet sie individuell, humanitär und ethnopsychoanalytisch in ostafrikanischen städtischen Gebieten: Waisenhäuser, Streetboys, Spitäler für die Ärmsten, Maternité, Neonatologie, Psychiatrie. Vorträge und Publikationen zur weiblichen Sexualität, zur psychischen Bisexualität, zum Verführen in psychoanalytischen Prozessen, zu ethischen Fragen in psychoanalytischen Gesellschaften und schließlich zur ethnopsychoanalytischen Arbeit mit ostafrikanischen muslimischen, korangebundenen Babys, Müttern, Vätern, Verwandten sowie intra-afrikanischen Flüchtlingen, vorwiegend in Somalia, Eritrea, Sudan und Äthiopien.

Franz Schambeck, Dr. med., Facharzt für Psychiatrie, Facharzt für Psychotherapeutische Medizin. Analytischer Kinder- und Jugendlichen-Psychotherapeut (VAKJP) Psychoanalytiker (DGPT, MAP) niedergelassen in eigener Praxis in München, Dozent. Supervisor und Lehranalytiker der Münchner Arbeitsgemeinschaft für Psychoanalyse (MAP), deren 1. Vorsitzender er z. Zt. ist.

Gisela Schleske, Dr., ist Fachärztin für Kinder- und Jugendpsychiatrie und -psychotherapie und Lehranalytikerin der DPV/IPV. Sie arbeitet in eigener Praxis in Freiburg im Breisgau.

Orna Wasserman, Psychoanalytikerin, niedergelassen in eigener Praxis in Tel Aviv. Mitglied der Israelischen Psychoanalytischen Gesellschaft (IPS) und der IPA. Sie lehrt und supervidiert in der IPS und an der Psychologischen Abteilung der Tel Aviv Universität (TAU). Sie hat das klinische Tagebuch von Ferenczi ins Hebräische übersetzt.